Understanding Multicultural Society and Social Welfare Practice

다문화사회의 이해와 다문화사회복지 실천

김하영 저

어가 語歌

머리말

세계화와 국제화의 가속화는 인구의 이동과 문화의 교류를 일상화시켰으며, 그에 따라 다문화사회로의 이행은 보편적인 사회적 흐름으로 자리 잡고 있다. 한국 사회 또한 다양한 문화적 배경을 지닌 이주배경 구성원과 함께 살아가는 구조로 빠르게 변화하고 있으며, 이에 따른 사회적 도전과 정책적 대응의 필요성이 증대되고 있다.

『다문화사회의 이해와 다문화사회복지 실천』은 이러한 시대적 전환에 대응하여, 다문화사회에 대한 이론적 기반과 다양한 문화적 소수자 집단의 특성, 그리고 교육·복지·상담 분야에서의 실천적 접근을 통합적으로 제시하고자 집필되었다. 또한, 우리나라 이민정책이 이주민이 소지한 사증(비자) 유형에 따라 삶의 질과 정책, 서비스 접근성이 크게 달라진다는 점에 주목하였다. 이에 따라 본 교재는 이주민 집단을 세분화하여 분석하고, 그간 상대적으로 다루어지지 않았던 외국인 유학생까지 포함하여 집단 간의 이질성과 관련 사회복지정책, 다문화교육의 특수성 등을 논의하였다. 특히 다문화가족 지원 기관에서의 장기간 실무 경험을 바탕으로 하여, 학문적 이론과 현장 경험이 유기적으로 결합한 교육자료로서의 역할을 수행하고자 한다.

본 교재는 다음과 같이 총 5부로 구성되었다. 제1부 '다문화사회의 이해'에서는 다문화 개념과 이론, 문화다양성의 의의, 그리고 외국의 정책 사례를 통해 다문화사회를 구조적으로 조망한다. 제2부 '문화적 소수자들의 이해'에서는 결혼이민자, 이주노동자, 북한이탈주민과 재외동포, 난민, 외국인 유학생 등 주요 이주배경 구성원의 현실과 관련 정책을 다룬다. 제3부 '다문화사회복지'에서는 다문화사회에서의 복지적 접근과 문화적 역량 개념을 중심으로 제도적·실천적 논의를 담고 있다. 제4부 '다문화교육'에서는 다문화교육의 이해를 위한 역사와 개념, 교사 교육과 다문화교육의 실천 관련 다문화교육 교육과정, 교수·학습 방법, 교육프로그램, 다문화 친화적 학교 등의 내용을 포함한다. 제5부 '다문화가족 상담'에서는 다문화상담의 역사, 개념, 특성, 기술, 대상별 이슈 등을 중심으로 구성되었다.

본 교재를 집필하면서 다문화사회에 대한 기본 이해를 넘어, 글로컬리티(glocality)에 기반한 세계시민의식 함양의 필요성을 다시 한번 깨달았다. 지역적 실천과 세계적 감수성의 통합은 미래 사회 구성원이 갖추어야 할 핵심 역량이며, 이는 곧 다문화사회 교육과 복지, 상담 실천의 방향성과도 밀접하게 연결되는 점도 확인할 수 있었다. 다문화사회의 다각적인 이슈를 폭넓게 다루고자 했지만, 지면의 한계로 제한된 내용들이 있어 아쉬움이 남는다. 다문화사회와 관련 이주민 중심으로 다루었지만, 넓은 의미의 문화다양성은 인종, 민족뿐만 아니라 젠더, 성적 취향, 종교 등 다양한 차원을 아우르는 개념인 만큼, 추후 여러 교재에서는 이를 포괄적으로 탐색해 보기를 희망한다. 마지막으로 본 교재가 다문화 관련 전공자뿐만 아니라, 교육·복지·상담 분야의 예비 전문가들에게 실질적인 학습 도구로 기능하길 기대한다.

아울러, 본 교재의 출간을 지원해 준 도서출판 어가에 깊은 감사의 말씀을 전한다.

2025년 9월

저자 김하영

차 례

PART 2 문화적 소수자들의 이해

PART 3
다문화 사회복지

PART 4
다문화교육

PART 5
다문화가족 상담

Part 1

다문화사회의 이해

다문화사회의 이해와 다문화사회복지 실천

Chapter 01

다문화사회와 문화다양성

학습목표

1. 문화와 문화다양성의 개념을 이해하고 정의할 수 있다.
2. 문화의 형성에 따른 변용의 전략을 적용해 볼 수 있다.
3. 다문화사회의 과제 목표를 설명할 수 있다.

01 문화의 이해

1) 문화의 개념

문화(文化)란 사전적 의미는 '사회의 개인이나 인간 집단이 자연을 변화시켜 온 물질적·정신적 과정의 산물'(한국민족문화대백과), 또는 '인간이 사회구성원으로 습득한 지식, 신념, 예술, 도덕, 법률, 풍습, 능력, 습관 등을 포괄하는 복합체로, 사회구성원에 의해 습득·공유·전달되는 행동양식 혹은 생활양식의 과정'(Peterson, 2004) 등으로 정의하고 있다. 하지만 문화에 대한 정의는 다양한 의미를 함축하고 있어 단순히 정의를 내리기는 어려운 개념이기도 하다. 서양의 경우 문화(culture)의 어원은 라틴어 'colere'(경작하다: 耕作)에서 유래되어 'cultura'(문화, 교화)의 의미로 쓰인 후 나중에는 교양(敎養), 예술(藝術)의 영어 'culture'에 이르렀다. 문화의 어원은 기존의 자연에 인간의 활동이 추가되어 만들어진 산물 또는 그러한 행동양식으로 이해되지만, Taylor(1973)는 문화를 "예술, 관습, 지식, 도덕, 법률, 신앙 등 인간이 사회의 구성원으로서 획득한 능력 또는 습관의 총체"라고 정의하였다. 이는 습관이나 행동보다 공유된 지식과 신념체계 혹은 상징이나 의미에 초점을 맞춘 최근의 문화 정의와 대조된다. Geertz(1973)는 문화를 "사람들의 소통과 교류의 도구로 쓰인 상징의 형태 안에 표현되어 계승된 개념, 영속되고 발전된 그들의 삶에 대한 지식과 태도"로 정의하였다. LeVine(1986)에 의하면, 문화는 "공동사회 안에서 지식, 도덕, 미(aesthetic)의 판단에서 널리 사용되는 기준과 의사소통의 도구들을 포함하는 공유된 생각의 조직"이라고 정의하였다.

따라서 문화는 인간이 추구하고 창조하는 각종 가치의 총체적인 산물이다. 즉, 인간이 살아가는 생활양식의 총체라고도 부를 수 있다. 예를 들면, 사람이 살아가면서 만들어낸 음식, 주거, 의복, 기술, 연구, 윤리 철학, 공동체 규범, 관습, 놀이, 전통 예절 등이 인간의 모든 생활양식이기 때문이다. 결과적으로 문화는 넓은 의미에서 물질적인 것부터 정신적인 것까지 인간의 모든 생활양식을 아우른다고 볼 수 있다.

다문화교육적 관점에서 한 국가 내 문화는 다양한 하위문화가 모여 이루어지며, 이러한 각각의 문화는 다양한 집단의 표상이며 그 집단의 본질이므로 모두 존중되어야 할 평등한 존재로 보고 있다. 즉, 국가 내 존재하는 문화적 변인을 이해하기 위해 국민국가(nation-state)의 문화 혹은 공유된 문화를 거시문화(macroculture)라고 부르며, 이것을 구성하는 보다 작은 하위문화를 미시문화(microculture)라고 부른다(Bennett, 2007).

모든 국민국가는 미시문화들을 공유하는 집단의 보편적인 가치, 관습, 상징, 사상 등을 지닌다. 그러나 국가 내 다양한 미시문화 집단은 이러한 지배적인 국가적 가치관과 사상을 집단에 따라 상이하게 해석하고 인식하며 경험하게 될 수 있다. 이에 국가적 차원의 보편적 상징, 가치관, 이상을 담은 문화는 다양한 하위집단의 문화에 적용되어 발현될 수 있다(Bank, 2010). 이에 문화는 우리가 느끼고 생각하고 행동하는 방식을 결정하는 것을 돕기 때문에 우리가 이 세상을 판단하는 렌즈가 된다. 따라서 우리는 내가 속한 문화에 기초하여 교육받고 생각하고 행동함으로써 우리의 관점으로 타 문화를 이해하는 것은 무의식적인 갈등과 장애가 발생하게 하는 요인이 된다(Gollnick & Chinn, 2009).

Peterson(2004)은 문화를 조금 더 쉽게 이해할 수 있도록 빙산에 비유하여 설명하고 있다. 빙산은 바다 위에 솟아 있는 부분이 주로 보이지만, 수면 아래에는 더 크고 견고한 빙산의 80%가 잠수해 있다. 우리는 문화를 가시적인 바다 위의 20%만을 보고 판단하는 오류를 범할 수 있다는 것이다. 이러한 문화에는 우리의 오감을 자극하는 언어적·비언어적 표현, 저서, 스포츠, 행동 방식, 음식, 음악, 의복, 예술 등이 모두 포함되며, 이를 명시적 문화(explicit culture)라고 부른다(Berry et al., 1992).

우리는 보편적으로 이러한 명시적인 문화 면들을 보면서 상대방의 문화적 배경을 판단하게 된다. 예를 들면, 외국인이 일반적으로 한국인을 생각할 때 김치를 좋아하고, 비빔밥과 불고기를 먹으며, 한국어를 사용하고, 특별한 날에는 한복을 입으며, K-팝을 듣고, 한국 드라마나 영화를 좋아하는 사람들이라고 생각할 수 있다. 우리 역시 외국을 나가기 위해 공항에 갔을 때, 상대방이 말은 하지 않아도 그 사람의 외향만으로 어느 나라 사람인지를 판단한다. 그러나 Peterson(2004)은 겉으로 드러나는 문화는 '빙산의 일각'이라고 지적한다. 80%가 물속에 잠겨 있듯이, 더 핵심적이고 변화하기 어려운 문화는 드러나지 않는 문화라고 강조한다. 즉, 비가시적인 문화의 근간이 되는 의견, 관점, 태도, 철학, 가치, 신념, 규범 등이 포함되며, 이를 암시적 문화(implicit culture)라고 부른다(Berry et al., 1992: Peterson, 2004).

이렇듯 문화는 사회화와 문화화를 통해 세대에서 세대로 전승되며, 문화적 지식은 언어를 통해 암호화되고 기록되어 젊은이들에게 전승된다. 즉, 문화는 개별적인 것이 아니라 적절한 사회적 행동에 대한 상호적이고 학습된 시각을 공유한다(Campbell, 2010). 우리는 문화적으로 다양한 사람들이 더불어 살아갈 수 있는 사회를 만드는 데 노력해야 한다. 이를 위해서는 광범위한 다문화교육이 필요하다. 기존의 많은 다문화교육이 동화주의적 측면을 강조하여 문화다양성을 충분히 이해하는 데 한계가 있었다. 이를 위해 문화이해를 바탕으로 문화다양성을 인식하며, 문화 감수성과 타 문화에 대한 존중하는 태도를 길러 문화적 공존을 실천할 수 있는 주류에 대한 다문화교육이 필요한 지점이다.

2) 문화의 특성

(1) 학습과 전승

인간은 자연 그대로의 동물적 상태로 태어난다. 인간 본능의 욕구와 생리적 작용에 의해서만 움직이게 된다. 그러나 발육과 성장 과정을 통해서 언어를 배우고 부모와의 접촉으로 본능과 욕구를 조절하는 방법을 습득하면서 좋고 나쁜 행동을 구별하는 능력을 구축해 나간다. 이처럼 인간이 출생 이후 학습을 통해 후천적으로 얻게 되는 생활방식을 문화라고 한다. 즉, 문화는 선천적인 것보다 후천적으로 습득되는 것임을 알 수 있다. 또한 한 사회구성원들 간 공유하는 문화도 인간의 후천적인 학습에서 비롯된 것이라고 볼 수 있다. 예를 들면, 젓가락 사용 방법, 연필을 잡는 방법, 인사하는 방법 등 후천적으로 학습된 문화이다. 일란성 쌍둥이가 각기 다른 사회에서 성장하면 서로 다른 행동과 생활양식을 갖게 되는 것도 이에 해당하는 학습의 예이다.

인간은 1차 집단인 가정에서 부모와 가족 구성원을 통하여 문화를 전수하고, 성장 과정에서는 학교와 사회집단으로부터 문화를 전수한다. 이러한 과정은 나아가 세대 간의 문화가 전승되고 가정, 학교, 사회는 문화의 전수기관의 역할을 하게 된다. 이러한 관점에서의 문화는 사회의 구성원들에 의해 학습되고 공유하며 양식화되어 다음 세대로 전승되는 것이다.

(2) 인간에 의해 가공된 산물

문화는 자연과 관계되지만 자연 그대로는 문화가 아니다. 문화는 불변하고 고정된 것이 아니라 인간에 의해 자연을 탐구하여 가공하고 응용되어 활용하여서 다양한 산물을 창조해 내는 것이 바로 문화인 것이다. 예를 들면, 자연에서 핀 장미꽃이 저마다 아름다움을 뽐내도 그 자체는 자연이지 문화가 될 수 없다. 그러나 인간이 꽃의 품종을 바꾸거나 꽃 축제를 만들어 많은 사람이 참여할 수 있도록 하는 것이 문화 행위이다. 해수욕장에서 채취되는 갯벌에 질 좋은 진흙의 원료를 발견하여 머드(mud) 화장품을 만들고, 더불어 머드 축제를 개최해서 관광 수입을 올리는 것도 문화에 속하는 행위라 할 수 있다. 가장 일차적인 것, 자연적인 것, 물적인 것은 문화의 질료(質料)는 될 수 있어도 그 자체만으로 문화가 될 수 없다. 결국 인간 혹은 사회에 의해 거르기, 가공, 각성을 통해 문화가 될 수 있다는 것이다.

(3) 공유적 속성

문화는 공유적 속성을 가진다. 한 사회의 구성원들은 다른 사회구성원들과 구별되는 그들만의 고유하고 특별한 문화를 공유한다. 더욱이 개인적인 취향을 문화라 칭하지 않으며, 많은 사람과 함께 나누고 공유하는 것을 문화라고 한다. 즉, 가치관이나 사회제도, 규범, 관습, 음식, 의복, 전통놀이, 예절 등 공동체를 형성한 사람들과 함께 인식하고 서로 인정하며 지키는 사회의 주요 행동양식과 상징체계를 말한다. 이처럼 문화에는 공유의 속성을 지녀서 같은 문화권 내 구성원들 간 상호 소통과 예측을 할 수 있다. 예를 들면, 명절에 성묘나 차례를 지내기 위해 고향을 찾는 명절 대규모 이동이 대표적이다. 프랑스인과 인사할 때는 볼에 입맞춤을, 한국인과 인사할 때는 허리를 굽혀 인사를 예측할 수 있다.

따라서 문화의 공유적 속성은 사회구성원들이 자신의 삶과 행동을 결정하는 데 중요한 의미를 지니며, 사회 공동체는 문화의 공유를 통해서 구속력과 결속력을 다지며 공동체의 질서를 유지해 간다. 예를 들면, 같은 언어와 종교, 문화를 가진 사람들 간에는 친근감이 형성되고 단결하게 된다. 그런데 같은 사회 속에서 문화가 다르면 대립하고 차별의식이 생기며 결국 사회적 분열을 초래하기 쉽다. 이러한 현상은 이질적인 것을 배척하고 동화시킴으로써 동질성을 유지하려는 문화 결속력에서 비롯된 것이다.

(4) 축적적 속성

모든 문화는 다음 세대로 전승되면서 새로운 삶의 방식들이 더해져서 점점 그 내용이 복잡해지고 다양해져 간다. 학습을 통해서 쌓인 지식과 경험을 공유하는 것으로 획득된 결과물들이 세대와 시공간을 넘어 축적되고 전파되면서 발전해 나간다. 즉, 문화는 전 세대로부터 물려받아 다음 세대로 전수되는 과정에서 새로운 기술과 지식이 축적되며, 내용이 풍부해지고 더 발전하는 특징을 지닌다. 따라서 다양한 경험과 학습이 축적되고 전수된 문화는 새로운 발견이나 가치관, 신념체계, 법규범 등의 내부적 혁신과 타문화 접촉을 통한 외부적인 자극으로 변화하고 발전한다. 물론 어느 일부는 사라지기도, 수정되기도 한다.

3) 문화다양성의 개념

문화다양성은 단일문화와 대비되는 다의적인 개념을 가진다. 문화다양성에 대한 정의가 명확하게 제시되어 있지 않다. 그러나 문화다양성이란 원래 생태학 분야의 '생물다양성(bio-diversity)'에서 비롯되었다. '생명 다양성' 개념은 생물다양성을 넘어 오늘날 인간 사회에서 발견되는 문화 및 언어 다양성까지 포함한다(남부현 외, 2016). 그동안 인류의 역사에서 문화 및 언어 행동을 다양하게 발전시켜 왔다. 즉, 주변 세계를 이해하고 이에 적응하는 서로 다른 방식, 서로 다른 사회조직 유형, 서로 다른 일련의 가치·믿음·의식 그리고 관행·정치·노래와 구전 이야기, 우리가 언어를 통해 자신을 표현하는 모든 상황, 일상생활에서 서로 소통하는 다른 방식이 있다.

오늘날의 문화는 더는 인문학과 예술 분야에서 제공되는 소비재에 제한되지 않고, 사람들의 사고방식, 생활체계, 독특한 특성을 포함하는 개인과 공동체의 정체성까지를 아우르는 광의의 개념으로 이해된다. 이를테면, 문화권(cultural right)은 단순한 문화상품을 누리는 권리를 넘어, 인간 존엄성의 중요한 부분을 보호하는 것 이상의 진정한 인권이라고 할 수 있다. 따라서 문화다양성은 문화권의 범위와 성격을 규정하는 데 중요한 근거를 제공한다.

문화다양성이란 한 집단의 공동체 간에 서로 다른 경험에 대한 반향이자 인식이며, 삶의 경험 차이이다(Marshall, 2002). 이러한 정의의 기저에는 사회에 내재한 불평등한 힘의 권력에서도 집단 간 상호 의존적인 관계를 강조하였다(James, 2000).

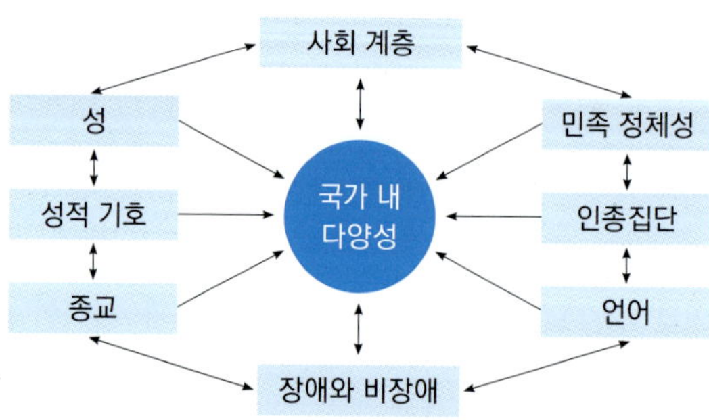

그림 1-1 다문화사회에서의 다양성 요소

출처: Banks, J. A. (2010). 다문화교육 입문[An introduction to multicultural education(4th ed.)], p. 35.

문화다양성의 주요 요인들은 인종, 민족, 종교, 계층, 성, 언어, 지역 등과 연관된 문화적 차이로([그림 1-1] 참조), 이러한 요소들을 바탕으로 다문화사회에서 중심이 되는 문화다양성의 개념은 다양한 문화를 가치 있는 것으로 인정하고 유지해야 한다는 가치 판단도 포함된다. 즉, 다문화사회에서 문화다양성은 '다름'으로 나타나는 문화 현상들에 대한 고유의 가치를 인정하는 가치 영역으로, 이를테면 다양한 문화, 다양한 생활 모습, 다양한 가치관과 외모를 지닌 사람을 존중해 주기 위해 이루어진 다문화교육의 중요한 영역이다. 이렇듯 다문화사회에서의 문화다양성이란 지리, 지형, 기후 등과 같은 자연적 조건과 계층, 민족, 신념, 종교, 역사, 언어, 젠더 등의 인문적 조건 차이에 따라 집단과의 문화가 표현되는 다양한 방식과 양상을 정의한다(설규주, 2012).

그러나 더 깊이 있는 반성과 성찰을 통해 문화다양성 이면에 가려진 사회적·정치적·경제적 권력과 갈등 관계에 주목할 필요가 있다. 예를 들면, 역사적으로 식민지를 경험한 많은 국가는 식민통치자의 문화가 주류문화로 등장하면서 자국의 문화는 소멸하거나 배제를 겪는다. 대부분의 식민지 문화는 저급한 문화로 치부되며 식민지 백성들에게 모멸감을 안겨주며 종국에는 버려진 문화로 전락하였다. 오늘날에도 과거 제국주의의 문화는 자유주의와 자본주의의 영향으로 선진문화 또는 고급문화로 포장되며, 한 국가 내에서 문화 간 차별과 갈등을 표출하고 있어 기득권층과 비기득권층 간에 불평등한 갈등과 대립을 야기되는 사회적인 문제로 확산하는 경향이 높다(천정웅 외, 2015, p. 53). 이로 인해 세계화가 가속화된 현대세계에서 문화다양성은 모든 사람의 문화가 상호 평등한 관계를 맺고 지속 가능한 발전을 위한 중요한 요소로 자리매김해야 한다. 이에 문화다양성은 인류의 창의적 표현이자 인류의 도덕적·미적·도구적 가치를 지닌 중요한 실천전략으로 유시되어야 한다.

02 문화의 형성

1) 문화접촉

문화는 인간의 일상과 연관되는 지식, 언어, 관습, 종교, 예술, 제도, 도덕, 관점 등을 모두 포괄하는 개념이다. 인간이 스스로 표현하고 타인과 교류하며 공동체를 구축해 가는 행동양식이다. 서로 다른 문화적 배경을 가진 인구 집단과 집단이 만나게 되는 상황을 문화접촉(cultural encounter)이라 한다. 물론 문화의 접촉에는 직접접촉과 간접접촉이 있다. 지리적 이주에 의한 접촉 혹은 신체의 물리적 이동이나 대면적 만남이 직접접촉에 해당한다. 예를 들면, 결혼이민자, 외국인근로자, 북한이탈주민, 외국기관 종사 외국인과 그 가족, 유학생, 난민 등이 한국으로 이주 및 정주하는 경우이다. 즉, 이주에 의한 문화의 접촉과 신체의 물리적 이동, 직접적 만남 등을 의미한다. 간접 접촉은 외국 문헌의 전달, 생활품의 교류, TV, 라디오, 영화 등 문화적 교류, 전화, 휴대폰, SNS, 인터넷 등 통신수단의 발달에 의한 소통 매체를 통한 교류 등이 있다.

문화접촉은 내향적 접촉과 외향적 접촉 등으로 구분된다. 이는 문화접촉의 주체와 대상 간의 관계에서 누가, 어떻게 이동하여 접촉하는가에 따라 구분된다. 외향적 접촉은 주체가 자신의 거주 또는 생활공간에서 이동하여 다른 곳에서 새로운 문화권의 대상을 접촉하는 것이다. 내향적 접촉은 주체의 생활공간 속으로 타 문화권의 대상이 유입됨으로써 새로운 문화를 접촉하게 되는 것이다. 이러한 구분은 한국 사회가 국제화, 지구촌화 등의 개념으로 사회변화를 추구해 왔지만, 외국인 유입에 따른 외국인 친화적인 지역사회 만들기, 다문화 공존을 지향하는 외국인 정책, 우리 사회구성원의 의식에서의 근본적인 변화를 추구하는 내향적 국제화를 다지는 내실은 부족하다는 것이다(조옥라 외, 2006, p. 42). 따라서 향후 다문화사회에서의 과제와 역할들을 논의할 때 내향적 접촉, 내향적 국제화의 개념이 중요한 토대가 될 수 있을 것이다.

문화는 사회적 접촉에 따라 문화 내 접촉과 문화 간 접촉으로 범주화된다. 문화다양성에 따른 하위집단을 가진 다문화사회 구성원 간 접촉을 문화 내 접촉이라 한다. 또한 업무나 학업, 여행 등의 목적을 가진 사람이 일정 기간 타 국가로 갔을 때 발생하는 문화 간 접촉이 있다.

문화접촉의 범주화를 세부적으로 정리하면 〈표 1-1〉과 같다.

표 1-1 문화접촉의 범주화

구분	문화접촉	
물리적 접촉(encounter)	간접접촉	직접접촉
이주성 접촉	내향적 접촉	외향적 접촉
사회적 접촉(문화별)	문화 내 접촉	문화 간 접촉

2) 문화변용 전략

문화변용의 개념과 이론은 이주 식민지화 내지는 다른 형태의 문화적 교류의 결과로 나타난다. 하나의 문화적 맥락에 익숙해진 개인이 새로운 문화적 맥락에 어떻게 적응하는가를 설명해 준다. 문화변용은 일반적으로 집합적 혹은 집단 차원에서의 문화적 변화를 의미한다. 문화변용의 고전적 정의(Redfield et al., 1936, p. 149: Berry & Sam, 1997, pp. 293-294 재인용)에 따르면 변용은 이주민과 토착민 중 어느 한쪽만의 사안일 수도 있고, 양쪽 모두의 사안일 수도 있다. 결국 문화적 변화는 양쪽 모두에서 일어날 수 있다는 것이다. 그러나 실제로 문화변용은 어느 한 집단에서 더 많은 변화를 유도하는 경향이 있다(Berry, 1990). 문화변용이 과정은 다양한 문화적 배경을 가진 사람들이 한 사회구성원으로서 함께 살아가고 있는 다문화사회에 기반을 둔다. 즉, 문화적 다원성을 전제로 한다(Berry & Sam, 1997). 이러한 다원적 사회에서는 집단 간에 사회적 힘의 차이가 존재하고, 이러한 힘의 차이는 주류집단과 소수자 집단으로 구분된다. 예를 들면, 미국에서 주류집단은 백인 유럽 이민자가 되고, 소수자 집단은 그 외의 타 인종과 흑인 민족 집단이 될 것이다.

한국의 다문화사회 진입에서 한국인 외의 대규모 민족이나 인종 집단 등의 분류은 존재하지 않으나, 외국인근로자, 결혼이민자 등으로 소수자 혹은 비주류집단으로 구분되고 있다.

Berry(1997)에 의한 문화변용 전략은 잘 구조화되어 학회에 익히 알려져 있다. 그는 고유한 문화정체성의 유지와 주류사회 문화 수용 여부에 기반을 둔 이주민 문화 적응의 상황을 통합, 주변화, 동화, 분리 네 가지 범주로 분류하였다.

먼저 통합(integration)은 모국의 문화적 특성과 자신의 문화정체성을 유지하면서 주류사회의 문화를 수용하여 소화해 내는 범위이다. 통합 범주 내 속한 이주민들은 문화적 통합을 어느 정도 유지하면서 주류사회의 네트워크에 참여하고자 노력한다. 반면, 통합과 상반된 범주는 주변화(marginalization)이다. 주변화의 범주 내 있는 이주민들은 자신의 문화와 주류문화를 모두 수용하지 않거나 거부한다. 동화(assimilation)는 스스로 문화적 정체성을 유지하지 못하고 주류사회의 문화나 사회문제에 빠져드는 것이다. 반면 이주민들이 주류사회의 문화를 수용하지 않고 자신의 문화적 정체성만을 고집하면 분리(separation)의 범주에 속하게 된다.

표 1-2 문화적응 전략의 범주화

차원 1 / 차원 2		문화적 정체성과 특성의 유지	
		그렇다	그렇지 않다
주류사회 문화 수용	그렇다	통합	동화
	그렇지 않다	분리	주변화

출처: Berry, J. W. (1997). Immigration, acculturation, and adaptation.

〈표 1-2〉의 네 가지 범주는 이주민의 상황과 이주 시기와 이주 지역의 환경에 따라서 결정된다. 이민자들은 주로 통합의 범주를 가장 선호하는 것으로 보인다(Krishan & Berry, 1992). 문화변용의 과정은 개인에게 발전적이고 긍정적인 측면을 가져오기도 하지만, 개인의 정체성, 통합성, 대처 능력의 상실 등 부정적인 측면을 불러오기도 한다(조정아 외, 2006, p. 9).

그러나 Berry(1997)의 문화적응 모형에서는 이주민의 상황에서 선택할 수 있는 개인 행위의 심리적인 상태만을 제시하였을 뿐, 이입국의 전통, 관습, 문화, 환경 등과 같은 구조적인 상태를 제시하지 않았다. 개인의 문화적응을 살펴볼 때, 문화적응을 위해서는 모국의 문화에 대하여 유대감과 자긍심을 갖는 것이 이주국에 적응하고 이주국의 문화를 수용하는 것만큼

이나 중요하다(Berry, 2001). 즉, 균형 잡힌 문화적응이란 모국의 문화를 유지하면서 이주국의 문화를 수용하는 과정이며, 이러한 이차원적인 관점과 해석은 다문화사회에 관한 연구에서 필수적이다. 이에 Berry(2005)는 이주국에 대한 이주민의 적응만을 조명하는 일차원적인 모델에서 탈피하여 모국의 문화를 유지하는 정도를 교차하여 통합적으로 고려하는 이차원적 모델을 제시하고 문화적응을 4개의 유형으로 분류하였다.

따라서 Berry(2005)는 이러한 취약점을 보완하기 위하여 이입국 주류사회의 구조적 상황과 이주민과의 관계를 상호작용으로 규정하며 새로운 모델을 유형화하였다.

사회가 이주민에게 구상하는 네 가지 문화변용 전략

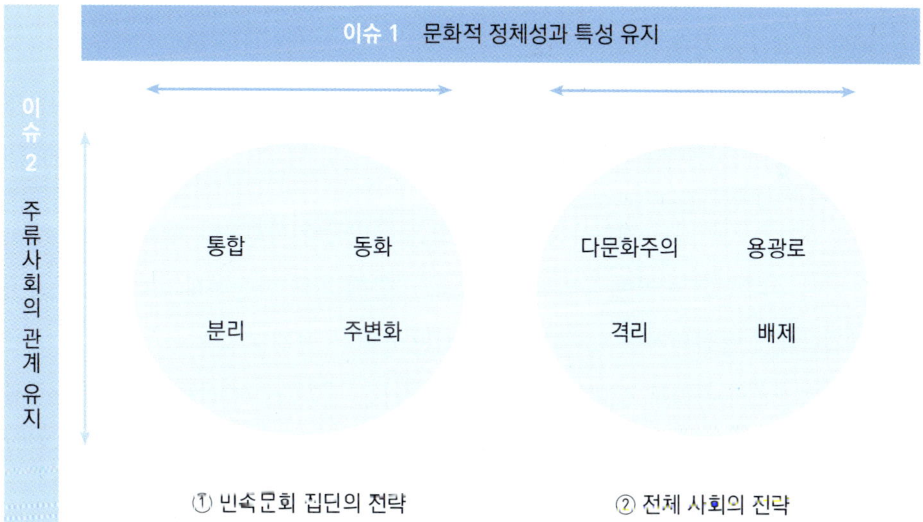

그림 1-2 민족 집단과 전체 사회의 문화변용 방식의 전략

출처: Berry, J. W. (2005). Acculturation: Living successfully in two cultures.

[그림 1-2]는 이주민이 이입국 사회에서 구사하는 네 가지 문화적응 전략 이외에 이입국 사회가 이주민에게 구사하는 네 가지 전략을 추가하였다. 주류집단이 특정한 문화접변 전략을 강요하거나, 또는 비주류집단 사람들이 어떤 문화변용 전략을 선택할 것인가에 대해 영향력

을 행사할 수도 있다. 문화변용의 방식 선택에서 주류집단이 주도적 역할을 하는 상황의 변화변용 전략은 다른 차원으로 정의될 수 있다.

첫째, 이입국 사회의 용광로 모형은 주류사회가 다양한 소수자 집단을 흡수함으로써 소수자 집단을 완벽하게 소멸시키는 전략이다. 이 모형에서 소수자 집단의 문화적 지속성은 부정되고, 일괄적으로 하나의 국민, 하나의 문화, 하나의 국가로 통합된다. 이를테면, 동화 모델은 이입국 주류 사회에 의해 용광로 모델이 강력하게 추진될 때 구축되는데, 이는 여러 가지 재료를 혼합해서 만든 비빔밥과 유사하다고 할 수 있다.

둘째, 이주민의 분리 전략은 이주민이 주류사회와의 관계 유지에 소극적이며, 유입국 주류사회 역시 이주민을 강제로 분리하고자 할 때 분리 전략을 사용한다.

셋째, 유입국 주류사회가 이주민을 강제로 배제할 경우, 이주민은 주변화 전략을, 유입국 사회는 배제의 전략을 사용한다.

넷째, 이주민의 통합 전략은 유입국 사회가 전적으로 문화적 다양성을 목표로 삼고, 상호간의 문화를 수용하는 전략을 구사할 시에 발생한다. 이것을 다문화주의 모델이라고 부른다.

이주민이 유입국 사회에서 경험하는 모든 상황은 유입국의 사회문화 구조 속에서 발생하는 결과물이며, 이주민은 이러한 유입국의 구조적 영향에 의해 반응하게 된다. 즉, 주류집단이 비주류집단에게 동화되기를 요구하는 문화접변 전략은 용광로(melting-pot)이다. 주류집단이 비주류집단에게 분리를 강요하는 문화접변 전략은 격리(segregation)라 말한다. 주류집단에 의해 강요된 주변화는 배제(exclusion) 전략이다. 그리고 모든 다양한 민족 집단을 포함하는 전체 사회의 특징으로 다양성을 수용하는 문화접변 전략은 다문화주의(multiculturalism)라고 설명할 수 있다.

문화변용의 과정은 개인에게 발전적이고 긍정적인 측면을 제공하지만, 개인의 정체성, 통합성, 대처 능력 등의 상실감을 부르는 부정적인 측면을 보이기도 한다. 따라서 문화적응의 과정에서 문화변용 스트레스는 환경적 요인과 반응하여 정신·심리적 문제로 발전할 수 있어서 주의가 필요하다(최명민 외, 2015; Berry & Sam, 1997).

03 다문화사회에 관한 접근

1) 단일문화와 자민족 중심주의

인간은 자신이 속한 집단의 문화를 누리고 특정 문화적 배경에 속한 상태에서 우리가 가진 가치관과 세계관을 토대로 다른 문화를 평가한다. 이때 문화는 우리가 특정 상황 혹은 현상을 인식하고 생각하며 해석하는 데 영향을 미치는 거름종이가 된다(Matusumoto, 2000). 다른 사람의 행동이나 생각을 평가할 때 나와 다르다고 인식하면, 타인에 대한 충분한 이해나 고려 없이 '적절하지 않다' 혹은 '틀리다'라고 해석할 수 있다. 그래서 우리와 나름을 인정하는 데 어려움을 겪으면서도 모든 사람은 자민족의 문화를 중심으로 사고를 하는 경향이 있다. 즉, 다른 문화를 가진 사람들의 사고, 태도, 행동 등을 이해하는 데 자민족 중심주의(ethnocentrism)의 편향적 사고를 할 수 있음을 인식하고, 이에 대한 주의를 기울일 필요가 있다(Sue et al., 2016).

Sue 등(2016)은 자민족 중심의 단일문화주의가 갖는 폐해에 대해 다섯 가지 측면에서 설명하였다. 첫째, 우월성에 대한 신념이다. 자민족 중심의 단일문화주의를 가졌을 때, 자신의 문화유산이 다른 집단에 비해 우월하다는 강한 신념이 생길 수 있다. 특정 지역의 문화는 더 '우월'하고 또 다른 지역의 문화는 '미개'하다고 평가함으로써 문화에 대한 서열을 매기기도 한다. 예를 들면, 미국이나 유럽 국가에서 나고 자란 백인들이 유럽인의 생활양식을 가지고, 개인주의적인 사고를 하는 것에 대해 우월감을 느끼고, 바람직한 삶의 방식이라고 생각하는 경우가 여기에 속할 수 있다. 둘째, 집단별 문화에 대한 서열을 매기기 시작하면, 자신의 문화에 속하지 않는 다른 사람들은 열등하다는 신념을 가질 수 있다. 즉, 우리의 사고방식을 공유하지 않고, 생활양식을 따르지 않으며, 이질적인 특성을 가진 사람들에 대해 저평가하게 된다. 이러한 평가는 특정 집단의 사고방식이나 행동양식 등을 미개한 것으로 보거나 심지어는 병리적으로 평가한다. 셋째, 권력을 이용한 기준의 강요이다. 앞에서도 언급했듯이, 사람은 자신이 속한 집단에 소속감을 느끼고, 자신이 속한 집단의 문화에 대한 자부심을 느끼며, 자신의 문화에 토대를 둔 편견을 가질 수밖에 없다. 이러한 소속감이나 자긍심이 없으면 자신의 정체성이 흔들릴 수 있기 때문이다. 그런데 특정 권력을 가진 주류집단이 자신의 문화를 강요한다면, 이는 다른 집단을 억압하고 강제하는 기제로 작동하면서 문제가 발생하게 된다. 넷째, 자민족 단일문화주의의 가치와 신념이 프로그램, 실천, 정책 및 제도에 명시되어 있다. 이를테면, 동화주의를 강요하는 프로그램, 특정 집단이 주류사회에 참여하지 못하는 제도적 차별, 특정 집단에게만 차별적으로 집행하는 법률, 경제적 기회에 대한 제도적 배제 등이 여기에 해당한다. 다섯째, 불투명한 베일(invisible veil)이라고 일컫는 개인적·제도적 부정을 인지하지 못하는 것을 말한다(Sue et al., 2016).

일반적으로 사람은 사회적 편견을 문화적 조건화(cultural conditioning)를 통해 배우게 되는데, 의식하지 못하는 그 순간에도 이러한 편견으로 타인을 차별할 수 있다(Sue, 2004). 예를 들면, 이러한 편견을 강화하는 하나의 신화(myth)로 메리토크라시(meritocracy)의 신화를 꼽고 능력과 의지가 있는 사람은 성공할 수 있으며, 성공하지 못한 사람은 능력이 없거나 의지가 약하기 때문이라고 설명한다. 그러나 한 개인이 성공하는 데 있어서 개인의 능력뿐만 아니라 다양한 요인들이 영향을 미친다. 특히, 특정 집단의 특권과 인맥, 부모의 사회·경제적 배경, 그리고 이로 인해 받을 수 있는 특혜 등도 성공에 영향을 미친다.

Sue 등(2016)이 제시한 자민족 중심의 단일문화주의의 폐단을 한국에 적용해 보면, 단군신화에서부터 비롯된 아주 강력한 단일민족의식, 즉 단일문화주의적 성격을 띤다. 한민족이라는 민족의식은 국내뿐만 아니라 해외에 거주하고 있는 한국 사람들의 단결을 강조하고 있다(하진기, 2018). 또한 한국에 거주하고 있는 같은 국적의 사람은 같은 한민족이라는 의식이 강하며, 그동안 많은 이주민이 존재했음에도 불구하고 여전히 순수한 하나의 민족으로서의 자부심과 자긍심을 가지고 있다. 같은 한민족이라는 단일문화주의는 한국의 외세 침략을 받고, 일제강점기를 겪으며, 한국전쟁이 발발하는 등의 어려운 상황 가운데에서도 이를 극복할 수 있는 원동력으로 작용하였다.

이렇듯 강한 단일문화주의에도 불구하고, 다사다난했던 역사적 배경으로 우리 문화에 대한 평가는 복잡하다. 특히, 한국의 문화적 우월성에 대해 차별적 평가가 존재한다. 우리도 근대화 과정에서 백인들의 우월주의에 영향을 받았고, 이들보다 근대화 과정이 늦어져서 경험했던 여러 가지 역사적 비극들은 미국, 유럽의 근대화된 문화가 우리 것보다 훨씬 우월하다는 문화사대주의를 갖도록 하였다. 그 결과 백인의 생김새, 사고방식, 문화, 생활방식 등을 긍정적으로 평가하며 매우 호의적이다. 이를테면, 사람들의 생김새를 평가할 때, 같은 한국 사람이라도 피부가 하얗고, 콧대가 높고 눈이 큰 사람이 더 좋은 외모 평가를 받는데, 이는 서구 백인의 미적 기준과도 거의 흡사하다. 또한 우리가 수용한 밸런타인데이, 크리스마스, 핼러윈 축제 등 미국과 유럽 국가의 외국 문화들이 많다. 또한 스타벅스는 세계적으로 유명한 카페 문화를 형성하고, 할리우드 영화가 세계 영화시장을 석권하는 등 미국의 이론과 의식이 혼합되고 다층적으로 팽배해져 있다. 서구와 관련되는 문화를 보편문화로 받아들이는 풍조에서 우리는 전략적으로 문화의 보편성 앞에서 다문화주의를 선택할 필요가 있다. 지금의 보편문화는 우리가 그 문화를 인정하는 것과 상관없이 거대 자본을 앞세운 제국주의 문화의 다른 이름이기 때문이다.

그러나 비유럽 국가, 특히 아시아 국가에 대해서는 한국의 문화적 우월성을 주장하며 상대 문화를 저평가하는 등의 행태를 보인다. 한국보다 경제적인 수준이 낮은 나라일수록 이러한 차별적 태도가 더 강한 편이다. 대표적인 예로, 결혼이주여성에게 한국으로 결혼해서 왔으니, 한국인 며느리로서 한국 문화를 익히고, 김치 담그고, 한국어로 가족과 소통해야 한다는 사회와 가족의 기대를 꼽을 수 있다. 이는 권력을 가진 주류 한국 사회가 한국어와 한국적인 생활양식을 일방적으로 강요하고, 동화주의 프로그램을 제공하는 것에는 개선이 필요하다.

2) 문화상대주의

문화상대주의(cultural relativism)는 다양한 사회의 문화를 인정하고 각 문화를 그 사회의 고유한 환경 속에서 이해하고자 하는 태도를 말한다. 다양한 인간 집단이 다른 생각으로 느끼고 행동한다는 것은 문화 인류학자들을 통해 이미 잘 알려진 사실이다. 그런데 한 집단이 다른 집단보다 우월하거나 열등하다고 간주할 만한 과학적 근거는 없다. 다만 각 사회의 문화를 선진문화와 후진문화로 구분할 것이 아니라 서로 다른 표준과 체계를 가진 문화로 다루어야 한다(남경태, 2006; 이순배 외, 2014).

프랑스 인류학자 Claude Lévi-Strauss(2010)는 "문화적 상대주의는 한 문화가 다른 문화에 비해 저속하다거나 고상하다고 판단할 절대적인 기준이 없다. 한 문화의 구성원은 그 문화 안에서 관찰자와 행위자의 역할을 하기 때문이다."라고 정의하였다. 문화의 상대성을 인정하는 태도는 다양한 문화를 독특한 환경, 역사, 사회 상황의 맥락에서 이해하고, 각 문화의 가치를 존중하며 인정하는 기준이 될 수 있다.

문화상대주의는 도덕적 상대주의와 인식적 상대주의 관점이 있다. 도덕적 상대주의는 문화적 맥락에서 가치체계에 따라 특정 행위나 사상에 대하여 옳고 그름을 판단하는 것을 말한다. 또한, 사람들은 자신을 둘러싼 환경적 배경에 따라 세계와 사물을 상대적으로 파악하는 인식적 상대의 관점을 가진다. 따라서 문화상대주의는 개인과 사회에 대한 규범을 의미하고 있어 자기 집단과 다른 집단, 다른 사회를 판단하는 데 보류될 것을 요구한다. 예를 들면, 부계가 모계보다 더 뛰어나다고도 열등하다고도 말할 수 없고, 일부일처제가 일부다처제와 일처다부제보다 발전된 결혼 형태라고 결론을 내릴 수 없다면 각 문화의 우열을 다루는 것 역시 무의미한 일이 된다. 특히 문화의 가치는 측정 불가할 뿐만 아니라 어떤 종류의 기준은 극히 주관적일 수 있다. 현대의 유럽인이 오스트레일리아 원주민보다 행복한지 또는 어른보다 아이가 행복한지, 살아 있는 자가 죽은 자보다 더 행복한지는 과학적으로 입증할 수 없는 문제이기 때문이다.

문화적 상대주의는 민족에 따라 혹은 시간과 공간에 따라 다르며, 이들 문화 간의 다른 점을 비교할 때 어느 쪽이 더 좋고 바람직한가를 말할 수 있는 객관적 기준은 없다. 이러한 관념은 구성주의의 입장과도 상통된다. 구성주의에서는 사람이 인식하거나 생각하는 것이 사회적·문화적·역사적 요소의 영향을 받으며, 현실과 동떨어져서는 자신의 실제를 파악할 수 없다고 보았다. 결국 문화상대주의는 타자를 고정된 의미망 속에서 파악하거나 개인이 갖는 문화적 특성에 중점을 두기보다는 주체로서의 개인을 더욱 중요시한다(Lévi-Strauss, 2010). 이로 인해 문화상대주의는 인간의 기본권이나 인종차별 타파 혹은 반편견교육 등에는 '소홀한 것이 아니냐'라는 비판을 받기도 한다. 하지만 다문화사회에서 이질 문화 간 상호 소통을 위해 필수적인 이념이며, 프랑스나 독일어권 국가에서는 다문화 관련 정책의 근거가 되고 있다.

인권을 둘러싼 보편주의와 상대주의의 논쟁으로, 소수자들의 인권 보호는 그들이 형성하는 문화를 어떻게 바라볼 것인가 혹은 문화를 배제하고 그들의 권리에 대해 논의해야 하는가의 문제와 깊이 연결된다. 그들이 인권침해를 경험하는 데는 타고난 생물학적·사회적 배경에 대한 배제의 영향도 있지만, 그들이 형성하는 고유한 문화에 대한 혐오와 배제에 기인하는 경향도 크기 때문이다. 오늘날과 같은 다문화사회에서도 이러한 '문화적 소수자'들은 그 특수성을 인정받거나 포용하지 못하고 여전히 소외와 갈등을 경험하고 있다(김학태, 2015).

인권 개념이 보편적인지 혹은 문화에 따라 상대적 성격을 띠는지가 중심이 되는 논점이다. 고유한 소수자의 권리와 집단의 권리를 보호하기 위해서는 모든 인간이 갖는 권리가 어떻게 침해되고 있는지에 대한 분석도 중요하지만, 그들이 속한 문화권에 따라 고유한 성질과 종류의 인권이 보호되어야 하는지 또한 살펴볼 필요가 있다. 인권의 보편성과 상대성은 양립할 수 없는 상극의 성질, 혹은 한 연속체에서의 양 끝으로 이해되는 경향이 있다. 하지만 인권에 대한 보편주의적 입장과 상대주의적 입장을 심층적으로 들여다보면 이 두 가지는 서로 충돌하는 성질이 아니라 중첩되는 주장을 내포하며, 궁극적으로 같은 목적을 가지고 상호 보완할 수 있는 잠재력을 가지고 있다는 것을 발견할 수 있다. 양극단의 성질이 아니라 하나의 스펙트럼 안에서 이해되어야 함을 알 수 있다(정필운·박선웅, 2019).

정필운과 박선웅(2019)의 연구에서는 인권이 문화에 의해 규정되면서 보편적인 특성이 있나는 것과 인권 담론이 그 힘을 발휘하기 위해서 인권은 끊임없이 보편성을 추구하여야 한다고 주장하였다. 또한 정부는 국내 인권법의 제정과 집행, 적용에 있어 문화상대주의가 아닌 인권 보편성을 추구하여야 하며, 특히 사법부에서는 국내 인권법의 적용에 있어 원칙적으로 인권의 보편성 관점에서 판단하여야 한다고 보고하였다. 특히 그들의 연구에서 인권 개념은 본질적으로 모호하다는 전제하에 인권교육은 공동체 구성원이 그 모호성을 인식하고 이를 부단히 구성하고 채우도록 독려하고 지원하는 기능을 수행함에 따라 인권교육의 중요성과 정당성을 강조하였다.

3) 다문화사회의 교육 과제

한 사회 내 다양한 인종이나 민족 집단들의 문화를 단일한 문화로 동화시키지 않고 서로 인정하고 존중하면서 공존하는 사회(윤인진, 2008), 특정 집단이 무시나 차별을 받지 않고, 차이에 따른 정치·경제·사회적 갈등을 방지하고 인간으로서 보편적 권리의 향유를 목적으로 하는 것을 다문화사회(박진경·원숙연, 2010)로 정의하고 있다. 즉, 소수 문화를 인정하고 존중하며 차이에서 오는 차별을 시정하여 공존을 지원하는 정부의 제도적이고 집합적인 노력이 필요한 것이 다문화사회이다.

다문화사회는 동전의 양면과 같이 국가와 사회적으로 긍정적인 측면과 부정적인 측면을 동시에 가진다. 다문화사회로의 변화에 따라 긍정적인 측면은 이주민으로 노동력 공급이 증가하고, 국내 산업의 인력난이 해소되며, 국내 총생산량이 증가한다는 것이다(Barro et al., 1992). 이러한 측면에 접근해 보면, 한국의 다문화사회 현상은 국내 노동시장이 해외시장으로의 확장에 의한 노동의 수요 공급 문제, 국가 간 교류 활성화로 국제결혼의 보편화 현상, 북한이탈주민의 유입, 외국국적동포 입국, 난민 유입 등으로 가시화되고 있다. 반면, 다문화사회의 부정적인 측면은 다문화 갈등에서 오는 사회 문제들이다. 민족적 문화 차이로 인해 사회 갈등을 조장하는 선례보다는 오히려 사회적 지위와 경제적 자원, 권력의 위계 등에서 압도적으로 더 많이 나타난다는 주장도 있다(우수명 외, 2015).

한국은 이미 다문화사회에 진입하였다. 법무부 통계자료에 의하면 2025년 4월 말 현재 2,713,682명으로, 전체 인구의 5%를 체류 외국인이 차지하고 있기 때문이다. 국내 인구의 저출산·고령화로 인한 인구의 변동과 국제교류 및 국내 이주민의 유입 증가는 다문화사회로의 진입요인으로 작동된다. 다문화사회로 변해 가는 민주국가는 인종, 언어, 종교적으로 다양한 집단들이 자신의 문화 공동체 대한 정체성을 유지하면서 동시에 통합된 국가 형성이라는 과제를 안고 있다. 즉, 다양성과 통합의 균형과 조화를 이루는 것이 현대 국가의 주요 과제이며 다문화사회의 교육 목표이다.

(1) 전통적 교육체제의 한계

국가는 전통적으로 교육체제를 통해 미성숙한 학습자를 국가의 시민으로 양성하는 시민교육을 통해 유지·발전을 추구해 왔다. 근대 국민국가의 교육체제는 개인을 시민의 지위로 인도하는 시민교육을 통해 국가적 결속력과 통합을 주요 목적으로 하였다. 즉, 전통적 시민교육은 국가에 대한 일체감과 충성심을 육성하는 과정이었다.

국가 중심의 시민성 개념은 다양한 민족 집단이 자기 공동체의 문화를 버리고 국가의 주류문화를 받아들임으로써 국가적 시민문화에 포함될 수 있다고 가정한다. 이러한 관점의 시민교육은 소수집단의 학습자들이 자신의 문화정체성을 상실하게 되고 그들의 공동체로부터 소외당하는 결과를 초래한다. 이 경우 소수집단의 구성원은 소속 공동체의 문화와 국가의 시민문화 모두로부터 소외된다(Banks, 2016).

현대 국가는 다문화사회로의 변화하는 과정에서 기존의 국가 중심 시민성 개념은 도전을 받고 있다. Heater(2003)는 이러한 국가 중심 시민성 개념에 대한 도전을 두 가지의 방향으로 제시하였다. 첫째, 국가 내 소수집단에 의해 이루어지는 아래로부터의 도전이다. 즉, 다문화사회로 변화하는 과정에서 이주민이 증가하고, 이들은 국가로부터 자신들의 정체성을 인정받기를 원한다. 이주민들이 자신의 고유한 문화, 종교, 언어에 대한 애착심이 강할 경우, 국가 중심 시민성 개념은 도전을 받게 된다. 둘째, 국제연합과 같은 다양한 초국가적 기구 창설과 세계시민성 개념에 대한 인식의 확산에서 오는 위로부터의 도전이다. 전통적으로 국가를 중심으로 국제 관계가 형성되었지만, 최근에는 국가 이외의 다양한 행위 주체들이 국제관계에 참여하고 있다.

또한, Brighouse(2021)는 국가정체성과 애국심을 강조하는 시민교육은 민주주의의 원칙에서 벗어나며, 교육과정을 왜곡할 수 있다고 비판한다. 권위적 방법으로 정부 혹은 국가에 순응하는 태도를 육성하는 것은 구성원의 자발적 동의에 기초하여 정당성을 확보해야 한다는 민주주의 정부의 원칙에 어긋난다는 것이다. 더불어 국가에 대한 소속감과 존경심을 기르기 위해 교육과정에 특정 내용을 배제하거나 왜곡할 가능성이 크기 때문이다.

따라서 현대사회는 다문화적 변화로 인해 시민교육을 통한 국가의 동질성 유지를 지속적으로 추구하기 어려운 상황이 되었다. 이는 소수집단 구성원을 강제로 동화하거나 배제하는 기존의 전통적 시민교육에 대한 도전이다.

(2) 다문화사회의 교육체제

전통적인 시민교육은 국가의 이익에 기여하고 자국민으로서의 정체성을 강화하는 것에 초점이 있었다. 그러나 글로벌 시대 다문화사회의 시민은 다문화사회의 구성원으로서 다양한 인종, 민족, 언어, 종교 집단의 구성원과 상호작용하고 공공의 문제해결에 참여할 수 있어야 한다(Banks, 2007). 데이비스 등(Davies et al., 2010)은 시민교육에 대한 국가 체제적 접근과 탈국가 체제적 접근을 〈표 1-3〉과 같이 분류하였다. 국민국가 시대의 국가 체제적 접근에서는 국가의 이익을 강조하고 국가정체성의 유지와 강화에 초점을 둔다. 이 접근법에서는 애국심과 국민으로서의 정체성을 강조한다. 반면에 글로벌 시대 탈국가 체제적 접근의 시민교육에서는 전 지구적인 상호의존을 지향하며 소외된 집단에 관한 관심과 보편적 인권을 강조한다.

표 1-3 국가 체제적 vs. 탈국가 체제적 시민교육 모델

구분	국가 체제적 접근	탈국가 체제적 접근
교육체제의 일반적 지향점	• 국가의 이익이 초점 • 국가정체성의 유지, 강화 강조	• 국가 외적인 관계에 초점 • 국가나 지역 간의 전 지구적 상호의존
시민교육에 대한 접근	• 애국심 강조 • 자국의 역사 및 사회구조 강조 • 개인들에게 국민으로서의 정체성 강조 • 국민의 법적 권리와 의무	• 국가를 넘어선 관점을 강조 • 역사적으로 소외된 집단을 포함 • 초국가적 시민성 개념 • 지역 또는 지구 차원의 정치구조 강조 • 보편적 인권 강조(정치, 사회, 경제)

출처: 장인실 외(2022). 다문화교육. p. 25.

글로벌 시대에 다문화사회라는 새로운 패러다임에 직면하면서 시민교육은 새로운 공존의 원리를 모색하고 민주주의적 가치의 실현을 위해 노력해야 한다. 국가를 구성하는 다양한 인종적·종교적·언어적 공동체가 국가 시민문화 속에 반영될 수 있을 때 비로소 다양한 공동체가 국가의 이상에 대한 신념을 내면화할 수 있다(Banks, 2004). 다문화사회의 시민교육은

전통적인 국가 중심 시민교육에서 벗어나 다양성이 증가하는 시대에 요구되는 다문화적 인식과 태도를 함양하고 실천할 수 있는 시민성을 육성하는 것을 목표로 설정해야 한다. 이러한 시민교육은 학교와 사회에서 나타나는 모든 형태의 차별, 즉 인종차별, 성차별, 계급차별, 장애인차별 등을 극복하며 사회정의를 실현하는 데 공헌한다. 문화적 차이는 강제적 동화의 대상이 아니라 그 자체로 가치 있다는 것을 인식하게 함으로써 소수집단의 긍정적 자아개념 형성과 학업성취를 고취하며, 다수집단을 위한 시민교육으로서 역할 수행을 할 수 있다. 이렇듯 다문화사회의 시민교육은 다문화 시대에 필요한 시민적 자질, 즉 다문화 시민성을 육성하는 것이 핵심적 목표이다.

토론 및 발표 주제

1. 다문화사회로의 급속한 전환은 문화적 다양성에서 비롯된 구체적 사례들을 접하게 하는 배경이 되고 있다. 우리 주위에서 마주한 경험을 나누고 그 이면에 발생할 수 있는 문제점은 무엇인가 논의해 봅시다.

2. 다문화사회의 교육체제가 지향해야 할 시민교육의 방향성에 대해 논의해 봅시다.

3. Berry는 문화적응의 상태를 두 가치 차원의 네 가지 결과로 분류하였다. 그의 이론을 우리 사회에 적용하여 설명해 봅시다.

Chapter 02

다문화사회의 주요 이론

학습목표

1. 동화주의, 다원주의, 인종·민족 기반 차별이론의 개념을 이해할 수 있다.
2. 다문화사회에 대한 제반 이론 및 담론을 통해 다문화 관련 이론 등을 쉽게 이해할 수 있다.

01 동화주의, 차별배제주의, 다원주의

1) 동화주의

동화는 '성질, 양식, 사상 따위가 다르던 것이 서로 같게 된다.'라는 사전적 의미를 지닌다. '동화주의(assimilationist)'는 이주민들이 출신국의 언어, 문화, 사회적 특성을 포기하고, 이주국가의 현존하는 문화적 규범에 완전히 동화되는 것을 목표로 한다. 즉, 이민자를 일방적으로 유입국 사회에 통합하려는 정책을 말한다. 이는 1920년 미국 사회에서의 상당히 진보적인 이론으로, 주류사회에 편입할 수 있는 파격적인 이론으로 등장하였다. 백인 우월주의와 흑인과 아시아인, 즉 비백인을 열등한 인종으로 여기는 사회적 통념을 깨는 진보적 이론임에 틀림이 없다. 미국으로 유입된 이민자는 접촉-경쟁-화해-동화의 네 과정을 경험하고 미국의 주류사회로 정착한다는 이론이 바로 동화주의다(Park & Burgess, 1921).

그러나 비유럽계 이민자들이 주류사회로부터 배척을 받고서 동화되기가 불가능했다는 역사적 과정을 설명하지 못했다는 비판이 제기되었다. 유럽계 이민자들은 동화를 통하여 미국인화가 가능했지만, 비유럽계 이민자들은 주류사회로부터 배척을 받았기 때문이다. 아메리칸 토착 인디언 원주민은 미국 주류문화에 흡수되었고, 1960년대 이후의 이민자는 대부분 자녀에게 주류사회에 동화를 추구하는 교육에 집중하게 된다. 미국 사회에서의 동화주의는 이민자들이 추구해야 할 과정을 제시하고 있는 모델이며, 특히 동유럽권 이주민들의 낮은 동화 가능성에 미국의 강력한 문화정책으로 가장 잘 알려진 이론이다.

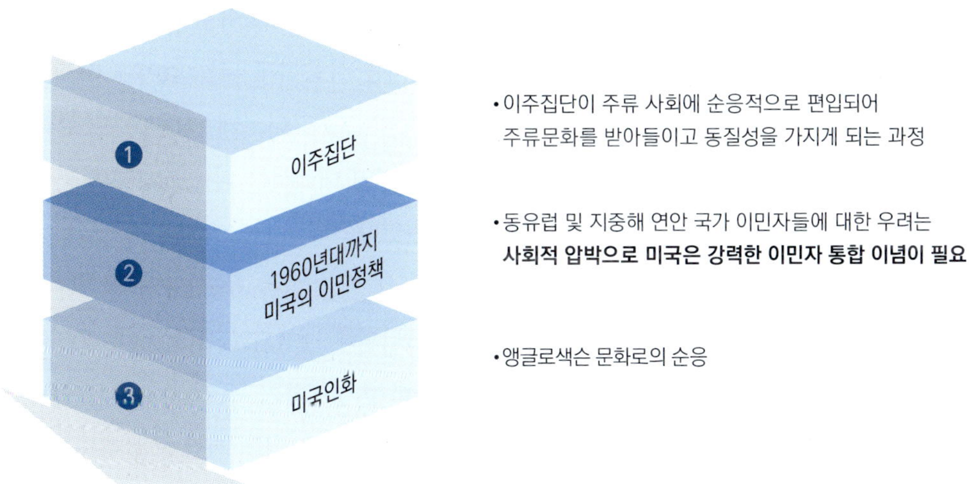

그림 2-1 미국의 동화정책 도식화

동화주의는 여러 민족의 문화가 상호 공존하는 대신, 주류 문화(권력 집단)가 비주류문화(권력 소외 집단, 사회적 약자)를 완전히 흡수하는 상황을 지칭한다. 전통적 동화 이론은 하위문화 또는 소수문화에 속한 개인과 집단이 자신들의 생활방식, 관습, 가치, 언어 등을 포기하고 지배문화를 채택함으로써 미국 사회에 동화될 수 있다고 보는 것이다. 이러한 관점은 아시아인들까지 포함하며, 지배문화가 다른 문화보다 우월하다는 전제를 내포하고 있다. 동화주의를 대표하는 이론은 용광로 이론이다. 용광로 이론은 미국의 이민정책에서 연유된 이론으로, 이주민이 원주민에 동화되어 그 본연의 민족적 정체성을 상실하고 여러 문화의 상호작용으로 말미암아 기존의 문화들이 융화되어 하나의 새로운 문화가 출현한다는 것이다. 이주민이 주류사회의 문화와 전통에 동화되어 주류사회의 방식에 따르라는 상징성을 가지고 있다. 또 프랑스가 초기에 이주노동자를 유입할 때 동화주의 정책을 실행하였다. 즉, "누구나 동의할 수 있는 단일하거나 절대 보편적인 가치 및 행위의 준거 기준이 있다."라는 명제를 기반으로 프랑스의 공화주의 이념을 수용하는 것을 전제로 주류사회의 구성원들과 차이를 두지 않는 동화주의 모형 정책을 실행하였다.

동화는 다민족사회의 문화에서 동질화는 전반적으로 이룰 수 있지만, 문화의 특정한 부분에서만 이루어질 수도 있다. 예를 들면, 특정 민족 집단이 자신의 고유한 의상 문화를 버리지는 않으나, 자신의 언어를 포기하고 주류사회의 언어를 사용하게 되는 것이다. 또한 동화는 속도와 방향에서 다양한 모습을 보일 수도 있고 지역에 따라 다르게 나타나기도 한다. 이를테면, 전국적으로는 특정 민족 집단이 소수지만 한 지역 내에서는 다수를 차지하는 경우, 문화의 동화가 민족 사이에서 서로 방향성이 다를 수 있다(Cashmore, 1996, p. 44).

이러한 동화주의 이념은 이주와 연관된 동화주의 이론에 기반을 두고 있다. 동화 이론은 1920년대와 1930년대 미국의 시카고학파 사회학자들에 의해 개척되었고, 그 이후 30년간 세부적으로 다듬어져 1960년대 말까지 이민 사회의 동화를 설명하는 주요한 사회학적 패러다임으로 자리매김하였다. 그러나 동화 이론이 제시하는 이주에 의한 사람과 문화의 혼합과 갈등, 정체성 혼란 등이 동화에 의해 최종적으로 해결될 수 있다는 시각(Heisler, 2008)은 1960년대까지도 사라지지 못했던 인종 간 불평등, 갈등, 그리고 민족 개념의 부활을 설명하기 힘들었다.

1970~1990년대 초까지 강하게 비판받았던 동화 이론이 재활의 목소리를 내기 시작한 시점이 1990년대 중반이다. 1990년대 말경에 동화 이론의 지지자들은 이 이론적 관점이 과거처럼 여전히 유효하다고 주장하였다. 그리고 용광로의 맹목적이고 순진한 이미지, 보편적이고 불가피하며 단일한 과정으로 귀결되는 개념으로서의 동화주의를 포기하고 동화에 관한 새롭고 다양한 관점들을 열어가고 있다.

2) 차별배제주의

차별적 배제 모형(differential exclusionary model)은 특정 국가의 국민이나 특정 직업인, 특정 기술인, 자국에 일정 정도 이상의 자본을 투자하려는 외국인 또는 이민자 등 엄격한 조건을 통과한 사람에게만 차별적으로 유입을 허가해 주는 배타적 외국인 이민정책이다. 차별적 배제 모형의 정책을 실행하는 국가들은 장기체류를 원하거나 영주권을 취득하려는 이민자들은 받아들이지 않으며, 기피업종(예: 3D)에 해당하는, 자국 내에서 충당하기 어려운 업종에만 단기 취업자로 한시적인 유입을 허가한다. 또한 이주민들은 정착시키기 위한 다문화정책을 거의 실행하지 않을 뿐만 아니라, 이주민들에게 복지 혜택, 국석 획득, 정치 참여의 기회를 배제한다. 대표적으로 스위스, 벨기에, 독일 등이 차별적 배제 모형을 실행하고 있다. 또한 1960년대 독일에서 실행했던 게스트워커(Guest Worker) 제도와 2004년 한국의 고용허가제가 대표적인 차별적 배제 모형 정책이다. 현재 미국에서도 게스트워커 제도가 실행 중인데, 매년 12만 명이 이 자격을 승인받아 3~9개월 동안 한시적 취업자로 이주하고 있다. 이들은 주로 농장과 호텔에서 전문적인 기술이 필요하지 않는 단순노동을 한다.

차별배제정책은 단일민족주의에 입각한 민족 관점을 가지고 있는 국가들에서 주로 나타나는 현상이다. 단일문화주의가 강한 국가는 주로 민족의 동질성을 자랑스러워하며, 순혈주의 단일민족주의, 자민족중심주의 등의 특성을 가진다. 단일문화주의를 지지하는 사회는 소수집단의 문화를 주류문화로 동화시키거나 배제를 통하여 사회통합을 시도한다(김대원 · 김유리, 2011). 이주민들의 가족 합류 이민을 제한하고 엄격한 귀화조건 등으로 안정적이고 장기적인 체류 조건을 허용하지 않는 배제적인 이민정책이다. 이는 설령 이주민들을 받아들이는 정책을 실행하더라도 노동시장의 일부 영역에만 참여를 개방하는 차별적인 이민정책이다.

차별배제정책은 철저하게 계약에 의해 단기간 취업한 후 모국으로 돌아갈 것을 약속받은 이주노동자만 받아들이는 특징이 있다. 현재 한국이 실행하고 있는 고용허가제를 통한 비전문외국인력 E-9 사증체계와 외국 국적 재외동포 H-2가 이에 해당한다. 하지만 장기체류를 유도하려는 이민정책에 따라 숙련인력을 늘리려는 의도로 E-7-4 사증체계가 도입되었다.

3) 다원주의

다원주의(pluralism)는 많은 영역에서 서로 다른 집단이 공통의 문화와 사회 조직을 공유하고 있는 사회에서의 사회적 관계 유형을 의미한다. 모든 집단은 자신들의 특유한 문화를 지속시킴으로써 민족적 고유성을 유지한다. 즉, 종교기관, 클럽, 미디어, 사업체 등의 형태로 하위문화를 형성하는 것이다. 그러나 하위집단들은 사회의 특정 영역에서 집합적으로 참여하고, 이를 통해 집합적으로 다원적 사회(plural society)를 형성한다(Cashmore, 1996, p. 275).

다원주의는 인종과 민족 집단 간의 차별 및 갈등이 없는 평등한 상태의 존재를 존중하는 매우 이상적인 유형의 상황을 의미하는 경우가 많다. 이처럼 다원주의 혹은 다문화주의를 하나의 이상적인 이데올로기(ideal ideology)로 수용하는 차원을 넘어 다문화주의를 주창하고 정책에 반영하고자 하는 담론이 형성되기도 한다(조옥라 외, 2006, p. 62). 또한 분석 도구로서 다원주의는 서로 다른 배경과 이해관계를 가진 많은 문화 집단이 갈등의 씨앗이 될 수 있는 다양성을 극복하면서 어떻게 조화롭게 잘 살아가는지를 설명하는 개념으로 쓰였다. 특히, 권력이 매우 균등하게 분배되면 그러한 조화를 더 잘 이룰 수 있게 된다. 그러나 한 문화 집단이 권력을 통제할 수 있게 되면 갈등의 가능성은 높아진다.

다원적 사회는 문화적·사회적 이질성(heterogeneity)에 기반하고 있지만, 반드시 집단 사이의 높은 장벽과 심각한 갈등을 초래하지는 않는다. 각 집단은 자신의 고유한 특성을 지키고 정체성을 발전시키면서, 사회적으로 배제되거나 낮은 신분으로 추락함 없이 사회의 풍부함에 일조하기도 한다(Cashmore, 1996, pp. 275-276).

다원주의 기본 유형 두 가지 중 하나는 문화적 차원의 다원주의이고, 다른 하나는 구조적 차원의 다원주의다. 문화적 다원주의는 민족 집단이 자신의 종교, 신념 및 생활 습관, 관습, 태도 등을 유지하면서도 다른 집단의 것을 공통으로 지닌 상황을 말하는 것이고, 구조적 다원주의는 자신들의 사회 구조와 제도를 두고 있으면서 다른 집단과 서로의 것을 공유하는 것을 말한다. 예를 들면, 다양한 민족 집단이 단일 정부를 지지하고 동일한 법제도, 동일한 화폐제도 모두 인정하지만, 집단별로 종교의식에 참여하고, 집단 내부적으로 자기의 언어를 사용하며, 집단 내에서 직장을 알선하거나 결혼하는 경우는 문화적 다원주의이다(최명민 외, 2015).

문화적 다원주의(cultural pluralism)는 1960년대에 등장한 용광로 이론의 대안적인 개념으로, 단순히 이주민들에게 미국의 주류 가치관과 정체성을 익히도록 강요하는 것이 아니라 각 집단의 고유한 문화체계를 '인정하자'라는 입장을 견지한다는 차별성 문화다원주의라고도 표현된다. 소수민족의 고유문화와 언어를 인정하면서도 이주민 집단이 인정해야 할 주류사회의 문화가 명백히 존재한다는 의미를 내포하고 있다. 민족집단이 자신의 종교, 신념, 관심, 태도, 생활 습관 등을 유지하면서도 다른 집단의 것을 공통으로 함께 지니는 것을 지향하고 있다. 각자의 민족적·문화적 정체성과 관련 지식(예: 언어, 관습, 고유 지식)이 다문화사회를 살아가는 데 이점으로 작용하고 있다. 즉, 문화다양성과 공존의 가치를 강조하고 있다. 그러나 각 문화를 인정하되 각 문화가 알아서 스스로 존중하라는 다소 방관적인 태도를 보인다는 비판도 존재한다.

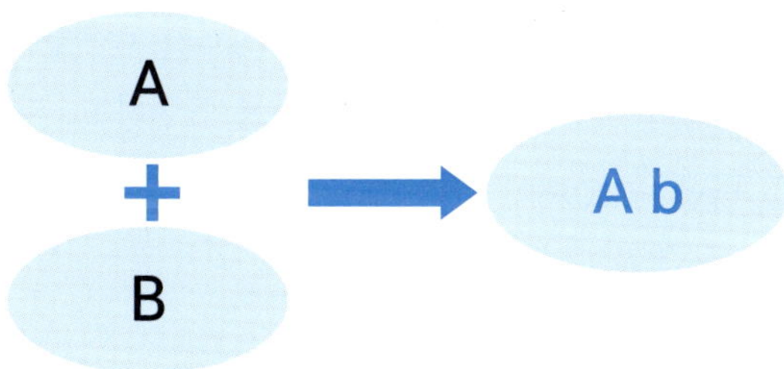

그림 2-2 문화적 다원주의 개념도

02 다문화주의

1) 다문화주의 개념

다문화주의는 다원주의에서 발전한 이론으로서, 문화 간 적극적인 존중을 중요시하는 관점에서 접근한다. 다문화주의는 동화주의와 함께 이민자들이 존재하는 사회의 정책적 기조가 되고 있다. 다문화주의의 다양한 의미를 살펴보면, 첫째, 어느 한 국가나 사회 속에 다양한 문화가 공존하는 현상을 규정하는 다문화주의이다. 둘째, 공공정책의 배경으로서의 다문화주의는 소수집단의 일정한 문화적 권리, 공공정책과 제도를 통해 그들의 교육, 복지 등의 분야를 보장하는 것이다. 셋째, 소수집단의 정치적 결사와 행동의 배경으로서의 다문화주의다. 소수집단은 자신들의 문화정체성을 유지하기 위해 특수한 권리나 특별한 배려를 주장하고 조직을 만들어 집단적 요구를 한다. 넷째, 철학적·학문적 논의로서의 다문화주의이다. 기존 민족국가 중심의 문화이해 관행을 비판하고, 포스트 모던 경향과 소수집단의 주체적 권리 향유를 주장한다. 마지막으로, 시장에서 더욱 많은 이익을 얻기 위한 수단으로서의 다문화주의이다. 다양한 문화를 이해하고 그 차이를 고려하는 것, 즉 각 문화권 사람의 특성에 맞는 재화와 서비스 제공하는 것이다.

한 사회를 구성하는 인구 집단이 다양해졌다고 해서 그 사회를 다문화사회라고 보기는 어렵다. 다문화사회가 되기 위해서는 적극적으로 소수집단의 존재를 인정하고, 그들의 조직 등에 대한 지원을 하고, 이들이 자유롭게 자신의 문화를 표현하고, 사회 구성원으로서의 다수집단과 평등한 대우를 받을 수 있어야 한다(Barrett, 2013).

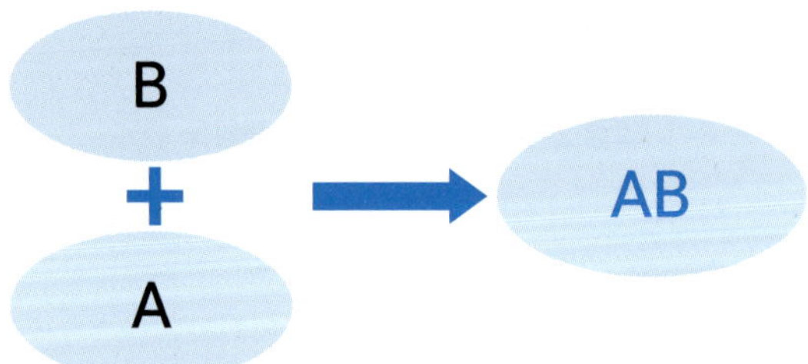

그림 2-3 문화주의 개념도

서로 다른 문화 집단 간에 어떻게 관계를 맺고, 서로를 어떻게 이해해야 하는지에 대한 고민이 생긴다. 이러한 고민은 개인들 간의 관계를 맺고 상호작용할 때도 발생할 수 있으며, 국가적인 차원에서 정책을 수립하고, 사회적, 제도적으로 어떻게 인정하고, 이를 정책적으로 어떻게 반영할 것인지를 논할 때도 발생할 수 있다. 다문화주의는 문화적으로 다양한 집단들을 어떻게 국가적인 차원에서 관리할 것인지에 대한 정책적 접근을 의미한다(Barrett, 2013). 또한 다문화주의는 보편적인 인권으로는 해결할 수 없는 다양한 집단들의 정체성과 권리를 어떻게 보호하고 보존할 것인지에 초점을 맞추고 있다(Ahn, 2012).

다문화주의 정책은 크게 세 가지 대상에 대한 적극적인 통합 정책으로 나눌 수 있다(Banting & Kymlicka, 2003). 첫째, 이주민에 대한 정책이다. 즉, 경제적·사회적·교육적·정치적 이유를 가지고 다른 나라에 이주해 온 사람들을 어떻게 적응과 통합을 시키고자 하는지를 반영한 정책들이 여기에 속한다. 우리나라에서 논의하는 다문화정책들은 대부분 이에 속한다. 둘째, 유의미한 크기의 이민족 집단에 대한 정책이다. 예를 들면, 캐나다에서는 퀘백인, 영국에서는 스코틀랜드인, 벨기에에서는 플랑드르인 등 국가에 따라서 다른 민족적 정체성을 가진 유의미한 크기의 민족이 존재하고 있으며, 특정 지역에 거주하면서 자치나 독립을 원하는 경우도 있어서 이들과 함께 한 국가로서 어떻게 공존할 것인지에 대한 고민을 정책적으로 담고 있다. 셋째, 원주민에 대한 정책이다. 미국, 캐나다, 호주, 뉴질랜드 등에는 원래 그곳에서 살고 있었던 원주민이 있으나, 유럽에서 이주민이 신대륙으로 이주하면서 이곳에 살던 원주민은 새로운 이주민으로부터 엄청난 핍박을 받게 되었다. 그러나 1970년대부터 점차 이들을 인정하고, 이들의 자치권을 인정하며, 문화를 보존하기 위한 노력이 국가적 차원에서 이루어지기 시작하였으며, 이러한 정책들 또한 다문화주의에 기반을 둔 정책들이라고 볼 수 있다.

한국에서 논의하는 다문화주의는 이주노동자와 결혼이주여성의 증가로 인해 주로 나타났으며, 대부분 이주민에 대한 통합에 맞춰서 논의가 진행되었다. Banting과 Kymlicka(2003)에 따르면, ① 중앙과 지방정부 차원에서 다문화주의에 대한 헌법적 혹은 법적인 승인을 했는지, ② 학교 교과과정에 다문화주의를 적용하고 있는지, ③ 공공 미디어나 미디어 라이센스에서 특정 민족에 대한 대표성과 민감성을 의무 조항으로 포함하고 있는지, ④ 종교적 이유로 인한 복장과 규정의 예외 조항을 두고 있는지, ⑤ 이중국적을 허용하는지, ⑥ 민족 집단의 조직과 활동에 대한 재정 지원을 하는지, ⑦ 이중언어 교육에 대한 재정 지원을 하는지, ⑧ 취약한 이주민 집단에 대한 적극적 우대 조치(affirmative action)를 하는지 등을 기준으로 다문화주의 정책 지표를 수립하였다. 이러한 지표들이 다문화주의 정책을 모두 포괄한다고 볼 수는 없지만, 다문화주의의 의미를 이해하는 데 도움이 된다.

반면, Barrett(2013)은 다문화주의의 다양한 형태를 지적하면서 크게 다문화주의를 상징적·구조적·대화적 다문화주의 세 가지로 분류하였다. 첫째, 상징적 다문화주의(symbolic multiculturalism)는 음식, 음악, 의복 등 각 소수민족 집단의 특성을 상징할 수 있는 민족적 전통을 향유하고, 이러한 전통을 다문화 축제, 다문화 교육과정, 다문화센터 등에서 가르치고 보존하는 등의 노력은 포함하고 있다. 둘째, 구조적 다문화주의(structural multiculturalism)는 소수민족 집단이 사회적, 경제적, 정치적으로 경험하는 불이익이나 불평등에 관심을 가지고, 이를 해결할 수 있는 정책적인 노력을 포함하고 있다. 대표적으로, 특정 집단에 대한 차별금지법이나 교육 소외 집단에게 제공하는 적극적 우대조치 정책 등이 여기에 포함된다. 셋째, 대화적 다문화주의(dialogical multiculturalism)는 어떻게 다문화주의 정책을 추진할 것인지와 관련이 있다. 특히, 대화적 다문화주의는 주류문화 집단이 주도하는 다문화주의보다는 다양한 문화집단들이 동등한 입장에서 논의하며, 문화에 대한 이견이나 충돌이 있을 때, 이를 해결할 수 있는 조건과 절차 등이 수립되어야 한다.

그러나 최근 들어서 단순히 한 사회에서 다양한 문화를 수용하고 소수집단이 평등하게 공존할 수 있는 것만으로는 문화다양성에 대한 충분한 정책적 대응이 되지 못한다는 비판이 일고 있다. 무엇보다 문화적 가치나 전통이 충돌하는 경우, 이러한 문화적 갈등을 어떻게 해결해야 하는지에 대한 과정이 제대로 마련되어 있지 않다는 점을 지적하고 있다. 이를테면, 남아선호사상, 여성의 조혼 등 인권을 침해하는 전통을 가진 소수민족이 모든 사람의 평등과 자유를 보장하는 자유민주주의 사회에서 이러한 전통을 유지하고자 한다면, 어떠한 소통과 설득의 과정이 필요한지에 대한 논의가 필요하다. 그러나 소통의 과정 없이 주류사회에서 법적으로 금지하는 방식을 택했을 때, 소수집단은 이를 문화적 억압이라고 이해하고, 이에 저항하고자 하는 폭력적인 움직임을 보여주는 결과를 초래하기도 하였다(예: 극단주의 이슬람의 테러).

표 2-1 Castles와 Miller의 사회통합 모형

구분	동화주의 모형	차별적 배제 모형	다문화주의 모형
정향성	'국민 됨'을 전제로 조속한 동화됨을 지원, 제도적으로 내국인과 평등하게 대우하려 함	원치 않은 이민자의 영주 가능성을 막고, 내국인과 차별적 대우를 유지하려 함	소수자의 동등한 가치를 인정하고, 이에 대한 보존 지원, 우대조치를 함
정책목표	소수자의 주류사회 동화	인종적 소수자의 제거 및 최소화	다양성 인정과 공존을 통한 사회통합
국가 역할	제한적 지원	적극적 규제	다양성 인정과 공존을 위한 통합
이주민에 대한 관점	완전한 동화를 전제로 인정	이방인, 위협적 존재	상호존중과 관용
평등 개념	사회보장 및 기회 평등	차별의 정당성 강조	적극적 조치
법적 수단	비차별의 제도화	단속 및 추방	제반 관리 허용
정주화	비교적 가능	불가능	가능
국적 부여 원칙	속지주의, 용이한 조건	속지주의, 엄격한 조건	속지주의, 이중국적 허용
정체성	동질화	이질화	이질화
사례 국가	프랑스, 미국의 초기 사회	독일, 스위스, 벨기에	미국, 캐나다, 호주

출처: 임신웅(2023). 새로운 다문화사회의 이해와 실천, p. 43 재정리

캐나다는 일찍이 이민자들의 문화적 특성을 인정하고 함께 살아가는 이상적인 다문화사회의 모습을 모자이크 이론으로 제시하였다. 그러나 다양한 여러 색상의 소각들인 이민자들이 모여서 하나의 아름다운 작품이 되는 모자이크로 완성되지만, 그것 역시 밑그림은 서구 문화를 근간으로 한다는 이유로 비난을 받았다. 특히, Vertovec(1996)는 다문화주의를 몇몇 인접 소수집단의 문화가 주류사회의 문화를 배경으로 점점이 박혀 있는 모자이크가 아니라, 다양한 사회구성들이 상호 공존하며 각각과 색깔과 향기를 지니고 조화로운 통합을 이루어내는 샐러드 볼 이론(salad bowl)을 제시하였다. 샐러드 볼 이론은 동화주의적인 용광로 이론과는 달리 이민자들이 모국의 문화와 언어를 유지하면서 새로운 정주 국가 미국인의 일원으로 살아갈 수 있도록 하자는 이론이다. 그러나 샐러드는 재료를 그대로 먹지 않고 볼 안의 과일이나 채소에 드레싱을 뿌려서 혼합하여 먹게 되므로 이탈리아식 샐러드가 된다(서종남,

2011). 이처럼 샐러드는 각각의 민족 문화적 정체성을 인정하고 배려하며 사는 사회를 대변하기에는 한계가 있는 것으로 비판을 받는다.

2) 다문화주의 비판론

다문화사회에 들어선 독일과 프랑스 등 일부 국가는 특히 급진 이슬람 단체의 9·11 테러 공격 이후 무슬림 소수민족과 사회적 불안을 겪었다(Kymlicka, 2018). 2004년 마드리드 공격, 2005년 런던 공격, 2011년 파리 샤를리 에브도 총격 사건(Abdelkader, 2017)에 이어 유럽에서도 이슬람 공포증이 관찰되었다. 유럽연합의 다문화주의에 대한 체계적 검토에서 유럽연합 국가들의 다문화주의 실패는 자유주의 사회와 비자유주의 사회의 가치에서 유의미한 차이를 부적절하게 해결한 결과로(Mikelatou & Arvanitis, 2019) 보았다.

세계 여러 지역의 다문화 상황은 매우 다르다. 독일의 상황은 전체 인구 5분의 1에 해당하는 1,500만 명이 특정 이민 배경을 가진 사람들로 구성된 다문화국가이다. 여기에서 문제는 이민자를 수용할 학교에 학생 수는 이미 80%를 넘어섰고, 부모와 교사 사이의 의사소통에 문제로 오해와 충돌이 이어지는 많은 사회적 문제, 그리고 높은 범죄율에 직면하게 되었다.

아프리카와 서남아시아 지역에서 유럽으로 가는 난민 등 거대한 이민자들을 다수 사회에 통합시킬 방안과 미래의 문제에 대비할 해결책을 찾아야 한다. 다문화주의는 다양한 문화, 종교, 윤리, 가치 등을 가지고 집단의 공존을 위한 대안을 찾아야 하는 것이다.

그러나 이민자 집단의 인식이나 수용이 민족적 연대의 가치를 지나치게 강조하고 국가 연대와 신뢰를 훼손할 수 있기 때문에, 채택된 사회정책 다문화주의에 대한 우려를 심화하였다(Banting & Kymlicka, 2013). 개인은 자신의 문화, 언어 및 정체성에 정당한 이해관계가 있으며 공공기관은 그러한 이해관계를 공정하게 고려해야 한다(Kymlicka, 2018). 따라서 Kymlicka가 주장한 다문화주의에 대해, 그것이 민족적 이질성과 문화적 다양성을 통합하기 위한 최선의 정책인지에 대한 합의는 아직 이루어지지 않았다. 나아가 다문화주의가 사회통합을 저해한다는 비판도 제기되고 있다(Mason, 2018).

2010년대 이후로 독일의 Merkel 총리, 영국의 Cameron 총리, 프랑스의 Sarkozy 대통령은 다문화정책의 실패를 선언하였다. 그리고 영국의 반이민 정서에 힘입어 유럽연합 탈퇴, 브렉시트(Brexit) 등이 자국에서 다문화주의 정책이 실패했음을 드러냈다. 이후 유럽에서 반이민 정치담론과 정책의 영향력이 커졌다(Chin, 2017). 또한, 미국에서 트럼프 대통령의 미국과 멕시코 국경 간의 장벽 설치, 단기 체류 노동자와 미등록 노동자, 유학생 등에 대해 사실상의 추방정책을 선언하는 등의 반이민정책/다문화정책을 제시하였다.

Cameron 총리는 다문화주의는 다른 문화들이 서로 떨어져서 주류로부터 분리된 삶을 살도록 격려하는 것이라고 공격하였다. 또한, 다문화주의가 실패했고 영국 무슬림들 사이에서 극단주의 이념과 급진화를 조장했다고 말했다. 국가 다문화주의는 참담한 결과를 낳은 잘못된 교리로 공동체 간의 차이를 조장하였고 영국의 집단적 정체성을 강화하는 데 방해했고 사회의 비전을 제공하는 데 실패했다고 선언하였다.

프랑스 Sarkozy 대통령은 다문화주의가 실패했다고 선언하면서, “우리는 이주민의 정체성에 많이 걱정했고, 그들을 맞이하는 나라의 정체성에 대해 충분히 걱정하지 않았었다.”라고 말했다. Mikelatoudhk Arvanitis(2019)는 유럽연합이 이민자, 특히 무슬림을 효과적으로 통합하지 못한 이유를 다문화주의가 문화적 다양성의 취약성에만 초점을 맞추고, 자유주의와 이슬람 사회 간 가치관의 차이로부터 발생하는 갈등을 해결하지 못했기 때문이라고 분석하였다. 실제로, 유럽연합의 통합 정책 실패는 한때 동질적인 사회에서 급격히 증가한 인종 및 문화적 다양성을 효과적으로 관리하지 못한 정책 구조에서 비롯되었다(Berkes, 2010). 그러나 주요 3개국이 시행한 정책이 실패하더라도 유럽의 다문화는 멈추지 않았다. 반대로 자국 영토에 거주하는 이민자의 수가 급격히 증가함에 따라 문화적으로 더욱 복잡해질 것이며, 유럽은 발생하는 갈등을 관리하기 위해 적절한 도구를 찾아야 할 것이다.

03 인종·민족 기반 차별이론

1) 인종주의

인종주의(racism)는 한 인종이 다른 인종보다 우월하여 다른 열등한 인종을 압도한다는 인식에 따른 것이다. 개인, 가족, 집단, 사회에서 학습되고, 편견과 같은 부정적인 정서와 개인적·제도적·문화적 차별행위의 작용·반작용으로 심화하는 하나의 편향성을 가지는 특징이 있다(최명민 외, 2015; Lum, 2003). 열등하다고 낙인이 찍힌 인종 집단에 대하여 개인 또는 사회 제도적 전체 사회의 지지를 업고 억압적인 힘을 행사하는 개념이다.

인종주의는 제노포비아(xenophobia)와 인종차별이란 관점에서 비슷하게 인식될 수 있으나 엄격히 두 가지로 구분된다. 외국인 혐오증 혹은 제노포비아는 단어의 어원대로 이방인에 대한 두려움이란 뜻을 의미한다. 그리스어로 xenos는 낯섦을 뜻하며, phobia는 두려움 혹은 혐오감을 뜻한다. 이에 제노포비아는 '다른 민족과의 접촉 경험의 부족에서 오는 원초적인 차원의 거부감 내지 두려움'을 나타내는 용어이며, 인종주의는 다른 민족과의 공존 경험이 충분히 긴 상황에서 이들에 대한 구조적이고 체계적인 거부감을 말한다.

과거 한국의 역사적 경험은 제노포비아에 가까운 것이며, 최근의 다문화 현상 경험은 향후 인종주의의 기반이 될 것이라는 주장이 있다(엄한진, 2006, p. 50). 즉, 다문화사회 내의 한국 사회에서 역시 단일민족, 즉 순혈주의를 강조하는 것은 인종주의적 관점에서는 인종차별에 해당할 수 있을 것이다.

2) 민족정체성 이론

사회 정체성 가운데 가장 일반적으로 언급되는 민족정체성의 개념은 개인이 '사회적 집단에 속해 있다는 것을 알고, 그 집단에 소속된 것에 대한 가치와 감정적 의미를 부여하는 것'을 말한다(Tajfel, 1981, p. 255). 개인이 갖는 사회 정체성의 형성은 개인의 삶의 질에 큰 영향을 미치며, 정체성이 잘 형성된 사람은 자존감이 높고 정신건강 또한 우수하다(Chandler et al., 2003).

인간은 사회적 동물로서 특정 사회집단에 속하고, 그 집단에 소속된 일원으로서 자신을 정의한다. 예를 들면, 우리는 아주 어릴 때부터 대한민국 사람으로서 혹은 한민족으로서 한반도를 지키며 살아온 우리의 역사를 배우고, 매년 명절을 지내면서 우리 가족의 뿌리에 대해 생각하고, 조상으로부터 물려받은 전통과 예절을 전수하면서 명절 음식과 놀이 등을 가족과 함께 즐긴다. 과거에 우리는 문화다양성에 대한 인식이 크지 않아서 한국 사람이라면 추석과 설 명절을 지내고 한복을 입으며, 명절 음식을 가족과 함께 만들어 먹는 것이 일반적이라고 생각해 왔다. 이러한 문화에 대한 이해는 다른 나라와의 비교를 통해서 두드러지는데, 우리는 주로 중국과 일본의 문화적 전통의 차이를 비교하면서 한국인만이 갖는 고유의 특성을 이해하였다. 의식적으로 민족정체성을 수립한 것은 아니지만, 우리를 한국 사람이라고 자연스럽게 분류하였고, 대부분 소속감을 느끼고 자랑스러워하며, 한국인이 갖는 가치, 신념, 행동양식 등을 따른다. 즉, 다수의 한국인은 한국에 거주하면서 한국 사람으로서의 민족적 정체성을 확립했다고 볼 수 있다.

그러나 민족정체성이 자연스럽게 체득되는 것만은 아니다. 이를테면, 해외 입양아의 경우, 겉모습은 아시아인 혹은 한국인이지만 자라나는 환경이나 물려받는 문화는 입양된 부모의 문화를 체득하게 된다. 이때 자신의 외형에서 드러나는 인종적·민족적 특성과 사회화를 통해 체득하게 된 문화가 서로 상충하는 상황들이 발생하게 된다. 특히 자신은 주류사회의 일원이라고 생각하지만, 주변 환경에서는 그를 소수민족으로 대하면서 그 괴리가 커질 수 있다. 이 두 문화 사이에서 자기 민족정체성을 어떻게 형성하고, 어떤 태도로 이 두 문화를 수용하는지에 따라서 정신건강에 보다 긍정적인 결과를 보이는 것으로 나타났다(Lee, 2003). 이처럼 문화는 한 개인의 정체성을 형성하는 데 매우 중요한 영역으로 꼽히며, 다양한 문화적 환경에서 사는 개인들에게 있어서 궁극적으로 주류문화와 소수 문화를 어떻게 바라보고 수용하는지에 따라 자기(self)에 대한 평가와 이해가 달라질 수 있다(Azmitia, 2015).

3) 인종·문화정체성 발달 모델

인종·문화정체성 발달 모델을 살펴보면, 다수 지배문화와 자기 문화에 대해 내재화된 수치감과 당혹감을 경험하며, 인종차별과 억압을 직면하면서 자기 문화 집단의 긍정적인 면에 관심을 가진다(Sue, 1999; Sue & Sue, 1990). 기존의 신념과 사고방식에 도전함으로써 소수집단의 관점을 지지하고 사회의 지배가치를 거절한다. 이러한 과정이 심화됨에 따라 긍정적 자기 정의의 필요성을 가지며, 마지막 단계에서는 자기 문화의 독특성, 자기 자신, 타 소수집단 그리고 타 문화의 선택적 측면을 통찰할 수 있는 내적 안정감을 개발한다. 또한 개인은 인종차별 압박 과정을 통해서 더욱 내면화되고, 통합적이고 만족스러운 자아감을 얻는데, 이것을 인종적 자아실현이라고 한다(Thompson & Carter, 1997). 이는 두 문화 간 억압적 관계의 개념에서 자신을 이해하려고 애쓰면서 순응, 부조화, 저항 및 몰입, 자기성찰, 통합적 인식의 5단계 발달 과정을 겪게 된다. 앞의 이론들에서 공통적인 것은 소수집단이 열등하다고 전제하는 주류사회의 편견은 소수집단의 사람에게 내재화되고, 그것을 극복하고 긍정적 민족정체성을 가질 때 이중문화 갈등과 긴장을 해결할 수 있을 것이다.

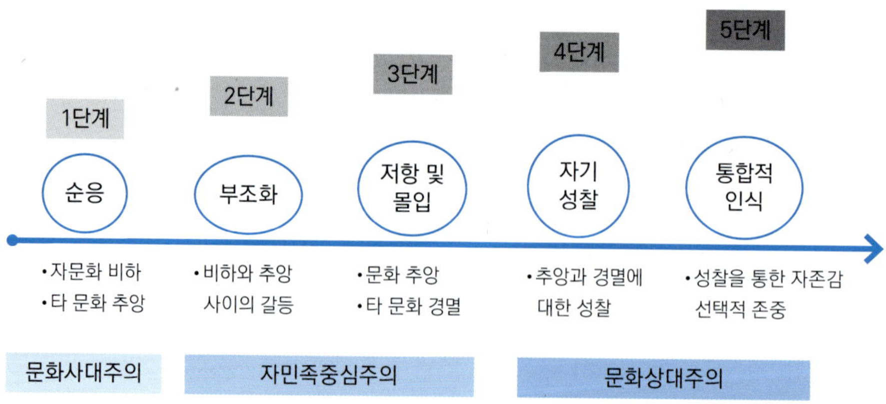

그림 2-4 인종·문화정체성 발달 모델

출처: Sue(1999): 김혜영 외(2021). 사회복지와 문화다양성. 재인용

04 문화적 정체성

Hall(1990)은 정체성이란 "역사적으로 정의되는 것"이라고 말한다. 즉, 정체성은 시간의 흐름에 따라 움직이는 것이다. 결혼이주여성의 정체성 역시 움직일 수밖에 없다. 본국에서 형성된 정체성을 새롭게 삶의 터전으로 삼은 이주국에서 유지하기는 힘들 것이다. 이주민들은 이 과정에서 정체성의 혼란을 경험하게 된다. 정체성 혼란의 이유를 Geertz(1999)는 인간들이 선통이나 기존의 문화에 의존된 존재라는 것에서 찾는다. 기존의 공동체 존립을 위협할 가능성이 있는 인간은 다양성에 봉착하게 될 때, 상상력과 유연성을 가지고 개방적이고 적극적으로 대처하기 어렵다고 판단한다(Geertz, 1999). 이렇게 이주민들은 오랫동안 본국에서 형성된 정체성과 새롭게 정주하게 된 낯선 환경에서 형성된 새로운 정체성과 혼동을 경험하게 된다. 특히, 이데올로기가 강하게 지배하는 한국에 정착하기 위해서 다문화가정 여성들은 남편과 가족의 이념을 수용할 것을 요구받는다. 여전히 혈통주의와 단일민족 이데올로기의 지배가 사라지지 않고 있는 한국에서 이질적 문화와 가치관을 내재한 이주여성을 가족으로 수용하는 '우리 안의 타자'라는 관점을 견지한다(변경원·최승은, 2015). 지금까지 다문화가정 구성원의 정체성 형성 교육은 그들의 한국 사회로의 동화에 초점이 맞추어져 있었지만, 그들이 문화 동화의 피해자로 사회 문제를 일으키면서 새로운 방향의 정체성 형성의 필요성이 대두되었다. 이것은 다문화가정 구성원들을 타자로 정의하는 교육이 교육대상자를 주체로 여기는 교육과는 괴리가 있다는 점을 보여준다. 동화주의적 정체성 형성을 극복하고자 하는 방향은 '인정의 정치학'을 추구하는 Taylor의 정체성 이론에서 찾을 수 있다. Taylor는 차이의 원천인 개인들의 정체성 형성이 오직 타자와의 관계로 가능함을 강조한다. 타자는 개인의 정체성 형성을 위해 배제되어야 하는 그 무엇이 아니라, 의존해야 하는 나와 동등한 가치를 지닌 존재이며, 따라서 개인의 정체성은 나와 다른 타자의 인정에 전적으로 의존해 있다고 할 수 있다고 하였다(정미라, 2005).

한국어의 미숙과 본국과의 문화적 차이로 인해 한국 예절에 익숙하지 않은 다문화가정 여성들은 가정과 사회에서도 당당한 주체로 인정받기보다는 가난한 나라에서 경제적 사정으로 인해 비자발적으로 이주해 온 '불쌍한 사람'으로 인식된다. 동정적 시선을 통해 보이는 다문화가정 여성들의 삶은 주체로 인정된다고 할 수 없다.

문화적 정체성은 자기 자신을 한 민족문화 집단의 일원으로 인식하고 범주화시키며 동일시하는 것을 말한다(정진경·양계민, 2004). 이러한 문화적 정체성은 문화적응(acculturation)의 과정과 결과에 큰 영향을 미치는 매우 중요한 요인으로, Berry(1990; 1997)는 문화적응모델에서 문화적 정체성이 문화적응의 결과를 조장하는 중요한 요인임을 강조한 바 있다.

일반적으로 이주여성들은 이주 초기 정체감 문제로 심리적 갈등을 겪는다. 즉, 자신의 원래 문화와 이주국의 문화 중에서 어떤 것을 택해야 하는가의 문제로 갈등을 겪게 되는데, 이때 어떤 유형의 문화정체성을 택하는가는 곧 원 문화와 이주 문화의 충돌로 인한 심리적 갈등을 개인이 어떻게 해결하는가와 연관되어 있다. 이러한 문화적 정체성과 문화적응의 관계는 사회정체감 이론에 적용하여 생각해 볼 수 있다.

Taifel(1978)가 제안한 사회정체감 이론은 한 개인이 특정 문화에 적응하는 데 있어 중요하게 작용한다는 관점에서 개인적 정체감과 집단적 정체감이 다양한 상황에서 어떻게 유지되고 변화하는가를 잘 보여준다. 이 이론에 의하면, 문화적응은 이주해 온 집단의 문화와 토착집단의 문화 사이에 지속적인 접촉과 상호작용에 의한 사회적 심리적 교환을 수반하는데, 이민자 집단은 이 과정에서 다른 소수집단과 마찬가지로 다수집단에 의해 부정적인 고정관념과 편견의 대상이 되기 쉽다.

자아존중감을 유지하기 위해 이민자는 다양한 대처방식을 택하게 된다. 이는 다수문화를 택하는 사회적 이동형, 소속 집단의 특성을 재평가하여 긍정적 특성을 추구하는 사회적 창조형, 그리고 경쟁을 통해 자신이 속한 집단의 긍정적 특성을 수용하는 사회적 경쟁형과 같이 세 가지 전략으로 나누어진다(정진경·양계민, 2004).

Taylor(1994a)는 타자로부터 인정받지 못한다는 것을 억압적 상황으로 이해하였다. 그는 정체성이라는 개념을 '자신이 누구인지에 대한 자기 이해나 인간으로서 자신을 정의하는 근본적인 특성들에 대한 자기 이해 등'을 가리킨다고 말한다. 그러면서 정체성이란 부분적 인정 혹은 인정의 부재에 의해서 형성된다고 보았다. 그러므로 한 사람이나 한 집단을 둘러싸고 있는 사람들이나 사회가 그들에게 배제적이거나 자기비하적이고 경멸적인 모습을 반영할 때, 그들은 실제적으로도 손상과 왜곡으로 인해 고통을 받을 수 있다고 여겼다. 따라서 타인을 인정하지 않거나 잘못 인식하는 것은 그에게 곧 해를 입힐 수도 있는 억압의 유형이 되며, 그를 잘못되고 왜곡되고 축소된 존재 양식 속에 가두어 놓을 수도 있다고 주장하였다. 이러한 억압적 상황에서 벗어나기 위해서는 자신의 정체성을 올바르게 인식하고 확립하는 것이 중요하다.

Taylor는 차이의 원천인 개인들의 정체성 형성이 오직 타자와의 관계로 가능하다는 것을 강조한다. 타자는 개인의 정체성 형성을 위해 배제되어야 하는 그 무엇이 아니다. 타자는 개인의 정체성 형성을 위해서는 내가 의존해야 하는 그 무엇이며, 동시에 나와 동등한 가치를 지닌 존재가 된다. 따라서 Taylor는 개인의 정체성을 나와 다른 타자의 인정에 전적으로 의존해 있다고 주장하였다(정미라, 2005).

Taylor의 인정의 정치학은 타자인 다문화가정 구성원의 정체성 형성이 어떠해야 하는가에 대한 방향성을 제시해 준다. 다문화가정 자녀들은 언어장애와 문화적 차이로 인한 오해 등으로 또래들의 인정을 받지 못하는 인정의 부재 상태에 놓일 수 있다. 이러한 인정 부재의 결과, 친구들과의 관계 설정에서 자존감을 상실할 수 있다. 이때 그들은 동료와의 원활한 관계를 차단하고 자기 안에 갇혀 자기만의 세계를 구축하고 상실감을 느끼지 않기 위해 타자를 배세할 가능성이 있다. 그러나 이렇게 자기를 지키는 것은 바람직하지 않다. 왜냐하면 유목적 주체인 이주민은 타인의 인정 없이는 자기 자존감을 지키며 살아가는 게 불가능하기 때문이다. 특히, 본국에서 형성된 정체성을 지키기 위해 타자를 배제하는 것은 불가능하다는 점을 깨달은 다문화가정 여성 중에 가정의 인정을 받기 위해 자신이 남을 위한 배려와 희생의 주체로 만들려는 여성들이 생겨날 수 있다. 즉, 자신을 완전히 죽이고 가정이 원하는 정체성을 수용하는 여성들이 여기에 포함될 것이다. 자신을 억압하고 자신의 현실 모습과 원하는 모습 사이의 괴리감은 행복을 느낄 수 없게 한다. 따라서 이러한 대디-내사 존재의 확립을 위해서는 다문화가정 여성과 그가 속한 가정의 상호인정이 필요하다.

그렇다면 이러한 상호인정을 통한 자기 정체성은 어떻게 얻을 수 있을까? Taylor는 타자로부터 혹은 역사와 문화적 연관으로부터 독립적인 원자적 개인이란 존재하지 않는다고 보았다. 그는 자기 정체성을 인간의 자기 이해이며, 타인과의 관계, 즉 '대화적'인 것으로서의 상호주관성에 달려 있다고 설명한다(정미라, 2005). Taylor(1994a)는 자기 정체성 확보의 기본 조건으로 '언어'를 든다. 여기서 언어란 '단순히 우리 입을 통해 나오는 어떤 말'에 국한되지 않는다. 그는 언어를 예술의 언어, 몸짓의 언어, 사랑의 언어 등 우리 자신을 정의하는 모든 표현양식을 포괄하는 광의의 의미로 이해한다. 그는 자기 이해를 위한 모색이 대화를 통한 타자의 인정에 기댈 수밖에 없는 까닭은 자아가 오직 학습된 언어로만 인식될 수 있기 때문이라고 본다. 따라서 다문화가정 구성원들이 유목적 장소와 주체로서 자기 정체성을 찾는 것은 타자와의 지속적인 대화를 통해 타자의 인정을 받음으로써 가능할 것이다.

그러나 인정의 정치학의 이면에는 인정하는 주체와 인정받는 주체 사이에 은밀하게 작동하는 권력 기제가 잠재해 있다는 점을 간과해서는 안 된다. 즉, 장소, 나이, 경제, 언어, 가족관계적 우위를 차지하고 있는 주류사회 구성원들은 다문화가정 구성원과 인정을 위한 자유로운 대화를 나눌 수 있는 평등한 관계를 이룰 수 없다. 주류사회 구성원과 다문화가정 구성원 간 불평등한 인정의 기대가 오히려 억압적 상황으로 작동할 여지가 있다. 이것이 Taylor의 인정 이론을 통해 들여다본 다문화가정 구성원의 하는 자기 정체감 형성 한계이다.

토론 및 발표 주제

1. 현대 사회는 개방성을 바탕으로 한 국가 내에 여러 인종이 공존하고 살고 있다. 다문화 관련 주요 이론들을 살펴보고 다문화정책에 현재 반영된 사례를 찾아 비교해 봅시다.

2. 동화주의적 정체성 형성을 극복하고자 '인정의 정치학'을 추구하는 Taylor의 정체성 이론에 대한 방향성과 그 맥락을 분석해서 토론해 봅시다.

3. 서구 사회의 다문화주의 실패 선언과 관련된 이슈를 찾아보고, 국가적 위기 극복을 위해 어떤 노력이 필요한지 토론해 봅시다.

Chapter 03

외국의 다문화사회 정책

학습목표

1. 미주와 유럽, 아시아 각국의 다문화정책과 사회통합 정책을 비교할 수 있다.
2. 국가별 다문화정책이나 프로그램의 지향점을 설명할 수 있다.
3. 각국의 실제 정책을 다문화주의 관점에서 평가할 수 있다.

01 미주

1) 미국

(1) 미국의 다문화 역사

미국은 연방정부와 북아메리카 내륙 48개 주와 알래스카 그리고 하와이의 2개 주를 합한 50개의 주 정부로 구성된 연방공화국이다. 미국은 수많은 이민자를 받아들이면서 성립된 국가이기도 하다. 미국의 다문화 역사는 1620년 영국의 청교도인들이 종교적 박해를 피해 신대륙으로 이주하면서 그 연원이 되었다. 초기 미국에 정착한 이주민들은 주로 유럽 북서부 출신의 영국계 백인들이었다. 주류 백인문화에 대한 소수인종들의 문화적 적응을 강조하는 동화주의가 미국의 초기 다문화사회 통합이었다. 미국 땅의 원주민이었던 인디언들, 유럽 각

지역의 이주자, 아프리카의 흑인들까지 노예로 강제 이주가 되었다. 또한 미국과 국경을 접하는 남미의 라틴계 이주민, 더 나아가 미국 동서를 가로지르는 철도 건설에 아시아에서는 중국인의 이주 등 미국은 전 세계 국가들의 이민자를 수용하였다.

미국은 1775년 영국을 상대한 독립전쟁 이후 식민지 시대가 종식되고, 노예제도가 공식적으로 폐지되었다지만 흑인들은 오랜 시간 동안 기득권을 가진 백인 다수집단으로부터 차별과 사회적 불평등의 부조리를 감당해야만 했다. 결국 흑인의 권리 신장과 민권 운동의 계기로 백인 기득권층에 의해 주도된 미국 사회는 문화적, 제도적, 정치적, 경제적으로 변화가 시급했다. 미국 사회는 흑인, 히스패닉, 유럽계, 아시아계를 포함한 인도, 중국에 이어 많은 인구 규모를 갖춘 국가로서의 다문화정책을 고려해야 하는 사회적 배경을 가졌기 때문이다.

미국은 기득권층인 유럽계 백인들 기준으로 만들어진 사회 속에서 다른 문화를 녹여낸 용광로 모형은 미국을 다문화주의적 기회 균등의 산물로 간주할 수는 없다(김범수 외, 2007). 미국 정부는 소수인종을 주류 백인문화로의 적응을 유도하는 동화주의 모형을 정책 노선으로 채택하고, 동화주의를 이해하는 데 이른바 용광로의 상징 개념을 적용하였다. 용광로는 자신의 민족성, 인종적 정체성, 더불어 자신의 고유한 삶의 방식을 포기하고 미국의 주류집단의 문화에 동화나 흡수된다는 함축적 의미를 지닌다. 이렇듯 미국이라는 큰 나라는 영어를 공용어로 사용하며, 비주류집단인 이주민들이 주류집단 유럽계 백인들의 문화에 적응하도록 강조하였다. 더구나 주류집단인 백인들에 의해 주도된 미국 사회는 비백인 문화에 대해 분리 차별을 한 것도 사실이며, 현재까지도 인종차별의 논란에 자유롭지 못하다.

1960년대에 접어들면서 미국화를 지지하던 많은 사람이 용광로 개념의 실패를 인정하게 된다. 이주민들이 자신들의 고유한 문화적 정체성을 포기하지 않았고, 더불어 이 시기에 사회적 불평등에 대한 시민운동이 활발히 전개되는 분위기였기 때문이다. 이를 통해 사회적 약자에게 소수자 우대정책 또는 적극적 차별수정정책이 만들어져 현재까지 미국 전역에서 시행되고 있다. 캐나다가 1971년에 다문화주의 정책을 수용한 것에 비해 미국에서는 1990년대까지 다문화주의가 생소한 주제로 다루어졌다. 물론 학교에서 문화다양성 교육을 시작한 1950년대, 흑인 인권운동이 시작된 1960년대를 찾아보면 대부분 인종차별 철폐 또는 통합이 주된 목표였고 다문화주의라고 볼 수는 없었다. 그러나 1980년대 교과과정과 관련된 인종과 종족의 다양성에 관심을 보이는 것을 다문화주의로 판단할 수는 있지만, 1988년 미국 학회에서 '성(sex), 인종(race), 종족(ethnicity), 계급(class)의 문화'라는 주제를 학술대회에서 채택한 것을 본격적인 다문화주의의 등장으로 보고 있다(Glazer, 1997, pp. 6-7).

이처럼 1991년 이후 미국이 뒤늦게 다문화주의가 논의된 배경에는 대규모 이주로 형성된 인구학적 이질감을 극복하고 미국인화 된 한 국가로 통합하기 위해 인종적·종족적 차이를 무시하는 중립적 정부 시책을 펼쳤기 때문이다. 더구나 다문화주의는 미국의 국가 건설 과정에서 백인이 주류문화로 강조되었던 미국적 신조를 근본적으로 흔드는 것으로 일종의 도전이기도 한 것이다(곽준혁, 2007, pp. 126-143). 두 번째로 1990년대의 정치, 사회 경제에 변화를 불러왔기 때문이다. 1990년대는 매해 10만 명 정도의 난민이 유입되었고, 70만여 명의 합법적 이주민과 20만 명 정도의 불법 이주민이 급증하였다. 이로 인해 1970년대 전체 인구의 5% 정도였던 이주민이 1990년대에는 12%, 2002년에는 20%에 육박하게 되었다. 더구나 이주민들의 노동 기술과 교육 영역에서의 낮은 수준으로 미국 내 하위소득 20%에 포함되면서 고용불안정을 초래하는 상황이 되었다. 특히 1992년에 발생한 로드니 킹(Rodney King) 사태는 인종 갈등에 촉발점이 되었다.

이후 용광로 이념의 대안적 개념이 필요함에 따라 샐러드 볼 이론이 등장하게 되었다. 수많은 이주민에게 미국 주류문화의 가치관과 정체성을 흡수하도록 강요하는 것이 아니라 각 집단의 고유문화 체계를 인정하는 처지에서 개념적으로 차별성을 가진다. 현재 미국의 다문화정책은 샐러드 볼 개념의 정책으로, 한 국가의 큰 그릇(bowl) 안에 다양한 민족의 문화(여러 샐러드)가 혼합되어 자신의 정체성을 유지하면서 새로운 문화를 만들어가는 것을 의미하고 있다(이상주·전미숙, 2016). 즉, 샐러드가 담긴 접시에 여러 가지 채소들이 본연의 색과 풍미를 유지하면서 조화를 이루는 것처럼, 다양한 문화를 가진 사람들이 각자의 고유한 문화와 정체성을 유지하면서 사회에서 질서와 통합을 만들어간다는 것이 다문화주의와 관련된 전체적 배경이다.

서양에 샐러드가 있다면 한국에는 비빔밥을 소개할 수 있다. 쌀밥에 고기와 다양한 나물 고명을 얹고 참기름과 고추장으로 비비면 개별 재료의 식감이 남으면서도 전체적으로 새로운 요리가 생겨난다. 샐러드 볼 이론은 문화다원주의라고도 부르는데, 소수민족의 고유문화와 언어를 인정하면서도 이주민집단이 인정해야 할 주류사회의 문화가 명백히 존재한다는 점에서 캐나다의 다문화주의와는 대비되는 점이다. 실제로 미국은 이민의 선발주자로서 그 역사는 길지만, 다문화주의 정책은 1991년 이후 뒤늦게 사용하기 시작하였다. 이와 같이 미국은 통합과 다양성의 존중을 지향하는 듯한 태도로 전화되었지만, 그 내면에는 미국으로의 동화를 기대하는 성격이 근본적으로 내재하고 있다고 볼 수 있다(김호연, 2011).

그림 3-1 샐러드 볼 개념

그림 3-2 비빔밥 개념

(2) 미국의 다문화정책

① 소수자 우대정책(적극적 차별수정정책)

미국의 소수자 우대정책 또는 적극적 차별수정정책은 불평등한 인종차별에 대한 대안으로 등장한 정책이다. 이는 주로 고용 및 교육 영역에서 전 세계적으로 시행하는 사회통합형 공공정책 모델이다(곽준혁, 2007). 다문화사회를 형성하고 있는 국가일 경우에 대체로 적극적 차별수정정책을 시행하며, 대표적 국가로는 미국, 중국, 러시아, 호주, 말레이시아, 나이지리아 등이 있다. 이는 사회구성원 간의 차별 철폐와 국가 통합을 도모하는 데 그 목적이 있다(Sowell, 2004). 미국의 이민정책 경향성은 이주민들이 유럽계 백인들을 기준으로 만들어진 지배적 가치관을 수용하게 하는 동화주의가 지배적이었다. 그러나 소수자 우대정책 또는 적극적 차별수정정책은 동화주의에 내재한 불평등한 인종차별에 대응하기 위해 제시되었으며, 특히 고용 및 교육 영역에서의 차별을 적극적으로 수정하게 되었다. 대표적인 교육 제도로는 「낙오자방지법(NCLB: No Child Left Behind Program Act)」과 이븐스타트 프로그램(even Start

Program), ESL(English as a Second Language Program), 프라미스 네이버후드(Promise Neighborhoods) 등이 있다.

먼저 「낙오자방지법(NCLB)」은 주에서 정한 평균적인 학업성취도의 기준보다 미달한 학생의 교육권을 높이기 위해 2002년에 제정된 법이다. 보편적으로 소수민족, 이주민 학생들의 학업성취도가 일반 미국 가정 자녀보다 낮다고 보고되는바, 이들의 학교 적응과 학업 수능을 높이는 데 목적이 있다. 더불어 교육의 형평성을 높이기 위해 연방정부는 연간 평가를 진행하고, 주 정부는 매년 책무성 시스템 구축을 통해 학생들의 학업성취 향상도를 측정한다.

ESL 프로그램은 모국어가 영어가 아닌 학생을 대상으로 학교에서 진행하는 프로그램이다. 이주배경 학생의 비율이 높은 미국 학교에는 기본적으로 ESL를 두고, 영어능력시험을 통해 결과에 맞는 기본적인 영어 수업을 받게 된다. 일정 수준의 실력에 도달하면 일반학생들과 정규수업을 함께 받게 된다. 이를테면 한국의 다문화 예비학교와 유사한 과정으로 볼 수 있다.

이븐스타트 프로그램은 부모와 자녀 모두 개입 대상으로 한다는 점에서 ESL 프로그램과 차이가 있다. 특히 「낙오자방지법(NCLB)」 적용으로 학업성취도 기준 미달 학생과 그 부모들도 기초적인 영어 읽기 교육을 진행하기도 한다.

② 이민정책

미국은 1924년에 「이민법(Comprehensive Immigration Act)」을 제정하였다. 1890년 당시 미국에 거주했던 이민자를 기준으로 그 숫자의 2%를 각국의 입국허가자로 하는 '할당 이민제'를 시행하였다. 다만 이 제도는 1965년의 「이민귀화법」에 의해 폐시되었고, 현재는 연간 총 이민 기준 29만 명으로, 국가별로 2만 명 한도로 이민을 허가하고 있다. 1978년 캘리포니아대 의과대학(UC, Davis)에 지원한 백인 Allan Bakke가 대학의 인종 할당 정책에 항의하며 소송을 제기한 사건이 일어났다. 연방대법원의 판결은 인종에 기초한 입학 정책을 시행한 것은 위헌이지만, 인종을 고려하지 못하는 것도 위헌이라고 판시하였다. 다만 타협안을 제시하여 인종 할당제를 적용하게 되면 해당 주(州)에 이익을 가져와야 한다는 점을 강조하였다(염철현, 2006, pp. 137-138). 이러한 판결은 주립 및 공립대학에서 시행해 온 적극적 차별수정정책의 관행을 고려하는 계기가 되었으며 소수민족 입장에서는 불리한 결과가 되었다. 이로 인해 미국 사회는 그동안 쌓여 온 백인에 대한 역차별 논쟁이 제기되었고, 공화당이 집권함으로써 그 중심에서 적극적 수용 입장으로 돌아서는 계기가 되었다. 사례로는 부시(Bush) 대통령 정부의 '초청 노동자 프로그램'이 이러한 의도를 잘 드러내고 있다. 그 내용은 현재까지의 이민자에 대해서는 사면 조치하고, 지금부터는 이민자에 대해서 더 엄격한 관리를 통해 영주권과 시민권 부여를 어렵게 하고 다시 돌아가게 하자는 것이다. 즉, 매년 40만 명의 이주노동자들이 유입되면 일할 수 있는 기한은 6년으로 제한, 그 이후에 영주권 신청이 가능하며, 다시 5년 경과 후 영어 능력, 직업, 납세 의무 등을 고려하여 시민권을 부여하는 것이다.

2006년 「이민법」이 개정되면서 미국과 멕시코 국경의 보안을 강화하고 불법 이민자로 장기간 체류 중인 이민자에게 제한적으로 시민권을 부여하였다. 물론 이 법안에 대해 논란은 있었지만, 현실적으로 미국은 이민노동력 없이 생산활동을 유지하기는 어렵다는 것을 인식하고 있었다. Bill Gates가 나서서 이민정책을 비판하며, 미국 경제성장을 가로막는 걸림돌로 고급인력에 대한 비자 철폐를 주장하기도 하였다. 하지만 펜실베이니아 주의회 의원들은 불법 이민으로 인해 주의 재정 위기를 방안을 제안하였다. 특히 불법 이민자를 채용한 고용주의 면허증 폐지, 불법 이민자 대상 교육, 복지 등 공공 혜택 배제(긴급 의료 제외), 주 경찰의 이민법안 집행을 추진하였다(박은정, 2007). 이처럼 미국은 반이민정서와 친이민법 사이에 갈등을 보이며 국익을 위한 선별적·동화주의적 입장의 이민정책을 보였다. Clinton 대통령은 집권 이후 적극적 차별수정정책에 대해 "고쳐 쓰되 버리지는 말자(Mend it, don't end it)!"라고 주장하며 시민들을 설득하였다.

Obama는 대통령 선거 공약으로 1,100만 명에 이르는 불법 이민자가 잘못을 인정하고 벌금과 밀린 세금을 내면 신원조회 후 시민권을 획득하는 기회를 주고자 하였으나 좌절되었고 오히려 불법 이민자 40만여 명을 추방하는 결과를 낳았다(Nakamura, 2014.11.20.).

행정부는 2025년 1월 20일, 특정 국가 국민의 미국 입국을 제한하는 '반이민 행정명령'에 서명하면서 신속한 추방 절차 확대, 피난처 도시에 대한 연방 자금 지원 중단, 불법체류자에 대한 형사 및 민사 처벌 강화, 이민세관단속국(ICE) 및 국경순찰대(CBP) 요원 수 대폭 증가 등을 취하고 있다. 그러나 이러한 정책은 ICE요원들의 업무 과중과 도독적 갈등을 초래하고 있으며, 일부 산업계에서는 노동력 부족과 물가 상승 등의 경제적 영향을 겪고 있다(The White

House, 2025.01.20.).

2) 캐나다

(1) 캐나다의 다문화 역사

프랑스의 탐험가 Jacques Cartier는 1534년에 캐나다 동부지역 세인트 로렌스만을 발견하게 된다. 이후 프랑스인의 이주가 시작되면서 캐나다의 역사도 시작되었다. 1605년 프랑스인들이 북미대륙 지금의 노바 스코샤(Nova Scotia)주 포트 로얄(Port Royal)에 정착하게 된 이후 7년간의 영불전쟁을 비롯한 프랑스계 이주민들 사이의 영토 분쟁도 시작되었다. 수차례 거듭된 영토전쟁은 결국 영국계가 승리하였고, 영국의 식민지 통치 및 영령 캐나다 연방을 거쳐 영연방의 일원으로 1931년 독립하게 되었다. 영국은 프랑스계로부터 통치권을 양도받고, 미국이 독립전쟁에서 승리하면서 영국 왕을 추종하는 40,000여 명의 미국 내 영국인들까지 대거 캐나다로 이주하면서 영국계 백인이 다수를 차지하게 되었다. 이때 프랑스계 일부는 돌아가지 않고 퀘벡(Quebec)주에 모여 정착하게 된다. 결국 캐나다는 건국 시부터 백인계 영국인들을 중심으로 한 동화주의 정책을 시행하였으며, 원주민의 땅을 강제로 빼앗고 원주민 보호구역을 설정하여 분리하는 등 가혹한 정책을 펼쳤다. 이러한 동화주의 정책은 영국계와 프랑스계의 갈등을 더욱 심화시키는 형국이 만들어졌다.

1949년 캐나다는 영연방의 일원에서 완전 독립이 법적으로 완성되었다. 캐나다는 역사상 첫 번째 소수집단이 된 프랑스계 캐나다인을 통치하기 위해 유화정책이 필요했으며, 이에 프랑스계 캐나다인들은 독자적 문화와 전통을 유지하면서 캐나다 속에 작은 프랑스를 만들어 나갔다. 1950년대까지는 주로 유럽계 백인들이 이민자로 유입되었고, 1962년 이민법 개정을 통해 세계 각국으로부터 이민자 유입 개방을 확대함에 따라 캐나다가 다인종 다문화사회로 급부상하게 되었다. 더욱이 1967년부터는 인종, 민족, 출신지에 상관없이 일정한 자격만 갖추면 이민이 가능한 '점수제(point system)'을 채택하면서 다양한 문화 배경을 가진 이민자들이 유입되었다. 이와 같은 역사적 배경으로 1969년 캐나다는 영어와 프랑스어를 공용어로 공식화하는 「이중언어법(Official Languages Act)」을 제정하기에 이른다. 이처럼 캐나다는 영국계와 프랑스계의 갈등을 해소하고 다양한 이민자의 급증에 따른 안정화와 국가 발전을 위해 대안이 필요한 시점이 되었다.

1971년 캐나다 총리 Pierre Trudeau는 공식적인 정책 기조를 '다문화주의'로 선언하고 국민통합을 이루고자 하였다. 이후 1972년에는 최초로 다문화주의 장관을 임명하고 다문화주의 자문위원을 설립하는 등 적극적인 행보를 이어 갔다. 또한 1976년 캐나다 정부는 새로운 경제 체제하에 요구되는 고숙련, 고급인력의 기준을 갖춘 이주민 선별 도구를 두어 고숙련 이주민들의 영주 거주를 도모하기 위한 포인트 제도를 마련하게 된다. 1977년 의회에서는 「캐나다 인권법(Canadian Human Rights Act)」을 제정하고, 1982년 '인권과 자유헌장'을 제정하여 다문화주의의 유산을 헌법에 명시하게 되었다. 결국 1988년 다문화주의 정책과 연방정부의 책임과 의무 활동이 명시된 「다문화주의법(Multiculturalism Act)」을 제정하기에 이르러 명실공히 캐나다의 다문화주의 정책의 법적 토대를 완성하게 되었다. 이후 다문화주의는 미국, 남미, 유럽, 남태평양 등으로 전파되었으며, 2000년 들어 아시아 지역 대만, 일본, 한국에까지 영향을 미쳤다.

(2) 캐나다의 다문화정책

① 다문화주의 정책

캐나다의 다문화정책은 1971년 공식적인 정책 기조를 '다문화주의'로 선언하기 이전과 이후로 나눌 수 있다. 1971년 이전의 시기는 인종적 다양성의 수용을 위해 점차 나아가고 있는 시간으로 볼 수 있다. 그 당시에 연방정부는 인종과 종족 간 차이를 고려하여 국익 및 캐나다 연방정부의 국민통합에 반하는 문화적 차이의 가치를 거부하였고, 동화주의 정책 노선을 시행하였다. 그러나 1960년대 들어서 원주민의 성장과 퀘벡 지역의 민족주의, 소수민족의 사회적 지위 등의 변화에 따라 동화정책을 포기하고 다문화주의 정책으로의 전환이 요구되었다. 1962년 이민법 개정을 통해 유럽계 백인 선호 이민정책을 내려놓고 국제적 개방 이민으로 전환하면서 '고용·이민부'를 두고 이민정책을 관장하게 되었다. 이후 캐나다 연방정부는 1988년 다문화주의 법 제정 이후 다문화주의 사업을 '시민 이민부(CIC: Citizenship and Immigration Canada)'로 통합하였고, 현재는 '시민 이민부' 장관이 다문화주의 장관을 겸임하고 있다.

캐나다 헌법 제95조에 의하면, "이민에 관한 한 그 관할권을 연방정부와 지방정부가 공유하도록 한다."라고 규정하고 있다. 또한 1976년 이민법 개정에서 강조된 핵심은 "연방정부는 이민정책에서 있어서 지방정부와 협력해야 한다."라는 점이다. 캐나다는 다문화주의 법에 따라 연방정부 기관 모두 다문화 현실에 대한 민감성을 강조하고 다문화주의에 대한 심층적 이해와 존중을 기반으로 인종별 고용에 대한 평등한 기회를 보장하는 데 초점을 맞추고 있다. 원주민의 문화와 공식적 소수인종 언어는 전문적 산업 발전에 중요한 역할을 담당할 수 있도록 하고, 특히 철도청은 다양한 인종의 종교와 문화적 수요에 맞는 서비스 개선을 위해 노력하는 점을 소개하는 등 다문화주의 정책에 연방기관이 기여하고 있다는 점을 강조하고 있다.

캐나다의 다문화정책의 특징은 네 가지로 분석할 수 있다. 첫째, 주류집단인 영국계와 프랑스계의 통합을 위해 이중언어의 공식적인 인정에서 시작되었다. 이를 통해 캐나다 정부는 프랑스계를 캐나다 연방의 일원으로 남기 위한 융화책으로 다문화주의 정책을 채택한 점이다. 둘째, 다문화주의를 캐나다의 국가정체성으로 기조하고 적극적 정책을 추진한다. 정치적·이념적 가치의 영역까지 다문화주의를 발전시켜 광범위한 사회적 공감을 형성하고 있다. 셋째, 헌법상 다문화주의를 명시하고 다문화주의 법을 제정함으로써 캐나다 사회의 근본적인 특성으로 제도에 근거한 체계적이고 안정된 다문화주의 정책을 추진하고 있다는 점이다. 특히 연방기관의 역할을 강조하며, 연방정부 및 주 정부 간 협력적 역할 확대와 정책 개발을 촉진하고 있다. 마지막으로, 다문화주의 정책 전담부서인 '시민·이민부'의 예산과 역할을 확대 및 강화하고 있다는 점이다. 이는 캐나다인과 이민자들의 다문화주의에 이해와 사회통합 정책을 효율적으로 시행하고 개발함으로써 부처 간 광범위한 조정이 원활하다는 것이다.

그림 3-3 다문화주의 모자이크 모델 캐나다의 '모자이크 프로젝트'

출처: 최문희(2014.08.18.). 여가부, EBS와 다문화가족 이야기 '어느 독학생들' 제작.

② 사회통합정책 사업

캐나다는 매월 4월 1일부터 그다음 해 3월 31일까지 소속된 134개 연방기관의 활동을 취합하여 연간보고서를 작성하고, 완성된 보고서는 의회에 제출하여 정부의 활동과 성과를 논의해 오고 있다. 연간보고서의 주 내용은 다문화주의 프로그램 소개와 연방정부, 기관, 공기업 등에서 수행한 활동 등을 소개하고 있다. 연방기관의 역할을 촉진하기 위한 보고서의 목적에 따라 초기에는 인종, 상호 문화이해, 문화유산과 언어, 지역사회의 지원과 참여를 권장하는 프로그램에 초점을 맞춰 예산을 편성·지원하였다. 2000년대 들어 반인종차별과 차별해소 프로그램이 대거 등장하며 폭넓은 기관의 다양성을 권장하였고, 2010년대는 통합사회에 대한 초점의 전환으로 그에 상응되는 정책과 미래세대에 대응하기 위한 지원을 하고 있다.

2003년에는 6월 27일을 다문화주의의 날로 지정하여 일정에 따라 의회 연설과 리셉션을 가진다. 1973년에 설립된 '캐나다 다문화주의 자문위원회'가 1980년에 '캐나다 종족문화위원회(CEC: Canadian Ethnocultural Council)로 개칭되었고 이와 동시에 비영리, 비당파적으로 캐나다 전역 종족문화 그룹을 대표하는 국가기구가 되었다. 종족문화위원회(CEC)의 주최로 다문화주의의 날 행사를 진행하며, 퀼트를 위주로 한 다양한 문화적 배경의 전시회와 퍼포먼스가 열린다. 또한 매년 6월 21일은 '원주민의 날'로 지정하여 그들의 고유문화를 지원하고 있다. '다문화주의 챔피언 네트워크(Multiculturalism Champion's Network)'는 2005년 시작된 사업으로, 다문화주의에 대한 이해와 인식을 높여 기업 내 사업에 반영하고 발전시킬 수 있도록 기관 내 고위직 중 한 명을 임명하고 그 기관 간 네트워크를 구성해 나가는 프로그램이다.

2006년부터 시작된 '공동체 역사 인식 프로그램'은 Haper 총리가 의회에서 과거 이민 역사 속에 중국인 차별에 대한 공식적 사과와 위로금을 책정하였고, 이후 정부의 인종차별 규제조치의 사례로 인정하면서 시행되었다(CBC News, 2006.10.11.). 사과문에 의하면 과거 중국 이민자에 대한 인종적 차별을 기반에 둔 캐나다 정부의 역사적 과오에 대해 깊은 도덕적 책임과 정의롭지 못한 조치임을 강조하며, 향후 재발 방지와 인종적 구분 없는 평등한 기회 보장을 분명히 함을 명시하였다. 이는 대표적 다문화 이민 국가로서의 위상을 공고히 하는 사례가 되었으며, 캐나다 정부의 다문화주의에 대한 진정성을 엿볼 수 있다.

대중교육의 일환으로 진행되고 있는 '흑인 역사의 달(Black History Month)'과 '아시안 문화

유산의 달(Asian Heritage Month)'은 매년 2월과 5월 각각 지정하여 흑인과 아시아인이 캐나다 형성과 발전에 기여했음을 사회 전반적으로 높이 인식할 수 있도록 하고 있다.

③ 이민자 정착 프로그램

캐나다 정부는 신규 이민자의 성공적인 통합과 지원을 위해 이민자의 정착 과정을 적극적으로 지원하고 있다. 그중 대표적인 이민자 정착 프로그램은 다음과 같다.

첫째, 이민 정착 및 적응 프로그램(ISAP: Immigrant Settlement and Adaptation Program)이다. 이는 이민 절차와 통·번역, 오리엔테이션, 관련 공동체의 추천 그리고 일반적 정보나 고용 관련 서비스, 해결 중심의 상담 등 이민자에게 필요한 직접적인 서비스를 제공하는 프로그램이다. ISAP에 필요한 재정은 연방정부를 통해 지원되고 있다.

둘째, 이민자 언어교육(LINC: Language Instruction for Newcomers to Canada)이 있다. 1992년부터 시행되었으며, 신규이주민과 난민을 자격 대상으로 한정하고 있다. 성인 언어교육 프로그램은 이민자에게 영어 혹은 불어를 배울 수 있도록 무료로 제공하고 이민자의 시간에 맞춰 주중뿐만 아니라 저녁 시간 또는 주말에도 운영되고 있다. 또한 교통편 및 보육 서비스 제공으로 이주민의 캐나다 노동시장, 교육 분야에서 성공적 적응을 도모하고 있다.

셋째, 호스트 프로그램(Host Program)이다. 지역사회 단위의 통합적인 접근을 취하는 프로그램이다. 특히 지역 내의 구성원들이 자원봉사자가 되어 신규이주민들의 말벗이 되어 주고 프로그램 참여나 지역사회에 적응할 수 있도록 돕고 있다. 주로 성인 이주민을 대상으로 진행되고 있다.

넷째, 모델스쿨(Model School for Inner Cities)이다. 학령기 이주배경 아동 청소년과 그 가족을 대상으로 지역사회 내의 다양한 관계자가 협업체계를 구축하여 자신의 사회경제적 상황 및 문화적 배경과 무관하게 발달권을 증진하는 사업이다. 대표적 사례 지역인 토론토 도심 지역은 전체 학생 중 45%가 제2외국어를 모국어로 사용하고, 그중 12%는 이민 온 지 3년 내외인 학생들로서, 모델스쿨 사업 서비스 참여를 높이고자 노력하고 있다. 특히 사회복지사는 지역사회 내에 존재하는 다양한 종류의 서비스를 가족에게 연계하고 학부모 대상 워크숍을 주기적으로 개최함으로써 학교교육에 대한 이주배경 부모의 참여를 유도하고 있다.

02 유럽

1) 프랑스

(1) 프랑스의 다문화 역사

프랑스는 18세기부터 출산율 저하와 노동력 부족을 겪으면서 국가 주도적 대규모 노동자 유치에 주력하였다. 초기 이민은 프랑스와 문화적, 종교적으로 비슷한 이탈리아, 스페인 등 인근 유럽계 이민자 위주로 유입되었다. 프랑스에서 본격적으로 이주민을 유입하기 시작한 19세기 말 이후 이탈리아, 폴란드, 벨기에를 비롯한 동유럽계 이주가 주를 이루었다. 제2차 세계대전을 기점으로 인구 감소 문제에 직면한 프랑스는 남유럽과 북아프리카 출신의 이주민들이 대거 유입되면서 그 구성에 변화에 나타났다. 1947~1954년까지 프랑스에 유입된 이주민들이 프랑스와 문화적으로 이질적인 무슬림이 상당수를 차지하게 되었다.

제2차 세계대전 이후 1973년 세계적 오일쇼크 이전까지 전쟁 후 경제회복을 위해 외국인 노동이민을 적극적으로 수용하기 시작하였다. 프랑스 영광의 30년으로 불리는 이민의 황금기인 이 시기에 급속한 성장에 따라 유럽 노동자뿐만 아니라 이전 프랑스 식민지였던 모로코, 알제리, 튀니지 등 북아프리카 노동자들의 유입이 급증했다. 1970년대를 전후로 이민자가 유럽계에서 북아프리카 출신으로 이동해 감으로써 무슬림과의 문화와 종교적 차이로 인해 기존의 유럽계 이민자와는 다른 양상을 보였다. 게다가 대부분 프랑스인은 외국인노동자들의 존재를 한시적 수용으로 판단하고 노동력의 결핍이 해소되면 이들은 당연히 본국으로 귀환할 것으로 믿고 있었다.

1973년 오일쇼크로 경제성장이 둔화하면서 공식적인 이민 중단을 선언하고 이주노동자들의 귀국을 권하며 보조금을 지원하였으나 대부분 이주노동자는 본국으로 귀환하지 않았다. 또한 이 시점에 비인도적인 이주노동자들의 처우에 항의하는 프랑스 지식인들의 투쟁에 맞물리자 정부는 인도적 차원에서 '가족 재결합 정책(Regroupement Familial)'을 내놓으며 이주노동자 가족 합류를 허용하였다. 이는 장기체류 허가를 받은 이민노동자의 사회적 지위를 개선하였고, 사회보험과 실업 보상 그리고 체류 5년 이상인 외국인일 경우 노조집행부 참여도 가능하게 하는 프랑스 사회통합의 정책이라고 볼 수 있다.

1981년 사회당의 Mitterrand 대통령이 집권하면서 13만 명의 불법 이민자에게 합법적 지위를 부여하고 생계를 지원하면서 가족 재결합의 제한적 부분을 해제하여 25만 명의 추가 이주자를 수용하는 획기적인 이민정책을 펼쳤다. 1983년에는 인종차별 차별 철폐를 기원하는 10만여 명의 시민과 소수인종들이 마르세이유(Marseille)에서 파리까지 행진하는 유세를 펼치기도 했다. 이를 계기로 공공기관에서의 인종차별 관련 행위에 대해 처벌하는 법이 제정되었다. 그러나 다른 이면에는 반인종주의 단체가 조직되었고 사회당의 이민자에 대한 정착 지원은 극심한 비판을 받게 된다. 그 당시 프랑스의 경제 상황과 맞물려 이민자는 법과 질서의 붕괴를 조장하는 실업자로 간주하였고(김동진 외, 2014), 이민자 수용을 반대하는 극우 정당이 등장하면서 프랑스 다문화사회의 인종 갈등이 새로운 국면을 맞게 되었다.

1990년대 접어들면서 이슬람 문화의 여성 히잡 착용을 둘러싼 갈등이 심화하였다. 프랑스 사회에서 화두가 된 사건은 '1989년 히잡 사건'이다. 파리 북부 지역 한 중학교에서 무슬림 여학생 세 명이 수업시간에 히잡을 착용했다는 이유로 학교에서 강제로 추방한 사건이었다. 프랑스는 공공장소에서 종교적 상징을 나타내는 것을 금지하는 공화주의 모델에 따라 무슬림의 히잡 착용은 이에 저항하는 행동으로 취급되어 문제가 된 것이다. 수차례 발생한 공립학교 내 여학생 히잡 착용이 사회적으로 문제화되자 2003년 결국 「종교적 상징물 착용금지법」이 제정되었다. 2005년 프랑스 정부는 공립학교에서 종교적 상징물 착용을 금지하는 '부르카법'을 채택하게 이르렀다.

2005년 프랑스의 다문화정책에 혼란기를 맞게 되는 사건이 발생하였다. 바로 무슬림 이민자 2세들의 소요 사태이다. 이 소요의 배경은 거주민 중 70%가 무슬림인인 프랑스 파리 북동쪽 위치 클리시 쉬 부아(Clichy-sous-Bois) 지역에서 지역 청년이 경찰의 검문을 피해 달아나다가 변압기에 감전되어 사망한 사건에서 시작되었다. 이 소요는 프랑스 5공화국 이래 최초로 비상사태가 선포된 심각한 사건으로 국제적 쟁점으로까지 부각되었다. 이로 인해 공화주의 이념 아래 교육받고 성장한 이민 2, 3세가 중심이 된 점에서 프랑스 동화주의적 통합모델에 대한 전면적인 재검토가 필요하였다. 특히 이민 2, 3세들은 프랑스 사회에 쉽게 통합되지 못하고 완전한 시민으로 인정받지 못해 사회 하층민으로 전락하고 있었다(김동진 외, 2014). 이들은 프랑스에서 태어나 국적을 가졌지만, 사회적 분리와 배제를 경험하면서 정체성의 갈등을 겪었다. 또한 부모 세대의 문화로 회귀하는 등, 극단적 이슬람 문화의 형성과 주류사회에 대한 적개심을 키워오고 있었던 것이다(박단, 2022.09.11.; 이산호, 2008).

그러나 정부는 강경한 대응으로 소요 사태를 처리하였고, 당시 차기 대통령 후보였던 내무부장관 Sarkozy는 무슬림 청년들을 '쓰레기'라고 표현하며 갈등을 증폭시켰다. 그는 결국 2007년 강경한 이민정책을 선거용으로 이용하면서 높은 지지율로 당선되었다. 하지만 국가의 위기까지 치닫는 소요 사태로 인해 국가는 이민정책의 실패를 공언하며 그 원인을 사회적응에 실패한 이민자에게 전가하는 태도를 보였다. 이민자 집단을 정치적 도구로 활용하여 강력한 소수인종을 겨냥한 「경범죄 예방에 관한 법률」 제정, 경찰의 도청 등 이민자들에 대한 범죄자 낙인을 조장하였다. 이러한 프랑스의 다문화사회 도전에 대한 대응 방식은 소수의 정체성을 인정하고 권리를 존중하는 듯 보였으나, 실제 다문화주의와는 차이가 있음을 여실히 보여주는 모습이었다.

(2) 프랑스의 다문화정책

① 법과 제도

1789년 프랑스혁명 이후 선포된 「인권선언문」에서 "출생지와 관계없이 모든 프랑스 사람은 동등하며 차별할 수 없다."라고 규정하였다. 자유, 평등, 박애의 이념 아래 소수인종에 대한 관용, 계급, 종교, 문화를 초월하는 광범위한 사회 연대를 강조하며 공화주의 원칙에 동의하는 모든 사람을 프랑스 사회구성원으로 수용하고 있다. 더불어 프랑스는 정교분리의 세속주의를 원칙으로 하며, 구성원들은 개인의 정체성과는 관계없이 동일한 권리와 의무를 내포한다. 이처럼 프랑스는 인권선언과 공화주의를 통해 모든 인간은 평등하며 인권 존중을 국가의 최우선 가치로 여기고 이민자를 프랑스의 공화주의 가치에 동조할 것으로 강조하는 사회통합을 명확하게 하고 있다.

2006년 제정된 「이민과 통합에 관한 법률」은 프랑스 정부의 외국인정책 기본 방향을 보여주며 외국인 이민 동화법으로도 불린다. 1974년 노동이민을 중단한 이후 몇몇 직종에 한정하여 6개월의 범위에서 노동이민이 재개되었다. 특히 IT 분야 등에서 '능력과 재능(competence et talent)'이라는 전문인력 이민을 위한 3년 유효 체류증을 신설하였다(엄한진, 2009). 이는 30년 만의 변화로, 프랑스의 인구 감소와 노동력 확보의 필요성에 따른 선택적 이민이 허용된 것이다. 더불어 가족 이민의 경우 DNA 검사를 통해 혈연관계를 입증해야 하고, 가족 초청자의 자격조건이 프랑스 정기 거주기간 1년에서 18개월로 연장되었다. 또한 소득은 최저임금의 120% 이상에 충족해야 하는 조건을 두었다.

1854년 제정된 「국적법」 제44조는 "'프랑스에서 태어났거나, 부모 중 한 사람이 프랑스 국적이면 자동 국적취득이 가능하다."라고 명시되어 있다. 「민법」 제23조에 "본인이 국적 상실을 신고하지 않는 한 이중국적을 보유한다."라고 명시하여 사실상 이중국적이 가능하게 되었다. 프랑스는 다른 유럽 국가들과는 달리 국적 취득 조건에는 속인주의와 속지주의 두 개의 전통이 공존한다. 인간의 보편성에 가치를 둔 인권선언은 누구든지 프랑스에서 태어나 교육받으면 부모의 국적과 상관없이 프랑스 국적을 취득할 수 있다. 그러나 1998년 「국적법」 개정으로 프랑스에서 태어나 11~18세 사이에 5년을 계속해서 산 청소년이 프랑스 국적을 얻을 수 있도록 하는 등 제재를 가하기도 하였다. 외국인이 이주해 온 최초 5년 동안 정착을 돕는 유일한 국가기관으로 '이민통합사무국'이 있다. 이민부 산하에 설치되어 정책적 방향으로 통합보다는 합법적 이민자를 대상으로 관리와 통제를 담당하는 성격이 크다고 볼 수 있다.

② 이민자 통합

프랑스 정부는 인종차별 문제의 개선, 사회통합을 위해 법적으로 처벌하거나 제도적으로 방지하는 정책을 펼치고 있다. 특히 공적 영역에서 행해진 인종차별은 중대한 범죄에 속하며 인종차별 범죄는 가중처벌을 받는다. 정부는 공공, 민간 기관들과 인종차별퇴치 협정을 체결하여 각 기관 내 전담부서를 두며, 인종차별퇴치 전문가를 양성하여 실천방안을 모색하고 있다.

2001년 「차별퇴치에 관한 법」을 제정하여 차별의 영역을 확대하고, 2004년에는 인종차별 금지를 위한 '차별퇴치 평등고용청(Haute Autorite de Lutte contre les Discriminations et pour l'Egalite)'을 대통령 산하에 설치하였다. 2006에는 「기회균등법」 등을 통해 차별퇴치에 관한 법과 제도를 강화하며, 인종차별에 대한 사실관계 책임을 가해자에게 부과하였다(이산호, 2008; 한승준, 2008). 이렇듯 인종차별에 대한 강한 법적 대응에도 불구하고 소외지역의 실업률 개선을 위한 2006년 이민자 '최초 고용계약제도'의 도입은 학생과 노조의 반발로 무산되기도 하였다(김동진 외, 2014).

2006년 「이민·통합법」 제정 시 통합수용계약(CAI: Contrat d'Accueil et d'Integration), 즉 이민자의 통합을 돕는 목적으로 강제성보다는 서비스의 의미로 제공되었던 이 제도는 필수로 전환되어 시행되었다. 이는 외국인에게 프랑스의 제도 및 가치 등에 관한 교육과 언어교육을 받을 의무가 있음을 서약하는 제도이다. 장기체류 신청자가 자발적으로 최대 400시간 프랑스어 강좌를 이수하고, 최대 6시간의 시민교육과 사회, 직업 등에 대한 통합교육을 받아야 한다는 내용을 규정하고 있다(최종렬, 2008). 그러나 계약 체결을 거부할 시 발생하는 불이익은 이주민이 감수해야 한다(허영식·정창화, 2012). 이는 프랑스에서 이주민이 통합되기 위한 전제 조건은 프랑스인으로 귀화하는 것이다. 또한 「이민·통합법」은 프랑스에서 필요한 고급인력의 이민은 장려하지만, 불법체류자에 대해서는 강력한 단속을 시행하는 이중적인 이면이 반영되어 있다.

이민자 밀집 지역에는 프랑스어 교육센터와 다양한 교육기관을 집약시켜 이민자들이 효율적으로 프랑스어를 배울 수 있도록 하고 있다. 또한 초등학교 교육과정에 이민자 자녀를 위한 모국어 교육을 포함하였고, 이민자 자녀들의 교육을 위해 학교에 필요한 예산을 보조해주고 있다. 프랑스는 교육체계와 관련한 자료들을 이민자 부모의 모국어로 만들어 그 가족들에게 제공하고 있으며, 더불어 '미등록 이주아동'을 아동인권 차원에서 기본적인 의료와 신분을 구별하지 않고 공립학교에 입학할 수 있는 정책을 펼치고 있다(이민경, 2015).

정부는 이민노동자의 프랑스어 능력을 직무수행능력의 일부로 인정하여 2003년 이후부터 직업재교육의 내용에 언어교육을 포함하였, 이를 「노동법」에도 명시하였다. 더불어 교사에게는 다양한 국제학술대회나 발표회, 축제, 세미나 등에 참여하도 록 하여 인권 관련 법규를 더 효율적으로 가르치고 다문화적 역량을 고취할 수 있도록 하고 있다. 게다가 이민자 출신 교사 임용을 통해 같은 국가 출신과의 접점을 찾아 효율적인 지원을 펴고 있다.

2) 독일

(1) 독일의 다문화 역사

독일은 제2차 세계대전에서 패한 이후 인구 감소 등으로 부족한 노동력을 충원하기 위해 이주노동자를 받아들이기 시작하였다. 1950년 유입된 외국인노동자는 고용계약이 만료되면 반드시 본국으로 귀환을 원칙으로 하였다(박재영, 2012). 즉, 외국인노동자는 산업 현장의 예비 인력으로서 독일 노동시장의 완충 역할을 기대하는 인력 집단으로서의 성격이 강했다. 이 시기에 독일로 유입된 외국인노동자들은 이탈리아, 스페인, 그리스, 포르투갈을 비롯한 다양한 국가 출신들이었다. 1961년 베를린 장벽에 의해 동독에서 들어오는 노동 인력이 차단됨으로써 모로코, 튀르키예 등의 이주노동자들이 유입되었다. 주로 단기취업 위주의 이주노동자를 고용하다가 기업들의 채용 비용의 효율 문제를 고려해 고용허가제를 도입하게 되었다. 특히 비유럽권 국가인 튀르키예는 당시 독일 기업의 만족도가 높았고 긍정적인 평가를 받게 된다. 이에 외국인노동자 체류 기한을 2년으로 명문화하였으나, 튀르키예 출신 노동자들에게는 체류 기한과 가족 재결합에 대한 항목이 협약에서 제외되었다. 튀르키예 출신은 한시적 노동자가 아닌 이주민 지위로의 성격으로 전환되는 배경이 되었다. 실제 독일의 이주민 중 튀르키예 출신이 가장 높은 비율을 차지하는 요인이 되었다.

1973년 독일의 이주민 수는 오일쇼크 및 경제위기를 기점으로 외국인노동자의 고용을 중단하고 엄격한 이민 제한으로 정책의 방향성을 급선회한다. 다만 이미 독일에 들어온 노동 이주자들의 가족들은 규정에 따라 이주가 허용되었다. 실제로 1974~1981년 사이 남성 이주민의 비율은 감소한 것에 비해 여성과 15세 이하의 이주배경 아동 수는 급증한 것을 볼 수 있다(박재영, 2012). 1982년 출범한 기민당은 '독일은 이민국이 아니다'라는 슬로건을 내세우며 이주민들은 통합의 대상이 아님을 강조하고 귀환을 적극적으로 독려하였다.

1980년대부터 독일은 결속력을 강조하는 공감대가 사회 전반에 걸쳐 형성되기 시작하였다. 독일의 경제위기와 맞물려 국민과 비유럽계 이주민 간 인종 갈등이 악화하였고, 특히 이슬람교 튀르키예 출신 이주민과의 충돌이 강했다. 튀르키예 출신 이주민들은 독일의 비숙련 노동직을 담당하며 60여 년 가까이 독일로의 이민 역사를 간직했지만, 독일 사회에 통합되기에는 한계가 있었다(박재영, 2012). 1990년 독일 통일 이후 막대한 비용이 발생하면서 이주민들에 대한 사회통합 정책은 뒷전으로 밀리게 되었다. 게다가 1991년 구소련 연방 체계의 와해로 중동부 유럽권에서 유럽연합(EU)으로 대량 이민사태가 발생하게 되었다. 유럽연합 회원국 국민의 경우 노동자의 자유 이동권 존중, 회원국 간의 자유로운 이동과 거주의 권리를 보장하는 노동허가제가 도입되었다(채형복, 2007). 이처럼 독일의 경제 구조 변화로 비숙련 노동직의 수요가 급감하면서 비유럽권인 튀르키예 출신 이주노동자의 실업률이 급증하였다. 급기야 독일 정주민들과 이주민들 간의 갈등이 극명해지면서 심각한 사회문제가 되었다.

한편, 독일의 차별적 배제정책은 1998년 사민당과 녹색당 연합정권이 들어서면서 결국 문화다양성을 인정해야 했다. 이때 전문기술직 이민을 허용하였고, 2000년대부터 부모 중 8년 이상 독일에 거주하였거나 무기한 체류 허가를 받았을 시 독일 출생 자녀는 독일 시민권을 획득할 수 있도록 하였다. 2005년 「이민법」은 기존에 개별적으로 추진되던 외국인노동자 정책, 망명자 정책, 제3국 난민정책이 하나로 통합되었다. 이민정책은 연방 내무부가 주관하고 있지만, 실제 프로그램과 운영 및 시행은 각 주와 지역 기초단체가 담당하고 있다.

독일은 2012년 블루카드 제도가 도입되면서 일자리를 찾아온 비유럽연합(EU) 회원국 이주자의 거주권을 완화하여 노동시장 접근에 제약을 받지 않도록 그 가족까지 배려하고 있다. 또한 2013년 고용조례를 통해 독일 내 대학교 졸업장이 없는 이주노동자에게도 노동시장 진입에 기회를 부여하고 있다(한영빈, 2015).

(2) 독일의 다문화정책

① 지원제도와 정책

독일의 이주민에 대한 통합정책은 1990년대 말을 전후로 성격이 확연하게 구분된다. 1990년대 말까지 독일의 통합정책 방향성은 독일 사회로의 동화가 주를 이루었다. 외국인 이주노동자와 그들의 가족은 독일 사회 내에서 통합이 아닌 귀환의 대상으로 여겨졌을 만큼 오랜 시간 동안 국가 차원의 이주민 통합정책은 부재하였다고 볼 수 있다(박재영, 2012). 즉, 독일은 귀국을 목표로 한 차별적 배제정책을 추진하였다. 그 사례로는 독일 학교에서의 외국인 학생과 독일 학생의 분리교육이 대표적이다. 1970년대에 독일 학교에 입학하는 외국인 자녀의 수가 증가하면서 교육 당국은 본국으로의 귀환을 독려함과 동시에 체류 기간 분리교육 조치를 가했다. 이처럼 2세 자녀들은 정체성 혼란과 독일어 구사 능력이 현저히 떨어지는 문제 등으로 사회적응에 어려움이 많았다. 독일은 1970년 후반부터는 이주노동자를 독일에 통합시키려는 정책과 귀국촉진정책을 동시에 시행하였다. 이는 8년 이상 지속해서 고용이 유지되고 있는 경우, 그들에게는 특별 노동 허가를 부여하여 장기체류 이주노동자들에게 독일인과 동등한 대우를 해 주는 정책이다. 독일에서 이주노동자가 노동 허가를 받기 위해서는 체류 허가가 필요하다. 노동 허가는 「고용촉진법」에 근거하며, 체류 허가는 「외국인 취업을 위한 허가에 관한 규정」에 근거하고 있다.

독일의 다문화정책은 초기 이주민을 대상으로 언어교육 프로그램에 집중하고 있다. 대표적 프로그램은 성인 대상 어학 강좌로 구성된 '사회통합 강좌(Intergrationskurse)'와 독일 사회와 관련된 정보와 이주민의 독일 생활에 필요한 안내를 진행하는 '초기 오리엔테이션(Erstorientierung)'이 있다. 이주민들이 영주권을 취득하기 위해서는 이 두 개의 프로그램을 반드시 이수해야 한다. 이민가정 출신 아동·청소년 후원 정책은 2세대 자녀들을 독일어 언어 교육기관과 연계해서 졸업 이후 노동시장에 진입했을 때 필요한 직업능력을 개발하도록 돕는다. 특히 가족보상정책은 가족이 사회 기여분에 따라 보상을 받는 정책이다. 가족 형태의 다양화로 부모 가족, 독신부모 가족, 입양·보호 가족, 결혼·비결혼, 다국적 가족과 외국인 가족 등 자신의 의지에 따라 사회적 편견에 구애받지 않고 가족생활을 창조해 나갈 수 있다. 독일 연방정부의 가족정책은 실제적 삶에 기초하여 다양한 외국인 가족 형태의 삶을 존중하고 타당성에 맞는 여건을 제공해 줌으로써 출발하는 계기가 되었다.

② 사회복지 지원

- 이주민 사회적응 프로그램

독일은 통합과 화해라는 측면에서 보면 이주민과 외국인은 국가와 사회에 대항할 위협이 잠재되어 있다고 이해한다. 그래서 이주민을 위한 지원은 국가와 사회에 적응할 수 있도록 언어적인 지원을 최우선으로 하고 있다. 이에 이주민을 위한 사회적응 프로그램은 독일어로 진행하며 사회적응 오리엔테이션 과정과 기초 및 재교육 언어과정으로 구성되어 있다. 언어과정은 600시간으로, 수준별 초·중·고급 단계로 분류하여 진행한다. 언어과정 수료 후 이어서 사회 적응 오리엔테이션 과정 30시간을 진행한다. 독일 정부에서 주관하는 이 프로그램은 장기체류 외국인과 2005년 「이민법」 통과 후 독일에 온 외국인으로서, 체류 허가 최소 1년 이상인 자와 종전 후 동부지역에서 이주해 온 독일계 후손과 그 가족들로 자격을 제한하고 있다.

- 사회보험

사회복지서비스 비용을 부담하는 가장 중요한 주체는 사회보험조합이다. 독일 사회복지서비스 전달체계에서 비용부담 주체는 클라이언트의 개별적 상황에 따라 다르다. 예를 들어 알코올 의존성이 되기 전 클라이언트가 취업 근로자였다면 알코올중독 문제를 극복하고 사회적 자활까지 필요한 의료서비스 비용은 의료보험에서 부담한다. 그리고 알코올중독 치료 이후 직업훈련, 취업훈련 과정 비용은 연금보험에서 지급된다. 만약 알코올중독으로 인해 취업능력을 상실했을 경우 사망할 때까지 연금보험에서 장애연금을 지급해야 한다. 이렇듯 소모되는 비용은 당사자가 취업근로자로 복귀해서 연금보험료를 낼 수 있도록 하는 것이 경제적이라는 근거하에 연금보험조합에서 직업훈련 과정 비용을 지급하는 것이다. 물론 취업 근로자가 알코올 문제 때문에 실업자가 되었을 시, 취업 훈련 비용을 실업보험에서 지급하기도 한다(김범수 외, 2007).

③ 사회부조

가족 구성원 중 한 명이 질병이나 장애를 가져 사회복지서비스가 필요할 경우, 비용부담 과정에서 다음과 같은 원칙이 적용된다.

첫째, 본인의 소득이나 자산 그리고 사회보험금을 통해 사회복지서비스의 비용을 지불한다.

둘째, 전자의 수단을 모두 동원했음에도 부족한 비용은 평소에 사회부조 대상자가 아니더라도 사회부조의 지원을 받을 수 있다.

셋째, 사회보험이나 사회부조 지원을 제외한 본인과 가족 부담 수준에서는 생활 형편을 크게 저해하지 않는 선에서 정해져야 한다. 만약 가족 구성원이 갖는 사회복지서비스 비용이 상당히 부담되거나 생활 수준의 저하가 예상된다면 해당 가족의 비용부담을 최소화하고 나머지는 사회부조에서 부담하고 있다.

03 아시아

1) 말레이시아

(1) 말레이시아의 다문화 역사

1957년 말레이시아는 영국으로부터 독립되었다. 독립 당시 말레이인이 정치적 우위로, 비말레이인은 경제적 우위라는 차이를 기반으로 연합의 권력 공유관계에서 승인되었다. 말레이시아는 식민지 이전의 경험을 통해 민족과 종교가 혼합된 다문화사회이다. 말레이시아의 다문화주의는 말레이시아인, 중국인, 인도인, 원주민 등 다민족 인구의 풍부한 언어적 다양성으로 대표한다. 이렇듯 새로 꾸려진 말레이 정부는 공통 언어와 교육시스템을 통해 집단 내 다른 정체성을 가진 집단을 동화시킴으로써 다문화국가를 이룩하는 데 목표를 두었다. 말레이어가 영어보다 국어로 선택된 것은 식민지 지배의 연관성과 애국적 민족주의 정서를 앞세우려는 의중 때문이었다. 또한 말레이어를 모든 학교에서 공통적인 교육 수단으로 제안하기도 하였다. 그러나 비말레이인의 저항으로 인해 이 정책의 시행은 실패하였다(Kuah, et al., 2021). 말레이시아 헌법은 이슬람교를 국가의 종교로 규정하고 있지만 종교의 자유는 모호하게 허용하고 있다. 즉, 종교적 다원주의를 장려하는데, 불교, 힌두교, 기독교와 같은 다른 종교들이 공존하는 것을 허용하였다 말레이시아의 다문화주의는 말레이시아인, 중국인, 원주민 등 다민족 인구의 풍부한 언어적 다양성이 혼재되어 있다(장미야, 2022)

1969년 말레이인과 중국인 사이에 경제적 불평등으로 인해 인종 폭동이 일어났다. 정부는 갈등을 해결하기 위해 정치와 공무원, 경제와 기업, 교육과 언어, 그리고 종교와 문화 등 사회적·다원적 측면에서 말레이 민족을 긍정적으로 선호하는 소수집단 우대정책 프로그램(Neo Economic policy)인 '부미푸테라 정책(Bumiputera Policy)'을 도입하였다(Whah & Guan, 2017). 이는 경제적 격차를 줄이기 위해 사회적, 경제적으로 말레이인들에게 혜택을 주기 위한 정책이었다. 당시 말레이인의 1인당 소득은 2,400 말레이시아 링깃(Malaysian Ringgit)인 반면, 중국인은 4,400 말레이시아 링깃이었다. 두 집단 간 소득 차이가 거의 두 배나 되었다. 정부는 부미

푸테라 정책으로 말레이인들에게만 특혜 정책을 제공해서 어느 정도의 소외와 분리를 완화하였다. 이러한 말레이시아인에 대한 우대조치는 독립 이후 헌법 제153조에 의하여 인정된 조항이다. 말레이시아 인구의 50.4%는 말레이인, 중국인 23.7%, 원주민 11%, 인도인 7.1%, 기타 인종 7.8%로 구성되었다. 과거 식민지 시대의 영향으로 민족성(ethnicity)은 말레이시아의 핵심 정책이고, 오늘날까지 여전히 남아 있다(장미야, 2022).

그러나 말레이시아의 정책과 실행은 민족 간의 분열을 심화시키는 요인이 되었다. 수년간 이러한 정책의 제도화가 증가함에 따라 말레이시아인에 대한 비말레이시아인들의 분노가 심화되었다. 비말레이인들은 계속되는 불평등한 정책들로 인해 소외감과 그들 사이에서 말레이 민족의 차별에 대한 집단적 분노를 초래하였다. 특히 중국인의 경제 분야에 지배와 교육에서의 성공은 현실적으로 말레이인들에게는 점점 위협적이라고 여겨졌다. 말레이시아인들은 항상 자신들이 토착 민족이라고 생각하는 동시에 비말레이시아인들을 이민자로 인색해왔다. 그래서 말레이인들은 더욱 경제적 안보에 대한 불안을 예고하며 정치적 통제를 통해 땅에 대한 권리를 행사함으로써 위협의 균형을 이루고자 했다. 반면 비말레이인들은 종교보다 언어를 통해 표현된 정체성을 지킴으로써 정치적 우위를 누리는 말레이시아인들에게 오히려 상징적 위협으로 느낀다는 것이다.

(2) 말레이시아의 다문화정책

① 민족화합정책

말레이시아의 다문화주의 모델은 식민지 역사의 결과로 집단 간 긴장을 관리하고 폭력 예방, 민족 간 사회정의를 추구하기 위해 도입된 정책이다. 영국 식민지 시대에는 영어가 정치, 경제, 교육에서 중요한 역할을 했지만, 1957년 말레이시아 독립 이후 정부는 국가정체성과 사회통합을 위해 다양한 정책을 시행하였다. 말레이시아에서 민족 다원주의(ethnic pluralism)는 기본적으로 말레이, 중국, 인도의 3대 주요 종족집단으로 구성된 이질적인 다문화사회이다. 특히 민족국가 건설이라는 이름으로 말레이어(Malay language)의 지위를 강조하며 민족의 조화를 위해 언어정책을 채택하였다. 이러한 동화과정은 말레이시아의 선진화에 필요한 사회적 자본 획득에 불리해지면서 사회·경제적으로 낙후될 수 있었다. 그러나 일부 중국인들은 정부의 허가를 받아 그들만의 국가적인 유형의 독립학교를 설립하여 중국어를 교육매체로 사용했다(Wang, 2016). 중국의 독립학교들은 유교와 중국 문학을 가르치며 말레이시아에서 중국의 문화를 보존하고자 하였다.

말레이시아는 급변하는 과학기술 분야에서 선도할 글로벌 인재를 육성하기 위해 정책 변화를 시도하였다. 2003년 영어를 과학과 수학의 교육 매체로 지정하였고(Gill, 2013), 오늘날 초·중학교에서 일반적으로 사용하고 가르치고 있다.

말레이시아는 문화적 보존을 유지하는 동시에, 권력을 공유하려는 우선 조치와 분리 및 공동 거주의 형태를 함께 채택한 복합적 모델로 이해될 수 있다. 말레이인에게는 유리한 방식으로 유한한 자원을 분배하고, 반면 소수 비말레이인에게는 민족공동체를 희생시키는 방식이었다. 결국 중국계와 인도계 소수집단은 그들의 문화를 버리지 않았고, 말레이 문화를 수용하지도 않았다.

② 이민정책

1980년대 말레이시아 정부는 인력난 해소를 위해 외국인노동자 수용정책을 시행하였다. 말레이시아의 경제는 외국인노동자들의 적극적인 수용을 통해서도 성장했다고 볼 수 있다(장미야, 2022). 1980년대 중반, 노동력은 대부분 인도네시아 출신 노동자들이 채웠고 주로 농업에 집중되었다. 이후 도시 지역 제조산업의 발전으로 말레이시아의 노동력은 공장으로 이동하였다. 1991년 제조업 증가는 생산과 노동 수요를 충족하기 위해 외국인노동자 고용이 더욱 요구되었다. 말레이시아 정부는 인도네시아, 방글라데시, 태국, 필리핀, 파키스탄 등의 외국인노동자들을 유입하였다. 이렇듯 말레이시아 제조업에 가장 많은 외국인노동자가 포진하게 되었으며 아시아에서 외국인노동자들의 주요 유입국으로 부상하였다. 말레이시아는 높은 고용률, 낮은 출산율, 고령화 그리고 3D로 분류된 자별화에 맞물려 동남아시아에서 가장 큰 노동력 수입국이 되었다.

말레이시아의 이주노동자는 전문인력과 비숙련 노동자로 분류되는데, 특히 비숙련 노동자 집단이 다수를 차지하고 있어 허가 없이 입국하거나 불법체류자가 되어 사회·경제적 위협을 가했다. 말레이시아 정부도 이들 노동자의 유입을 완전히 통제하지 못하고 엄청난 수의 불법

노동자들이 국내에 있는 결과를 낳았다. 이처럼 말레이시아 이민정책은 이주노동자들을 전통제조업에서 일하는 저임금노동자로 가장 많이 차지하게 하였다. 정부는 노동권과 이주노동자들의 열악한 노동조건에 관한 국제사회의 집중된 압력을 해결하기 위한 경쟁적인 도전에 직면해 있지만 값싼 노동력의 요구에 굴복하였다.

2) 일본

(1) 일본의 다문화 역사

일본에 거주하는 이주민 분류 시 올드커머(old comer)와 뉴커머(new comer)로 구분된다. 올드커머는 제2차 세계대전 이전부터 일본에 살고 있던 조선 반도 출신과 그 자손, 중국, 대만에서 온 화교와 그 자손(특별영주자)들을 말한다. 전후 일본에는 약 60만 명의 구식민지 출신자가 거주하였다. 1945~1970년대까지는 주로 올드커머를 대상으로 이민정책이 시행되었고, 그들은 일본의 경제성장기에 필요한 노동력을 제공하였다. 1980년대 이후 「입관법」(출입국관리 및 난민인정법)이 개정된 이후에 유입된 재일외국인을 뉴커머로 분류한다. 1980년을 전후로 해서 국제인권규약의 비준, 난민조약에의 가입 및 「입관법」(1981)이 개정되어 일본의 외국인 정책은 새로운 틀을 형성하였다. 1989년에 「입관법」이 재개정되어 외국인 유입의 범위가 확대되고, 1990년대 「외국인출입국관리법」을 통해 남미 출신 브라질인들이 급속도로 늘어나게 되었다. 100여 년 전 남미로 목화 따러 이주했던 일본계 브라질인 3~4세들이 역이주를 하는 일본계 남미인(니케이진)의 고용이 시작되었다. 그들은 '다시 돌아온 일본의 핏줄'이라고 부르며 자동차산업의 하청기업, 공장 등에 고용되었다. 특히 도요타 자동차 본사가 있는 나고야시는 도쿄, 오사카 이어 외국인 등록자가 가장 많다. 무엇보다 일본 정부는 '일본계 브라질인 후손'에 대해 정주자로서의 체류자격을 인정하였다.

일본은 1990년 「출입국관리 및 난민인정법」 개정으로 3D업종의 취업 기피와 엔고 등에 따른 노동력 부족에 중국으로부터의 귀국자 및 농·산촌의 배우자 국제결혼, 브라질 등 남미 국가로부터의 역이주, 아시아 여러 나라로부터의 연수생·기능실습생의 수용이 확대되면서 외국인 주민이 급증하게 되었다. 일본계 브라질인은 현재 30만 명으로, 중국계와 한국계 다음으로 많은 부분을 차지하고 있다. 결국 전문기술을 보유하지 않은 외국인노동자에 대해서는 배제적 태도로 일관하던 일본은 일본계 브라질 이주민의 유입을 계기로 기존의 정책 노선을 변경하게 되었다.

(2) 일본의 다문화공생정책

일본의 다문화주의는 국경에서의 이민통제에 초점을 맞추는 강력한 입국 제한적인 이민정책을 폈다. 일본에서 합법적으로 입국한 이주민 정책은 제2차 세계대전 이후에 대부분 지방정부에 의해 만들어졌다. 특정 행정구역에 주민등록을 하면 이주민들은 사회복지 프로그램, 교육, 의료정보 등으로 지방자치단체에서 접근할 수 있도록 하였다. 일본에서 실제 거주할 국가 차원의 이주민을 지원하는 메커니즘은 다소 부족하다. 국가 차원의 정책이 부재한 상황에서 지방자치단체들은 법인화정책, 외국인정책, 다문화공존정책, 사회통합정책 등을 추진하기 시작하였다. 이러한 정책들은 각 지방정부 서비스와 합법적으로 거주하는 외국인 거주자들이 권리와 의무에 대한 다양한 언어로 언어 지원, 문화교육 및 정보를 제공하는 것이다. 이는 다문화적 정체성 형성에 주요한 역할을 하는 다문화주의 정책으로 간주하기보다는 서비스 중심의 정책들로, 이주자들이 일본 사회에 적응할 수 있도록 돕는 차원이다. 더불어 지역이나 주 차원에서도 인종에 기반한 차별을 금지하는 정책은 없고 기존의 문화적·제도적 틀에 더 많은 다양성을 주입하기 위한 정책전략이나 귀화를 위한 수단은 더욱 아니다. 그러나 일본의 지방정부는 지역적 차원의 사회복지 권리와 인정의 성장에서 자이니치 간코쿠진(Zainichi Kankokujin)이라고 불리는 소수민족들이 '외국인 자문위원회'를 통해 지방 시의회에 직접 보고하여 그들의 행정적 경계에 거주하는 이주민들과 외국인들의 현황에 대한 권고와 업데이트를 제공하고 있다.

1980년 이후 뉴커머가 급증함에 따라 일본의 인구 구성은 다국적화로 다양화되어 갔다. 이에 일본 정부는 1990년대에 들어서면서 내향적 국제화를 선도했다면, 2000년대에는 다문화공생의 개념화를 통해 다양한 변화로 인해 파생되는 사회문제, 즉 언어, 의료 등에 관심을 높였다. 2006년 3월 일본 총무성이 발표한 「다문화공생의 추진에 관한 연구회 보고서」에 따르면 다문화공생이란 '국적이나 민족 등이 다른 사람들이 서로 문화적 차이를 인정하고 대등한 관계를 쌓아가면서 지역사회의 구성원으로서 함께 살아가는 것'이라고 정의하였다. 즉, 다문화공생의 핵심은 '대등한 관계 속에서 함께 살아가는 것'을 의미하고 있다. 다문화공생이란 용어는 1995년 고베 대지진을 겪은 이후 시민들 사이에서 사용하기 시작했다. 당시 수많은 사상자가 나왔지만, 일본어를 할 줄 모르는 외국인의 피해가 컸던 것이 계기가 되었다. 시민들 사이에서 "외국인들도 같이 살아가야 한다."라는 자성의 목소리가 나오면서 처음 나온 '다문화공생'이란 단어를 정부(총무청)가 받아들여 외국인 정책의 이름으로 공론화하였다.

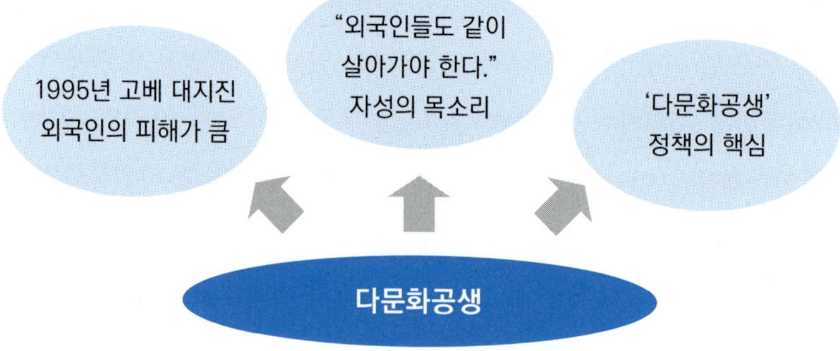

그림 3-4 일본의 다문화공생 정책의 배경

일본의 이주민 주요 법률은 「출입국관리 및 난민인정법」, 「국적법」, 「주민기본대장법」, 그리고 2006년 제정된 「다문화공생사회 형성 추진 조례」가 있다. 다문화공생 추진플랜의 핵심은 외국인이 지역사회에서 일상적인 생활을 영위하는 데 불편함이 없게 하는 데 비중이 크다. 총무성에서 제안한 다문화공생 프로그램 추진 계획은, 첫째, 커뮤니케이션 지원이다. 다양한 언어, 미디어에 의한 행정 정보 및 생활 정보를 제공하는 것이다. 외국인 주민 상담창구설치 및 JET 프로그램(외국인 청년 어학 교류 지원)의 국제교류원(CIR) 활용 등이 대표적이다. 둘째, 생활 지원이다. 지역 거주, 이주민 자녀교육, 취업 및 창업, 노동 환경, 의료 지원, 방재훈련 및 긴급 시 다중언어 기상 경보 전달 등의 생활형 밀착 지원이 그 예이다. 셋째, 다문화공생 지역사회 구축이다. 다문화공생 추진체제를 정비하고 담당 부서 설치와 조직 내 횡적인 제휴, 주체별 역할 분담 및 연계 협력을 추진하는 것이다. 넷째, 지방자치단체의 이주민

종합 지원을 구축하는 다문화공생 지역 만들기이다. 지역 거점 학교, 도서관 등을 중심으로 이주민과 자국민 간의 네트워크를 형성하고 교류 이벤트 개최나 지역 행사 등을 통해 이루어지게 한다. 도쿄 신주쿠 신오쿠보에 형성된 코리아타운이 대표적이다. 일본은 외국인 주민 집중 거주지역에는 지방자치단체가 필요에 따라 선진적인 대응을 하고, 정부에 대해 개정 요청을 후발적으로 하는 방향으로 시행되고 있다. 즉, 중앙정부 차원의 구체적 정책 제언은 제시하지 않는 것이 특징이다. 다문화공생 정책은 중앙정부, 지방정부, 지역주민과 시민단체로 분류된다. 중앙정부는 내각부, 외무성, 법무성, 총무성으로 나뉘고 지방정부는 독자적·세부적 정책을 시행하고 지역 단위 다문화공생 실현을 목표로 다양한 프로그램 운영한다. 지방자치단체에는 광역자치단체(국제과), 기초자치단체 다문화공생과, 국제교류협회 등이 있다. 다문화공생 지역사회 구축사업은 지역 거점에 해당하는 학교, 도서관 등을 중심으로 이주민과 비이주민 간의 네트워크 형성을 통해 이루어지고 있다.

토론 및 발표 주제

1. 한국은 다문화정책과 사회통합이라는 두 가지 목표 간의 균형을 맞추기 위해 어떤 영역에서 더 정책적으로 접근해야 한다고 생각하는가? 그 근거는 무엇인가?

2. 미주, 유럽, 아시아의 대표 이민국가들의 다문화사회 정책을 비교하고, 다른 점과 공통된 점을 지역적으로 분석해 봅시다.

Part 2

문화적 소수자들의 이해

다문화사회의 이해와 다문화사회복지 실천

Chapter 04

결혼이민자

학습목표

1. 결혼이민자에 대한 개념 및 현황을 파악할 수 있다.
2. 결혼이민자의 특성과 그 가족들의 문제 등을 설명할 수 있다.
3. 국제결혼 가정 학생의 현황과 어려움, 교육방안을 설명할 수 있다.
4. 다문화가족의 사회통합을 위한 제도적 방안을 모색할 수 있다.

01 결혼이민자에 관한 이해

1) 결혼이민자의 개념

결혼이민자는 결혼을 목적으로 한국에 이주한 외국인을 지칭하는 개념으로서, 「재한외국인 처우 기본법(외국인처우법)」 제2조제3항에 의하면 "결혼이민자"란 대한민국 국민과 혼인한 적이 있거나 혼인관계에 있는 재한외국인을 말한다. 이는 외국인 배우자와 한국인 배우자로 구성된 국제결혼가정을 지칭하는 용어로 사용되기도 한다. 외국인이 대한민국의 국민과 결혼하게 되면 자격을 갖게 되는데, 결혼이민자는 체류외국인 중 국민의 배우자 체류자격을 가진 자를 말한다. 2009년 이전에는 F-2-1 및 F-1-3에 주어지던 배우자 체류자격이 2011년 이후 F-5-2, F-6 비자로 전환되었다. 결혼이민(F-6) 자격으로 2년 이상 국내 체류하면 영주(F-5)

자격으로 변경 신청할 수 있다.

1990년대 이후 한국 남성이 중국이나 동남아시아 국가의 여성들과 결혼하는 비율이 급증하면서 국제결혼에 대한 인식이 변하고 한국 남성과 결혼하여 이주한 외국인 여성에 대한 사회적 관심이 증가함에 따라 이들을 바라보는 사회적 시각도 달라지고 있다. 1992년 중국과의 수교를 기점으로 조선족 여성들이 대거 유입되었다. 초기 국제결혼은 한국의 농촌총각과 중국의 조선족 여성들과의 결혼이 주를 이루었고, 이후 베트남, 필리핀 등 외국인 아내들의 출신 국가가 다양해졌다.

1990년 중반 이후 급증한 결혼이주여성의 비율은 한국 사회의 인구 구성에 변화가 왔고, 국제결혼은 단일민족이라는 이데올로기에서 벗어나 다민족 또는 다문화사회로의 전환에 큰 영향력을 미치고 있다. 일반적으로 국제결혼가족은 다문화가족을 대표하는 집단이며, 통상 다문화가족이란 용어로 대치되어 사용되는 것이 일반적이다. 다문화가정 또는 다문화가족은 서로 다른 국적과 문화의 남녀가 국제결혼을 통해 만들어진 가정이나 이주배경 사람들이 포함된 가정을 널리 의미하는 말이다. 다양한 민족·문화적 배경을 지닌 사람들로 구성된 가족을 통칭하는 것으로 사용되고 있으며, 국제결혼가족 등의 차별적 용어를 대신하여 다문화가족이라는 명칭을 사용하게 되었다.

다문화가족은 「다문화가족지원법」 제2조제1호에 의해 결혼이민자와 대한민국 국민으로 이루어진 가족, 「국적법」에 따라 인지 또는 귀화로 대한민국 국적을 취득한 자와 대한민국 국민으로 이루어진 가족으로 정의된다. 대한민국 국민과 사실혼 관계에서 출생한 자녀를 양육하고 있는 다문화가족 구성원에 대해서도 「다문화가족지원법」에 따른 다문화가족 지원 규정이 적용된다(「다문화가족지원법」 제14조).

2) 결혼이민자 현황

결혼이민자 비율은 〈표 4-1〉과 같이 2020년부터 코로나19 기간 중 감소 추세였지만, 2025년 4월 기준 184,026명으로, 전년 대비 3.6% 증가한 국민의 배우자들이 체류하고 있다.

표 4-1 결혼이민자(국민의 배우자) 체류 현황

(2025.4.30. 현재, 단위: 명)

연도	2020년	2021년	2022년	2023년	2024년	2025년 4월
인원	168,594	168,611	169,633	174,895	181,436	184,026
전년 대비 증감률	1.5%	0.01%	0.6%	3.1%	3.7%	3.6%

출처: 법무부 출입국·외국인정책본부(2025d). 출입국·외국인정책 통계월보, 2025년 4월호, p. 38.

한국의 결혼이민자는 주로 외국인 아내들이 주를 이루고 있다. 그러나 최근에는 한국인 여성과 외국인 남편의 수가 증가하면서 결혼이민자 남성들에 관한 관심이 요구되고 있다. 현재 다문화가족을 대상으로 하는 서비스 대부분이 결혼이주여성에게 집중되는 게 사실이다. 이러한 변화는 〈표 4-2〉에서도 나타나고 있다. 전체 결혼이민자 184,026명 중 여성은 147,920명(80.4%), 남성은 36,106명(19.6%)으로 여전히 여성의 비율이 높지만, 결혼이민자 남성이 2020년 6월 기준 29,604명(17.6%)에 비해 점진적으로 증가 추세로 그들도 잘 살펴야 한다.

결혼이민자 여성들의 출신국 분포를 살펴보면 중국 33.0%, 베트남 23.2%, 일본 9.9%, 필리핀 7.0% 순으로, 주로 아시아계 여성들이 주를 이루고 있다. 반면 결혼이민자 남성은 여전히 총계에서 중국, 베트남이 높은 비율을 차지하고 있지만 2014년부터 미국 국적의 남성의 비율이 가장 높은 것으로 나타났다(통계청, 2024).

표 4-2 결혼이민자 국적별·성별 현황

(2025.4.30. 현재, 단위: 명)

<table>
<tr><th>국적
구분</th><th>총계</th><th>중국</th><th>한국계</th><th>베트남</th><th>일본</th><th>필리핀</th><th>태국</th><th>미국</th><th>캄보디아</th><th>기타</th></tr>
<tr><td rowspan="2">전체</td><td>184,026</td><td>60,765</td><td>20,675</td><td>42,745</td><td>16,503</td><td>12,892</td><td>10,067</td><td>5,443</td><td>4,913</td><td>30,698</td></tr>
<tr><td>100%</td><td colspan="2">33.0%</td><td>23.2%</td><td>9.0%</td><td>7.0%</td><td>5.5%</td><td>3.0%</td><td>2.7%</td><td>16.7%</td></tr>
<tr><td rowspan="2">남자</td><td>36,106</td><td rowspan="2">14,074</td><td rowspan="2">8,099</td><td rowspan="2">5,215</td><td rowspan="2">1,331</td><td rowspan="2">658</td><td rowspan="2">151</td><td rowspan="2">3,626</td><td rowspan="2">951</td><td rowspan="2">10,100</td></tr>
<tr><td>19.6%</td></tr>
<tr><td rowspan="2">여자</td><td>147,920</td><td rowspan="2">46,691</td><td rowspan="2">12,576</td><td rowspan="2">37,530</td><td rowspan="2">15,172</td><td rowspan="2">12,234</td><td rowspan="2">9,916</td><td rowspan="2">1,817</td><td rowspan="2">3,962</td><td rowspan="2">20,598</td></tr>
<tr><td>80.4%</td></tr>
</table>

출처: 법무부 출입국·외국인정책본부(2025d). 출입국·외국인정책 통계월보, 2025년 4월호, p. 38.

국제결혼 건수는 1990년 후반부터 2010년까지 30,000건대를 넘었으나, 2011년부터 20,000건대로 감소하는 추세를 보였다. 〈표 4-3〉을 살펴보면 2020~2023년까지 10,000건대로 떨어져 유지하던 것이, 점차 20,000건대로 회복되고 있다.

귀화에 의한 국적취득 유형에는 일반귀화, 특별귀화, 간이귀화가 있다. 일반귀화는 거주기간 외에는 대한민국과 특별한 연구가 없는 경우에 적용된다. 특히 엄격한 요건 충족이 요구된다. 특별귀화는 대한민국과 특별한 연고 관계를 고려하고, 여러 요건을 면제받을 수 있다. 〈표 4-3〉의 혼인귀화는 간이귀화에 해당한다. 매년 혼인귀화자는 증가하고 있으며, 사회통합의 유리한 지점이 된다.

표 4-3 국제결혼 건수·혼인귀화자 현황

(2025.4.30. 현재, 단위: 명)

연도	2019년	2020년	2021년	2022년	2023년	2024년	2025년 4월
국제결혼 건수	23,643	15,341	13,102	16,666	19,717	20,759	-
혼인귀화자 (전체 누계)	135,056	141,773	148,118	154,926	161,357	166,941	168,369

출처: 법무부 출입국·외국인정책본부(2025d). 출입국·외국인정책 통계월보, 2025년 4월호, p. 38.

3) 국제결혼가정의 특성

(1) 거주기간 장기화

결혼이민자들의 생활과 한국 사회에서의 정착 현황과 욕구 등을 이해하기 위해 먼저 그들의 가정을 살펴보고자 한다. 국제결혼의 급증 현상은 1990년대 후반부터임을 고려할 때 결혼이민자 중 상당수는 10년 이상 한국에서 정주하였고, 초기 한국 사회로의 적응 단계를 지나 통합과정의 단계로 접어들고 있다. 또한 2012년 「다문화가족지원법」 개정 내용에 따라 혼인귀화자 및 기타 사유로 인한 국적 취득자도 정책대상에 포함됨으로써 이민자들이 한국 사회 정착 기간이 장기화하고 있다.

여성가족부는 3년마다 「전국다문화가족 실태조사」를 실시하는데, 현재 「2024년 전국다문화가족 실태조사」가 진행되고 있다. 2025년 7월 30일자 여성가족부 보도자료에 의하면, 15년 이상 거주자는 52.6%로, 2021년 대비 12.7% 상승하며 다문화가족이 우리 사회에 안정적으로 정착하고 있음을 보여주고 있다. 정착 주기 장기화로 평균 연령대도 높아지고 있어 그에 따른 맞춤형 생애주기별 지원이 요구된다.

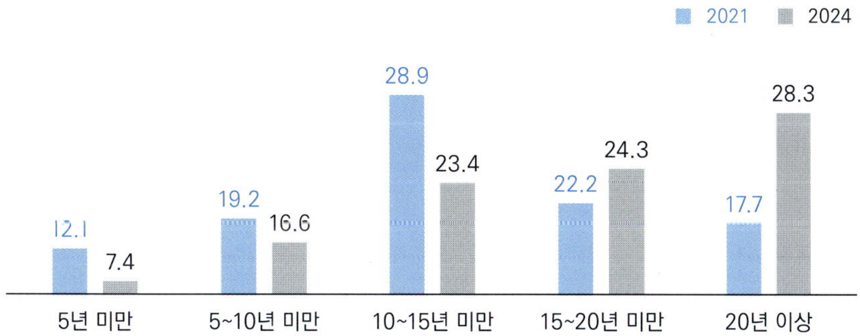

그림 4-1 결혼이민자·귀화자의 국내 거주기간

출처: 여성가족부(2025). 2024년 전국다문화가족 실태조사.

2024년 다문화가족 자녀의 대학 등 고등교육기관 순취학률은 61.9%로, 2021년(40.5%)보다 21.4% 상승한 것으로 나타났다. 이에 따라 국민 일반과의 고등교육 취학률 격차도 2021년 31.2%에서 2024년 13.0%로 감소한 것으로 파악되었다. 이는 2000년대 초중반 출생한 다문화가족 자녀들이 정부의 정책과 지원제도의 확대 효과를 본격적으로 체감하는 시기와 맞물린 결과로 추측되고 있다(여성가족부, 2025).

또한 「2024년 전국다문화가족 실태조사」에서 다문화 가구의 소득수준이 전반적으로 향상된 것으로 나타났다. 월평균 소득 300만 원 이상인 가구 비율이 65.8%로, 2021년 50.8%에 비해 15.0% 증가하며 통계 작성 이후 처음으로 300~400만 원 구간이 가장 많은 소득 구간으로 집계되었다(여성가족부, 2025).

(2) 문화적응

여성가족부(2022)에서 발표한 「전국다문화가족 실태조사」에서는 부부간 문화적 차이를 경험했다는 비율은 52.4%로 2018년보다 3.5% 감소하였고, 식습관 52.7%, 의사소통 방식

43.4%로 큰 차이를 여전히 경험하고 있다. 그다음으로 자녀 양육 방식 29.0%, 가족의례 24.1% 순으로 나타났다. 그러나 한국 생활의 어려움과 외국 출신이라는 이유로 차별받은 경험은 16.3%로 지속적으로 감소('15년 40.7%→'18년 30.9%) 추세를 보이고, 사회적 관계가 확대되는 등 대체로 한국 생활 적응도가 높아진 것으로 확인되었다. 특히, 사회적 관계에서 집안 사정, 자녀 교육 등 개인적 문제에 대하여 도움.을 받거나 의논할 상대가 없다는 비율이 2018년보다 감소한 점은 정착의 장기화로 사회 지지망이 구축된 결과이기도 하다.

사회적 관계가 확대된 지점은 각종 모임·활동 참여율은 감소하였다면, 참여 의향은 대부분 크게 상승하였고, 특히 모국인 친구 모임이 70.0%로 2018년에 비해 32.6% 증가하였다. 이런 점은 코로나19로 인한 현상일 수 있어서 앞으로 주류집단과의 교류가 확장될 수 있는 정책 프로그램이 필요한 부분이다. 또한 한국 생활에 어려움이 없다는 비율(37.9%)은 2018년(29.9%) 8.0% 증가했으며, 주된 어려움은 언어 문제(22.9%)와 경제적 어려움(21.0%), 외로움(19.6%) 순으로 나타났다. 결혼이민자들이 지역사회의 서비스 이용은 61.9%가 경험한 것으로 나타나 2018년(60.6%)에 비해 소폭 상승했으며, 주로 초기 적응지원을 이용하였다. 향후 가정방문과 임신·출산 지원(21.6%) 등에서도 기관방문이 어려운 가족 대상을 중심으로 촘촘한 복지 진행이 필요할 것으로 여겨진다.

(3) 자녀 양육

결혼이민자들의 한국어 능력에 대한 주관적 인식은 3.87점으로, 2018년 대비 다소 하락(3.89점)한 것으로 나타났다. 한국어 능력의 수준에 따라 한국 정착에 대한 어려움 등이 더 나타날 수 있다. 특히, 시댁과의 문제 등에서 원만한 의사소통은 갈등을 빚는 원인이 될 수 있다. [그림 4-2]와 같이 자녀 양육에 있어서 만 5세 이하는 한국어 지도(26.8%), 만 6세 이상은 학습지도(50.4%)에서 가장 큰 어려움을 느끼는 것(여성가족부, 2022)으로 조사된 만큼 한국어교육 서비스에 대응할 방안이 필요하다. 또한 만 5세 이하 자녀 양육이 어렵다고 응답한 비율은 73.7%로 2018년(78.2%) 대비 4.5% 감소했지만 단연 큰 어려움은 한국어 지도(26.8%), 긴급 돌봄(20.5%) 순이다. 결혼이민자·기타 귀화자의 자녀관계 만족도는 4.54점으로 2018년(4.44점)보다 다소 높아졌다.

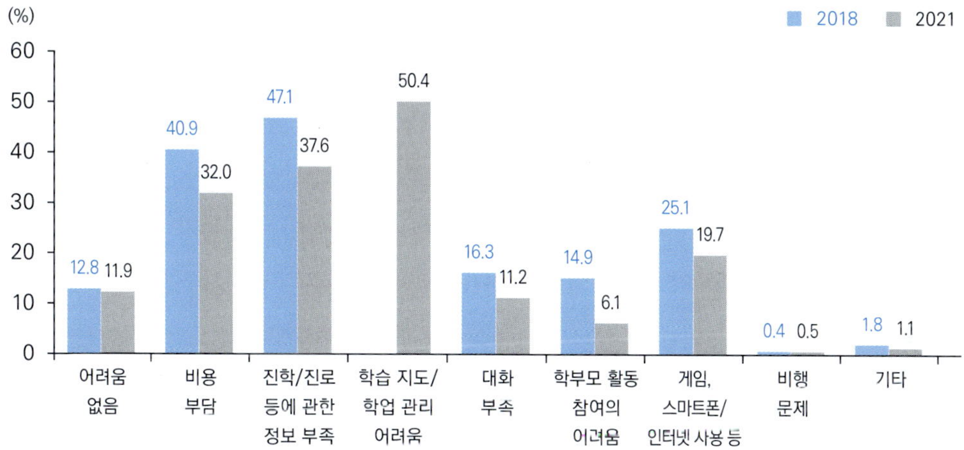

그림 4-2 자녀 양육의 어려움

출처: 여성가족부(2022). 2021년 전국다문화가족 실태조사.

02 국제결혼 가정의 이슈

1) 의사소통의 장벽

결혼이민자들은 의사소통 부족으로 여러 방면에서 어려움을 겪는다. 부부관계, 시댁관계, 자녀 양육 등에서 정확한 상황을 설명하거나 의사전달을 제대로 하지 못해 가족 간 갈등과 오해 등으로 급기야 가정폭력으로 이어지기도 한다. 또한 지역 주민들과의 관계망을 확보하지 못하거나 주부로서의 마트 장보기, 관공서 방문에도 어려움이 따른다. 그런데 결혼이주여성 의사소통의 어려움은 그들의 출신국에 따라 차등적 다른 양상을 보인다. 특히 한국어를 할 수 있는 한국계 중국인과 필리핀인의 경우 그 정도가 다른 출신국 여성들보다 상대적으로 덜 심각하다. 또한 한국은 전통적으로 어머니가 숙제를 도와주거나 존댓말을 가르치는 등 자녀 교육의 많은 부분을 감당한다. 한국어 능력이 부족한 결혼이주여성일 경우 자녀들에게 한국어를 제대로 가르쳐 줄 수 없으며, 숙제를 도와주기도 어렵다. 이에 따라 자녀에게 무시를 당하거나 소외당하기도 한다. 이러한 사정으로 인해 자녀를 타이르기보다는 체벌하게 되며, 다른 아이들보다 일찍 자녀를 어린이집에 보내기도 한다. 이러한 상황들은 낯선 나라에 떨어져서 살아가는 결혼이민자에게 깊은 외로움을 느끼게 한다.

의사소통 방식에서 결혼이민자들이 경험하는 문화적 차이도 상당하다. 가부장적이고 권위적인 한국인 남편의 태도는 남녀 사이가 비교적 평등한 동남아시아 국가 여성들에게는 수용하기가 쉽지 않다. 또한 외국인에 대한 이해가 부족한 남편과 시댁 식구들은 가난한 나라에서 왔다는 이유만으로 아내나 며느리 나라의 문화를 폄하하거나 무조건 한국 문화를 받아들이도록 강요하는 경우가 많다. 이러한 의사소통의 어려움과 문화적 차이는 결국 가정폭력과 이혼까지 초래한다. 자기 말을 알아듣지 못한다고 폭언과 폭행 등 상습적인 가정폭력을 일삼는 남편과 시댁 식구들로 인해 여성결혼이민자들은 신체적·정신적 피해를 보거나 폭력을 피해 도망쳐 나오기도 한다.

2) 경제적 어려움

한국인 남성과 외국인 여성의 국제결혼은 농촌 지역의 남성들이 경제적으로 빈곤한 국가의 여성들과 결혼하는 형태가 가장 많았고, 이후에는 도시 지역 저소득층으로 주변화된 남성들이 국제결혼을 선호하게 되었다. 이러한 연유로 국제결혼을 한 여성들은 대부분 경제적으로 어렵거나 열악한 상황에 놓일 수밖에 없다. 보건복지부에서 발표한 2025년 기준 중위소득은 한국인 2인 가구 월평균 393만 2,658원, 3인 가구 502만 5,353원, 4인 가구 609만 7,773원으로 고시되었다. 이에 비해 배우자의 월평균 임금은 200~300만 원 미만이 18.1%로 가장 많고, 250~300만 원 미만(18%), 300~350만 원 미만(17.0%), 150~200만 원 미만(12.2%) 등의 순이다. 결혼이민자 귀화자 출신 국적별로 살펴보면 500만 원 이상의 고임금 구간에 미주·유럽·대양주(18.6%), 대만·홍콩(15.2%) 출신 배우자들이 더욱 많이 분포하고, 150~200만 원 구간은 남부아시아 배우자(22.7%)가 상대적으로 높았다. 결혼이민자 귀화자의 국내 거주기간에 따라서는 거주기간이 길수록 저임금 구간에 속한 비율이 높은 특징을 보였다(여성가족부, 2022).

표 4-4 배우자 임금수준

(단위: %)

연도별	무임금	50 만원 미만	50~100 만원 미만	100~150 만원 미만	150~200 만원 미만	200~250 만원 미만	250~300 만원 미만	300~350 만원 미만	350~400 만원 미만	400~450 만원 미만	450~500 만원 미만	500 만원 이상	합계
2015	1.2	1.7	6.3	16.2	19.9	20.3	15.3	6.9	4.3	2.7	1.8	3.4	100
2018	1.4	1.3	3.7	8.5	16.4	20.5	18.3	10.7	7.2	3.9	2.8	5.3	100
2021	1.5	1.3	3.5	6.3	12.2	18.1	18.0	17.0	8.3	4.0	3.9	5.9	100

출처: 여성가족부(2022). 전국다문화가족 실태조사. p. 563.

결혼이민자·귀화자의 지원 서비스 요구에서 가장 높은 비율을 차지한 것은 일자리 소개 및 알선이었다. 그만큼 그들에게 간절한 부분은 경제적 어려움으로 인한 취업의 욕구가 강한 것으로 드러났다(여성가족부, 2022). 결혼이민자들은 경제적 어려움과 함께 사회적 차별과 고립 등을 경험하면서 빈곤, 외국인에 대한 차별, 소외 등 삼중고를 겪고 있다. 특히, 여성결혼이민자들의 경제적 빈곤은 자칫 교육, 사회참여, 문화 등으로부터 배제되는 직접적인 원인이 될 수 있고 결과적으로 한국의 이민정책으로 다문화가족 사회통합의 목표를 방해하는 결정적 요인이 될 수 있다.

3) 가족해체

결혼이주여성들은 가정의 경제적인 수준이 낮고 생활에 어려움을 경험하면서 그들이 가졌던 코리안드림과는 너무 다른 환경으로 내적인 갈등을 겪게 된다. 특히 경제적 목적으로 국제결혼을 선택한 결혼이주여성들은 심각한 정서적 혼란과 갈등을 경험할 여지가 많다. 그 외에도 자녀 교육, 본인 가족과의 갈등, 배우자 가족과의 갈등, 경제 문제, 외도 등 다양한 요인들로 인하여 결혼이주여성들이 어려움을 겪고 결국 이혼을 선택하는 경우가 증가하고 있다(여성가족부, 2022). 통계청 발표 자료에 의하면 다문화가족 이혼 건수는 2023년 총 8,158건으로 2022년 대비 305건(3.9%) 늘어났다. 이는 같은 해 내국인 이혼 건수가 84,236건으로 1.3% 감소한 것에 대비된다. 3년 주기로 제공되는 「2021년 전국다문화가족 실태조사」에 따르면, 이혼 사유는 남성과 여성 모두 '성격 차이'(남 63.0%, 여 40.5%)를 주된 이유로 꼽았다. 다음은 경제적 문제로, 실제로 다문화가족 국민기초생활보장 수급 가구 비율은 6.4%로 파악되었다(행정안전부, 2024).

다문화가족의 결혼관계를 위협하거나 해체하는 요소는 단순한 문화 차이나 남편의 경제적 위상에 대한 아내의 실망감보다는 한국 남성이 가부장의 특권으로 행사하는 권위의식, 폭력, 무능력이라는 점이다(설동훈·한건수, 2005). 한국 남편은 결혼이란 제도 안으로 여성이 편입되자마자 대화나 감정의 교환을 통한 친밀성이 아니라, 위계적인 성역할에 입각한 부부관계만을 요구하는 경향이 있다. 이는 결혼의 도구적 성격과도 연관되며, 남편의 가부장적 태도는 국가 간의 경제적 차이로 인하여 더욱더 강화될 수 있다. 예를 들면, 필리핀 출신 여성이 친정 가족에 대해 갖는 도덕적 의무감과 경제적 지원은 부부 갈등의 불씨가 되는데 이는 부모 양계 친족제도로 설명할 수 있다. 필리핀의 문화적 특성으로 부부간의 가사 분담률이 비교적 높고 부부관계에서 사랑과 애정 표현을 중요시하는 문화적 전통이 있다는 것과 여성이 모계사회의 전통을 갖는 진취적 기질이 있다는 것을 들 수 있다(설동훈·한건수, 2005). 결혼이민자의 사회 적응에 장애가 되는 사회구조적인 문제를 해결할 수 있도록 정책 제안을 하는 한편, 이들의 사회참여를 증진하고 가족에 관한 지원을 함으로써 사회적 자립과 역량 강화에 초점을 두어야 할 것이다.

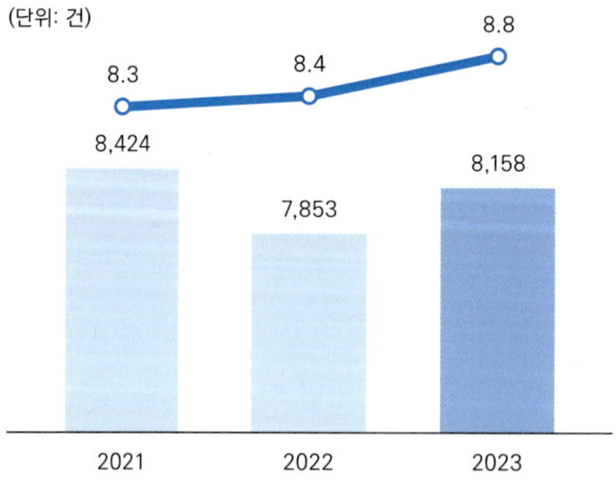

그림 4-3 다문화 이혼 건수 및 다문화 비중 추이

출처: 통계청(2024). 2023년 다문화 인구동태 통계.

03 국제결혼 자녀

1) 국제결혼 가정 학생의 현황

국제결혼 가정 자녀는 한국인 부(모)와 외국인 모(부) 사이에 태어난 자의 자녀로, 국내출생과 중도입국으로 분류된다. 국내출생 자녀는 국제결혼 가정 자녀 중 국내에서 출생한 자녀이고, 중도입국 자녀는 국제결혼 가정 자녀 중 외국에서 태어나 중도에 국내로 입국한 자녀이다. 국내 국제결혼 가정 학생은 꾸준히 늘어나서 국내 출생 학생과 중도입국 학생의 수를 포함하면 146,804명에 이른다(교육부, 2025). 이에 비해 전체 학생 수는 줄어들고 있어서 다문화 학생의 비율이 점차 높아지고 있다.

표 4-5 국제결혼 가정 학생 수 (단위: 명)

연도	계	국내 출생					중도입국				
		소계	초등학교	중학교	고등학교	각종 학교	소계	초등학교	중학교	고등학교	각종 학교
2024	146,804	134,817	80,155	34,682	19,811	169	11,987	6,037	3,201	2,412	337
2023	140,806	129,910	82,491	32,210	15,063	146	10,896	5,617	3,108	1,928	243
2022	135,967	126,029	84,241	29,940	11,614	234	9,938	5,087	2,874	1,784	193
2021	131,520	122,093	86,399	25,368	10,182	144	9,427	4,953	2,773	1,519	182
2020	122,902	113,774	85,089	19,532	9,049	104	9,151	5,057	2,459	1,415	204
2019	116,766	108,069	83,602	15,891	8,464	112	8,697	5,148	2,131	1,220	198
2018	106,583	98,263	76,181	13,599	8,361	122	8,320	5,023	1,907	1,185	205
2017	97,106	89,314	68,610	12,165	8,335	104	7,792	4,843	1,722	1,063	164
2016	86,552	79,134	59,970	11,475	7,589	100	7,418	4,577	1,624	1,075	142
2015	74,360	68,099	50,191	11,054	6,608	166	6,261	3,965	1,389	723	184

출처: 교육부(2024c). 2024 교육기본통계.

〈표 4-5〉는 국내에서 출생한 국제결혼 가정의 학생 수를 연도별, 교육기관별(초등학교, 중학

교, 고등학교, 각종 학교)로 구분하였다. 2015~2024년까지의 데이터를 바탕으로 학생 수 변화 추이를 확인해 보니 국내 출생한 학생 수는 전반적으로 증가하고 있다. 특히 초등학교 학생 수가 가장 많고, 다음은 중학교, 고등학교 순이다. 초등학교는 2015년에 50,191명이었으나 2024년 80,155명으로 증가하였다. 다만 2020년부터 증가세가 둔화하면서 2022년부터는 3년째 감소 중이다. 시간이 지남에 따라 초등학생은 중학교에, 중학생은 고등학교에 진학함에 따라 교사들의 지속적인 다문화교육의 전문성 자질을 유지할 필요가 있다.

중학생의 경우, 2015년 11,054명에서 2024년 34,682명으로 급격한 증가세가 관찰되었고, 고등학교는 2015년 6,688명에서 2024년 19,811명으로 역시 높은 증가세를 기록하고 있다. 각종 학교는 특수 목적을 가진 학교로서, 학생 수는 2024년에 169명으로 공교육의 징검다리 역할을 하고 있다. 다문화 학생들의 학업 중단을 막고 친화적 다문화학교 구축을 통해 공교육의 기회를 충분히 제공할 수 있게 제도적 기반을 확립할 필요가 있다.

한편, 국제결혼가정의 중도입국 학생 수는 2015년부터 지속적 증가세를 보이며 2024년에는 모든 교육기관에서 정점을 기록하였다. 특히, 초등학교와 고등학교에서 뚜렷한 상승세를 보였다. 중도입국 학생들은 이미 자국의 문화에서 어린 시절을 보내고 한국에 입국한 학생들이기 때문에 국제결혼 국내출생 학생보다 언어와 문화 차이를 더 심하게 느낄 수 있다.

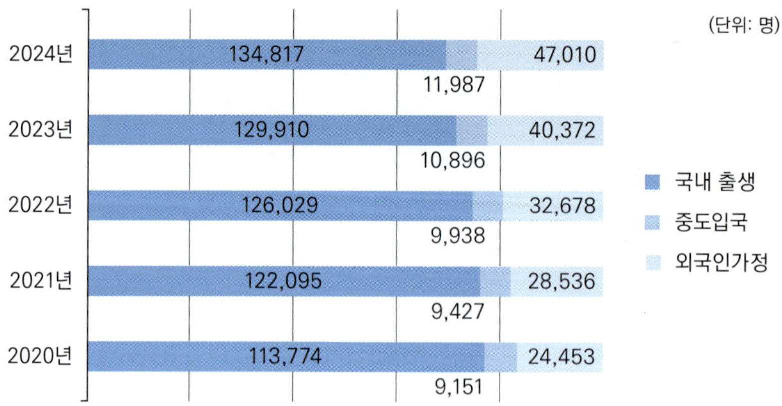

그림 4-4 이주배경 학생 수 비중

출처: 교육부(2024c). 2024 교육기본통계.

[그림 4-4]를 살펴보면 국제결혼가정(국내출생)이 69.5%(134,817명)로 가장 높은 비율을 차지하고 다음은 외국인가정 24.3%(47,010명), 국제결혼가정(중도입국) 6.2%(11,987명) 순으로 이주배경을 가진 학생 수가 지속적 증가 추세에 있다. 외국인가정 학생 수는 모든 교육기관에서 점진적으로 증가하고 있다. 특히 초등학교 단계에서 가장 많은 학생 수가 확인되며, 2023년 27,531명에서 2024년에는 31,267명으로 정점을 기록하였다(교육부, 2024c). 국제결혼가정 다문화청소년이 외국인가정 다문화청소년보다 한국인으로서 정체성이 더 높고, 이중문화 수용태도에서는 국제결혼가정 중도입국자녀가 높은 것으로 나타나(한국청소년정책연구원, 2024), 다문화수용성 교육에서의 다각도 측면을 고려해야 할 것으로 사료된다.

한편, 부모의 출신 국적별 다문화 학생 비율은 베트남이 31.6%(61,333명)로 가장 높고, 다음은 중국(한국계 제외) 49,287명(25.4%), 필리핀 16,805명(8.7%), 중국(한국계) 11,227명(5.8%), 일본 7,391명(3.8%), 기타 국가 47,771명(24.6%) 순이다. 기타 국가에는 태국, 몽골, 캄보디아, 러시아, 미국, 대만, 인도네시아, 유럽, 아프리카, 중앙아시아, 중동, 기타 국가가 포함된다(교육부, 2024c). 교사가 비율이 높은 부모 출신국의 문화에 관심과 다문화적 지식을 갖추면 다문화 학생을 지도하는 상황에 유용할 것이다. 더불어 교사들의 다양한 문화적 수용이 요구된다.

2) 국제결혼 가정 학생의 어려움

(1) 차별 경험

다문화가정의 자녀라는 이유로 1년간 누구로부터 차별 또는 무시를 당하였는지 살펴본 결과, 친구가 60.2%로 가장 많고, 모르는 사람(23.7%), 선생님(20.2%) 순으로 나타나 학교 내 교사의 각별한 주의가 필요하다(여성가족부, 2022). 전체 학생의 다문화수용성 교육과 교사의 다문화효능감 교육이 강화될 부분이다. 2025년 여성가족부의 보도자료에 의하면, 「2024년 전국다문화가족 실태조사」 결과, 지난 1년간 차별 경험은 4.7%로 코로나 시기 대면 활동의 축소로 감소하였다가 다시 증가(2018년 9.2%, 2021년 2.1%) 추세를 보이고 있다. 다문화가정 자녀들이 사회적 차별에 노출되지 않도록 다문화 수용성 및 포용성 문화를 확산해 나갈 수 있도록 더욱 대비해야 할 것이다.

(2) 학교폭력

학교폭력 유형으로는 집단따돌림(왕따)이 전체의 49.1%로 가장 높고, 협박과 욕설 13.7% 순으로 보고하였다(여성가족부, 2022). 집단따돌림이 2018년 33.4%에서 2021년에 49.1%로 상승한 점은 대응이 필요하다. 더불어 다문화가정 학생들이 겪는 학교생활 부적응에 대한 이유가 학교 공부가 어렵거나(56.2%), 친구들과 어울리지 못해서(55.4%)가 다수를 차지하고 있다(여성가족부, 2022). 다문화학생의 학업 부진과 또래집단과의 관계 개선을 위한 학교와 교사의 관심과 대비가 필요하다.

2025년 여성가족부 보도자료에 의하면, 「2024년 전국다문화가족 실태조사」 결과, 다문화가족 자녀 만 9~24세까지의 성장 환경이 긍정적으로 변화되고 있는 것으로 보고하였다. 4년제 이상 대학 진학을 희망하는 비율은 71.6%로 2021년 60.7%보다 증가하였고, 최근 1년간 학교폭력 경험은 1.9%로 2021년 2.3%보다 감소한 것으로 드러났다.

학교폭력 피해로 학업을 중단한 학교 밖 청소년들은 '생존을 위한 또 하나의 선택지'를 찾아야 한다. 가정, 지역사회, 국가는 다양한 선택지를 만들어 주는 노력을 해야 할 것이다. 이에, 학교 밖 청소년이 삶의 힘을 받게 만드는 꿈드림센터, 레인보우스쿨 등의 사회적 기관과 가정의 역할이 중요하다(한국청소년정책연구원, 2024).

3) 중도입국자녀

중도입국자녀는 가족해체 경험과 본국에서 형성된 가치관과 격차를 해소하지 못해 갈등이 발생한다. 일반 다문화가정 자녀와 구분되는 특징은 한국이 아닌 타국에서 성장하다 한국 사회로 삶의 터전을 옮겨왔으므로 모국에서 언어습득과 사회화 과정을 거친 후 한국의 이주한 경우가 대부분으로, 부모의 국제결혼으로 한국에서 태어나 성장한 일반 다문화가정 자녀와는 확연히 다른 가치관과 환경적 특성을 보인다. 중도입국자녀의 상당수가 자신의 친부모 중 한 명이 한국인 배우자와 재혼한 후 이들을 한국으로 데려온 경우이다. 입국 초기 새로운 문화에 대한 호기심에서 좌절, 분노, 심한 스트레스를 경험하면서 공교육 진입에 어려움을 겪는다. 환경의 변화에 따른 체계적인 학습과 재사회화 과정이 필요한 대상이다.

(1) 학업중단

중도입국청소년은 외국에서 태어난 뒤 부모를 따라 한국에 왔기 때문에 한국어를 새로 익혀야 하는 등 학교생활 적응에 어려움이 많다. 가장 심각한 문제는 학업중단으로 나타난다. 특히, 중도입국청소년은 이주배경 청소년 중에서도 적응에 어려움이 가장 큰 집단이다. 한국어를 거의 모르는 상황에서 한국에 입국하며, 한국인으로 입양 또는 귀화하지 않는 한 법적 지원의 대상도 아니어서 체류 신분 역시 불안정하다. 일반적으로 가족 동거나 친척 방문 등의 비자이므로 사회적 권리가 보장되지 않는다.

중도입국청소년 대부분은 정규학교에 입학하는 데 필요한 기초 서류를 준비해 오지 않는 경우가 많기에 자신의 나이에 맞는 한국의 공교육 체제 안으로 들어오지 못하는 경우가 많다. 중도입국 학생들이 직면한 가장 큰 어려움으로 내적 어려움을 들었다(김지연·김영빈, 2022). 여기에서 관철되는 정체성 혼란, 부정적 감정은 그들이 특수한 상황에서 본인의 의지나 노력으로 변화시키기 어려운 고정적인 환경에 처해 있기 때문이다. 더불어 한국어 미숙을 포함한 인지적 문제, 또래관계 형성의 어려움과 외로움, 사회적 편견은 부정적 감정을 촉진하는 요인으로(김지연·김영빈, 2022), 결국 학업중단으로 이어질 수 있다.

(2) 학습권

중도입국청소년의 인권 및 학습권 보호 수준은 국제협약과 국내법 차원으로 확장되어야 한다. 유엔(UN) 및 대한민국헌법, 국가인권위원회 등에서 이들의 학습권 보장의 필요성을 제기하고 있음에도 불구하고, 이에 맞는 제도가 제대로 작동되지 않고 있다(김현진·노기섭, 2021). 특히 한국말이 서툴러 일반학교에 적응이 어려운 중도입국청소년은 다문화 대안학교에서 위탁교육을 받을 수 있지만, 기간이 2년으로 한정돼 있다. 최소한의 공교육은 받을 수 있도록 다문화 대안학교처럼 학교 밖 대안학교도 정식학교로 인가해 학교 밖 다문화청소년들을 보호해야 한다.

중등과정 정규교육제도 최초 진입 이전에 디딤돌 학교나 예비학교 등을 전국적으로 마련하여 중도입국청소년들을 대상으로 한 한국어 집중교육이 무상으로 일정 기간 실시될 필요가 있다. 현재 교육청 다문화예비학교의 경우, 한국어 실력이 천차만별인 중도입국청소년들이 한 명의 교사에 의해 한국어를 배워야 하는 실정으로, 학습효과가 떨어질 수밖에 없는 구조이다. 다문화예비학교처럼 일반학교에서 한국어 및 한국문화 학습이 잘 이루어질 경우의 장점으로는 중도입국청소년들에게 한국의 교육제도가 자연스럽게 학습될 수 있다. 또한, 별도의 운영기관으로 두고 한국어 집중교육을 맡기는 것에 대한 정책적 노력도 필요하다.

(3) 진로 및 취업 지원

10대 후반 또는 20대 초·중반 중도입국청소년의 경우는 진학이나 교육보다 진로나 취업에 관한 관심과 고민이 매우 크다. 상당수의 중도입국청소년들은 가정 형편 등을 이유로 아르바이트 등의 단기형 취업 전선에 뛰어들기도 한다. 이와 같은 여러 사정으로 공교육 제도로의 진입을 원하지 않거나 진입이 사정상 어려운 경우 이들을 대상으로 하는 다양한 직업훈련 교육이 국비지원 등을 통해 제공될 필요가 있다.

다문화 배경에 특화된 직업군과 중도입국청소년들이 관심을 가지는 직종에 대한 파악과 취업처와 수요자 간의 정보교류를 목적으로 하는 다문화 취업박람회를 매년 상설화한다면 중도입국청소년들에게 도움이 될 것이다. 비교적 어려운 가정 형편과 가족 구성원 간의 갈등에 자주 노출되는 중도입국청소년들을 위해 정부 지원을 받아 한국폴리텍 다솜고등학교처럼 기숙형 학교로 운영이 된다면 이들의 진로·진학 지도와 생활 지도에도 긍정적인 효과를 얻을 수 있다.

04 결혼이민자에 대한 정책 지원

1) 다문화정책의 추진 체계

한국의 다문화가족정책은 2006년 여성가족부가 성폭력·성매매·가정폭력 피해 지원 체계를 외국인 여성들까지 포함하면서 시작되었다. 결혼이민자와 외국인 근로자의 증가로 인해 다문화사회에 대한 문제의식이 생겨나면서, 2008년 다문화가족들의 안정적인 정착과 사회통합을 위해 「다문화가족지원법」이 제정되었다. 이후 본격적으로 다문화가족 지원에 따른 다양한 정책과 사회서비스가 시행되었다. 한국 정부의 다문화정책 추진 체계는 [그림 4-5]와 같다.

다문화가족정책위원회
위원장: 국무총리

실무위원회
위원장: 여성가족부장관

지원

국무총리실
위원회 운영 부처간 이견 조정

정부 부처	주요 정책과제명	주요 사업 내용
외교부	•다문화 아동·청소년 성장단계별 맞춤형 지원	•해외봉사단 지원자 중 다문화가정 청소년에게 가산점 부여
법무부	1. 다문화 아동·청소년 성장단계별 맞춤형 지원 2. 결혼이민자 정착주기별 지원 3. 상호존중에 기반한 사회적 다문화수용성 제고 4. 다문화가족정책 추진 기반 강화	•공무원의 이민정책 역량 강화를 위한 교육 프로그램 강화 •협업을 통한 소통지향적 상호문화 이해교육 프로그램 개발 등
국방부	•상호존중에 기반한 사회적 다문화수용성 제고	•군 장병 대상으로 다문화 이해 교육 실시
교육부	1. 다문화 아동·청소년 성장단계별 맞춤형 지원 2. 결혼이민자 정착주기별 지원	•「이주배경학생 인재양성 지원방안('23~'27년)」에 포함된 한국어교육 강화, 강점 개발 등 •한국어학급 등 특별학급 설치 지원 근거 •다문화교육지원센터 설치 및 위탁 근거 마련 등
행정안전부	•결혼이민자 정착주기별 지원, 정부24, 복지로 등 시스템 연계를 통한 다문화가족 원스톱 지원체계 구축	•지자체 공무원의 다문화수용성 및 전문성 제고를 위한 교육 추진 •다문화가족 등 맞춤형 생활안전교육을 통해 안전교육 사각지대 해소
문화체육관광부	1. 결혼이민자 정착주기별 지원 2. 상호존중에 기반한 사회적 다문화수용성 제고	•한국어 교육 과정·자료 내실화 •타문화 존중 가치 확산을 위한 문화다양성 교과서 개편 •지역사회 내 다문화 프로그램 운영 및 확산 •공공 도서관(지자체, 교육청) 내 다문화 이해 및 체험 프로그램 운영 지원
농림축산식품부	1. 결혼이민자 정착주기별 지원 2. 상호존중에 기반한 사회적 다문화수용성 제고	•전문농업인이 결혼이민자를 지도하는 맞춤형 교육 등 결혼이민자 정착단계별 농업교육 지원
보건복지부	1. 결혼이민자 정착주기별 지원 2. 상호존중에 기반한 사회적 다문화수용성 제고	•한국국제보건의료재단을 통해 베트남 귀환여성 및 자녀 대상 보건의료지원 •어린이집 보육교직원 대상 다문화가정 보육지원교육 지속 실시
고용노동부	1. 다문화 아동·청소년 성장단계별 맞춤형 지원 2. 결혼이민자 정착주기별 지원	•다문화 청소년 특화 기숙형 기술고등학교(한국 폴리텍 다솜고등학교) 운영으로 수요자 특성을 반영한 수준별 한국어교육, 자격증 취득, 진로·취업 지도, 창의적 체험활동 등 •청년일자리도약장려금을 통한 취업 촉진 및 청년내일채움공제를 통한 초기 경력 형성 지원 새일센터 집단상담프로그램, 국민취업지원제도 등을 통한 취업지원
여성가족부	1. 다문화 아동·청소년 성장단계별 맞춤형 지원 2. 결혼이민자 정착주기별 지원 3. 상호존중에 기반한 사회적 다문화수용성 제고 4. 다문화가족정책 추진 기반 강화	•다문화가족의 자녀 양육지원을 위한 생애주기별 • 부모교육 및 가족상담 등 지원 •다문화가족 자녀 부모의 언어를 직접 학습하는 이중언어 교실 운영('24년 신규 130개소) •다문화가족지원센터 등 유관기관 종사자 대상 또래상담 지도자 양성과정 운영 •다문화·한부모가족 등 대상별 특화 사례관리 '온가족보듬사업'으로 통합·확대 운영 •폭력피해 이주여성 보호시설(33개소) 및 상담소(9개소) 운영 •다누리배움터를 통한 온라인 다문화 이해교육 실시 •2024년 전국다문화가족 실태조사 및 국민 다문화수용성 조사 실시 •'찾아가는 가족센터' 운영 •주베트남대한민국대사관에 '국제결혼이민관' 파견
중소벤처기업부	•결혼이민자 정착주기별 지원	•여성창업 글로벌 액셀러레이팅 사업을 신설하여 해외 진출 지원 프로그램 운영 •여성 전용 창업보육센터 운영 등 여성창업 활성화 지원
방송통신위원회	1. 결혼이민자 정착주기별 지원 2. 상호존중에 기반한 사회적 다문화수용성 제고	•한국 사회에 쉽게 적응할 수 있도록 온·오프라인 미디어교육 지원(17개 기관) •문화 · 인종 차별 방송프로그램에 대한 심의 강화
경찰청	•결혼이민자 정착주기별 지원	•다문화가족 범죄예방 및 범죄대응 역량 강화 '범죄예방·운전면허 교실' 운영 •결혼이민자 등 체류외국인 긴급신고 '112 전문 통역 서비스'를 추진 •다문화가족 등 외국인 대상 '바로앱(행안부 신고앱)' 및 '112 긴급 신고앱(경찰청 신고앱)' 등 •다문화 가정폭력 사건에 대해 보호시설과 관할 관서 학대예방경찰관(APO) 간 사안을 공유
소방청	•결혼이민자 정착주기별 지원	•외국인용 소방안전교육 표준교재 추가 제작 및 보급 등 외국인 대상 교육인프라 강화 •법무부 협업, 재한외국인 소방안전교육 실시
질병관리청	•결혼이민자 정착주기별 지원	•주요 감염병 예방수칙에 대한 다국어 안내 지원 •1급 및 신종 감염병 예방수칙 등에 대한 다국어 안내문 제작·배포
재외동포청	•결혼이민자 정착주기별 지원	•'한베함께돌봄센터' 활동 지원을 통한 베트남 귀환여성과 자녀의 안정적 현지 정착 도모

그림 4-5 한국의 다문화정책 추진 체계

출처: 여성가족부(2024). 제4차 다문화가족정책 기본계획(2023~2027). 재구성

2023년 수립한 「제4차 다문화가족정책 기본계획」은 2027년까지 비전·목표를 충실히 이행할 수 있도록 정책과제별 세부 이행계획을 수립하였다.

정책과제별 세부 이행계획

① 다문화 아동·청소년이 사회적 격차 없이 우리 사회의 미래 인재로 성장할 수 있도록 취학 전후·청소년기 등 성장단계별 지원 체계화
② 장기거주자 증가 등 결혼이민자의 다변화된 정책 수요를 반영하여 정착 주기별, 가구 유형별 촘촘한 지원서비스 강화
③ 다문화가족이 우리 사회의 구성원으로 자리매김하여 조화롭게 살아갈 수 있도록 우리 사회의 다문화 이해 증진 및 차별적 인식 해소
④ 정책환경 분석 및 다방면의 의견 수렴, 정책추진 주체 간 협력체계 구축 등 다문화가족정책 추진 기반 강화

표 4-6 제4차 다문화가족정책 기본계획(2023~2027) 중앙행정기관 과제명

과제 번호	세부과제명	과제 수(개)	
		2023년	2024년
합계		118	122
1	다문화 아동·청소년 성장단계별 맞춤형 지원	35	41
2	결혼이민자 정착주기별 지원	43	43
3	상호 존중에 기반한 다문화 수용성 제고	23	22
4	다문화가족정책 추진 기반 강화	17	16

출처: 여성가족부(2024). 제4차 다문화가족정책 기본계획(2023~2027). 재구성

2) 출입국 및 국적취득

대한민국 국민과 혼인한 외국인이 결혼 동거를 목적으로 한국 영토 내에서 장기체류 하기 위해서는 대한민국 재외공관에서 결혼동거 목적의 비자를 발급받아서 입국해야 한다. 이때

대한민국 재외공관의 기관장은 혼인의 진정성, 한국인 배우자의 부양 능력, 한국어 능력 등을 심사하여 국민의 배우자(F-6-1) 사증(비자)을 발급한다. 국민의 배우자(F-6-1) 사증을 발급받아서 입국한 결혼이민자는 입국한 날부터 90일 이내에 거주지 관할 출입국관리사무소(출장소)에 체류 기간 연장허가 및 외국인등록을 신청하면 1년의 체류 기간을 허락받는다. 단, 2011년 7월 1일 이후에 입국한 결혼이민자는 다문화가족지원센터에서 실시하는 조기적응교육을 이수하고 외국인등록을 해야만 체류 기간 2년을 발급받을 수 있다. 체류 기간을 연장하고자 하는 결혼이민자는 만료 2개월 전부터 체류 기간 만료일까지 거주지 관할 출입국관리사무소(출장소)에 체류 연장 허가를 신청해야 한다. 또한, '국민의 배우자(F-6-1)' 사증을 발급받은 결혼이민자가 '영주(F-5)'를 받으면 체류 기한에 상한이 없다. 만약 '영주(F-5)' 체류자격 변경 허가를 신청할 수 있는 자격은 국민과 결혼하여 2년 이상 국내에 체류한 자로서 한국인 배우자와 계속 혼인 관계가 유지되고 있는 경우, 한국인 배우자와 혼인으로 출생한 미성년 자녀를 양육하고 있는 경우, 이혼이나 별거 중인 자로서 귀책 사유가 한국인 배우자에게 있음을 증명할 수 있는 경우, 한국인 배우자가 사망했거나 법원의 실종선고를 받은 경우 등이다.

체류 기간 외국으로 출국했다가 한국으로 재입국하려는 경우에 그 기간 범위 내에서 1년 이내로 별도의 재입국 허가를 받지 않는다. 다만, 체류 기간 범위 내에서 출국 후 1~2년 사이에 재입국을 하고자 할 경우, 출국 전에 출입국관리사무소(출장소)에서 재입국 허가를 받고 출입국을 해야 한다. 또한, 결혼이민자의 임신 또는 출산이 입증되었으나, 결혼이민자(혼인귀화자 포함)의 부모가 사망하였거나, 만 65세 이상 고령 등의 사유로 결혼이민자의 출산, 육아 지원이 어려울 시 결혼이민자의 부모 등 가족이 최장 4년 10개월 범위에서 체류할 수 있다. 단, 이때 부모 외 가족의 범위는 결혼이민자(혼인귀화자 포함)의 가족 중 만 18세 이상 4촌 이내 혈족 여성 1명으로 제한하며, 출생자가 만 7세가 되는 해의 3월 말까지로 한정한다.

국민의 배우자(F-6-1) 및 영주(F-5) 체류자격을 소지한 결혼이민자는 별도의 허가나 신고 없이도 국내 취업이 가능하며, 고용허가제도에 관한 제한도 받지 않는다. 만약 결혼이민자가 이혼할 시 비자가 말소된다. 단, 이혼의 귀책 사유가 한국인 배우자에게 있고, 결혼이민자가 비자 연장을 원할 시에 귀책 사유에 대한 입증 서류를 제출해야 비자 연장이 가능하며, 합의 이혼일 경우에는 비자 연장 체류가 어렵다. 이혼 후에라도 외국인등록증에 있는 체류 기간에만 한국에 머물 수 있으며, 체류 기간이 만료되었을지라도 가사 정리 기간으로 3~6개월 동안 체류 연장이 가능하다. 영주(F-5) 자격을 소지한 결혼이민자는 이혼과 상관없이 한국에 체류할 수 있다.

3) 사회통합 프로그램(KIIP)

(1) 목적

법무부는 이민자들이 한국의 문화와 언어를 신속히 익혀 국민과의 원활한 소통으로 지역사회에 쉽게 융화될 수 있도록 '사회통합 프로그램(KIIP: Korea Immigration and Integration Program)'을 운영한다. 사회통합 프로그램(KIIP)을 이수한 이민자에게는 국적취득 시 필기시험을 면제하는 등 다양한 성과급을 제공하여 자발적이고 적극적으로 참여하게 한다. 이 프로그램에 참여할 수 있는 대상자는 결혼이민자, 외국인 근로자, 난민, 동포, 유학생, 전문 인력 등 대한민국에 체류하는 이민자와 대한민국 국적을 취득한 날로부터 3년 이내의 국민까지 해당한다. 사회통합 프로그램(KIIP) 이수 혜택은 체류 허가 및 영주·국적 신청 시 가산점 부여 또는 귀화시험 면제 등이 있다.

(2) 운영

전국에 364개 기관에서 사회통합 프로그램을 운영 중이며, 각급 대학교육기관을 중심으로 전국의 지자체에 소속된 '종합복지센터'나 '다문화가족지원센터'를 위탁교육 시행 주체로 지정해 놓고 있다. 자세한 지정 현황은 홈페이지(법무부 사회통합정보망 www.socinet.go.kr; 한국이민재단 www.kiiptest.org)에서 확인할 수 있다. 이들 기관에서 사회통합 프로그램 교육을 수강받으려고 할 때, 그 지역에 거주하는 것이 필수적인 것은 아니며, 수강료는 교재대 등 기본 비용을 제외하면 무료이다. 운영과정은 한국어와 한국문화 0~4단계로 구성되어서 사전평가(=레벨 테스트) 등을 거쳐 단계적으로 배정된다. 한국 사회의 이해는 영주(F-5) 자격 취득 시 70시간, 국적취득 시 100시간으로 각각 다르게 배정되었다(〈표 4-7〉 참조).

표 4-7 사회통합 프로그램(KIIP)의 과정 및 이수 시간

구분	한국어와 한국문화					한국 사회의 이해	
단계	0단계	1단계	2단계	3단계	4단계	5단계	
과정	기초	초급 1	초급 2	중급 1	중급 2	기본	심화
총 교육시간	15시간	100시간	100시간	100시간	100시간	70시간	30시간
평가	없음	1단계 평가	2단계 평가	3단계 평가	중간평가	영주용 종합평가	귀화용 종합평가
참고	* 5단계 심화과정은 기본과정 수료(수료인정 출석시간 수강) 후 참여 ※ 영주 신청 대상자 영주용 종합평가 합격자는 5단계 기본과정부터 수업에 참여하고 심화과정을 참여할 수 있다.						

출처: 법무부 사회통합정보망 홈페이지(socinet.go.kr)

(3) 교육 내용과 시험 제도

사회통합 프로그램(KIIP)의 1~4단계 교육 내용은 '한국어와 한국문화'를 주제로 배우며, 5단계에서는 '한국 사회의 이해'를 주제로 사회, 문화, 정치, 경제, 법, 역사, 지리로 내용을 나누어 한국 사회를 구체적으로 배운다. 2018년 3월 1일부터 대한민국 국적취득 귀화 시험이 '사회통합 프로그램 종합평가'로 변경됨에 따라 시험은 객관식, 작문, 구술 포함 45문제로 구성된다. 시험 일자는 사회통합정보망에 가입하여 본인이 원하는 날짜를 선택할 수 있고, 시험 장소는 시험 전 홈페이지에 별도로 장소를 지정하여 공지한다. 시험은 세 번의 기회가 주어지며, 합격일 순으로 최종 심사를 한다.

또한 '영주용 종합평가'는 사회통합 프로그램 5단계 기본과정(70시간)을 수료한 후 2년 이내인 자와 사회통합 프로그램 사전평가에서 85점 이상 획득한 자를 대상으로 한국 사회 이해 기본과정에서 수강한 전반적인 내용에 대해 평가한다. '귀화용 종합평가'는 사회통합 프로그램 5단계 기본과정(70시간)과 심화과정(30시간) 수료한 후 2년 이내인 자를 대상으로 한국 사회 이해 기본 및 심화과정에서 수강한 전반적인 내용에 대해 평가한다.

(4) 이수 혜택

사회통합 프로그램(KIIP)은 이수한 교육 단계에 따라 혜택의 범위가 다르다. 사회통합 프

로그램(KIIP)을 이수했을 때 혜택은 다음과 같다.

① 귀화 신청 시 혜택: 귀화 필기시험과 면접시험 심사가 면제되고 국적심사 대기 기간이 단축

② 영주자격 신청 시 혜택: 장기체류 외국인, 국민 배우자, 국민의 미성년 외국인 자녀와 방문 취업자(H-2)의 영주(F-5) 자격 신청 시 한국어 능력 입증 의무가 면제

③ 점수제에 의한 전문 인력 거주 자격(F-2) 신청 시 최대 28점 부여

④ 장기체류 외국인(D-1, D-5~D-9, F-I, F-3, E-1~E-5, E-7) 등의 거주자격(F-2) 신청 시 한국어 능력 입증 의무가 면제

⑤ 비전문취업(E-9), 선원취업(E-10), 방문취업(H-2) 자격자의 거주자격(F-2), 특정활동(E-7) 신청 시 한국어 능력 입증 의무가 면제

4) 다문화가족 지원

한국 정부는 결혼이민자를 포함한 다문화 구성원들의 국내 생활을 지원하기 위하여 다양한 정책과 프로그램을 시행하고 있다. 이러한 정책과 프로그램들은 한국건강가정진흥원에서 운영하는 '다문화가족지원포털 다누리(www.liveinkorea.kr)' 및 '다누리 콜센터(1577-1366)'에서 통합적으로 안내받을 수 있다.

다누리 콜센터는 다른 기관들과의 연계를 통해 폭력피해 긴급지원 및 사후관리, 종합생활정보 제공, 생활통역 및 3자 통화 서비스, 가족상담 및 부부상담, 변호사 법률상담 등을 지원한다. 365일 24시간 항시 운영되고 있으며, 이주여성 전문상담원이 13개 언어(한국어, 영어, 중국어, 베트남어, 타갈로그어, 캄보디아어, 몽골어, 러시아어, 일본어, 태국어, 라오어, 우즈베크어, 네팔어)로 상담한다.

또한, 여성가족부는 「다문화가족지원법」 제12조에 의해 다문화가족지원센터를 운영하여, 다문화가족의 안정적인 정착과 가족생활을 지원하기 위한 종합 서비스를 제공한다. 전국 각지에 소재한 다문화가족지원센터는 건강가정지원센터와 통합되면서 '가족센터'로 명명되었다. 전국에 가족센터는 2025년 현재 217개(서울 26개소, 부산 10개소, 대구 9개소, 인천 9개소, 광주 5

개소, 대전 4개소, 울산 5개소, 세종 1개소, 경기 27개소, 강원 18개소, 충북 11개소, 충남 15개소, 전북 14개소, 전남 22개소, 경북 21개소, 경남 21개소, 제주 2개소), 그리고 아직 통합되지 못한 다문화가족지원센터 14개소(부산 4개소, 인천 1개소, 대전 1개소, 경기 4개소, 충북 1개소, 충남 1개소, 경북 2개소)가 있다(여성가족부, 2025). 전국 가족센터의 사업운영 및 사업영역을 살펴보면 [그림 4-6]과 같다.

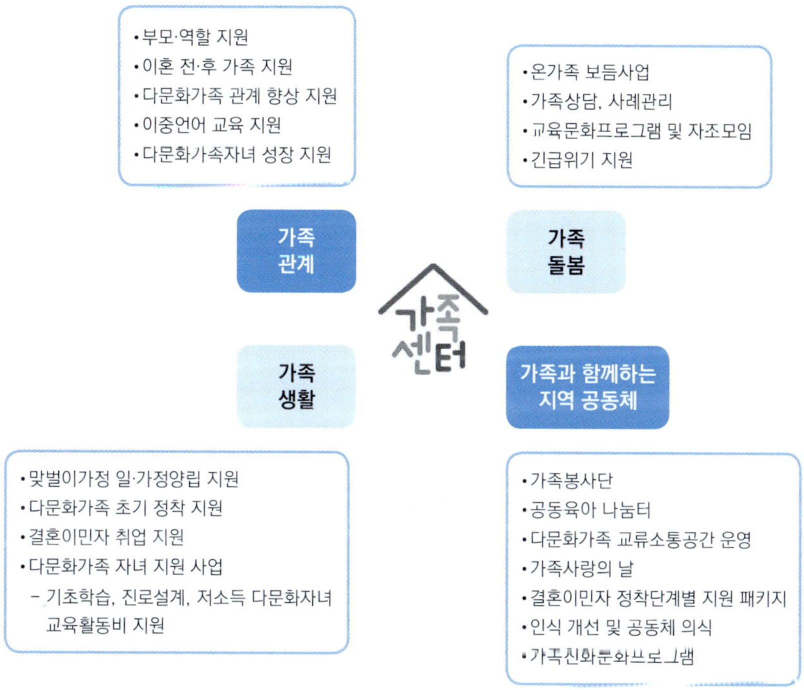

그림 4-6 가족센터 사업운영 및 사업영역

출처: 가족센터 홈페이지(www.familynet.or.kr)

다문화가족지원센터는 수준별 한국어교육 지원, 센터별 1~4개 언어로 통역·번역 서비스 지원, 상담 및 사례관리(심리검사, 법률상담, 위기가족 긴급지원, 외부상담기관 연계 등), 사회적응교육 및 취업지원(취업훈련전문기관 연계, 소비자·경제교육, 다문화이해교육, 자조모임 등), 가족교육(부부교육, 가족관계 향상 프로그램, 부모역할교육, 부부 갈등해결 프로그램 등), 다문화가족 자녀 언어발달 지원, 자녀생활 방문교육(만 3~12세 이하 다문화가족 자녀의 독서코칭, 숙제지도 등), 다문화가족

이중언어 환경조성을 위한 프로그램을 시행하고 있다.

전국 각 지역에 산재한 '이주여성쉼터'에서는 가정폭력이나 폭행 등의 사유로 인해 더 이상 가정생활을 지속할 수 없는 결혼이주여성, 이혼이나 다른 문제로 쉼터 생활이 필요한 이주여성, 직장 내 성폭력 피해 이주여성, 실직 이주여성을 위한 일정 거주기관 마련 및 자녀들과 동반 입소도 가능하다. 이주여성쉼터에서는 체류 및 비자 문제, 자녀들의 교육 문제, 의료지원, 심리·정서적 지원, 법률 지원(이혼이나 기타), 직업 알선 및 자활에 필요한 지원을 시행한다.

결혼이주여성이 일정한 혼인 기간이 지속되지 않을 때, 즉 국적취득 전 이혼이나 별거, 사별 등으로 체류 기간을 보장받지 못해 미등록자로 전락하는 현실적 상황이 되면, 이들의 자녀 또한 미등록 이주아동이 되는 경우도 적지 않다. 이는 결혼이주여성이 체류연장 신청 및 국적취득 신청 시 한국인 배우자 신원보증이 필수 요구사항이기 때문이다. 따라서, 일정 기간의 혼인 유지가 되지 않은 상태에서 혼인이 파경에 이르게 되면 결과적으로 미등록자가 된다. 이러한 과정에서 자녀와 함께 가출하였거나 가출 후에 출산했을 경우, 이렇게 태어난 자녀 역시 미등록 아동이 된다. 현재 재외동포청에서 시행하는 '한-베함께돌봄센터' 활동 지원을 통해 베트남 귀환여성과 그 자녀의 안정적 현지 정착을 도모해 주는 사업을 진행하고 있다.

토론 및 발표 주제

1. 국제결혼 가정 학생의 이주배경은 학교생활에 어떤 영향을 미칠 것인지 토론해 봅시다.

2. 미래 학교 현장에서 다문화 학생의 수와 다양성이 어떻게 변화할지, 그에 따른 학교 교육체계는 어떻게 변화해야 할지 토론해 봅시다.

3. 국제결혼 가정의 해체 원인은 무엇이며, 다문화가족 해체로 나타나는 문제와 그에 따른 해결 방안을 토론해 봅시다.

4. 다문화가정에 대한 편견·차별에 대해 영상을 보고 토론해 봅시다.
   [뉴스프리즘] 다문화가정은 '우리 이웃'… "편견·차별은 여전"/연합뉴스TV(YonhapnewsTV)

출처: 연합뉴스TV(2019.07.15.). [뉴스프리즘] 다문화가정은 '우리 이웃'… "편견·차별은 여전".
https://www.youtube.com/watch?v=do21HfValSs

Chapter 05

이주노동자

학습목표

1. 이주노동자의 개념를 정의할 수 있다.
2. 이주노동자의 인권, 건강, 자녀 등의 문제를 파악할 수 있다.
3. 전문인력과 비전문인력에 대한 정책적 의견을 제시할 수 있다.

01 외국인근로자에 관한 이해

1) 외국인근로자의 개념

2차 세계대전 종식 이후 국제노동기구(ILO; International Labour Organization)와 유럽 국가들을 중심으로 이주노동자들을 보호하기 위한 국제적 노력이 시작되었다. ILO가 채택한 이주노동자협약(Migrant Workers Convention, 제143호, 1975)의 제1장제11호에서는 이주노동자를 '다른 사람에 의하여 고용될 목적으로 한 나라에서 다른 나라로 이주하거나 이주하였던 사람'으로 정의하고 있다(설동훈, 1996). 대표적인 국제기구인 유엔은 1990년 2월 18일 유엔총회에서 모든 이주노동자와 그 가족 구성원들의 권리 보호에 관한 국제협약을 채택하였다. 이 협약의 제2조제1항에서 이주노동자를 정리하면 〈표 5-1〉과 같다.

표 5-1 UN의 이주노동자 개념

유형	내용
계절노동자 (seasonal worker)	•작업의 성격이 계절 조건에 의존하며, 일 년 중 일정 기간만 수행되는 이주노동자
월경노동자 (frontier worker)	•주거지를 인접국에 두고 통상 매일 또는 적어도 매주 한 번은 귀가하는 이주노동자
순회노동자 (itinerant worker)	•어느 한 나라에 주거지를 갖고 직업의 성격상 단기간 돌아다닐 필요가 있는 이주노동자
선원(seafarer)	•어부를 포함, 국적국이 아닌 국가에 등록된 선박에 고용된 자
해상시설노동자 (worker on offshore)	•국적국이 아닌 나라의 관할에 속하는 해상시설에 고용된 자
프로젝트 관련 노동자 (project-tied worker)	•고용주에 의하여 정해진 기간 그 나라 사업에만 근무하도록 취업 국가에 입국이 허가된 자
특별고용노동자 (specified-employment worker)	•한정된 일정 기간 특정한 업무를 수행하도록 고용주에 의하여 취업 국가에 파견된 자 •전문적·기술적·상업적 고급 기능을 필요로 하는 작업에 한정 기간 종사하는 자
자영노동자 (self-employed worker)	•고용계약이 아닌 유급 활동에 종사하며, 가족들과 일하며 생계를 얻는 자 및 취업 국가의 법률에 따라 자영 취업을 인정받은 자

출처: 우수명 외(2021). 사회복지와 문화다양성.

이주노동자에 대한 정의는 여러 기관이나 학자에 따라 달리 소개하고 있지만, ILO는 노동을 목적으로 한 국가에서 다른 국가로 이주하는 노동자를 '이주노동자(migrant workers)'라고 하였는데, 주로 명칭은 이주노동자, 외국인노동자(foreign workers), 이민노동자(immigrant workers), 단기노동자(temporary workers), 초빙노동자(guess workers), 계약노동자(contract workers) 등으로 다양하게 부르고 있다.

한국은 주로 외국인근로자라는 호칭을 사용하며 이는 「외국인근로자의 고용 등에 관한 법률」(약칭: 「외국인고용법」)에 기인한다. 「외국인고용법」 제1장제2조(외국인근로자의 정의)에 따르면 외국인근로자란 다음과 같다.

「외국인근로자의 고용 등에 관한 법률」 제2조

"외국인근로자"란 대한민국의 국적을 가지지 아니한 사람으로서 국내에 소재하고 있는 사업 또는 사업장에서 임금을 목적으로 근로를 제공하고 있거나 제공하려는 사람을 말한다. 다만, 「출입국관리법」 제18조제1항에 따라 취업활동을 할 수 있는 체류자격을 받은 외국인 중 취업분야 또는 체류 기간 등을 고려하여 대통령령으로 정하는 사람은 제외한다.

요약하면, 외국인노동자는 국내에 체류하며 근로하는 모든 외국 국적 근로자를 의미하는 것이 아니라 「출입국관리법」과 「출입국관리법 시행령」에 따라 특정한 체류자격을 가진 사람을 가리킨다(김기태 외, 2020). 즉, 국내법에 의한 외국인노동자의 정의는 다소 협소한 범위를 가지고 있다. 그 외 학계, 실천 현장, NGO에서는 외국인노동자, 이주노동자 등 다양한 표현을 사용하고 있다. 예를 들면, 외국인 근로자는 노동하고 다시 본국으로 돌아갈 사람임을 강조하며, 이주노동자는 정착을 전제로 이주하여 노동하는 사람임을 의미한다. 표현과 정의에 대한 통일된 의견은 아직 없으며, 여기에서는 조금 더 포괄적인 의미를 지닌 외국인노동자라는 명칭을 사용하고자 한다.

2) 이주노동자 체류 현황

2025년 5월 말 현재 체류 외국인은 2,692,729명으로, 전년 2,432,888명보다 10.7% 증가하였다. 2020년 초 전까지의 국내 체류 외국인 인구는 지속적으로 증가하는 추세를 보였으며, 이는 [그림 5-1]과 같다.

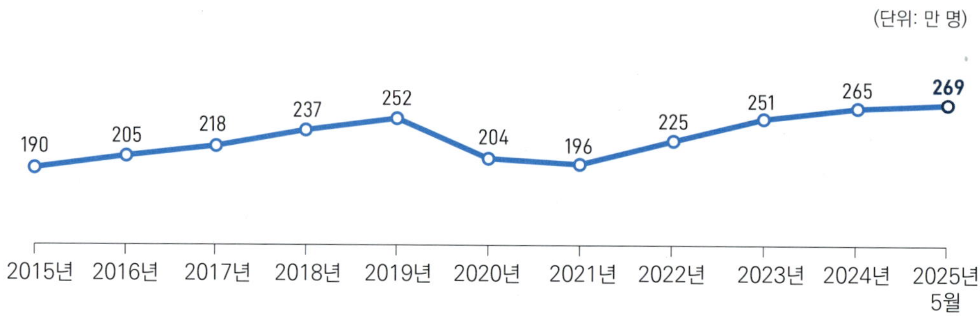

그림 5-1 체류외국인 증감 추이

출처: 법무부 출입국·외국인정책본부(2025e). 출입국·외국인정책 통계월보, 2025년 5월호, p. 17.

이 중 취업 자격을 가지고 체류 중인 외국인은 609,294명이며, 전문인력은 97,397명, 단순기능인력은 총 511,897명으로 집계되고 있다(법무부 출입국·외국인정책본부, 2025e). 이를 조금 더 자세히 살펴보면 전문인력 외국인노동자 중에서는 특정 활동(E-7) 사증으로 근로하는 사람이 가장 많은 것으로 나타났다(〈표 5-2〉 참조). E-7 사증은 전문인력에게 발급되는 사증으로, 한국 민간·공공기업에서 전문인력을 고용할 때 사용하는 유형이다. 특히 숙련인력을 위한 E-7-4 사증을 개설하여 비전문인력에게 장기체류를 유도할 수 있도록 기회를 제공하고 있다. 그다음으로는 회화지도 사증(E-2)을 가지고 국내 언어강사로 근로하는 외국인노동자가 많으며, 기술지도 사증(E-4)을 가진 노동자 수가 가장 적은 것으로 나타났다. 전문인력인이 전체 외국인노동자에서 차지하는 비율은 약 16%이며, 전체의 약 84%가 비전문인력 외국인노동자이다. 특히 비전문인력 외국인노동자 중 다수는 비전문 취업(E-9) 사증으로 근로하고 있는데, E-9 사증을 발급받아 근로하는 외국인노동자는 국내 체류하는 외국인 전체에서 재외동포를 제외하고 가장 높은 비율을 차지하고 있으며(55.8%), 이들은 코로나19 발생 이후 지속적으로 증가하는 추세를 보였다. 비전문취업 사증을 받은 외국인노동자의 수가 급증하고 있다는 것은 국내에서 외국인노동자에 대한 수요가 꾸준히 증가하고 있음을 보여준다(성정현 외, 2020). 합법적 체류 노동자는 크게 전문인력과 비전문인력으로 구분되며, 이들이 소지한 사증에 따라 더 세부적으로 구분된다. 2025년 5월 31일 현재 외국인노동자 유형 및 현황은 〈표 5-2〉와 같다.

표 5-2 외국인노동자 유형 및 현황 (2025년 5. 31. 기준, 단위: 명)

구분	이주노동자	소계	
전문인력	단기취업(C-4)	3,311	97,397
	교수(E-1)	1,828	
	회화지도(E-2)	13,217	
	연구(E-3)	3,230	
	기술지도(E-4)	204	
	전문직업(E-5)	215	
	예술흥행(E-6)	4,567	
	특정활동(E-7)	70,825	
비전문인력	계절근로(E-8)	60,535	511,897
	비전문취업(E-9)	339,815	
	선원취업(E-10)	21,154	
	방문취업(H-2)	90,393	
총계			609,294

출처: 법무부 출입국·외국인정책본부(2025e). 출입국·외국인정책 통계월보, 2025년 5월호, p. 21.

비전문인력은 2004년부터 실시된 고용허가제도를 통해 국내에 입국·근로하는 사람을 의미한다. 고용허가제(Employment Permit System)는 국내 상시 근로자 300인 미만의 중소기업에 해당하는 제조업, 건설업, 농축산업, 어업 등 국내 근로자 고용이 어려워 정부로부터 고용허가서를 발급받아 외국인노동자를 고용할 수 있는 제도이다. 고용허가제를 통해 근로하는 외국인노동자는 국내 사업주와 근로계약을 체결하고 입국한다. 2020년을 기준으로 고용허가제를 통해 입국한 외국인노동자의 출신국은 총 16개로 집계된다(김기태 외, 2020)

비전문인력에 해당되는 사증 유형은 비전문취업(E-9)과 방문취업(H-2)이 있다. 특히, 비전문취업 외국인노동자는 3D(Dirty, Difficult, Dangerous) 기피 직종이라 일컫는 더럽고, 힘들며, 위험한 업종에서 근무하는 것으로 알려졌으며, 내국인을 대신해서 인력이 절대 부족한 업종에 종사한다. 방문취업(H-2) 노동자들은 중국 및 CIS(독립국가연합, 구소련) 등에 거주하는 동포들로, 「재외동포의 출입국과 법적 지위에 관한 법률」에 근거, 중국 및 구소련 동포를 위해 도입된 고용허가제의 특례고용허가제도를 통해 한국에 입국·체류하며 일을 하는 외국국적동포이다. 특례고용허가제는 2007년 3월부터 실시하여, 만 18세 이상의 동포들이 일정한 조건을 갖출 시 쉽게 한국을 출입국할 수 있으며, 취업, 업종 및 이직 등의 제한 없이 일을 할 수 있는 특례고용제이다. 〈표 5-3〉은 고용허가제의 특례고용허가제로 입국한 외국국적동포 현황이다. 중국국적동포가 가장 높은 분포도를 보인다.

표 5-3 방문취업자(H-2) 현황

(2025.5.31. 기준, 단위: 명)

총계	중국	우즈베키스탄	카자흐스탄	키르기스스탄	기타
90,393	77,849	7,145	4,321	614	464

출처: 법무부 출입국·외국인정책본부(2025e). 출입국·외국인정책 통계월보, 2025년 5월호, p. 35.

단순기능인력에 포함되는 선원취업(E-10)은 국내 어업 분야에 인력 수가 터무니없이 부족한 상황을 해결하고자 별도로 만들어진 제도이다. 어업 종사 외국인근로자의 경우 근로 업종 및 선종에 따라 요구되는 취업 사증이 다르다. 예를 들면, 연근해 어업 20톤 미만 국내 어선에서 조업하고 육지에서 숙박하는 외국인근로자는 고용허가제를 통해 선발된 비전문취업(E-9-4) 사증을 발급받아 근로한다. 한국국적 내항선, 국제순항여객선 및 연근해 어선에서 근로하는 외국인 선원의 경우 해양수산부가 주무 부처가 되어 선원 취업(E-10) 사증이 발급된다. 선원 취업 사증을 발급받기 위해서는 반드시 본국에서 '선박직무기초안전교육'을 수료하고 '선원수첩'을 발급받아야 한다. 또한 이들은 한국 「산업안전보건법」이 아닌 「선원법」 적용을 받으며, 선원 노동단체와 선박 소유자단체 간 협약을 통해 마련된 최저 임금을 근거로 급여가 책정된다. 또한 임금수준은 한국인 선원에 비해 낮게 책정되는 경우가 많으며(최서리·현채민, 2018), 국내 「근로기준법」에 적용되지 않아 이들의 근로 처우는 사각지대에 놓여 있다고 알려져 있다.

취업활동의 제한을 받지 않는 자격의 체류외국인을 살펴보면 〈표 5-4〉와 같다.

표 5-4 취업활동의 제한을 받지 않는 자격의 체류외국인 (2025년 5. 31. 기준, 단위: 명)

구분	총계	거주(F-2)	재외동포(F-4)	영주(F-5)	결혼이민(F-6)
취업활동의 제한을 받지 않는 자격 체류외국인	982,788	64,031	555,485	212,196	151,076

출처: 법무부 출입국·외국인정책본부(2025e). 출입국·외국인정책 통계월보, 2025년 5월호, p. 35.

외국인노동자 정의와 유형에 대해 유의할 점은 재외동포(F-4) 사증으로 국내에 거주하면서 일을 하는 사람, 결혼이민자(F-6)로 국내에 거주하는 사람, 유학생(D-2) 신분으로 한국에서 학업과 노동을 병행하는 사람, 그 외 미등록외국인노동자 모두 외국인노동자에 포함된다. 하지만 모든 재외동포 사증 발급자가 한국에서 근로활동을 하지 않으며, 동시에 모든 결혼이민자, 유학생도 마찬가지다. 또한 국내 영주권을 취득해서 거주하는 F-5 사증을 가진 외국인은 국내 취업이 자유로우며 이들은 체류외국인으로는 분류되지만, 외국인노동자로는 분류되지 않는다. 따라서 외국인노동자의 개념과 의미를 사증 유형과 함께 살펴볼 때 이를 유의해야 하며, 사증 유형에 따라 이들이 외국인노동자로 분류될 수도 있으나 종종 사증 유형에 포함된 모든 외국인이 근로자가 아닐 수도 있음을 고려해야 한다.

2025년 5월 기준으로 국내에 체류 중인 외국인노동자의 국적별 현황을 살펴보면 〈표 5-5〉와 같다. 베트남 출신이 97,258명(15.8%)으로 가장 많고, 그다음으로 중국 출신 93,576명(15.3%), 네팔 출신 59,101명(9.6%) 순으로 나타났다.

표 5-5 취업자격 체류외국인 국적별 현황 (2025.5.31. 기준, 단위: 명)

<table>
<tr><th>계</th><th>중국</th><th>베트남</th><th>네팔</th><th>캄보디아</th><th>인도네시아</th><th>필리핀</th><th>미얀마</th></tr>
<tr><td rowspan="5">613,283</td><td>93,576</td><td>97,258</td><td>59,101</td><td>58,690</td><td>54,745</td><td>39,204</td><td>36,699</td></tr>
<tr><th>태국</th><th>스리랑카</th><th>우즈베키스탄</th><th>방글라데시</th><th>미국</th><th>라오스</th><th>파키스탄</th></tr>
<tr><td>31,703</td><td>29,180</td><td>24,694</td><td>18,080</td><td>8,158</td><td>14,980</td><td>6,185</td></tr>
<tr><th>몽골</th><th>카자흐스탄</th><th>동티모르</th><th>인도</th><th>남아프리카공화국</th><th>일본</th><th>기타</th></tr>
<tr><td>5,290</td><td>4,491</td><td>4,537</td><td>3,280</td><td>3,951</td><td>3,406</td><td>16,075</td></tr>
</table>

출처: 법무부 출입국·외국인정책본부(2025e). 출입국·외국인정책 통계월보, 2025년 5월호, p. 34.

3) 미등록 체류 이주노동자

한국에서 일하는 외국인노동자는 크게 합법체류 근로자와 미등록 체류 노동자로 구분된다. 합법체류자는 말 그대로 합법적 절차를 밟고 입국하여 유효한 비자(VISA: 사증)를 가지고 국내에서 근로 및 거주하는 노동자를 의미한다. 미등록 체류 노동자는 「출입국관리법」 혹은 「외국인고용법」을 위반한 상태로, 국내에 체류하며 근로하는 외국인노동자를 가리킨다(이연옥, 2016). 미등록 체류 노동자를 의미하는 용어로는 불법체류자, 미등록 근로자, 미등록 체류자 등 다양하게 공용되고 있다.

외국인노동자에 대한 온전한 이해를 위해서는 미등록 체류 외국인에 대해서도 살펴볼 필요가 있다. 법무부에서는 '불법체류 외국인'이라는 호칭을 사용하는데, 즉 이는 「출입국관리법령」에 따라 체류 기간이 지났음에도 합법적 연장허가를 받지 않거나 출국하지 않은 상태에서 국내 체류하는 외국인을 의미한다(법무부, 2023). 법무부에서는 이들을 더 세분화해서 분류하는데, 먼저 여기서 단기불법체류 외국인은 관광, 친지 방문 등의 목적으로 체류 기간 90일 이하의 사증을 받고 입국한 후 체류 기간 연장 허가 없이 체류하는 외국인을 일컫는다. 또한 91일 이상의 체류 기간을 허가받아 거소신고가 된 장기체류 외국인 중 사증 만료 이후 갱신하지 않거나 체류 기간이 만료된 상태로 체류하는 외국인도 마찬가지로 이에 포함된다(법무부 출입국·외국인정책본부, 2025e). 법무부에서 발표하는 불법체류자 통계가 어디까지나 국내에 입국한 외국인 중 출국하지 않은 상태에서 체류하는 것으로 유추되는 외국인에 대한 통계이다. 즉, 국내 체류하는 많은 미등록 혹은 불법체류 외국인은 미등록 체류 외국인노동자뿐만 아니라 외국인노동자 가족, 자녀 등도 해당할 수 있어서, 이에 대한 정확한 규모 및 수치는 현재까지 파악하기 어려운 실정이다. 하지만 다수의 미등록 체류 외국인이 경제활동에 종사하고 있는 것으로 유추된다(이규용, 2020).

국내 총 체류 외국인은 2,692,729명으로 집계되었으며, 이 중 미등록자는 381,216명으로 14.2%를 차지하였다. 2024년 5월(415,230명) 대비 2.9% 하락한 것으로 나타났다. 이는 법무부가 불법체류 감축 5개년 계획(2023~2027) 추진을 발표하고 불법체류 외국인 정부 합동단속을 실행하고 있기 때문이다. 2025년 1월부터 5월까지 불법체류 신규 발생은 9,053명으로, 그중 비전문취업(E-9)이 2,492명(61.4%)으로 가장 많고, 다음으로 난민과 관련(G-1) 1,293명, 외국인 유학생 1,093명 순으로 나타났다(법무부 출입국·외국인정책본부, 2025e). 국내에 입국 후 미등록 중인 모든 외국인이 취업에 종사하고 있는 것은 아니지만, 미등록자의 대부분이 임금을 목적으로 국내에서 경제활동에 종사하고 있다는 점을 고려하면, 일괄적이지 못한 입국 자격 법령과 같은 제도적 요인으로 인해 미등록 이주노동자가 양산되고 있음을 알 수 있다. 또한, 한국에서 미등록 이주노동자의 증가는 단기순환 원칙으로 설계된 이주노동자 정책인 고용허가제의 제도적 한계에 기인한다(최영미, 2023). 한국 정부는 2003년 「외국인근로자의 고용 등에 관한 법률」을 제정하고 고용허가제를 도입하여 비전문 외국인력이 정주화되지 않도록 특정 분야에 비숙련 인력만 도입하고 체류 기간도 제한하였다. 고용주는 장기숙련 노동인력을 획보할 수 없어서 단기 비숙련인력을 활용하게 된다. 이에 이주노동자는 비합법적인 취업을 선택할 수밖에 없다. 최장 9년 8개월 동안 머무를 수 있는 '성실근로자 재입국' 제도와 '숙련기능 인력 체류자격 전환(E-7-4)' 제도를 시행하고 있지만 제약이 많아서 실제 이루어지는 상황은 저조하다. 또한, 미숙련 이주노동자가 합법적인 체류자격을 유지하면서 장기로 노동할 수 있는 작업장 선택에 대한 제약으로 미등록 이주노동자의 수는 매년 증가하고 있다.

표 5-6 불법체류 외국인 연도별 현황

연도	총 체류외국인	불법체류 외국인				불법체류율
		소계	등록	거소	단기	
2018년	2,367,607	355,126	90,067	1,015	264,044	15.0%
2019년	2,524,656	390,281	95,815	1,316	293,150	15.5%
2020년	2,036,075	392,196	108,665	1,674	281,857	19.3%
2021년	1,956,781	388,700	125,022	1,427	262,251	19.9%
2022년	2,245,912	411,270	138,013	3,725	269,532	18.3%
2023년	2,507,584	423,675	137,954	2,034	283,687	16.9%
2024년	2,650,783	397,522	134,580	2,124	260,818	15.0%
2024년 5월	2,432,888	415,230	136,414	2,288	276,528	17.1%
2025년 5월	2,692,729	381,216	132,410	2,334	246,472	14.2%
전년대비 증감률	10.7%	-8.2%	-2.9%	2.0%	-10.9%	

출처: 법무부 출입국·외국인정책본부(2025e). 출입국·외국인정책 통계월보, 2025년 5월호, p. 31.

법무부(2025.04.09.) 보도자료에 의하면, 2025년 제1차 불법체류 외국인 정부 합동단속 참여 부처는 법무부, 경찰청, 고용노동부, 국토교통부, 해양경찰청 등 5개 부처라고 밝혔다. 법무부는 "국민이 안심하고 공감할 수 있는 출입국·이민정책의 전제는 엄정한 체류 질서 확립에서 비롯되므로 앞으로도 단속 등 불법체류 감소정책을 일관되게 추진해 나갈 것"이라고 밝혔다. 그러나 매년 법무부와 경찰의 합동 검문·검색 과정에서 단속반원은 신분증과 검문의 합당한 이유 등을 제시하지 않고, 동의나 허락 없이 무단으로 이주노동자의 근무지나 거주지로 진입해 이들을 단속하기도 한다(우수명 외, 2021). 단속 과정에서의 적법 절차 준수와 외국인 인권 보호도 충분히 고려해야 할 것이다.

국가인권위원회(2024)는 「2024년도 인권상황 실태조사」에 미등록 이주노동자의 네 가지 위험 요인을 제시하였다. 첫째, 미등록 신분으로 인해 더 열악한 작업 환경에서 일하게 되고, 둘째, 그러한 환경에서 건강은 더욱 악화하고, 셋째, 산업재해는 더욱 은폐되었고, 넷째, 미등록 이주노동자는 체류자격의 문제로 인해 단속 과정에서 생겨나는 비인권적 조치 탓에 사망하는 때도 발생했다는 것이다. 따라서 미등록체류 외국인노동자의 인권 착취가 가능한 근로환경이 늘어날 수 있음을 피력하고 이들의 복지, 인권보장을 위한 정책, 서비스 등에 대한 논의의 필요성을 제고할 필요가 있다.

02 이주노동자의 이슈

1) 위험을 거부할 수 없는 이주노동자

(1) 고용허가제의 사업주 권력

고용허가제는 이주노동자의 고용과 체류를 좌우할 수 있는 모든 제도적 권한이 사업주에게 부여되고, 그 가운데 사업주와 이주노동자는 고용관계에서 자연스럽게 권력관계 구조로 성격이 바뀌게 된다. 이주노동자는 한국에 올 때 자신이 일할 사업장이나 업무에 대한 정보를 정확하게 잘 알지 못한 채 사업장에 배치되는 상황에서, 당장 위험한 일을 거부할 수 없게 만드는 맥락이 된다. 이주노동자들이 고용허가제를 통해 들어올 수 있는 인력으로 허가가 나면, 외국인고용관리시스템(EPS)은 외국인력을 유치할 수 있는 사업장에 이주노동자 인력은행의 정보를 전달한다. 그리고 최종적으로 어떤 이주노동자를 고용할 것인지 그 선택권을 쥐고 있는 대상은 사업주다. 이주노동자 관점에서 알 수 있는 정보는 고작 전화번호가 사업장의 위치가 전부다(오마이뉴스, 2019.09.09.). 즉, 이주노동자는 자신이 일하게 될 사업장이 어떤 업무를 하는 곳인지, 내가 고용되기 전 어떤 사건 사고가 있었는지, 안전하게 일할 수 있는 사업장인지를 확인할 길이 없다(국가인권위원회, 2024). 사업주의 권한은 단순히 사업장에서의 업무 지시 및 관리 감독에 국한된 것이 아니라 이주노동자의 고용 확정이 신고되어야 한국에 들어올 수 있는 구조다. 사업주는 이주노동자의 입국 자격부터 출국 자격까지의 통제 권한을 쥐고 있다는 것이다. 즉, 이주노동자의 신변을 관리하는 실질적 권한까지 가지고 있다. 이주노동자에겐 사업장을 변경할 수 있는 법적 횟수가 3회로 정해져 있지만 그마저도 공단이나 사업주의 허가 없이는 불가하다. 임금체불, 성범죄, 여권압수 등의 범죄에 노출되어도 별다른 대책을 마련하지 못하기도 한다. 이 모든 현상은 고용허가제 내에서 작동하는 사업주와 이주노동자 간의 불평등한 권력관계 내에서 작동한다는 점을 선이해해야 한다.

그러나 사업주와 이주노동자 간의 권력관계는 모든 행동의 동력이 된다. 이주노동자들이 자신들에게 처한 열악한 작업장 환경, 고용 구조, 의료진료를 받기 어려운 환경, 각종 부당대우에 순응할 수밖에 없는 처지에 놓여서 사업주와 이주노동자 간의 벌어지는 악순환을 재생되는 것이다(국가인권위원회, 2024).

(2) 열악한 주거환경

2020년 한국보건사회연구원이 수행한 「외국인근로자 실태조사」 결과에 따르면, E-9 이주노동자가 거주하는 주거 형태는 임시 건물, 컨테이너, 무허가 주택 등과 같은 비정형 주거 형태 비중이 40%에 달한다고 보고한 바 있다(김기태 외, 2020). 사업주가 열악한 숙소를 제공함으로써 건강 문제에 노출될 수밖에 없는 이 상황은 상당수 이주노동자가 직면하는 현실적 문제에 가깝다. 특히, 농·어업 이주노동자의 주거 상황은 매우 열악하다.

열악한 주거환경은 이주노동자들의 죽음을 부르는 원인이 되기도 한다. 실제 주거환경 탓에 사망한 이주노동자의 사례로는 비닐하우스 숙소에서 자다가 사망한 속헹 씨의 사례가 있다(고병찬, 2022.05.02.). 속헹 씨의 직접적 사인은 간경화로 인한 식도정맥류 파열이었다. 그러나 전문가들은 난방이 되지 않는 비닐하우스에서 혹독한 추위를 견디다가 사망한 것을 일차적 원인으로 내세웠고, 그 밖에도 제때 치료를 받지 못했던 환경적·제도적 조건들을 이주노동자 기숙사 산재사망사건 대책위원회는 지적하였다(정소희, 2020.12.29.). 근로복지공단 역시 속헹 씨의 죽음을 산업재해로 인정하게 된 것도, 사업주가 제공한 비닐하우스 숙소의 조건이 간질환을 급격히 악화시킨 원인이라는 근거를 인정하였기 때문이었다.

사례 1 | 한파 속 비닐하우스에서 돌연사했던 여성 농업노동자 속헹씨

속헹 씨는 2020년 12월 20일(일)에 사망한 채로 동료에 의해 발견되었다. 당시 포천은 한파주의보가 발효되었던 시기였다. 속헹 씨가 사망한 당일의 최저 기온은 영하 16도였고, 이후 이주노동자 관련 단체들이 방문했던 때에도 한낮 기온이 영하 10도를 웃돌고 있었다. 동료노동자 진술에 따르면, 추위가 심했기에 사업주는 그 전주 목요일부터 휴업에 들어갔고, 설상가상으로 금요일부터 기숙사 난방이 가동되지 않았다고 했다. 도저히 추위를 견딜 수 없었던 몇몇 노동자들은 추위를 피해 친구 집에 가기도 했다고 했다. 그러나 속헹 씨는 농장 기숙사에 남아 추위를 견뎠다. 그래서 몇몇 활동가들은 대책위를 구성하여 사망한 속헹 씨의 농장 기숙사의 환경과 실태를 꾸준히 고발했다. 속헹 씨의 최종 사인은 간경화로 인한 식도정맥류 파열이었다. 하지만 대책위는 직업환경전문의의 의견을 들어, 비닐하우스라는 열악한 주거환경과 한파가 맞물려 혈관이 수축하였기에 돌연사가 일어났다는 의견을 들어 2021년 산재보상을 신청했고, 근로복지공단은 2022년 5월에 이 산재보상에 대한 최종승인 결정을 냈다.

출처: 고병찬(2022.05.02.). 한파속 비닐하우스 사망 속헹… 499일만에 '사회적 죽음' 산재 인정.

속헹 씨가 사망한 이후인 2021년에 정부가 시행한 농·어업 이주노동자 「주거환경실태조사」 결과에 따르면, 응답한 이주노동자 3,850명 중 가설건축물, 즉 조립식 패널, 비닐하우스 내 가설건축물, 컨테이너에서 살고 있다고 응답한 비율이 69.6%에 달했다(고용노동부, 2021.01.06.). 이러한 주거환경과 노동환경이 맞물리게 될 때, 이주노동자의 건강은 더욱 악화할 수 있다. 속헹 씨의 사건을 계기로 정부는 이주노동자에게 숙소를 제공하는 사업장이 비정형 주거 형태, 특히 임시 건물 형태를 숙소로 제공, 즉, 비닐하우스 내 컨테이너 조립식 패널 등을 숙소로 제공할 시, 고용허가를 불허하겠다는 견해를 밝혔다(고용노동부, 2021a). 현장 활동가들은 예전보다는 나아졌지만 그런데도 불법 임시 건물을 숙소로 제공하는 사업장이 존재하고, 속헹 씨가 사망했던 주변 지역의 농장들은 비닐하우스 내 패널을 설치한 임시 건물 형태 숙소로 됨을 쉽게 찾아 확인할 수 있다고 한다(국가인권위원회, 2024). 업무 특성상 어업종사자의 숙소 상황은 더 열악할 수밖에 없을 것으로 예측된다.

2) 이주노동자의 인권

(1) 임금체불

이주노동자들의 임금체불 문제는 이주노동자들이 겪는 대표적인 부당대우 중 하나다. 이미 수많은 보고서에 이주노동자들의 임금체불 문제를 지적해 왔을 만큼(김기태, 2021; 성수나·김중혁, 2022; 장안식 외, 2023; 주진우, 2018), 이주노동자들의 임금체불 문제는 심각하면서도 일상적이다. 그렇다고 이주노동자의 임금이 결코 높은 수준도 아니다. 2024년 발표된 「이민자 체류실태 및 고용조사」를 살펴보면, 외국인 임금근로자의 절반(50.6%)은 월평균 200만 원 이상, 300만 원 미만 구간의 수준에 머무르고 있다. 고용노동부(2025)가 발표한 국내 임금노동자 평균임금은 약 355백만 원이다. 농·어업 이주노동자의 임금수준은 훨씬 낮다. 어선원들은 최저임금법이 아닌 어선원 기준을 따른다. 따라서 「선원법」에 따라 매년 임금기준을 별도 고시해 오고 있다. 해양수산부(2024)에 따르면, 2023년 한국 선원 최저임금 기준은 2,487,640원, 2024년은 2.95% 상향하여 2,561,030원, 2025년 선원 최저임금 월 2,614,810원으로 2.1% 인상 결정되었다. 외국인 최저임금은 이 기준의 85%에서 책정된다. 계산해 보면, 2023년은 2,114,494원, 2024년은 2,176,875원, 2025년은 2,222,588원이 된다.

미등록 노동자들의 임금체불도 심각한 문제이다. 심한 경우 밀린 임금을 한 푼도 받지 못하고 쫓겨나도 자신들의 상태가 '불법적'이기 때문에 체불임금에 대한 지급 요구를 적극적으로 주장하거나 항의하지 못하는 경우가 많고, 고용주들은 이들의 신분상 약점을 악용하는 경우가 빈번히 발생한다(차옥숭, 2013).

사례 2 | 사업주에게 '가족과 같았던' 이주노동자

방글라데시 이주노동자 A 씨(사망 당시 37세)는 평택 육가공공장에서 일했던 성실근로자(E-9으로 재입국)였다. 함께 기숙사를 쓰던 동료 노동자가 숙소에 쓰러진 A 씨를 뒤늦게 발견하고 병원에 옮겼으나 2023년 9월 24일 일요일에 사망했다. CCTV를 바탕으로 수사를 진행한 결과 자살의 흔적은 없었고, 최종 사인은 원인을 알 수 없는 심정지(돌연사)였다. 다행히도 형이자 유가족인 B 씨가 한국에서 E-9 비자로 체류 상황이라, 동생의 시신을 수평택 이주노동자 지원단체의 도움을 받아 장례를 진행하였다. 형 B 씨의 진술에 따르면, 동생인 A 씨는 평상시에 지병도 없고 자신보다 더 건강했다고 했다. 사망원인으로 그가 추정한 원인은 과로사였다. 해당 사업장은 A 씨가 재입국 하기 전부터 근무했던 사업장으로, 재입국 전 초기 4년 10개월은 통상적인 근무시간을 준수했지만, 재입국하면서 과중 업무가 있었던 것 같다고 말했다. 주 5~6일 일했고, 근무시간은 오전 8시부터 오후 6시까지였다. 육가공제품 새벽 배송 업무를 밤 새벽 3시부터 6시까지 쉬지 않고 매일 진행했다고 했다. 또한, A 씨는 숙련인력이라는 이유로 다른 신규 이주노동자들을 관리하는 일까지 도맡아 해야 했다. 사업주는 이를 '자기가 알아서' 한 일이라고 표현했고, 강요는 없었다고 했다. A 씨는 임금체불 또한 경험하고 있었다고 했다. 월급을 '남들보다 더 준다.'라는 말뿐이었지만, 정작 일했던 시간을 점검하지 않았기에 그것이 정당한 월급이었는지 알 수 없었다. 이 월급마저도 3개월간 받지 못한 상황인 것이 뒤늦게 밝혀졌다. 아직 A 씨와 관련해 산재 신청을 하진 않았다. 아직 A 씨 신변 정리와 산재를 신청할 수 있는 증거들이 충분히 확보되지 않았기 때문이다.

출처: 국가인권위원회(2024). 2024년 인권상황 실태조사 보고서, p. 56.

(2) 미등록 이주노동자

미등록 이주노동자의 정주를 금지하는 한국 정부는 체류자격이 없는 이주노동자에 한해서는 단속과 추방 정책을 펴고 있다(법무부, 2025.04.09.). 그러나 검문 과정에서 알몸 수색을 하기도하고, 위법 여부가 확인되지도 않은 상황에서 수갑을 사용하며 심한 경우 전자충격기 및 그물총을 사용하는 사례도 보고되고 있다(우수명 외, 2021). 또한 피해신고를 하려고 갔다가 단속되 거나 어떤 사건에 대해 증언하다가 미등록 사실이 밝혀져 단속되기도 한다. 이렇듯 때와 장소를 가리지 않는 무분별한 단속으로 인해 미등록 이주노동자들은 사업장에서 임금체불, 폭력 등을 당하여도 신고하지 못하고 참게 된다. 미등록 이주노동자들의 인권침해는 '불법체류' 상태라는 이유로 법적 보호도 받지 못하고 있다. 그러나 이주노동자들의 미등록 상태는 자발적인 선택보다 '체류 기간 만료', '사업 이탈', '구직기간초과', '구직신청기간초과', '사업장변경횟수초과'와 같은 고용허가제의 구조적 결함이 더 많다. 즉, 이러한 요인의 이면에는 위법적인 중개 과정에서 발생하는 과도한 취업 알선 수수료의 부담, 고용주에 의한 인권침해, 임금차별과 비현실적인 구직기간 제한, 사업장 이동의 제한 등 이들이 미등록자로 한국에 체류할 수밖에 없는 구조적 요인들이 자리 잡고 있다(우수명 외, 2021).

(3) 여성 이주노동자

최근 한국보건사회연구원에서 진행된 조사에 따르면, 외국인노동자는 주당 50시간 이상을 근무하며, 주당 60시간 이상 근무를 한 비율도 조사 참여자의 약 20%를 웃도는 것으로 나타났다. 특히 비전문취업(E-9) 근로자의 근로시간이 더 긴 것으로 나타났는데, 주목할 점은 근로시간과 임금에 있어 성별 차이가 있다는 점이다. 여성 외국인노동자의 경우 남성 근로자에 비해 근로 시간도 더 긴 경우가 많으며, 임금 역시 상대적으로 더 낮은 수준인 것으로 드러났다. 또한 이들의 열악한 근로환경으로 인해 산재 경험이 높은 것으로 보고되고 있는데, 외국인노동자 5명 중 1명은 작업 중 부상이 생기고 또 약 15%는 작업으로 아팠던 적이 있다고 보고했으며, 그 사유는 과도한 업무와 스트레스, 유해 물질 사용 등으로 보고되었다(김기태 외, 2020). 최근 외국인노동자의 열악한 주거지에 대한 보도가 잇따르면서 외국인노동자의 근로여건 및 생활환경에 대한 문제가 제기되고 있다(성정현 외, 2020). 이러한 구조적인 문제로 다수의 외국인노동자는 사업장에서 지속적인 인격 모독, 무시, 폭행, 폭언에 시달리고 있다(최명민 외, 2015). 특히, 여성 이주노동자는 성희롱과 성폭행 피해를 겪고 있다고 보고되는데, 최근 조사에 따르면 연구에 참여한 비전문취업(E-9) 여성 외국인노동자 중 약 7.1%가 성희롱, 성폭행 피해 경험 사실이 있는 것으로 드러났다(김기태, 2021). 여성 이주노동자들의 경우 저임금, 비숙련 직종에 종사하면서 외국인으로서 받는 차별 외에도 젠더 불평등까지 겪게 됨에 따라 인종적·성적(gender)·계층적 차별의 삼중고에 직면하게 된다(차옥숭, 2013). 여성 이주노동자들은 강도 높은 노동현장에서 남성들과 함께 작업을 하면서 한국인 노동자는 물론 남성 이주노동자들의 성희롱 및 성폭행 등의 위협에 노출되어 있지만 아무런 보호를 받지 못하고 있다. 여성 이주노동자가 성폭력이나 성희롱의 피해자가 된 경우, 관련 법에 따라 한국인과 동일한 보호 및 피해자 쉼터를 이용할 수 있다. 그러나 피해여성은 해고의 위협, 피해 입증의 어려움, 장기간의 조사로 인한 심리적 스트레스와 고용불안, 피해 보상에 대한 불확실성 등을 이유로 신고조차 하지 못하는 경우가 많다(국가인권위원회, 2011). 특히, 미등록 여성 이주노동자의 경우 이러한 폭력의 피해에도 법적인 보호조차 허락되지 않는 경우가 많았다. 이들이 만약 성폭력 피해를 신고할 경우 사건 종결과 함께 강제출국을 당하기 때문에 피해를 보고도 신고할 수가 없는 것이다.

따라서 외국인노동자들이 근무하는 사업장의 근로환경은 여전히 위험하고 열악하며 노동자 다수가 장기간 근무, 산업재해와 같은 위험에 노출되어 있다. 특히 여성의 경우 근로 관련 위험 및 차별에 더 쉽게 노출되어 있다. 이에 외국인노동지원센터, 외국인지원센터, 인권센터 등 다수의 기관에서는 이들의 민·형사상 지원, 노무 관련 상담과 지원 서비스를 지속적으로 지원하고 있으나, 사업장에서 이들의 인권보장과 증진은 여전히 큰 과제로 남아 있다.

3) 이주노동자의 정신건강

최근 한국이주민건강협회에서 진행한 조사에 따르면, 외국인노동자들은 우울, 자살 위험 등 정신건강 측면에서 취약한 상태로 보이고 있으며, 특히 자살 사고 같은 경우 이들이 근로현장에서 경험하는 어려움, 경제적 불안정 상태 및 한국 생활 적응과 밀접한 관계가 있는 것으로 나타났다(한국이주민건강협회, 2021). 외국인노동자의 업무 외 재해로 인한 사망 유형 중 자살은 높은 비중을 차지하며, 근로환경에서의 차별, 업무의 과중, 스트레스 등이 이러한 자살 생각을 높이는 것으로 보고하였다. 경찰청에서 제공한 전체 통계에 따르면, 2018~2022년까지 발생한 이주민 변사자 수는 총 3,220명으로, 연간 평균 600명을 넘는 수준이었다. 그 중 자살이 704명(21.9%)으로 높게 나타났다. 외국인노동자의 자살을 연구한 노지현(2015) 역시 외국인노동자가 한국에서 경험하는 차별과 무시, 횡포가 이들의 정신건강에 부정적 영향을 미치며, 지지를 제공할 수 있는 가족과 주변체계가 부재한 이들의 경우 높은 자살위험군이라고 설명하였다. 외국인노동자에 대한 우리 사회의 부정적 인식과 불안정 고용 환경, 지지체계의 부족은 외국인노동자의 신체적·심리적 건강 저하에 큰 요인으로 작용하며, 동시에 이들에게 필요한 보건의료 및 정신건강 관련 서비스는 여전히 매우 열악한 상황이다.

추방된 네팔 이주노동자의 한국 방문기를 그린 영화 〈안녕, 미누〉에서는 네팔 한국어 학원에서 일했던 미누가 한국말을 가르치기보다는 한국의 문화를 가르쳤다는 내용이 등장한다. 이 대목은 이주노동자가 처한 상황을 여과 없이 보여주는 하나의 단상이다. 현재까지도 이주노동자가 감내해야 하는 폭언과 폭력은 자신이 빨리빨리 일을 제대로 하지 못하고, 한국말을 알아듣지 못해서 처하게 되는 마땅한 상황이라고 숙연히 받아들일 것이다. 이주노동자는 이러한 맥락에서 사업주의 폭언과 폭행이 '힘들다' 느낀다고 할지라도 홀로 감내하고 버텨낼 수밖에 없다. 이렇게 사업주의 폭언과 폭력은 이주노동자를 병들게 한다(국가인권위원회, 2024). 지역사회 내에 정신건강복지센터, 자살예방센터 모두 내국인을 중심으로 서비스가 기획·제공되고 있어서 한국어 사용이 서툴고 문화적 배경이 다른 외국인노동자 등의 이주배경 구성원은 여전히 서비스의 사각지대에 머물고 있다. 외국인노동자를 포함한 이주배경 구성원이 의료·정신건강 문제가 지속적으로 보고되는 만큼, 이들의 정신건강 욕구와 어려움에 대응할 수 있는 지원체계 마련이 필요하며, 특히 자살과 같은 위기 개입을 위한 장치가 마련될 필요가 있다.

4) 이주노동자의 자녀 문제

한국은 속인주의 원칙에 따라 이주노동자가 체류 중 자녀를 출산해도 한국국적 취득이 허용되지 않는다. 따라서 많은 이주노동자 자녀는 부모가 미등록 체류 상태인 경우, 태어나자마자 미등록 체류자로 전락하는 경우가 많다. 또한 자녀의 부모도 법에서 정한 계약기간이 끝난 후에도 본국으로 돌아가지 않고 한국에 남아 미등록 신분으로 살아가기 때문에 이들 자녀는 보육, 교육, 보건 등 아동의 성장에 필요한 기본적인 서비스는 물론, 권리조차 누리지 못하고 있다. 물론 법적으로 미등록이주노동자의 자녀들도 초·중·고등학교까지 입학을 보장받지만, 가족의 경제적 어려움과 신분 노출의 우려, 학교 측에서 자녀 입학을 거부하는 등의 문제로 많은 이주노동자 자녀는 학교에 다니지 않고 있다. 학교에 다니더라도 미등록이주노동자 자녀들은 출생등록이 안 되기 때문에 주민등록증을 부여받을 수 없다. 즉, 본인을 증명할 수 있는 주민등록증이 없으므로 사실상 일상생활이 매우 어려워지는 것이다. 따라서 미등록 아동들의 기본적인 인권이 보장되고, 국적이나 인종에 상관없이 아동에 대한 사회적 보호가 제공될 수 있도록 출생증명서 발급 허용과 같은 제도 개선이 이루어져야 한다.

미등록 이주 아동의 교육권 보장을 위해서 실시하는 체류자격 부여 제도 소개

1. 체류자격 부여: 2022년 2월 1일부터 2025년 3월 31일까지 국내에 장기 체류하는 미등록아동과 부모에게 체류자격을 부여하는 정책이 시행, 이로써 해당 아동은 D-4(일반연수) 체류자격을 받아 고등학교까지 다님
2. 부모의 체류자격: 부모는 범칙금을 납부하면 미성년 아동의 양육을 위해 고교 졸업 혹은 성인(만 19세)이 될 때까지 임시체류자격(G-1)을 부여받고, 체류자격 외 활동허가를 통해 취업이 가능함
3. 졸업 후 체류자격 변경: 고교 졸업 후에는 유학(D-2) 자격으로 변경하거나 취업에 필요한 자격요건을 갖추면 해당 체류자격으로 변경할 수 있음. 만약 유학이나 취업 체류자격 변경 요건을 갖추지 못하는 경우, 고교 졸업 후 1년간 임시체류자격(G-1)이 부여됨
4. 자진출국: 아동이 고교를 졸업하거나 성년이 되면 1년 이내에 자진출국 해야 함

* 이 정책은 미등록 이주 아동의 교육권 보장을 위해 마련된 것으로, 체류자격을 통해 안정적인 교육 환경을 제공하고자 합니다.

출처 : EKW(이코리아월드) 동포세계신문(2025.02.03.). 미등록 외국인 자녀 문제, 만료 앞둔 체류허가 신고기간, 어떻게 되나?

03 이주노동자 관련 정책

1) 한국의 외국인노동자 정책 단계

외국인노동자들이 유입되기 시작한 것은 88 서울올림픽 성공적인 개최 이후 1980년대 후반부터이다. 한국은 1980년대 중반까지도 이민자 혹은 노동인력 송출국이었으나 1980년대 후반부터는 노동 이주 유입국으로 자리매김하기 시작하였다. 1970~1980년대는 급속한 경제 발전이 이루어졌던 시기로, 이는 국내 노동임금 상승과 노동력 부족의 결과를 가져왔으며,

1988년 올림픽 개최는 한국에 대한 세계의 인식을 변화시키는 계기가 되었다. 이후 한국이 새로운 이주의 목적지로 부상하면서 올림픽으로 인한 무사증 입국 허용, 입국심사 간편화, 사증면제협정 체결 등의 출입국 규제 완화로 해외 인구의 입국을 수월하게 만들었다(이정환·이성용, 2007).

1990년대 초반, 많은 외국인이 입국하면서 외국인노동자라는 명칭이 공식적으로 등장하게 되었다(김범수 외, 2008). 외국인 유입 증가는 정부의 외국인노동자 정책 형성에도 영향을 주었다. 외국인노동자 정책의 흐름을 정리하면 〈표 5-7〉과 같다.

표 5-7 외국인노동자 정책의 흐름

구분	1단계	2단계	3단계	4단계
시기	~1990년대 초반	1991~2003	2003~2007	2007~현재
정책	• 없음	• 산업연수제 시행	• 법률 제정 • 산업연수제+고용허가제 시행	• 고용허가제 안정화 및 방문취업제 도입
특징	• 외국인 노동인구 유입 시작 • 무분별한 입국 및 노동시장 유입	• 근로자로 미인정, 저임금, 임금체불 및 인권 침해 상황 발생 • 「노동법」 및 「근로기준법」 미적용 • 미등록노동자 증가	• 「외국인고용법」 제정 • 2004년부터 고용허가제 실시 • 중소기업중앙회 반발로 산업연수제 한시적 운영	• 2007년 국적 동포를 대상으로 한 방문취업제 도입

출처: 우수명 외(2021), 사회복지와 문화다양성(제2판) 재구성

1단계, 외국인 근로자라는 공식 명칭이나 외국인 인력 정책이 없던 시기로 볼 수 있다. 1980·1990년대 초반까지 한국에 유입된 외국인노동자는 국가의 체계적인 노동시장 정책과 흐름에 상관없이 내국인 인력 부족으로 인한 근로자 수요 증가와 일자리를 구하는 외국인노동자 간의 현실적인 이해관계(천정웅 외, 2015, p. 73) 속에서 발생한 결과로 볼 수 있다. 이 시기에 입국 후 미등록 혹은 불법으로 국내 체류하는 외국인 수가 발생하기 시작했으며, 이에 대한 문제가 제기되기 시작되었다.

2단계, 1991~2003년의 시기는 산업연수제도 시기로 볼 수 있다. 이전까지 법적 제도가 마

련되지 않은 상태였다면, 지속되는 인력난 문제와 외국인노동자 불법 채용 문제가 완연해지고, 이를 해결하기 위해 정부에서는 산업연수제도를 도입했다. '외국인 산업연수생제도'란 외국인 '산업연수생'이 국내 업체에서 일정 기간 연수를 할 수 있도록 허용해 주는 제도로, 일정 기간 연수 후 검증 절차를 거친 후 취업 자격을 취득할 수 있고 이후 노동자로 취업할 수 있도록 지원하는 제도이다. 1991년 10월에 「외국인 산업기술연수사증발급 등에 대한 업무지침」 및 시행세칙이 법무부에서 만들어졌고, 초기에는 해외투자 기업에만 허용되었으나 국내 중소기업의 반발로 인해 1992년 하반기부터 국내 생산직 등의 내국인 인력 채용이 어려운 업종에도 외국인 연수생 파견이 가능하게 되었다. 1993년 12월 「외국인 산업기술연수 사증발급에 대한 업무지침」이 개정되고 정식으로 많은 외국인노동자들이 생산직 업종에 합법적인 절차를 거쳐 투입되기 시작하였다. 산업연수생제도는 국내 기업이 외국인노동자를 합법적으로 채용할 수 있도록 허용하며, 동시에 외국인노동자가 합법적으로 한국에서 취업활동을 할 수 있게 하는 최초의 제도로 볼 수 있다. 산업연수생제도는 국내 인력난에 시달렸던 중소기업의 어려움을 해소하는 데 큰 역할을 한 제도로 평가되고 있다(한건수·설동훈, 2007).

그러나 산업연수생제도는 외국인노동자를 근로자가 아닌 학생, 연수생으로 고용하는 제도였기 때문에 「근로기준법」 미적용 대상이었으며, 이는 연수생 제도하에 입국한 많은 외국인노동자는 저임금, 열악한 환경 및 장시간 노동, 인권 착취 등의 문제에 시달리게 되었다. 이러한 불충분한 제도의 관리 등은 많은 외국인노동자의 연수 업체 이탈이 발생하면서 외국인노동자가 미등록 혹은 불법체류 근로자의 신분으로 남게 되었다. 이러한 문제로 이슈화됨에 따라 정부는 1995년 3월부터 산업재해보상보험, 의료보험 적용 및 「근로기준법」의 일부를 산업연수생제도에 적용했으며, 같은 해 7월부터는 국내 「최저임금법」도 산업연수생제도에 적용하기 시작하였다. 이들은 6개월의 연수 기간과 1년 고용만을 허용된 계약으로 기간 후에 본국으로 돌아가야 했다. 하지만 다수의 연수생이 기간 만료 이후에 불법, 미등록체류 근로자로 전락하는 상황이 대거 발생하였고, 결국 산업연수생제는 사회적 보호 부재, 관리 문제, 산재, 인권 유린 등으로 제도의 한계에 봉착하였다.

3단계는 고용허가제 도입과 외국인노동자에 관한 법률 제정의 시기이다(이규용, 2014; 천정웅 외, 2015). 2003년에 공포된 「외국인고용법」은 외국인력의 체계적인 도입과 관리를 위해 제정되었으며, 이를 통해 고용허가제가 도입되었다. 고용허가제는 궁극적으로 중소기업 사업장과 저숙련 단순직 외국인 인력 고용에 대한 정책으로, 다음과 같은 다섯 가지 원칙을 가지고 시작되었다. 첫째, 보충성에 대한 원칙이다. 내국인 우선 고용 원칙이며, 내국인 고용이 안 되는 사업장에만 외국인 고용을 허용한다. 사업장은 내국인 구인 노력 의무를 입증해야 하며, 외국인력 고용 규모 등에 대한 제한이 있다. 둘째, 투명성의 원칙을 준수한다. 외국인력의 투명한 도입을 위해 송출 비리, 브로커 차단을 위해 우리나라와 송출국가 간의 양해각서를 체결하고 공공부문에서 외국인노동자 선정, 도입, 알선을 담당한다. 셋째, 시장 수요 존중의 원칙을 가진다. 시장 수요에 맞는 외국인 선발, 도입을 위해 기능 수준 평가, 한국어능력시험 등을 활용한다. 넷째, 외국인 정주화 방지 원칙으로, 외국인노동자가 한국에 영구 정착하지 못하도록 하는 것이다. 2004년 고용허가제 초기 단계에서 외국인노동자의 취업 기간은 3년 미만으로 제한되었으나, 2005년부터 3년 + 3년 제도로 운영되었다. 이후 다시 노동력 공백을 해소하고자 2009년 이들의 취업 기간을 3년 + 1년 10개월로 연장하였다가, 2012년부터 다시 조정되어 성실근로자 재입국제도가 도입되었다. 성실근로자에 해당하는 노동자는 추가로 4년 10개월의 연장 체류가 가능하도록 조정되었다. 다섯째, 내외국인 간 균등대우 원칙은 「근로기준법」, 「최저임금법」, 「산업안전보건법」을 포함한 노동관계법의 동등한 적용을 포함하며, 외국인노동자에 대한 부당한 차별을 방지한다(이규용, 2014; 정기선 외, 2013). 고용허가제 도입에도 불구하고 2006년까지 한시적으로 산업연수생제도가 병행되었으며(천정웅 외, 2015), 2007년에 이르러 산업연수생제도가 폐지되고 고용허가제로 통합되었다.

4단계는 고용허가제의 발전기로 볼 수 있다(이규용, 2014). 2007년 1월부터 산업연수생제도가 완전히 폐지되고 모든 외국인 인력 고용은 고용허가제로 일원화되었다. 고용허가제로의 일원화는 외국인력제도에 대한 국가의 책임성을 공고히 하기 위한 노력의 하나로 이해할 수 있으며, 외국인력에 대한 체계적인 제도 마련 및 운영으로 평가되기도 한다(이규용, 2014).

하지만 고용허가제 역시 많은 문제점을 안고 있다. 예를 들면, 입국 전과 후의 업무가 다르거나 고용주의 요구조건이 다르더라도 외국인노동자는 입국 전 근로계약을 체결한 사업장에서 근로해야 하며, 다른 사업장으로의 이동이 제한된다. 사업장 변경은 특수한 조건에서만 허용되는데, 예를 들면 1년 치 임금의 30% 이상이 체불되었거나 고용주의 승인 혹은 동의가 있을 시에만 변경이 가능하다. 즉, 외국인노동자에게는 직업 선택의 자유가 주어지지 않으며, 사업장 변경은 반드시 명확한 근거가 있어야만 허용된다. 또한 변경 요청이 허용되더라도 사업장 변경 횟수 및 기간이 제한되어 있어 많은 외국인노동자는 고강도의 노동, 장시간 노동, 저임금 및 열악한 근로환경을 감내하는 것으로 파악되고 있다(윤자호, 2021). 동시에 이러한 제도는 많은 미등록 체류 노동자를 양산해 낸다는 문제도 있다. 사업장에서의 인권침해 등의 부당 행위가 있어도 이를 입증하기 어려운 경우가 많아 외국인노동자는 어쩔 수 없이 사업장을 이탈하게 되는 상황이 발생하며, 결국 미등록 체류 외국인으로 전락하게 된다. 동시에 사업장 변경 신청을 한 후 3개월 내 반드시 구직해야 하는 변경 기간 조건은 기간 내 구직이 되지 않는 경우 이들을 미등록 체류 노동자로 내몬다는 점에서 문제로 지적되고 있다(성정현 외, 2020).

2) 고용허가제와 방문취업제

2003년부터 적용되기 시작한 「외국인고용법」은 여러 차례 개정을 거치게 되었는데, 2007년 초반 외국국적동포 고용을 위한 방문취업제가 도입되었다. 방문취업제는 일정한 조건을 가진 외국국적동포에게 H-2 사증을 발급하고 이들의 출입국 및 취업을 허용하는 특례고용허가제이다. 방문취업제가 도입되기 전에도 외국국적동포는 특례외국인 노동자로 규정되어 이들의 입국 및 고용이 관리되고 있었는데, 2007년 법 개정을 통해 국내에 호적, 친족이 있는 외국국적동포뿐만 아니라 연고가 없는 동포에게도 체류 및 취업이 허가되었다. 다만 무연고 동포에 대해서는 대량입국으로 인한 노동시장의 혼란 및 문제를 방지하기 위해 연간 쿼터제를 적용하여 입국을 허용하고 있다. 방문취업제는 고용허가제보다 완화된 요건을 가지고 있는데, 예를 들면 방문취업제로 입국한 노동자의 경우, 사업장 변경이 자유롭고 이들의 취업이 허용되는 업종 범위도 고용허가제에서 허용되는 범위보다 훨씬 넓다는 차이를 가지고 있다. 특히 참고할 점은 방문취업제에서 허용하는 취업업종은 다수의 서비스업을 포함하며, 이 중 사회복지 서비스업, 개인 간병 및 유사서비스업, 가사노동과 같은 가구 내 고용 활동 역시 포함된다. 2025년 5월 기준 방문취업자(H-2) 비자 외국국적동포는 90,393명으,로 중국

77,849명으로 압도적으로 많고 다음으로 우즈베키스탄 7,145명, 카자흐스탄 4,321명 순이다. 방문취업제와 고용허가제에 대한 공통점과 차이점은 다음의 〈표 5-8〉과 같다.

표 5-8 고용허가제와 방문취업제 비교

구분	일반 고용허가제	방문취업제
대상	외국인노동자	외국국적동포(중국, 구소련 거주 동포 등)
허용체류 기간	동일(4년 10개월: 3년+ 재고용 1년 10개월)	
취업 허용 업종	제조업, 건설업, 어업, 농·축산업, 건설폐기물처리업, 냉장·냉동창고업, 인쇄물·출판업, 음악 등 오디오출판업, 재생용 재료 수입 및 판매업	좌동 + 26개 서비스업: 총 39개 업종
취업 절차	한국어 시험 – 근로계약 – 비전문취업비자(E-9)로 입국 – 취업교육 – 사업장 배치	방문취업 비자로 입국 – 취업교육 – 구직등록 – 고용지원센터 알선 또는 자유 구직 선택 – 근로계약 후 취업
사업장 이동	사업장 귀책 사유일 시 3년 내 3회 제한, 3개월 내 구직	제한 없음

출처: 성정현 외(2020). 사회복지와 문화다양성.

2007년 노동부는 이주노동자가 법적 보호를 받을 수 있도록 하였으며, 최저임금법을 적용받는 등의 고용허가제를 통과시켰다. 그러나 이 제도로 인한 불합리한 규정들은 현재까지 해결해야 할 과제로 남아 있다. 예를 들면, 비전문 취업으로 입국한 이주노동자의 경우, 사업장 간 이동 제한, 이동 횟수 제한 등을 위반하면 합법적 신분에서 미등록 신분으로 전락한다. 즉, 근무지 이탈, 체류 기간 초과 등으로 인해 합법적 체류 신분에서 불법적 체류 신분으로 바뀌게 된다. 이들은 밀입국이거나 취업비자를 통해 입국하였지만, 고용허가제에 따른 체류 기간 만료, 직장 이동의 제한 횟수를 어긴 경우가 대부분이다. 이러한 상황에, 아시아 출신 저숙련 이주노동자는 관광 또는 단기방문 사증을 받아 국내에 입국 후 취업하였고, 대부분 정해진 체류 기간을 초과한 상태에서 체류자격 외 활동 허가를 받지 않은 채 취업하였다. 이에 따라 전원이 「출입국관리법」을 위반한 미등록 체류 이주노동자 또는 서류 미비 이주노동자로 전락하였고, 법의 보호에서 벗어나 사각지대에 놓이게 된다(설동훈, 2020).

한국은 경제적 구조조정 과정에서 일어나는 주변부 노동력의 부재를 메우기 위해 대체적이고 한시적인 이주노동자 유입에 집중해 왔다. 하지만 외국인노동자의 장기체류 및 영주를 제한하는 정책을 시행하면서도 이들의 가족 결합권은 인정하지 않고 있다. 이같이 한국의 이주노동자 정책은 단기체류를 근간으로 한다는 특성을 잘 드러내는 제도라 할 수 있다. 물론 이러한 정책은 한국에만 국한되는 것은 아니다. 일본, 타이완 등 대부분 아시아 국가는 이주노동자들을 매우 제한적으로 수용하고 있으며, 이들을 사회적으로 통합하기보다는 본국으로 재송출하는 것을 목표로 하고 있다.

한국 사회의 실상을 살펴보면, 이주노동자의 고용허가제는 1년마다 갱신하는 이주노동자와의 고용계약과 최장 5년의 고용허가제 규정이 더욱 엄격하게 적용되고 있다. 고용계약이 1년마다 이루어지기 때문에 노동에 대한 안정성은 무시된 채 종속적인 관계에 놓일 수밖에 없으며, 부당한 근로조건에 놓이게 된다. 유럽 대부분 국가에서 시행 중인 노동허가제의 경우, 이주노동자들의 자유로운 직장 이동이 허용되는 반면, 한국 고용허가제의 경우 이주노동자가 정해진 기간 내에 지정된 사업체에서만 노동활동을 할 수 있도록 규제하고 있다. 이같이 엄격한 고용허가제에 따른 규정을 위반하고 미등록자 신분이 된 이주노동자의 자녀들 또한 출생신고를 할 수 없어 미등록 이주아동으로 전락한다.

3) 외국인 계절근로제도

외국인 계절근로제도는 농·어번기 일손 부족 해결을 위해 단기 외국인을 고용할 수 있게 한 제도다. 또한, 계절적 요인에 의해 노동력 수요 변동이 크고 장기간 계속 고용이 어려운 분야에 인력 공급 마련을 위한 제도로서, 호주, 캐나다 등 다양한 나라에서 활용하고 있다(이혜경 외, 2018).

한국의 계절근로제도는 2015년 괴산에서 시범 사업으로 처음 시작되었고, 2017년 전국으로 확대되었다. 처음에는 단기취업(C-4, 90일) 자격을 활용한 방식으로 설계되었으나, 2019년 12월부터는 5개월까지 취업·체류할 수 있는 계절근로(E-8) 자격이 신설되어 지방자치단체별 사정에 따라 선택할 수 있게 되었다. 2020년 3월부터는 코로나19로 외국인근로자 입국이 어려워지자 국내 거주 외국인의 계절제 근로 참여를 한시적으로 허용하기도 하였다.

법무부가 관련 부처(농식품부·해수부·고용부·여가부 등)와 협의하여 제도를 운용하지만, 계절근로자 도입 주체는 지방자치단체(시·군·구)이다. 도입 방식은 지방자치단체가 양해각서(MOL)를 맺고 해외로부터 외국인근로자를 유치하는 방식, 지역에 거주하는 결혼이민자의 본국 가족을 초청하는 방식, 이미 국내에 체류 중인 결혼이민자의 부모 등 가족을 고용하는 방식 등이 있으며, 지방자치단체는 세 가지 방식 중 하나를 선택하거나 복수로 운용할 수 있다(이혜경 외, 2018). 계절근로제도를 도입한 지방자치단체는 입국 시 사전 교육, 외국인 주거 및 음식 제공과 관련된 사항을 점검, 산재보험 등 각종 보험 가입을 지원해야 하며, 임금체불, 가혹 행위 등 인권침해 예방 계도 및 적정 조치를 해야 하는 등의 관리 책임을 지게 된다(이혜경 외, 2018). 그러나 코로나19가 장기화된 시점에 계절근로자들의 무단이탈이 잇따르면서 농어촌의 인력난이 심화되었다. 이에 따라 정부는 2022년부터 제도를 크게 개선하여 농·어촌 가구당 최대 12명의 계절근로자를 허용된 인원수 내에서 계속 고용할 수 있도록 하였다. 또한, 기존의 방문동거(F-1) 및 동반(F-3) 자격 외국인 외에 유학생, 특별체류 허가를 받은 아프간인, 비취업서약 방문취업(H-2), 동포(F-4), 문화예술(D-1), 구직(D-10) 자격 외국인도 계절근로자로 고용할 수 있도록 완화하였다.

계절근로자 도입 확대뿐만 아니라 이들의 주거 및 근로 여건 등 인권 문제도 최근 많은 이슈가 되고 있다. 외국 지방자치단체와 계절근로자 도입 MOU 체결 시, 인권보호 부분을 명시하도록 하는 한편, 근로조건이나 인권보호 취약 지역의 점검을 강화하고 근로자에게 귀책사유가 없다면 근무처 변경을 허용하는 등의 인권보호 대책을 강화하고 있다.

4) 쟁점과 과제

한국의 노동이주 흐름을 주도하고 있는 비전문 외국인력에 대한 정책들을 살펴보았다. 한국의 비전문 외국인력정책은 지난 30여 년에 걸쳐 많은 변화를 겪어 왔다. 그간 여러 시행착오를 겪으면서 중소기업의 인력 부족을 완화하는 데 크게 기여하였다. 무엇보다 2007년부터 전면 시행된 고용허가제는 산업연수생제도의 모순과 한계를 상당 부분 극복한 진일보한 정책으로 평가할 수 있다. 외국인력의 유치 및 운용 과정 전반의 투명성과 효율성이 증가하였을 뿐만 아니라, 이주노동자의 동등한 권리보호를 위한 관리·감독도 강화되었다.

그러나 정부에서도 인정하듯이 단순노무 분야에서 이주노동자에 대한 의존이 심화하면서 국민 일자리 침해 우려가 계속 제기되고 있고, 제도 수정이 거듭되면서 단기·순환 원칙으로 도입된 비전문 외국인력의 정주화도 진행되고 있다(법무부 출입국·외국인정책본부, 2024). 이들이 실질적으로 지역사회에서 장기체류로 생활하고 있지만, 이민자들의 적응과 사회통합을 위한 정책은 기존의 결혼 이민자 중심에서 벗어나지 못하고 있다.

산업 구조조정이 진행되면서 경쟁력이 저하된 일부 노동집약적 산업은 퇴출되겠지만, 저기술·저임금 노동력에 대한 수요는 높게 유지될 것으로 전망된다. 제조업이나 건설업뿐만 아니라 자동화(auromation)에 한계가 있는 농·어업과 대인 서비스업(가사 및 돌봄 등)의 인력 수요는 오히려 더 늘어날 것이 분명하다. 고용허가제 운영에 있어 이러한 산업구조와 노동시장의 변화에 빠르게 대응함으로써 수요-공급 불일치가 발생하지 않도록 하는 것이 핵심적인 과제가 될 것이다. 또한, 비전문 외국인력의 유입 추세가 지속되어 이들이 '사실상' 장기 체류자로서 한국 사회에서 살아가게 된다면 이들에 대한 기존의 반정착적이고 배제적인 정책 기조로의 변화가 불가피할 것이다.

해외 국가에서 외국인노동자를 위한 사회보장제도는 각국에서 상대국과 사회보장협정을 맺거나 국제노동기구협약을 포함한 주요 국제협약 비준 등을 통해 자국 내 이주민을 위한 사회복지 지원의 법적 근거를 마련하고 사회보장제도를 정비하는 등 다양한 조치를 하였다(김기태 외, 2020). 예를 들어, 캐나다와 프랑스의 경우, 국제협약 및 조약을 비준하여 이주노동자의 사회보호 접근성을 높이고자 하였고, 그 결과 내국인과 이주민의 구분 없이 광범위하고 보편적인 사회보장제도를 운영하고 있다.

사회보장(social security)은 근로자, 가족, 지역사회 전체의 복지를 위해 가장 중요하다. 이것은 기본적인 인권이면서 사회적 화합을 위한 근본적인 수단으로, 사회적 평화와 사회적 포용에 기여한다. 이에 더해 사회보장은 정부 사회정책의 필수적인 부분이며, 빈곤의 예방과 완화를 위한 중요한 도구이다. 즉, 국가적인 연대와 공정한 부담 분담을 통해 인간의 존엄성,

형평성, 사회정의에 기여할 수 있다. 이는 정치적 포함, 권한 부여, 민주주의 발전의 중요한 요소이다. 사회보장은 의료, 소득보장, 사회서비스를 제공함으로써 생산성을 향상할 수 있다. 아울러 성장하는 경제와 활발한 노동시장 정책과 함께, 지속 가능한 사회·경제 발전을 위한 중요한 도구가 될 가능성이 크다.

지난 수십 년간 세계 여러 지역에서 대두된 새로운 경제통합 모델에 비추어 이주노동자에 대한 사회보장 보호의 필요성이 점점 더 중요해지고 있다. 사회보장권의 이동성(portability)은 의심할 여지 없이 경제구역 내에서 노동의 자유로운 이동을 촉진하고, 이를 통해 통합된 노동시장의 적절한 기능을 보장하는 데 기여한다. 더불어 사회보장 혜택이 이주노동자의 출신국으로 보내지고, 세계 공동체가 중요한 발전 도구로 인식해 온 사회보장 혜택의 중요한 부분을 형성할 수 있다는 점은 경제적 관점에서 이주노동자에 대한 사회보장권의 중요성을 강조한다.

사회보장의 영토적 특성과 프로그램 및 혜택에 대한 그들의 조건 측면에서 시스템의 다양성으로 인해, 노동자들이 한 국가에서 다른 국가로 이주할 때 사회보장 보호와 관련된 특정한 어려움이 발생할 수 있다. 이주노동자들은 그들의 국가에서 그들의 부재 때문에 사회보장 급여를 받을 자격을 잃을 위험을 감수하지만, 동시에 그들의 고용국에서는 비국적자로서의 사회보장 혜택의 적용에서 배제되거나 긴 자격요건 기간으로 인해 혜택에 대한 어떠한 권리도 거부될 수 있다. 노동자가 한 고용국가에서 다른 고용국가로 옮겨 다닐수록 이런 점에서 더욱 취약해진다. 이러한 노동자들의 개인적 상황과 경험은 상당히 다를 수 있지만, 이러한 어려움을 극복할 수 있는 구체적인 수단이 있다. 이러한 수단은 여러 국제노동기구 협약에 규정되어 있으며, 많은 국가에서 양자 및 다자간 협정을 통해 구현된다.

그러나 이주노동자의 사회보장 보호를 다루는 국제노동기구협약은 제한된 수의 국가에서만 비준되었다. 더군다나 양자 및 다자간 협의 네트워크에는 여전히 허점이 많다. 국제노동기구협약과 사회보장협정의 비준이 없는 경우, 그리고 해외에서 일하는 자국민에 대한 주요 우발상황이 발생할 경우, 최소한 사회보장 보호를 보장하기 위해, 일부 노동 수출 국가는 일방적인 방식으로 자국의 보호조치를 채택하고 있다.

토론 및 발표 주제

1. 이주노동자의 처한 삶의 현실을 어떻게 개선할 수 있을지, 영화를 보고 느낀 점을 함께 나누어 봅시다.

> **추방된 네팔 이주노동자의 한국 방문기를 그린 영화 〈안녕, 미누〉**
>
> 이 영화에서는 네팔 한국어 학원에서 일했던 미누가 한국말을 가르치기보다는 한국의 문화를 가르쳤다는 내용이 등장한다. "야단맞고 혼나는 한국의 일 문화를, 단것을 먹으며 적응해야 하는 일(한겨레, 2019.10.19.)"로 전달했다는 이 대목은 이주노동자가 처한 상황과 처지를 여과 없이 보여주는 하나의 단상이다. 현재까지도 이주노동자가 감내해야 하는 폭언과 폭력은 자신이 빨리빨리 일을 제대로 하지 못하고, 한국말을 알아듣지 못해서 처하게 되는 마땅한 상황이라고 여겨진다. 이주노동자는 이러한 맥락에서 사업주의 폭언과 폭행을 힘들다고 느낄지라도 홀로 감내하고 버텨낼 수밖에 없다. 이렇게 사업주의 폭언과 폭력은 이주노동자를 병들게 한다.

2. 미등록 이주배경 자녀들의 권리에 대해 다층적인 구제 대안을 논의해 봅시다.
   [SBS] 한국서 나고 자랐는데…'3천 명' 쫓겨날 위기

출처: 전형우(2025.01.31.). 한국서 나고 자랐는데…'3천 명' 쫓겨날 위기.
https://v.daum.net/v/20250131204819694

Chapter 06

북한이탈주민과 재외동포

학습목표

1. 북한이탈주민과 재외동포에 대한 개념을 정의할 수 있다.
2. 북한이탈주민과 재외동포의 현황을 파악할 수 있다.
3. 북한이탈주민과 재외동포 두 대상의 정책과 영역의 뚜렷한 차이를 비교해 볼 수 있다.

01 북한이탈주민에 관한 이해

1) 북한이탈주민 개념 및 현황

'북한이탈주민'의 정의는 「북한이탈주민의 보호 및 정착지원에 관한 법률」 제2조(정의)에 따라 "군사분계선 이북지역(이하 북한)에 주소, 직계가족, 배우자, 직장 등을 두고 있는 사람으로서 북한을 벗어난 후 외국 국적을 취득하지 아니한 사람"을 의미한다. 주목할 점은 북한이탈주민은 외국국적을 취득한 경우가 아니라면 「대한민국헌법」을 포함한 현행법상으로 대한민국의 국민으로 간주한다는 사실이다. 따라서 이들은 지리적, 정치적으로 분리되어 살다가 국경을 넘기는 했지만, 마치 해외에 살다가 입국한 재외국민과 같이 이해될 수 있다.

북한이탈주민은 1990년대 중반 북한의 식량 사정의 악화를 계기로 급증하기 시작하였다.

〈표 6-1〉에서 보는 바와 같이, 북한이탈주민 입국자 수는 2012년 김정은 정권 이후부터 연도별 입국 인원의 감소세가 뚜렷해졌으며 2020년부터는 코로나19로 북·중 국경 통제가 강화되면서 그 수가 천 명대에서 229명으로 급감하였다. 누적 규모로 2001년 1,000명대를 넘어선 이래, 2007년에 1만 명을 넘어섰고 2016년에는 3만 명을 넘어섰다. 2025년 4월 기준 누적 34,352명이며, 1990년대까지만 해도 북한이탈주민은 귀순 용사로 상징되는 남성이 다수를 차지했으나, 여성의 입국 비율이 꾸준히 증가하여 현재 전체의 약 72.1%를 차지하고 있다.

표 6-1 입국 현황('25. 3월 말 입국자 기준)

구분	남(명)	여(명)	합계(명)	여성 비율
~1998	831	116	947	12.2%
~2001	565	478	1,043	45.8%
2018	168	969	1,137	85.2%
2019	202	845	1,047	80.7%
2020	72	157	229	68.6%
2021	40	23	63	36.5%
2022	35	32	67	47.8%
2023	32	164	196	83.7%
2024	26	210	236	89.0%
2025. 4.	1	37	38	97.4%
합계	9,569	24,783	34,352	72.1%

출처: 통일부(2025). 주요사업통계.

연령은 30대가 가장 많고, 20~40대 청장년층이 주를 이룬다. 북한에서 종사했던 직업으로 노동자, 무직·부양이 제일 많으며, 학력은 의무교육이므로 중학교(고등중) 정도가 가장 높다. 청장년층의 증가 현상과 북한에서의 직업군이 무직이거나 노동자이었던 비율이 높은 점은 북한이탈주민의 남한 사회 정착이나 사회통합 과정에서 경제적 적응에서 중요한 요인이 된다는 것을 의미한다(〈표 6-2〉 참조).

표 6-2 연령대별 입국 현황('25.3월 말 입국자 기준)

구분	0~9세	10~19세	20~29세	30~39세	40~49세	50~59세	60세 이상	계
남	652	1,709	2,645	2,177	1,410	609	359	9,561
여	646	2,113	7,042	7,694	4,721	1,510	1,006	24,732
합계	1,298	3,822	9,687	9,871	6,131	2,119	1,365	34,293

주: 입국 당시 연령 기준이며, 최근 입국하여 보호시설 등에 있는 일부 인원은 제외된 수치로 입국 인원과 차이가 있음
출처: 통일부(2025). 주요사업통계.

북한이탈주민이 국내로 들어오면 국정원, 경찰청 등 관계 기관의 합동신문을 받고 하나원으로 이관되어 12주간의 사회적응 교육을 받은 후 거주지로 전입하는데, 65.4%가 서울, 경기, 인천 등의 수도권에 거주하고 있다(〈표 6-3〉 참조).

표 6-3 지역별 거주 현황('25.3월 말 거주자 기준)

지역	서울	경기	인천	부산	경북	경남	대구	충북	충남·세종
남	1,981	2,798	786	207	234	234	124	290	373
여	4,391	8,367	2,206	628	891	817	486	1,133	1,474
합계	6,372	11,165	2,992	835	1,125	1,051	608	1,423	1,847
지역	**광주**	**강원**	**대전**	**전남**	**전북**	**울산**	**제주**	**계**	
남	108	222	119	136	106	113	65	7,896	
여	402	705	459	550	420	340	2,752	23,542	
합계	510	927	578	686	526	453	340	31,438	

주: 최근 입국하여 보호시설 등에 있는 일부 인원은 제외된 수치로 입국 인원과 차이가 있음. 사망자, 국적상실자, 말소자, 해외체류자 등 2,855명 제외
출처: 통일부(2025). 주요사업통계.

북한이탈주민의 정착 현황은 경제적 어려움으로 생계급여 수급률은 2015~2024년까지 10년 동안 21.27%에 이른다. 특히 북한이탈주민 재학생 일부는 학교 부적응, 수학능력 부족, 나이 문제, 경제 사정, 검정고시 준비 등으로 학업을 중단하기도 한다(〈표 6-4〉 참조).

표 6-4 북한이탈주민 정착 현황(2025년 3월 말 입국자 기준)

구분	생계급여수급률	초·중·고 학업중단율	경제활동참가율	고용률	실업률
2010	51.3	4.9	42.6	38.7	9.2
2011	46.7	4.7	56.5	49.7	12.1
2012	40.8	3.3	54.1	50.0	7.5
2013	35.0	3.46	56.9	51.4	9.7
2014	32.3	2.5	55.3	51.7	6.4
2015	25.3	2.2	59.4	54.6	4.8
2016	24.4	2.1	57.9	55.0	5.1
2017	24.4	2.0	61.2	56.9	7.0
2018	23.8	2.5	64.8	60.4	6.9
2019	23.8	3.0	62.1	58.2	6.3
2020	23.8	2.9	60.1	54.4	9.4
2021	22.8	1.2	61.3	56.7	7.5
2022	22.6	1.6	63.0	59.2	6.1
2023	22.7	1.9	63.4	60.5	4.5
2024	22.9	2.7	64.1	60.1	6.3

주: 학업 중단율 = (해당연도 학업중단자 총수/전년 재학생 총수) × 100(교육부 자료)
출처: 남북하나재단(2024). 북한이탈주민 정착실태조사.

북한이탈주민은 대한민국 국민이기는 하지만 외국인으로, 특별히 문화적 소수자로서의 속성을 가지고 있다(최명민 외, 2015). 이들이 탈북 후 한국으로 유입되기 전 외국국적을 취득했다면 당연히 이주민으로 볼 수 있지만, 그렇지 않은 경우에도 이주민들이 흔히 겪을 수 있는 사회적·문화적 차별의 대상이 되거나 적응에 어려움을 겪을 수 있다. 분단의 역사가 길어지고 남북 간의 문화적 이질성과 경제적 격차가 벌어지면서 북한이탈주민의 문화적 소수자로서의 특성은 더욱 뚜렷해질 가능성이 있다.

2) 북한이탈주민 지원정책의 수립 과정

북한이탈주민에 대한 정책적 지원은 1960년대 초 반공정책을 국시로 채택하고 북한과 체제경쟁을 펼치던 박정희 군사정권과 함께 시작되었다(최명민 외, 2015). 당시 냉전 체제하에서 북한을 이탈한 주민(특히 군인이나 고위공무원)의 월남은 남한의 체제 우위를 증명해 주는 존재로서 크게 환영받았다. 1962년에 제정된 「국가유공자 및 월남귀순자 특별원호법」에서 보는 바와 같이 '월남귀순자'는 애국지사나 4·19의거 상이자와 함께 특별한 처우(원호)의 대상으로 인정되었다. 이 법을 통해 북한이탈주민은 연금 및 수당, 직장 및 주택 알선, 자녀의 교육보호, 국군묘지 안장 등의 특혜를 부여받게 되었다. 이 법은 1979년 「월남 귀순용사 특별보상법」으로 전면 개정되었으며, 개정법에 따라 정착금을 인상하고 보호와 보상을 강화하여 남한 사회 정착을 촉진하고자 하였다.

북한이탈주민의 문제는 1980년대 말 국제적 냉전체제 와해와 평화 분위기 속에서 남북 교류가 재개되면서 새로운 국면을 맞게 된다. 남한의 국력 신장과 국제적 위상이 크게 상승하는 중에 북한이탈주민의 수가 증가하기 시작하였다. 주목할 점은 식량난을 피해 이탈한 일반인뿐만 아니라 해외에 체류 중이던 외교관, 공무원, 북한 노동자 등의 탈출도 빈번하였다. 북한이탈주민 유입의 규모도 빠르게 증가했지만 출신 배경이나 유형도 다양화되면서 이들에 대한 보호 및 정착지원을 보다 체계화해야 할 필요성이 대두되었다. 이러한 배경으로 인해 1997년 「북한이탈주민의 보호 및 정착지원에 관한 법률」이 제정되었고 기존의 귀순 개념이 '북한이탈'로 대체되었다. 이 법은 특히 북한이탈주민 지원에 관한 정부와 지방자치단체의 책임과 지원계획, 즉 기본계획 및 시행계획의 수립이 명시되었다. 또한 정착지원시설(하나원), 지역적응센터(하나센터), 북한이탈주민지원재단 등 북한이탈주민 지원 서비스 기관 및 전달체계의 규모와 역할이 정비되면서 더욱 강화되었다.

2000년대부터 북한이탈주민 지원정책의 방향은 중앙정부 주도의 적응 및 정착 지원에서 지방자치단체와 민간이 참여하는 '자활 기반 마련 강화'로 그 성격이 변화하게 된다. 이러한 연유로 경제적 자립을 유도하기 위한 창업, 자산 형성, 교육, 취업 등의 정책 요소들이 더욱 강조되기 시작하였다. 다음 [그림 6-1]은 그간의 북한이탈주민 지원정책의 발전과정 및 주요 정책 내용을 보여준다.

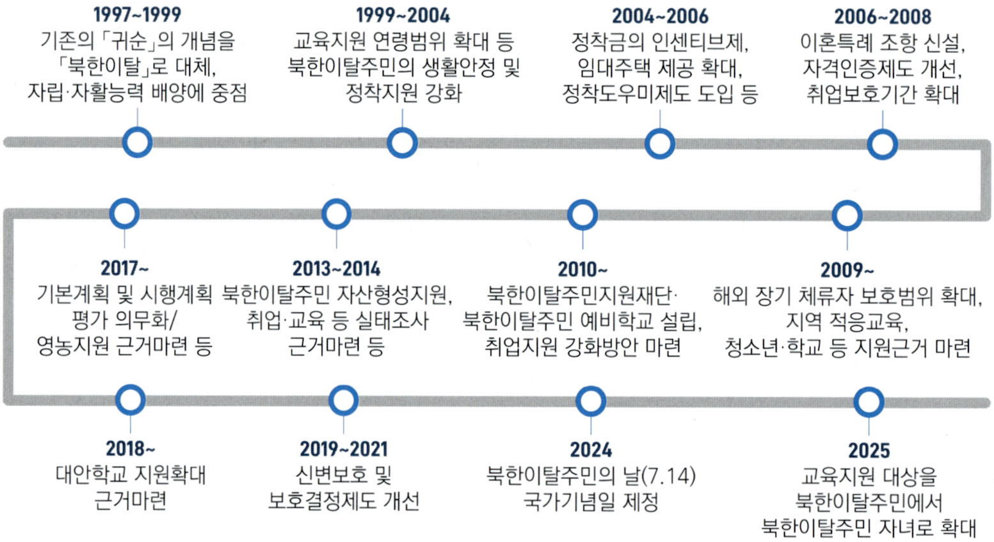

그림 6-1 북한이탈주민 지원정책 발전과정

출처: 통일부(n.d.b). 지원정책의 변천과정.

(1) 북한이탈주민 정착 과정

한국의 북한이탈주민 지원 서비스는 시설보호의 단계인 하나원에서 서비스 전달체계가 시작되며, 이곳에서 12주간 기본적인 사회적응 교육을 마치고 퇴소한 이후, 거주지 지역사회에서 적응 교육 및 다양한 정착 급여를 제공한다. 입국 후 5년 동안 북한이탈주민 특례 등 정착지원 서비스를 받게 되는데, 보호담당관제와 북한이탈주민지원지역협의회, 북한이탈주민지원재단(남북하나재단), 민간위탁 사업인 지역적응센터(하나센터)와 북한이탈주민지원 민간단체 등이 정착지원 서비스를 제공하고 있다. [그림 6-2]는 북한이탈주민이 해외에서 국내로 입국한 이후에 정착지원 과정을 도식화한 것이다.

보호요청 및 국내이송

- 보호요청 시 외교부, 관계부처에 상황보고 및 전파
- 해외공관 또는 주재국 임시 보호시설 수용
- 신원확인 후 주재국과 입국교섭 및 국내입국 지원

[국내입국]

조사 및 임시보호 조치

- 입국 후 국정원이 보호결정 여부를 위한 조사 및 긴급한 치료 등 임시 보호조치 실시
- 조사종료 후 사회적응교육 시설인 하나원으로 이송

↓

보호결정

- 「북한이탈주민 보호 및 정착지원협의회」 심의를 거쳐 보호여부 결정
- 보호결정 세대 단위 결정

↓

하나원의 정착준비

- 사회적응교육(12주, 400시간): 심리안정, 우리사회 이해 증진, 진로지도 상담, 기초직업 훈련
- 초기정착지원: 가족관계 창설, 주거 알선, 정착금·장려금 지원 등

[거주지 전입]

거주지 보호(5년)

- 사회적 안전망 편입(생계·의료급여 지급)
- 일자리 지원: 취업·창업·영농 관련 교육 훈련, 취업 알선, 자격 인정 등
- 교육지원: 특례 편입학 및 등록금 지원
- 보호담당관: 거주지·취업·신변보호 담당관 제도 운영

↓

민간 참여

- 북한이탈주민지원재단을 통한 종합 서비스 제공
- 지역적응센터(전국 25곳) 지정·운영
- 정착도우미제도: 민간자원봉사자 연계
- 북한이탈주민 전문상담사 84명(정원 기준)
- 종합상담 및 애로사항 해결 등 찾아가는 상담서비스 제공

그림 6-2 북한이탈주민 입국 및 정착 과정(흐름도)

출처: 통일부(n.d.a). 입국 및 정착과정.

북한이탈주민은 정책지원 체계 속에서 진행되며, 사회적응교육, 정착금, 주거, 취업, 사회보장, 교육, 기타 상담을 지원하고 있다. 세부적인 지원정책은 〈표 6-5〉와 같다.

표 6-5 북한이탈주민 정착지원 제도

구분	항목	내용
사회적응교육	기본교육(하나원)	• 하나원 12주, 400시간 교육
	지역적응교육 (지역적응센터)	• 전국 지역적응센터 8일, 50시간 초기집중교육 및 지역적응 지원
정착금	기본금	• 1인 세대 1,500만 원 지급, 2인 세대 2,400만 원, 3인 세대 3,150만 원, 4인 세대 3,900만 원, 5인 세대 4,650만 원, 6인 세대 5,400만 원, 7인 세대 이상 6,150만 원
	지방거주장려금	• 지방 2년 거주 시 광역시(인천 제외)는 주거지원금의 10%, 기타 지역은 주거지원금의 20%
	취약계층 보호 가산금	• 고령가산금(만 60세 이상): 800만 원 • 장애가산금: 1,540만 원(중증), 360만 원(경증) • 장기치료가산금(중증질환으로 3개월 이상 연속 입원 시): 1개월에 80만 원(최대 9개월까지) • 한부모가정아동보호가산금(보호결정 당시 만 13세 미만 아동): 세대당 400만 원 • 제3국 출생 자녀 양육가산금: 만 16세 미만 아동 1인당 450만 원 • 무연고청소년가산금: 1개월에 20만 원(만 18세부터 만 24세 이하)
주거	주택알선	• 한국토지주택공사(LH)·서울주택도시공사(SH)와 연계하여 임대주택 알선
	주거지원금	• 1인 세대 기준 1,600만 원, 2~4인 세대 2,000만 원, 5인 이상 세대 2,300만 원(보증금의 잔액은 거주지 보호기간 종료 후 지급)
취업	취업장려금	• 3년간 근속 시 최대 수도권 1,800만 원, 지방 2,100만 원
	새출발 장려금	• 거주지 보호기간 만료 후 1년 6개월간 근속 시 최대 3회(1년 6개월), 600만 원 - 취업장려금 1년 이하 수급자, 최대 3회(600만 원) - 취업장려금 1년 6개월 수급자, 최대 2회(400만 원) - 취업장려금 2년 이상 수급자, 해당 없음
	자산형성제도 (미래행복통장)	• 소득 중 저축액에 대해 정부가 같은 금액을 매칭하여 지원 - 적립 목적: 주택구입비, 임대비, 교육비, 창업자금, 결혼 등 - 지원 기간: 2년(1년 단위로 2회까지 연장 가능, 최대 4년) - 적용 대상: '14.11.29. 이후 입국하여 보호결정된 사람 - 약정 금액: 소득의 30% 범위 내, 월 최대 50만 원 * 거주지 보호기간 내 가입 요건 폐지
	기타	• 예비사회적기업 지원, 영농정착, 창업지원, 취업바우처 등

구분	항목	내용
사회복지	생계급여	•생계급여 수급을 위한 소득안정액 기준 및 급여 지급 시 특례 - 근로무능력 가구: 가구원 수 1인 추가 기준 적용 - 근로능력자 가구: 최초 거주지 전입 후 6개월간은 조건 제시를 유예하고 생계급여 적용
	의료보호	•의료급여 1종, 2종 수급자 - 기초생활보장 수급자 책정 시 선정기준 준용, 근로능력 유무에 따라 1·2종 부여
	연금특례	•보호결정 당시 50세 이상~60세 미만 시, 국민연금 가입 특례 - 일반 국민과 달리 가입 기간이 5년이 지나면 노령연금 수령 가능
교육	특례 편·입학	•대학진학 희망 시 정원 외 특례입학 * 제3국 출생 자녀의 경우는 정원 내 특례입학
	학비 지원	•중·고교 및 국·공립대 등록금 면제, 사립대 50% 보조 * '북한이탈주민과 그 자녀'로 대상 확대
상담	-	•지역적응센터, 전문상담사, 정착도우미 등을 통한 지원

출처: 통일부(n.d.c). 지원제도.

한국 정부는 「북한이탈주민의 보호 및 정착지원에 관한 법률」에서 "대한민국의 보호를 받으려는 의사를 표시한" 경우 인도주의와 동포애 차원에서 전원 수용한다는 원칙을 천명하고 있으며(제3조), 보호와 지원을 위해 필요한 경우 외교적 노력을 포함한다는 입장이다(제4조제2항), 이와 더불어 정부는 북한이탈주민이 "정치, 경제, 사회, 문화 등 모든 생활 영역에서 신속히 적응·정착"할 수 있도록 필요한 보호와 지원을 제공하기 위한 정책을 수립하고 있다(제1조).

북한이탈주민의 입국 및 정착단계는 다음과 같다. 해외에 체류 중인 북한이탈주민이 한국 정부의 보호를 요청하는 경우 관계부처에 상황이 보고되고, 해외공관은 이들의 신병을 확보하여 공관이나 주재국 임시보호시설에 수용한다. 관계기관은 신원 확인과 주재국과의 출입국 교섭을 거쳐 북한이탈주민을 국내로 입국시킨다. 입국 후 이들은 국정원 등 관계기관의 합동 신문을 받은 후 정착지원시설(하나원)로 이관된다. 정부는 심의를 거쳐 이들의 보호 여부를 결정하게 된다. 이들은 하나원에서 12주간 심리 지원, 한국 사회의 이해 증진, 기초 직업 훈련 등 사회적응 훈련을 받게 된다. 이후 가족관계 등록이 진행되고 주거 알선 후 지역사회로 전입하게 되며, 다양한 정착지원제도의 적용을 받게 된다.

(2) 북한이탈주민 정착지원제도

〈표 6-5〉에 요약된 바와 같이 정착지원제도로는 정착금 지급제도, 주거 지원제도, 취업지원제도, 사회복지지원, 교육지원제도, 상담 민간지원이 추가된다. 초기정착금 지급제도는 북한이탈주민이 사회생활 초기에 기초적인 생계를 해결할 수 있도록 북한이탈주민 모두에게 일정 금액을 지급하는 제도로서, 정착금 내역은 정착기본금 이외에 북한이탈주민 개개인의 자립·자활 노력 및 사정에 따라 정착장려금과 정착가산금으로 구분하여 지급하도록 세분화되어 있다.

주거지원제도는 하나원 퇴소 후 지역의 거주지로 전입한 북한이탈주민에 대해 임대주택을 알선하고, 임대보증금 지급을 위한 주거지원금(1인 세대 기준 1,600만 원)을 지급하는 제도이다. 거주지역 결정 시 먼저 본인의 의사를 최대한 반영하되, 주택 물량이 부족할 경우 차순위 지역으로 배정하며, 2년간 통일부장관의 허가 없이 알선된 주택의 소유권, 전세권 또는 임차권을 변경할 수 없도록 하여 주거 분실을 방지하고 있다.

취업지원제도는 북한이탈주민의 취업을 위하여 직업훈련 기회를 제공하고, 사업장을 알선하며, 지역별 취업사업을 시행하고, 북한이탈주민을 고용하는 사업주에게 고용지원금을 지급하는 제도이다. 3년간 근속 시 최대 수도권 1,800만 원, 지방은 2,100만 원 취업장려금을 지급하고, 예비사회적기업 지원, 영농정착, 창업지원, 취업바우처 등을 운영한다. 또한 고용노동부 산하 전국 60여 개 종합고용지원센터에 60여 명의 취업보호담당관(공무원)이 배치되어 북한이탈주민의 취업지도, 알선, 상담을 제공하고 있다.

사회복지 관련 북한이탈주민은 「국민기초생활 보장법」 등에 따른 사회 보장급여의 대상이 될 수 있다. 특히 생활이 어려운 북한이탈주민의 경우 최초 거주지 전입일 이후 5년간 특례를 적용받을 수 있다(「북한이탈주민의 보호 및 정착지원에 관한 법률」 제26조). 근로능력이 있는 북한이탈주민의 경우에도 하나원을 수료하고 사회에 나온 뒤 6개월까지는 조건 부과를 면제하되, 6개월이 지난 이후에는 자활사업에 참여하는 것을 조건으로 생계급여를 지급한다. 또한 「의료급여법」에 따라 생활이 어려운 북한이탈주민을 대상으로 의료혜택을 지원하고 있다. 연금 특례도 적용되는데, 보호 결정 당시 만 50세 이상 60세 미만인 자는 연금 지급을 위한 최소 가입 기간 10년을 채우지 않더라도, 60세 이후 가입 기간이 5년이 지나면 노령연금 수령이 가능하다.

북한이탈주민은 관계법령에 따라 북한에서 취득한 학력과 자격을 인정받을 수 있다. 정부는 북한이탈주민이 개인별 특성(나이, 수학능력 등)과 여건에 맞는 교육을 받을 수 있도록 지원하고, 이들을 대상으로 초·중등 교육을 시행하는 학교의 운영을 지원할 책무를 가지고 있다. 북한이탈주민이 대학 진학 희망 시 정원 외 특례입학이 가능하며, 제3국 출생 자녀의 경우는 정원 내 특례입학이 가능하게 되었다. 또한 중·고교 및 국·공립대 등록금 면제 및 사립대학교는 50%를 보조받을 수 있는데, 이는 북한이탈주민과 그 자녀까지 대상이 확대되었다.

민간 차원의 북한이탈주민 정착지원 서비스는 기존의 북한이탈주민후원회가 확대·개편되어 2010년 9월 27일 출범한 '북한이탈주민지원재단'(남북하나재단)이 총괄하고 있다. 사업의 예로는 북한이탈주민 생활안정 및 사회적응 지원사업, 민간 차원의 취업지원사업, 직업훈련에 필요한 사업, 장학 사업, 전문상담사업, 민간단체 협력사업, 정책개발 지원과 조사·연구사업, 실태조사 및 통계구축사업 등이 있다. 특히 북한이탈주민지원재단은 '정착도우미, 북한이탈주민 전문상담사제도'를 운영하고 있는데, 24시간 콜센터(1577-6635) 운영을 통해 종합적 상담서비스를 제공하고 있다.

3) 북한이탈주민의 이슈

(1) 사회·심리적 적응의 어려움

북한이탈주민과 그 가족들이 하나원에서 퇴소하고 지역사회 정착하는 시기에 꾸준한 직장생활을 통해서 안정을 찾는 이들도 많지만, 상당수가 여러 번의 구직활동 중 실패와 이직 등의 과정에 신체적, 정신적으로 지쳐서 막막한 미래에 대한 불안감을 호소하기도 한다. 이러한 연유로 사회·심리적 고통은 주로 불안, 우울, 북한에 두고 온 가족이나 친척에 대한 죄책감, 상대적 박탈감, 남한 사회에 대한 실망감 등을 들 수 있다. 나아가 외상 후 스트레스 장애, 우울증, 만성질환 등을 겪을 수 있다.

가족의 구성 유형별로 어려움과 욕구가 달라지지만, 자녀 문제와 관련하여, 특히 학교에서의 차별이나 왕따 문제, 낮은 학업성취도, 북한 출신임을 밝히지 않거나 거부함, 성장발육 부진으로 왜소한 외모에 무시당함, 친구관계를 맺고 유지해 나가는 데 있어서의 어려움 역시 광범위하게 경험하고 있는 문제들이다(박영희 외, 2012).

남북하나재단의 「2024년 북한이탈주민 실태조사」에 의하면 자살 충동 경험이 있는 경우 12.8%로, 여성이 남성보다 3.8% 높았고, 전체 국민(4.8%) 대비 8% 높은 편이다. 자살 충동 경험 이유는 '신체적·정신적 질환, 장애'가 29.6%로 가장 높고, 다음으로 '경제적 어려움'(27.5%), '가정불화'(16.7%) 등의 순으로 나타났다.

'차별/무시당한 경험이 있음'은 16.3%로, 그 이유는 '문화적 소통방식이 다르다는 점'이 66.7%로 가장 높았다. 다음으로는 '북한이탈주민의 존재에 대한 부정적 인식 때문에'(45.6%), '전문적 지식과 기술'(18.3%) 등의 순으로 나타났다. 문화적 소통방식은 말투, 생활방식, 태도에 기준을 두며, 북한이탈주민의 존재로 인해 세금부담 증가의 부정적 인식과 북한 체제와 언론의 부정적 보도의 영향이 클 것으로 사료된다.

(2) 취업과 경제생활의 어려움

북한이탈주민은 취업에 대한 욕구가 매우 높다. 그러나 사회적으로 그들이 남한 사회에서 인정받을 수 있는 학력을 갖추지 못하고, 기술적으로 업무 수행에 필요한 지식과 기능도 부족하다. 또한 남북한 사람 간의 심리적 거리감까지 있기에 더욱 힘겹다.

「2024년 북한이탈주민 실태조사」(남북하나재단, 2024)에 의하면, 북한이탈주민의 생활 수준을 가늠할 수 있는 경제활동 질적 지표인 '월평균 임금'과 '평균 근속기간'은 지속적인 상승세를 유지하고 있다. 전체 북한이탈주민의 월평균 임금은 261.6만 원으로, 지난해(245.7만 원)보다 15.9만 원(6.5%) 상승하였다. 일반국민은 12.1만 원(4.0%) 상승하였다. 북한이탈주민의 월평균 임금이 일반국민보다 높은 상승률을 보여 임금격차가 지난해 55.0만 원보다 3.8만 원 감소한 51.2만 원을 기록하였다.

임금근로자의 평균 근속기간은 37.7개월로 36.3개월보다 1.4개월 증가하였으나 일반국민의 근속기간(76개월)과의 격차는 여전히 크다. 구간별 분포를 살펴보면 근속기간 '3년 이상'

이 34.1%로 가장 높고, 거주기간 증가에 따라 근속기간이 증가하고 있다. 이는 활동상태별 비경제활동인구에 대해 심신장애 35.5%, 다음으로 육아 19.1% 등으로 나타나 임금근로자 근속기간이 불안정할 가능성을 보여주고 있다. 전체 경제활동 주요 양적 지표는 2020년 이후 꾸준한 상승세를 유지했으나 2024년 조사에서 고용률은 60.1%로 지난해(60.5%)보다 0.4% 하락하였고, 실업률은 6.3%로 지난해(4.5%)보다 1.8% 증가하였다. 북한이탈주민이 더 나은 남한 생활을 위해 필요한 지원은 '취·창업지원'(27.8%)로, 2018년 대비 2.9%로 높아졌다. 다음으로 '의료지원'(17.4%), '교육지원'(13.7), '소득지원'(11.8%), '주택문제 관련 지원'(10.2%)이 뒤를 이었다. 남성은 '취·창업지원'에 대한 필요가 32.0%로, 여성은 26.4%로 가장 많이 응답하였다. 남녀 모두 경제적 영역과 관련된 취업과 생계에 대해 국가의 지원이 필요한 것으로 나타났다. 연령별 모두 취업과 생계에 대한 응답이 높게 나타났다. 20~30대는 구직활동이 활발한 시기이므로 취업 욕구가 가장 높지만, 40대에서도 취업지원 수요가 높은 것은 북한이탈주민의 근속기간이 짧고 이직 비율이 상대적으로 높기 때문으로 분석할 수 있다. 또한, 40~50대에서 생계에 대한 지원이 높게 나타남은 구직 이후에도 경제적인 생활환경이 나아지지 않았음을 보여주고 있다.

이처럼 북한이탈주민들에게 가장 중요한 과제는 안정된 직장과 적정 수준의 소득을 유지하여 경제적 불안정을 해결하는 것이다. 북한이탈주민들은 정착지원금을 받지만 대부분 탈북 당시 도움을 받은 브로커 비용이나 생계비로 모두 소비하고 북한에서보다는 낫지만 상대적 빈곤으로 쉽게 좌절하는 경향이 있다. 다양한 경제적 정착지원에도 불구하고 국민기초생활수급비(생계비) 의존 비율은 여전히 높은 상태이다. 따라서 이들에게 조속한 직업 안정은 가장 시급한 과제이다. 이를 위해 기존의 병리적 관점에서 벗어나 개인의 회복탄력성을 통해 강점 기반 접근(strength-based approach)으로 전환해야 한다. 북한이탈주민이 스스로의 역량을 통해 위기를 극복하고 자립할 수 있도록 돕는 지원 방안을 적극적으로 모색할 필요가 있다.

(3) 자녀교육의 어려움

「2024년 북한이탈주민 실태조사」 자료에 따르면, 자녀 양육 관련해 겪는 어려움 정도에 대해, '양육, 교육비용 부담'이 72.0%로 가장 높았고, '양육과 경제활동 병행 어려움'(66.6%), '학습지도 어려움'(64.4%) 등의 순으로 나타났다. 자녀 양육에 가장 필요한 지원으로는 '경제적 지원'이 55.3%로 가장 높았으며, '자녀의 발달과 교육지원'(17.4%), '긴급아이돌봄서비스 지원'(10.9%) 순이었다. 자녀를 주로 양육하는 사람은 '본인'이라는 응답이 77.6%로 가장 높았고, 다음으로 '배우자'(18.8%), '조부모'(2.4%) 등의 순이며, 주 양육자가 '본인'이라는 응답자 중 '여성'은 91.4%, '남성'은 16.9%를 차지하였다. 미취학·초등학생 자녀의 돌봄 형태는 '본인이 직접 돌봄'이 51.2%로 가장 높았으며, '보육시설(어린이집)'(30.8%), '학원'(23.8%), '유치원'(17.4%) 등의 순으로 나타나 가정에서의 돌봄 형태가 높은 점이 흥미롭다. 이는 탈북여성이 고용불안정으로 인해 실업 상태에 놓일 가능성이 크다는 것을 의미한다.

남한 사회에서 정착 이후 경제적인 부담은 자녀교육에 어려움으로 직결되는 것을 알 수 있다. 2024년 실태조사에 '자녀 양육과 돌봄' 분야에 대한 제3국 출생 및 남한 출생 자녀 규모 추정 및 현황 파악이 가능하게 되었다. 최근 북한이탈주민 자녀에 대한 지원 확대가 추진되고 있는 정책 환경 속에서 유용한 자료가 될 것이며, 한편 가족의 지지 기반이 취약한 탈북 여성이 안정적으로 정착할 수 있도록 자녀의 양육과 돌봄의 맞춤형 지원을 모색해야 한다.

4) 북한이탈주민 지원정책

(1) 쟁점

북한이탈주민의 남한 생활의 만족도는 대중의 편견과는 달리 79.6%로 높은 편이며, 만족하는 이유로는 '자유로운 삶을 살 수 있어서'(43.1%)가 가장 높고, 그다음은 '북한보다 경제적 여유가 있어서'(20.4%)가 차지하였다(남북하나재단, 2024). 같은 조사에서 남한생활에 불만족하는 주된 이유로는 '가족과의 이별'(26,8%), '지나친 경쟁'(22.6%), '남한사회의 차별과 편견'(16.6%), '경제적 어려움'(12.8%) 순으로 나타났다(남북하나재단, 2024).

한편, 실제 다양한 생계지원 및 취업지원에도 불구하고 북한이탈주민의 경제적 여건은 녹록지 않아 보인다. 일반국민과 비교하여 북한이탈주민의 고용률 자체는 큰 차이가 없는 편이지만, 직업 유형에 있어 '단순노무종사자'(30.3%)의 비율이 가장 높으며, 임금근로자의 월 급여 수준(3개월 평균)도 261.6만 원으로 낮게 나타났다. 4대 보험에 가입하지 않은(수급권자 포함) 북한이탈주민은 25.5%로 2023년(22.7%)보다 2.8% 증가하였다. 생계급여수급률은 2024년 기준 22.9%에 달하는데, 전체 인구 기초생활보장수급률이 4.9%(2023년 기준)인 것과 비교해 볼 때, 많은 북한이탈주민이 빈곤선 이하의 생활을 하는 것으로 판단된다.

북한이탈주민의 더 나은 남한생활을 위해 필요한 자원으로 '의료지원(병원비, 치료비 지원)' 20.1%를 꼽았고, 다음으로 '취·창업 지원'(16.2%), '소득 지원'(15.3%) 순으로 나타났다. 사례를 들면, 2019년 8월 서울시 관악구에 거주하던 북한이탈주민 출신 40대 어머니와 다섯 살배기 아들이 숨진 지 수개월 만에 발견되었는데, 사망원인이 아사(餓死)로 추정돼 상당한 사회적 충격을 주었다. 이 사건은 한국 사회보장제도의 사각지대이자 북한이탈주민 정착지원 제도의 한계로 야기된 비극으로 볼 수 있다. 이후 사각지대 없는 촘촘한 안전망 구축 전략을 내놓으며 위기가구 지원 기반 확충, 마음건강 지원체계를 구축하고 운영하는 정책을 안팎으로 지원하고자 한다.

향후 북한이탈주민 지원정책은 이들이 문화적 소수자로 사회·문화적 분리나 차별을 경험하지 않도록 예방하는 한편, 경제적 어려움으로 인해 적응에 실패하여 범죄에 노출되거나 월북이라는 극단적 선택을 하지 않도록 관심을 가질 필요가 있다. 북한이탈주민이 입국 후 지역사회에서 안정적으로 정착하기 위해서는 이주민(가족)의 경우와 마찬가지로 생애주기적 관점의 지원이 요구된다. 이를 위해서는 국내·외 정치 상황 변화에도 북한이탈주민 지원정책이 일관성과 지속성을 갖는 것이 중요하다. 무엇보다 남북정세 급변으로 대규모 북한이탈 및 통일의 상황에 대비한 정책 의제가 잘 준비되어 있어야 할 것이다

(2) 과제

제3차 기본계획(2021~2023년) 평가에서 하나원–하나재단–전문 기관 간 연계를 통한 심리·정서 지원체계 구축(2023년), 지자체의 탈북민 지원 법적 책무도 강화(2021년)는 성과를 거두었다. 그러나 탈북민 가족 대상 지원 부재, 고용의 질적 측면 고려 미흡, 탈북민에 대한 인식 개선 부족 등은 한계가 있었다. 제3국 출생 자녀가 70% 이상을 차지하나, 지원제도 미비로

인해 탈북민 가정의 성공적인 정착과 건강가정 유지에 장애가 있었다. 더불어 채용기업 인센티브 부재 등 공급 측면의 지원 부족과 탈북민에 대한 고용의 질은 여전히 낮은 수준(평균임금)으로 평가되었다(통일부, 2024).

이러한 정책 실현의 미흡한 점을 고려하여 「4차 북한이탈주민 정착지원 기본계획(2024~2026)」이 발표되었다(통일부, 2025.05.02.). 4차 북한이탈주민 정책 기본계획 추진 방향 6대 전략은, 첫째, 탈북민을 포용, 통일의 동반자로 인식 전환, 둘째, 탈북민 성공 사례와 통합문화 확산을 통한 우리 사회 전반의 인식 전환, 탈북민의 사회공헌 활동 및 기여자 역할 제고, 셋째, 국내입국을 희망하는 북한이탈주민 전원 수용 원칙 제도화 및 현실에 부합되도록 초기 지원 강화, 넷째, 기존 사각지대였던 제3국 출생 자녀 보육지원 등 탈북민 가족 대상 지원 강화 그리고 미래 세대 교육 기회 제공 확대, 다섯째, 전문직 진출 확대, 일자리 공급 측면의 유인체계 강화를 통해 일자리의 질적 제고 및 맞춤형 일자리 지원도 지속, 여섯째, 위기가구 지원 기반 강화, 탈북민 새출발 지원 등 보호기간이 지난 사회 취약계층 대상 두터운 보호체계를 마련하는 것이다(통일부, 2024).

통일부가 주 업무 부처이나 다수의 부처와 원활한 협력관계를 맺지 못해 업무 조율과 프로그램 중복 문제가 발생하고 있다는 지적이 있다(나근호, 2019). 더불어 탈북 여성들이 전체 72%를 넘어선 만큼 여성에 대한 특화된 정착지원이 없으며, 탈북 남성은 경제활동상태 주요지표가 고용률은 74.3%로 2023년(72.3%)보다 2.0% 상승하였고, 실업률은 3.0%로 2023년(3.1%)보다 0.1% 감소하였다. 반면에 탈북 여성은 고용률 하락과 실업률 상승으로 고용불안정성이 높아졌다(남북하나재단, 2024). 따라서 북한이탈주민 가족 대상 지원을 확대하고 미래세대 교육 기회 제공을 확대하여 전문직 인력을 배출하고 일자리의 질적 제고 및 위기가구의 지원을 강화할 필요가 있다.

02 재외동포에 대한 이해

1) 재외동포의 형성

재외동포는 국민의 해외이주를 통해 형성된다. 한국인의 해외이주 및 재외동포 형성의 역사를 19세기 중엽부터 현재까지 크게 세 시기별로 설명하면 다음과 같다(윤인진, 2016).

첫 번째 시기는 구한말부터 일제강점기 시기이다. 이 시기는 한일합병(1910) 전 구한말의 혼란스러운 상황에서 생활고와 정변을 피해 중국, 러시아, 하와이, 멕시코 등으로 빈농들의 경제적 이주나 정치적 망명이 발생하던 시기였다. 특히 1903년부터 시작된 미국 하와이 사탕수수 농장으로의 이주는 한인들이 '사진결혼'을 통해 해외에서 이민가족을 형성한 첫 사례라는 점에서 주목할 만하다. 1910~1945년까지의 일제강점기 동안에는 정치적·경제적 이유로 자발적 이주도 있었지만 일제에 의한 일본 본토, 사할린, 만주 등으로의 대규모의 한인 강제 이주(징용)가 발생했던 시기였다.

두 번째 시기는 해방(1945) 이후부터 냉전 종식(1990)까지의 기간이다. 이 시기에는 해방 후 재일동포를 비롯한 해외동포들이 한국으로 귀환하는 흐름과 주한미군과의 결혼이나 유학 등의 이유로 북미로의 유출이민 흐름이 공존하던 시기였다. 1960년대 초반부터는 정부 주도로 서유럽, 중동, 중남미 지역으로의 노동이주가 활발했던 시기이기도 하다. 서독으로 파견된 광부와 간호사, 브라질과 아르헨티나로 고용되어 이주한 농업노동자 등이 대표적이다. 또한, 1960년대 중반부터 미국과 캐나다가 개방적 이주정책을 펼치고, 1970년대부터는 호주 및 뉴질랜드도 이러한 추세에 가담하면서, 정착 목적의 이주가 많이 증가하였다. 이로 인해 한인 디아스포라(diaspora), 즉 '재외동포사회'가 빠르게 형성되고 성장하게 되었다.

세 번째 시기는 1990년 이후 현재까지의 시기이다. 이 기간에 걸쳐 한국은 이민송출국에서 이민유입국으로 전환되었다. 소련의 해체(1990)와 독립국가연합으로의 재편, 그리고 중국과의 수교(1992)는 한국의 재외동포 범위가 사회주의 국가 권역으로 크게 확대되는 계기가 되었다. 특히 한국계 중국인 동포(소위 조선족)는 1990년대 이후 한국으로 유입이민 흐름을 주도하게 된다. 반면 1980년대를 거쳐 1997년 아시아 경제위기 때까지 성공적인 산업화로 인해 정책적 해외인력 송출은 중단되고 한국인의 유출이민 규모는 급감하게 된다. 2000년대 들어서도 해외 취업이나 선진국으로의 유학 등 장기체류 목적의 해외이주 사례가 지속되고 있지만, 구조적인 유출 사례는 아니었다. 현재 한국인의 해외이주는 순환이주적인 특성이 강하며, 영구체류 목적 이주는 고학력·전문인력 경우에 거의 국한되어 있다고 볼 수 있다.

2) 재외동포 개념 및 현황

동포(同胞)의 사전적 의미는 '한 부모에게서 태어난 형제·자매 혹은 같은 나라 또는 같은 민족의 사람'을 우호적으로 일컫는 말이다(표준국어대사전 홈페이지). 관련법은 '재외동포(coethnics)'라는 단어를 사용하며, 특정 동포 집단을 일컫기 위해 '고려인 동포', '사할린 동포'와 같이 역사적 배경이나 거주지를 반영한 표현을 사용하기도 한다.

「재외동포의 출입국과 법적 지위에 관한 법률」(약칭: 「재외동포법」)에 따르면 재외동포 개념은 재외국민과 외국국적동포를 포괄하는 개념이다. 재외국민은 "대한민국 국민으로서 외국의 영주권(永住權)을 취득한 자 또는 영주할 목적으로 외국에 거주하고 있는 자"를 말하며, 외국국적동포는 "대한민국의 국적을 보유하였던 자(대한민국정부 수립 전에 국외로 이주한 동포 포함) 또는 그 직계비속(直系卑屬)으로서 외국국적을 취득한 자"를 의미한다(「재외동포법」 제2조). 재외(在外), 즉 외국에 거주하는 동포를 우선 지칭하지만 이주(귀환)하여 한국에 거주하는 동포도 재외동포의 범주에 속한다는 점에 주의할 필요가 있다.

외교부에 따르면, 전 세계 재외동포의 수는 2023년 기준 약 708만 명(7,081,510명)으로, 외국국적동포(시민권자) 4,613,541명, 재외국민 2,467,969명으로 구성된다(이하 〈표 6-6〉 참조). 가장 많은 수의 재외동포를 보유한 지역은 동북아시아와 북미로서 전체 동포의 81.6%를 차지한다. 특히 중국(29.79%)과 미국(36.93%) 거주 동포의 수가 압도적으로 많다. 유럽과 남아시아태평양 지역 국가에 각각 65만 명과 52만 명이 거주하고 있으며, 그 외 중남미, 중동, 아프리카 순으로 동포들이 체류하고 있다.

표 6-6 해외 재외동포 현황 총계

지역별 \ 연도별		2017	2019	2021	2023	백분율(%)
총계		7,439,579	7,493,58	7,325,143	7,081,510	100
동북아	일본	818,626	824,977	818,865	802,118	11.33
	중국	2,548,030	2,461,386	2,350,422	2,109,727	29.79
	소계	3,366,656	3,286,363	3,169,287	2,911,845	41.12
남아시아태평양		557,791	592,441	489,420	520,490	7.35
북미	미국	2,492,252	2,546,982	2,633,777	2,615,419	36.93
	캐나다	240,942	241,750	237,364	247,362	3.49
	소계	2,733,194	2,788,732	2,871,141	2,862,781	40.43
중남미		106,794	103,617	90,289	102,751	1.45
유럽		639,584	687,059	677,156	654,249	9.24
아프리카		10,853	10,877	9,471	10,455	0.15
중동		24,707	24,498	18,379	18,939	0.27

출처: 재외동포청(n.d.b). 재외동포 현황 총계.

(1) 재외동포의 국내이주

한국으로의 이민 유입 흐름에서 외국국적을 보유한 동포가 높은 비중을 차지한다. [그림 6-3]과 같이 2025년 4월 기준 국내에 체류 중인 외국국적동포는 867,775명으로서 전체 체류 외국인(2,713,682명)의 약 32.0%를 차지한다. 국적별로는 중국이 671,112명으로 전체의 77.3%를 차지하였고, 미국 53,266명(6.1%), 우즈베키스탄 42,332명(4.9%) 등의 순이다. 자격별로는 재외동포(F-4) 556,262명(64.1%), 영주(F-5) 152,462명(17.6%), 방문취업(H-2) 91,727명(10.6%), 방문동거(F-1) 24,197명(2.8%) 등의 순이다. 동포들의 출신별 유형은 중국동포, 고려인동포(구소련 국가), 사할린동포, 선진국동포(북미, 일본 등)로 나누어 볼 수 있다.

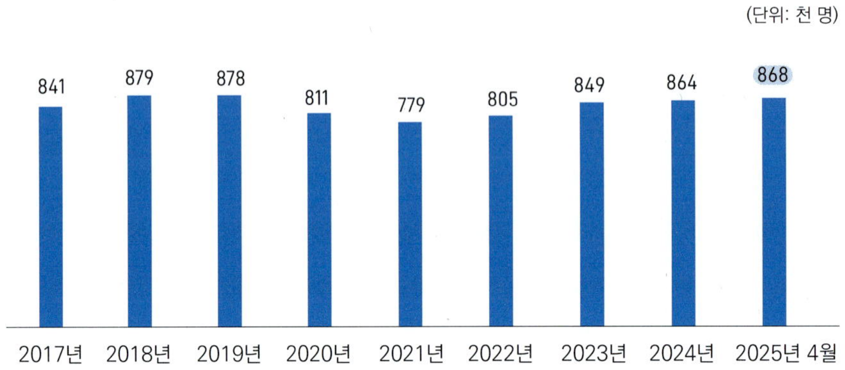

그림 6-3 외국국적동포 연도별 체류 현황

출처: 법무부 출입국·외국인정책본부(2025c). 출입국·외국인정책 통계월보, 2025년 3월호.

표 6-7 체류자격별 현황

(2025.4.30. 현재, 단위: 명)

자격 / 계	재외동포(F-4)	방문취업(H-2)	영주(F-5)	방문동거(F-1)	기타
867,775	556,262	91,727	152,462	24,197	43,127

출처: 법무부 출입국·외국인정책본부(2025c). 출입국·외국인정책 통계월보, 2025년 3월호.

먼저, 국내로 이주하는 재외동포 중 가장 큰 규모를 차지하는 집단은 중국동포다. 1988년 서울 올림픽을 계기로 시작되어 중국동포의 유입은 1992년 한·중수교 이후 활발해졌다. 그러나 이 시기 중국동포들은 중국 대비 월등히 높은 한국의 임금으로 인해 불법체류 신분으로 단순노무 분야에 종사하면서 국내 노동시장 침해 논란을 일으켰다. 이러한 이유로 인해 중국동포들은 독립 국가연합 출신의 동포들과 함께 1999년 제정된 「재외동포의 출입국과 법적 지위에 관한 법률」의 대상에서 제외되었다. 이후 선진국 출신 동포와의 차별 논란에 대응하여 정부는 2002년 시행된 취업관리제(2007년부터 방문취업제로 변경)를 통해 중국동포들이 국내에서 비전문인력으로 이주할 수 있는 길을 열어 주었다. 이후 2003년 법 개정을 통해 이들 역시 재외동포로서의 법적 지위를 인정받게 되었다.

다음으로 중요한 국내이주동포 유형은 고려인동포라 불리는 독립국가연합(러시아, 우즈베키스탄, 카자흐스탄, 키르기스스탄, 우크라이나, 타지키스탄 등) 출신 동포들이다. 이들의 국내 이주는

1991년 냉전 해체로 인한 이들 국가와의 수교를 통해 비로소 가능해진다. 중국동포와 마찬가지로 고려인동포 역시 「재외동포법」 개정과 2007년 방문취업제 적용으로 한국으로의 이주가 촉발된다. 고려인동포는 중국동포와 비교해 국적취득을 통한 영구이주를 더 선호한다는 측면에서 흥미로운 차이점이 발견된다(윤인진, 2018).

선진국 출신 동포들의 국내 이주도 지속되고 있다. 미국, 캐나다, 오세아니아 국가 등 한국인 이주의 역사가 상대적으로 길고 규모가 컸던 영어권 이민 국가들로부터의 유입이 대표적이다. 이들은 사업이나 학업 목적 등으로 영구적 혹은 국내 순환 이주로 보고 있다. 유럽국가로는 독일이 주요 출신국인데, 이는 과거 독일로의 초청노동자 이주의 유산과 관련이 깊다. 더불어, 재일교포의 국내 이주는 서구 선진국의 경우와 역사적 맥락은 다르지만, 선진국으로부터의 귀환 이주라는 중요한 의미가 있다.

(2) 이주 유형의 다양성

국내로 이주하는 동포들의 출신국뿐만 아니라 소지한 체류자격과 이주 유형도 다양해지고 있다. 〈표 6-8〉과 같이 2025년 4월 현재 재외동포(F-4) 자격 소지자는 556,262명이며, 국적별 현황은 중국이 389,772명으로 가장 높은 비중을 차지하고 다음으로 미국 52,100명, 러시아 33,363명, 우즈베키스탄 29,057명 순이다. 재외동포(F-4) 비중이 높긴 하지만, 출신국을 고려할 때 비전문인력이 상당수를 차지하고 있다고 볼 수 있다. 본국과의 임금수준 격차와 한국 노동시장의 구조적 의존을 고려할 때, 중국동포나 고려인동포의 유입과 정착은 상당 기간 계속될 것으로 예상된다.

표 6-8 재외동포(F-4) 자격 소지자 국적별 현황 (2025.4.30. 현재, 단위: 명)

계	중국	미국	러시아	우즈베키스탄	캐나다	카자흐스탄
556,262	389,772	52,100	33,363	29,057	17,751	14,725
	호주	키르기스스탄	우크라이나	타지키스탄	투르크메니스탄	기타
	5,641	2,858	2,332	373	508	7,782

출처: 법무부 출입국·외국인정책본부(2025c). 출입국·외국인정책 통계월보, 2025년 3월호.

외국국적동포 중 거소신고자 거주지역별 현황인 〈표 6-9〉를 살펴보면, 경기도 지역이 239,415명으로 가장 높은 밀집도를 보이고, 다음으로는 서울 147,147명, 인천 44,369명, 충남 34,109명, 충북 16,255명, 경남 14,853명 순 등으로 나타났다. 수도권 지역을 중심으로 일자리 접근이 쉽고 동포 간의 인적 네트워크 형성이나 친척과 지인들의 정보 교환에 따라 지역의 거주 집중이 일어나고 있다.

표 6-9 외국국적동포 중 거소신고자 거주지역별 현황(시도)

(2025.4.30. 현재, 단위: 명)

계	서울	부산	대구	인천	광주	대전	울산	세종
553,338	147,147	7,487	5,520	44,369	6,123	3,377	6,502	1,417
	경기	강원	충북	충남	전북	전남	경북	경남	제주
	239,415	4,122	16,255	34,109	4,261	4,073	10,752	14,853	3,556

출처: 법무부 출입국·외국인정책본부(2025d). 출입국·외국인정책 통계월보, 2025년 4월호.

동포들의 큰 규모와 사회·경제적 중요성에도 불구하고 여러 문제점과 한계 역시 드러나고 있다. 중국동포나 고려인동포들은 일반 외국인들보다 고용과 체류 면에서 특혜를 받고 있다고는 하나, 선진국 출신 동포들보다 사회·문화적 차별과 혐오를 경험할 가능성이 크다. 특히 중국동포에 대해서는 외국인 범죄 문제와 연결되어 사회적 인식이 좀처럼 개선되지 않고 있다. 또한 중국 및 CIS 국가 동포사회의 비전문인력 풀(pool)로서의 잠재력도 감소하고 있다(김규찬, 2022). 대표적인 중국동포 거주지인 연변조선족자치구의 조선족 인구는 꾸준히 감소하고 있고 동시에 고령화되고 있다. 동포 2, 3세대들은 모국과의 민족적 유대감이 약하거나 문화적 동질성(언어 포함)이 높지 않을 가능성이 크기 때문에, 차세대 재외동포 정책 구상에 이러한 점을 충분히 고려해야 한다.

3) 재외동포의 지원 정책

(1) 외국국적동포 정책 전개

재외동포들은 한국 내 이주민 구성에서 절대다수를 차지하는 집단으로서, 이들의 출신, 기술 수준, 유형 등이 갈수록 다양화되고 있다. 동포는 민족적 유대감과 운명 공동체적 정체성이라는 여느 이주민들과는 차별되는 특성을 전제로 하는 이주민 집단이다. 이에 따라 정부는 이들에게 다양한 특혜를 부여하는 한편, 국가 발전의 파트너로서 재외동포들의 기여, 교류, 협력을 기대하고 있다. 정부는 1996년부터 「재외동포정책위원회규정(대통령훈령 제63호)」에 근거해 국무총리 산하에 '재외동포정책위원회'를 두고 있다. 재외동포정책위원회는 재외동포정책 관련 사항을 종합적으로 심의·의결하는 기구로서, 재외동포 정착지원, 재외동포의 사회적·법적 지위 향상, 재외동포와의 유대 강화, 재외동포 관련 부처별 사업계획에 관한 사항, 재외동포 국내의 경제활동 지원에 관한 사항 등을 다룬다.

김영삼 정부는 1993년 취임연설문에서 신한국의 창조를 강조하면서 재외동포 정책을 최초로 공론화하였다. 재외동포가 거주국에서 경제적, 사회적으로 성공적인 적응을 할 수 있도록 지원하며, 동시에 모국과의 정신적 유대를 강화하는 것을 목표로 삼았다. 재외동포 사회에서 오랜 염원이었던 교민청 대신 민간기구 재외동포재단을 설립하고, 그동안 혼동되었던 교민, 교포, 재외국민, 해외동포 등의 용어를 정리하여 우리 국적을 보유하고 있는 해외이주민과 체류민을 '재외국민'으로, 한국국적을 보유하지 않은 한민족까지 포괄하여 '재외동포'로 공식하하였다(이용재, 2015).

김대중 정부는 1999년 「재외동포의출입국과법적지위에관한법률」(약칭: 「재외동포법」)을 제정·시행하여 재외동포정책이 체계적으로 추진될 수 있는 토대를 마련하였다. 「재외동포법」은 재외동포가 대한민국에의 출입국과 법적 지위를 보장함을 목적으로 하며, 재외동포의 정의와 범위, 국가의 책무, 재외동포 체류 부여와 거소 신고 관련 규정, 부동산과 금융 등 경제활동, 건강보험 등 사회보장, 국가 독립유공자에 관한 사항 등을 포함하고 있다.

「재외동포법」은 재외동포 처우 개선과 지원, 민족적 유대 및 협력 강화, 그리고 국가 발전을 위한 포괄적인 동포 정책 수립에 의의가 있다. 그러나 입법 당시에는 국내 노동시장 보호와 중국과의 외교적 마찰을 피하고자 대한민국 정부수립 이전에 해외로 이주한 동포들을 법 적용에서 제외함으로써 차별적 정책이라는 비판을 받았다(윤인진, 2018). 이후 헌법소원을 거쳐 2003년부터는 중국동포와 CIS 지역 동포들도 법의 적용을 받게 되었다.

노무현 정부는 3대 기본 목표를, 첫째, 거주국 내 권익 신장과 역량 강화, 둘째, 한민족으로서의 정체성과 자긍심 고양, 셋째, 동포 간 화합과 모국과 동포사회 간 호혜적 발전으로 설정하였다(윤인진, 2018). 중국과 독립국가연합 동포들에게 차별적이라고 비판받았던 「재외동포법」을 개정하는 성과를 이루었다. 무엇보다 참여정부 시기에 주목할 만한 정책은 고용허가제와 방문취업제의 시행이라고 할 수 있다. 10여 년간 실시해 온 산업연수생제도를 폐지하고 2004년 고용허가제를 시행하였다. 다만 기업 간 요구사항이 맞지 않아 당분간 산업연수제도와 병행하다가 2007년 고용허가제 일원화 체제를 구축하였다.

참여정부의 뒤를 이어 이명박 정부는 모국과 동포사회 간 호혜적 발전을 목표로 한인 정체성을 고양하고 교육, 문화교류 확대를 기본 구상으로 하였다. 이를테면 모국과의 유대 증진을 위한 방문취업제 보완, 제한적 이중국적 허용 추진, 국적법 개정안 시행, 그리고 재외국민 선거제도 도입 및 실시 등을 추진하였다.

윤석열 정부가 들어오면서 2023년 '재외동포청'을 창설하였다. 재외동포 사회와 모국 간 연대강화 및 상생발전을 실현하는 기본 정책 방향으로, 한글학교 지원, 차세대 동포 장학제도, 매년 동포 행사 등 글로벌 민족 네트워크 활성화, 해외한인입양인·베트남귀환한국국적자녀·소외동포 지원을 강화하는 전략을 내놓았다. 「재외동포기본법」 제정으로 재외동포정책에 대한 기본적인 사항을 규정함으로써 재외동포 사회와 대한민국이 함께 발전해 나갈 수 있는 환경을 조성하고 나아가 인류의 공동번영과 세계평화의 증진에 이바지함을 목적으로 하였다. 또한 재외동포청 산하 법인 재외동포협력센터(재외동포서비스지원센터)를 설치하여 정책 시행을 할 수 있는 장치를 마련하였다. 〈표 6-10〉은 재외동포 정책의 변화를 정리한 것이다.

표 6-10 외국국적동포 정책의 변화 분류

정부	제도 정책	내용	비고
김영삼 정부	•1993년 산업연수제도 도입 •공식화 '재외동포' 명명	•재외동포재단 설립(민간기구) •1994년 사할린동포 영주귀국 시범사업 실시	대량의 불법체류자 양상
김대중 정부	•「재외동포의 출입국 및 법적 지위에 관한 법률」(이하 재외동포법) 재정	•5년 체류 재외동포 비자(F-4) 발급 •출입국 및 경제활동 자유 허용	적극적, 포용적
노무현 정부	•2004년 고용허가제(E-9) 시행(산업연수제 병행) •방문취업제(H-2)시행 특별고용허가제(동포) •2007년 고용허가제 일원화	•대한민국 정부수립 이전 이주자까지 재외동포로 포함 •중국, 러시아, CIS 지역 적용 •중국 및 구소련 동포들의 국내 노동시장 진출 용이 •사할린동포 영주귀국 사업 재개 2009년(837명)	방문비자(H-2): 중국동포의 한국 이주와 체류 유형 변화
이명박 정부	•2012년 재외국민 선거제도 시행	•공인기능사 이상의 국가기술자격취득자 장기체류 및 가족 초청 가능	재외동포 F-4 비자 증가
박근혜 정부	•재외동포 맞춤형 정책 강조	•외국국적 취득동포는 국내 거소증 유지 •외국국적 미취득동포는 주민등록제 실시 이원화 •한국학교 신설, 저소득층 자녀 학비 지원	방과 후 학교 운영 등 교육 서비스 확대
문재인 정부	•고려인동포, 해외한인입양인, 조선적 재일동포* 지원 강화	•고려인동포 체류자격 완화, 조선적 재일동포 모국 방문 여행증명서 발급 간소화	정책 추진과정에서 소외된 동포 지원
윤석열 정부	•2023년 재외동포청 출범 •「재외동포기본법」 제정	•재외동포청 산하 법인 •'재외동포 협력센터' 개설 •귀환 베트남 다문화가족 외교, 교육 지원	재외동포365 민원 포털

* 조선적 재일동포: 일본에 거주하는 재일동포 중에서 대한민국이나 일본 국적이 아닌, 조선민주주의인민공화국(북한) 국적을 가지고 있거나, 출신 배경이 북한 쪽인 동포

외국인정책 기본계획에서도 재외동포에 관련한 정책들이 곳곳에 제시되어 있다. 제1차 기본계획에는 중점 과제의 하나로 '동포의 역량 발휘를 위한 환경 조성'(중점과제 2-4), 제2차 기본계획에는 '동포사회와의 교류, 협력 확산'(중점과제 5-5), 제3차 기본계획에는 '동포와 함께 공존·발전하는 환경 조성'(중점과제 4-4), 제4차 기본계획에는 '국내 체류 동포에 대한 인식

및 이해 개선'(중점과제 2-3)이 제시되어 있다. 제1차에서는 '질 높은 사회통합' 목표의 하위 과제로, 제2차에서는 '국제사회와의 공동발전' 목표의 하위 과제로, 제3차에서는 '인권과 다양성이 존중되는 정의로운 사회' 목표의 하위 과제, 제4차에서는 '이민자의 인권 가치를 존중하는 사회 실현' 목표의 하위 과제로 포함되었다.

지금까지의 기본계획에 담긴 재외동포 관련 정책의 주요 내용은 외국국적동포의 자유 왕래 및 경제활동 보장 확대, 재외동포 사회와 교류 강화, 체류상 편의·지원 제공 등이다. 제3차 외국인정책 기본계획에서 그간의 재외동포정책의 내용이 반복되지만, '동포에 대한 인식 개선'과 함께 동포체류지원센터를 통한 국내 체류 동포의 적응 지원을 강조하였다. 제4차 외국인정책 기본계획(2023~2027)은 '미래 인재 확보를 위한 차세대 동포 육성'과 '동포의 사회적응 및 국민과의 유대감 증진' 그리고 법무부와 재외동포청이 협업하여 '국내 체류 동포에 대한 인식 및 이해 개선'을 지원하고자 하였다.

한인들의 해외 이주의 역사가 길어지고 재외동포의 세대구성이 넓어지면서 동포사회 내의 문화다양성 폭이 넓어지고 있다. 윤인진(2018)이 지적하듯 재외동포 후손(특히 3, 4세대)들의 경우 한국인으로서의 민족적 정체성이나 문화적 동질성을 기대하기 어려울 수 있다. 그러므로 단순히 동포의 적용범위를 후속세대로 확장하는 것을 넘어, 새로운 세대의 동포들과 어떻게 접점을 구축하고 유지할 것인지에 대한 고민이 필요한 시점이다. 이러한 이유로 모국과의 유대 강화를 위해 2023년 6월 5일 재외동포청을 정식으로 출범시킨 만큼, 한국, 한글학교 지원, 차세대 동포 장학제도 등의 정체성 함양 및 역량 강화를 지원하고 글로벌 민족 네트워크 활성화, 소외 동포 지원을 강화하는 정책을 중점적으로 추진하고자 한다.

(2) 동포에 대한 특례고용허가제도

1999년 「재외동포법」 제정과 함께 동포들은 재외동포(F-4) 체류자격을 부여받고 왕래 및 국내 경제활동이 자유로워졌다. 그러나 단순노무 분야의 진입은 금지되었는데, 이는 내국인 노동시장 침해를 방지하기 위해서였다. 중국동포 등 비전문 분야 진입이 예상되는 동포들은 이 법의 적용에서 애초에 제외된 것이 이러한 우려 때문이다. 이렇듯 출신국에 따른 동포 차별이라는 비판을 해소하기 위해 정부는 2003년부터 취업관리제를 도입하였다. 이 제도를 통해 국내에 연고가 있는 동포들이 초청을 통한 3년 단기 거주비자(F-1)를 발급받아 입국하여 서비스업, 건설업을 포함한 단순노무 분야에도 취업할 수 있게 되었다.

취업관리제는 2007년 고용허가제가 전면 실시됨에 따라, '특례고용허가제'의 형태로 고용허가제와 통합 운영되었다. 현재 정부는 특례고용허가제도를 통해 중국 및 독립국가연합(CIS) 지역 출신, 즉 러시아, 우즈베키스탄, 카자흐스탄, 우크라이나, 키르기스스탄, 타지키스탄 등의 일정한 요건을 갖춘 동포들에게 방문취업자격(H-2)을 부여하고, 취업교육 및 구직신청 등 절차를 거쳐 제조업, 건설업, 서비스업 등의 32개 업종(단순노무 분야)에서 최대 4년 10개월간 자유로운 취업이 가능하도록 허가하였다.

동포들의 취업활동에 대한 특례제도를 통해 동포들의 왕래 편의 및 국내에서 경제활동의 기회가 크게 확장되었다. 특히 중국 및 CIS 출신 동포들의 국내 유입이 급증하는 계기가 되었다. 비록 비전문 동포 인력들이 내국인 일자리를 잠식한다는 우려를 표하지만, 상시적인 인력 부족을 겪는 산업 부문에서 내국인을 대신하여 상당한 이바지하는 것은 사실이다.

4) 외국국적동포의 이슈

(1) 출신국 간 차별 대우

1960년대 재외동포에 대한 정부의 관심은 국가 밖으로 이민을 장려하는 정책에 주력하였다. 1980년대에 이르러서야 국내외에 사는 재외동포에 대한 정책의 필요성을 느껴 1999년 「재외동포법」을 제정하였다. 2023년 윤석열 정부가 재외동포청을 설립하고 「재외동포기본법」 제정하였다. 이후 2025년 이재명 정부가 들어오면서 제80주년 광복절을 맞아 차세대 동포들이 한국인이라는 자긍심과 정체성을 지켜가며 인재로 성장할 수 있도록 교육과 문화, 네트워크 형성을 포함한 실질적인 지원을 더욱 확대해 나가겠다는 대통령의 특별메시지가 있었다(재외동포청 홈페이지).

그러나 국가적으로 재외동포에 관해 관심이 커졌음에도 불구하고 한국으로 귀환하여 살아가고 있는 외국국적동포들에 대한 법령 체제와 정책이 미비하다는 지적이다. 외국국적동포 중 다수의 출신국이 중국과 CIS 국가임에도 불구하고, 서양권 출신의 외국국적동포와의 대우에서 차별이 존재하며, 같은 외국국적동포의 신분임에도 불구하고 체류자격을 분리하는 것은 형평성에 어긋난다고 보았다. 또한 그들은 체류 기간에서 차이가 있으며, 체류자격별로 취업도 제한된다. 따라서 방문취업(H-2) 비자를 재외동포(F-4) 자격으로 전환할 수 있는 요건과 활동 범위를 확대하여 출신국 간의 격차를 줄일 필요가 있다.

(2) 동포의 정주화 대책

외국국적동포들은 1990년대에 산업연수생제도와 특별고용허가제도로 취업을 위해 한국을 방문한 경우가 많다. 이후 그들이 다시 출신국으로 돌아가지 않고 한국에 잔류하는 경우, 동포의 영주(F-4) 범위를 확대하고 이중국적 허용 연령대를 하향시키는 방안을 마련할 필요가 있다는 것이다. 동포들의 한국 정주를 목적으로 한 그에 합당한 대책이 필요하다. 또한 외국국적동포들의 연령대가 장년층과 노년층이 많으며, 동포의 연령대가 높아지는 현상은 취업 문제 및 건강보험료 문제와도 직결된다. 의료비가 부담스러워 건강보험에 가입하지 않은 저소득층 동포들이 많으므로 이에 대한 조율이 필요하다.

「재외동포법」 제정 이후 중국, CIS 출신 동포들에게 재외동포(F-4) 체류자격을 부여할 것인가가 중요한 이슈로 부상하였다. 노동시장 교란 문제도 현실적인 우려 사항이 틀림없지만, 출신국별로 동포를 차별 대우한다는 비판도 동포정책의 취지를 고려할 때 무시할 수 없다. 또한 국내 체류 중인 동포(특히 중국동포)들에 대한 사회적 인식 개선이 시급한 상황이다. 특히 조선족이 연루된 강력범죄가 종종 발생하면서 동포집단을 대상으로 외국인 혐오 정서가 형성되고 있어서 안타까운 상황이다. 여러 미디어 매체에서 동포에 대한 부정적인 인식을 심어 주는 경우 등은 동포와 내국인 간의 갈등을 일으키는 시발점이 될 수 있다. 이는 내국인들이 외국국적동포 밀집 거주지역을 떠나는 현상을 초래할 수 있으므로 동포 집거지가 게토화되는 현상에 일조하게 될 수 있다. '찾아가는 재외동포 이해교육'을 활성화하여 다문화 이해 교육을 확대할 필요가 있다.

(3) 외국국적동포 자녀의 문제

2019년 7월 「재외동포법 시행령」 개정으로 외국국적동포의 4세대 이상 자녀들이 가족과의 재결합을 위해 한국으로 입국하기 시작하였다. 하지만 이들의 지위가 외국인이므로 교육에 대한 사각지대가 많으며, 법적으로 제공되는 교육지원에 한계가 있다. 국제 규약들에 따라 아이들은 교육을 받을 권리가 있으며, 다른 외국인 자녀들과는 다른 환경에서 자라기 때문에 동포 자녀의 특성을 파악하고 그에 적합한 맞춤형 교육이 필요하다. 외국국적동포 차세대들을 위해 맞춤형 한국어교육과 진로교육을 해야 한다. 한국에 체류하는 러시아 등 독립국가연합(CIS) 국가 출신의 고려인 중도입국청소년이 증가하고 있지만, 이들은 입국 전후에 한국어교육의 부족으로 인해 학교생활과 사회 적응 등의 어려움을 겪고 있다. 한국어교육에 관한 일반적 정책이 많이 있지만, 출신 국가별 재외동포의 상황에 맞는 한국어교육은 상대적으로 빈약한 편이다.

정상우와 이원선(2022)의 연구에 의하면, 고려인 중도입국 청소년의 경우 출신국가, 중도입국, 가족 배경 등의 특성으로 인해 다른 국가 출신의 동포 청소년보다 한국어 습득에 어려움을 겪고 있는 것으로 보고하였다. 더불어 고려인 중도입국청소년에 대한 한국어교육을 강화하기 위해 먼저, 동포 자녀에 대한 한국어교육 지원을 「재외동포법」 또는 새롭게 제정될 「재외동포기본법」에 명시할 필요가 있다고 강조하였다. 지역 단위 고려인동포 밀집 지역을 중심으로 한국어교육 지원을 조례에 명시해서 학교 안팎의 한국어교육 모델을 마련할 필요가 있다(정상우 · 이원선, 2022). 무엇보다 고려인 중도입국청소년들의 출신국가의 특성을 고려하여 이중언어교육을 활용해서 한국어를 학습할 수 있도록 할 필요가 있다. 한국어교육 학습동기 강화를 위해 멘토·튜터 제도 및 커뮤니티를 활성화해야 한다. 재외동포재단 이외에 재외동포청 지원기관인 재외동포서비스지원센터의 업무 분담의 개편을 통해 외국국적동포들을 위한 더 구체적이고 실질적인 정책적 보호를 받을 수 있도록 노력해야 할 것이다. 재외동포청 창설로 인한 전담 조직의 개편으로 기대감이 높은 점을 고려하여 외국국적동포가 다른 외국인들보다 지원에 한정적이고, 실질적 운영이 제대로 안 되는 문제를 상쇄할 수 있도록 차세대동포의 교육적 개입들이 요구된다.

(4) 재외동포에 대한 인식 개선

재외동포청 보도자료에 의하면, 국내 초·중·고·대학교 학생들을 대상으로 재외동포에 대한 올바른 인식을 확산하기 위해 진행하는 '찾아가는 재외동포 이해교육'을 공무원과 일반인까지도 확대 시행하는 계획을 내놓았다. 국내 체류 동포가 증가하는 상황에 대응해 동포들을 직접적으로 접하는 공무원들을 위한 교육 콘텐츠를 개발하고, 재외동포 밀집 거주지역의 일반 국민을 대상으로도 이해교육을 확대한다는 방침이다(재외동포청, n.d.a).

한편, 중국동포 혐오·차별 개선을 위해 포럼을 개최하고, 중국동포에 대한 내국인의 인식을 개선하는 데 노력이 필요하다. 미디어의 편향 보도와 정치인의 혐오 선동 등 동포 사회에 대한 혐오에 대해 시민사회 역할 강화와 내국인과 이주민 간의 상호 연대가 필요하다. 유엔의 권고에 따라 차별 해소를 위한 법적·제도적 조치와 사회적 인식 개선이 요구되며, 우리 사회가 더 포용적이고 성숙한 공동체로 나아가는 데 중요한 계기를 마련해야 한다.

토론 및 발표 주제

1. '같은 민족'이라고 출입국, 체류 및 활동상의 특혜를 줄 수 있는 합리적인 근거가 되는 것인가?

2. 선진국 출신 동포와 중국 및 CIS 출신 동포에 대한 정책 접근을 달리하는 논리에 대해 토론해 봅시다.

3. 북한이탈주민 및 관련 정책은 이주민과 이민정책과 어떤 면에서 같고, 또 어떤 면에서 다른가? 혹은 달라야 하는가?

4. 복지 사각지대에 놓이기 쉬운 탈북민들의 사회적 케어와 관련한 종합적인 대책에 대해 토론해 봅시다.

출처: 뉴스A News(2019.08.12.). '배고픔 피해 탈북했는데…굶어죽은 새터민 모자'
https://www.youtube.com/watch?v=dksL4SgZsp0

Chapter 07

난민

학습목표

1. 난민의 개념과 국제 난민 문제를 설명할 수 있다.
2. 난민인정과 관련 사회보장제도를 파악할 수 있다.
3. 난민 지원 정책에 관해 이해할 수 있다.

01 난민에 관한 이해

1) 난민의 정의

난민 문제는 21세기 국제사회가 직면한 가장 중대한 과제 중 하나다. 난민(refugee)이란 '인종, 종교, 국적, 특정 사회집단의 구성원 신분, 또는 정치적 의견으로 인해 박해받을 우려가 있는 자로, 출신국의 보호를 받을 수 없거나 돌아갈 수 없어 국제적인 보호를 필요로 하는 사람들'을 일컫는다(유엔난민기구, n.d.). 제2차 세계대전 이후 난민의 문제를 해결하기 위해 1951년 유엔에서 채택한 「난민의 지위에 관한 협약(Convention Relating to the Status of Refugees)」(약칭: 「난민협약」)에서는 처음으로 난민의 정의를 규정하고 있다. 이 협약에 근거하여 난민을 정의하면, "인종, 종교, 국적, 특정 사회집단의 구성원 신분 또는 정치적 의견을 이유로 박해를 받을 우려가 있다는 합리적 근거가 있는 공포(well-founded fear of being persecuted)로 인하여 자신의 국적국 밖에 있는 자로서, 국적국의 보호를 받을 수 없거나 이러한 공포로 인하여 국적국의 보호를 받는 것을 원하지 아니하는 자" 또는 "이들 사건의 결과로서 상주국 밖에 있는 무국적자로서 종전의 상주국으로 돌아갈 수 없거나 이러한 공포로 인하여 종전의 상주국으로 돌아가는 것을 원하지 않는 자"이다.

우리나라의 경우 2012년 「난민법」을 제정하면서 이 법 제2조제1호에서 난민을 "인종, 종교, 국적, 특정 사회집단의 구성원인 신분 또는 정치적 견해를 이유로 박해를 받을 수 있다고 인정할 충분한 근거가 있는 공포로 인하여 국적국의 보호를 받을 수 없거나 보호받기를 원하지 아니하는 외국인 또는 그러한 공포로 인하여 대한민국에 입국하기 전에 거주한 국가(이하 "상주국")로 돌아갈 수 없거나 돌아가기를 원하지 아니하는 무국적자인 외국인"으로 정의하였다. 「난민법」에서는 난민에 대한 보호와 정착지원 대상에 난민인정자, 인도적체류자, 난민신청자를 포함하고 있어, 광의의 개념에서 난민은 이 세 유형을 모두 포함한다(김기태 외, 2019).

「난민법」에서는 난민과 관련된 용어들로 '난민으로 인정된 사람', '인도적 체류 허가를 받은 사람', '난민인정을 신청한 사', '재정착 희망난민', '외국인'을 구분하여 사용하고 있다. 〈표 7-1〉은 난민과 관련된 용어를 분류하여 쉽게 정리하였다.

표 7-1 난민과 관련된 용어 분류

구분	내용
난민으로 인정된 사람 (이하 난민인정자)	「난민법」에 따라 난민으로 인정을 받은 외국인
인도적 체류 허가를 받은 사람 (이하 인도적체류자)	「난민법」 제2조제1호에는 해 당하지 아니하지만 고문 등의 비인도적인 처우나 처벌 또는 그 밖의 상황으로 인하여 생명이나 신체의 자유 등을 현저히 침해당할 수 있다고 인정할 만한 합리적인 근거가 있는 사람으로서 대통령령으로 정하는 바에 따라 법무부장관으로부터 체류 허가를 받은 외국인
난민인정을 신청한 사람 (이하 난민신청자)	대한민국에 난민인정을 신청한 외국인으로서 다음 어느 하나에 해당하는 사람을 말함 ① 난민인정 신청에 대한 심사가 진행 중인 사람 ② 난민불인정결정이나 난민불인정결정에 대한 이의신청의 기각결정을 받고 이의신청의 제기기간이나 행정심판 또는 행정소송의 제기기간이 지나지 아니한 사람 ③ 난민불인정결정에 대한 행정심판 또는 행정소송이 진행 중인 사람
재정착희망난민	대한민국 밖에 있는 난민 중 대한민국에서 정착을 희망하는 외국인

출처: 「난민법」 제2조(정의)제1~5항 정리

2) 난민 보호 역사

유엔난민기구(UNHCR: United Nations High Commissioner for Refugees)는 제2차 세계대전으로 터전을 잃은 유럽인들을 돕는 목적으로 1950년 12월 14일 유엔총회에 의해 창설되어 3년간 임무를 수행하고 해산하도록 부여받았다. 1951년 7월 28일, 난민지원에 대한 법적 근거이자 유엔난민기구의 활동 지침인 〈난민의 지위에 관한 협약〉이 채택되었다(유엔난민기구, n.d.).

1956년 유엔난민기구는 소비에트 연방이 헝가리 혁명의 강제진압으로 발생한 긴급 난민사태에 직면하였다. 1960년대 아프리카 식민지 시대가 종료되자 유엔난민기구의 개입이 필요한 대륙 규모의 난민 위기가 발생하였다. 이후 20년 이상 유엔난민기구는 아시아 및 라틴 아메리카 지역에서 발생하는 실향 위기를 도와야만 했다. 유엔난민기구는 분쟁으로 발생한 많은 국내 실향 사태와 국적을 가지지 않았다는 이유로 위험에 노출된 수백만의 무국적자를 돕는 것까지 유엔난민기구의 역할은 확대되었다.

유엔난민기구의 보호 대상자는 31,640,000명, 국내 실향민 67,080,000명, 난민 2,250만 명, 귀환민 610만 명, 무국자 32,200만 명이 국적을 취득하거나 시민권을 받았고, 686만 명이 비호신청자이다(UNHCR's Global Trends Reports). 모든 국가는 「국제인권법」 및 「국제관습법」을 포함한 국제법에 따른 의무의 결과로 국제적 보호를 제공해야 할 의무가 있다. 즉, 국제적 보호를 제공하는 주된 책임은 개인이 비호를 요청하는 국가에 있다. 이를테면 「1951년 난민의 지위에 관한 협약」과 「1967년 난민 의정서」의 체약국은 해당 협약의 조항에 따른 의무를 지닌다.

유엔난민기구(2023)는 난민에게 국제적 보호를 제공할 책임을 지니고 있으며, 전 세계적으로 난민을 보호할 구체적 임무를 부여받은 유일한 국제기구이다. 유엔난민기구의 보호 대상자는 일반적으로 난민, 비호신청인, 귀환민, 무국적자, 그리고 일부의 국내 실향민 등이 포함된다. 유엔난민기구의 임무는 「1951년 난민의 지위에 관한 협약」, 「1967년 난민 의정서」 체약국의 의무보다 훨씬 광범위하다. 본 조약에 따른 의무에 덧붙여 각 나라는 국제법 원칙에 따라 체약국으로 참가하는 다른 협약에 따른다거나 국내법에 따라 난민과 비호신청인을 보호해야 하는 의무를 지닌다.

(1) 1951년 난민의 지위에 관한 협약(난민협약)

난민협약은 냉전이 진행되는 가운데 정치적 박해를 받은 자를 비호의 대상자로 인식하고 그 권리를 정하였다. 「1951년 난민의 지위에 관한 협약(The 1951 Convention relating to the status of Refugees)」은 2개의 보편적인 난민 관련 협정의 하나이고, 나머지 협정은 1951년 협약에 대한 1967년 의정서이다. 1951년 협약의 제33조제1항의 정의에 따르면, "강제송환 금지원칙은 인종, 종교, 국적, 특정 사회집단의 구성원 신분 혹은 정치적 의견을 이유로 개인의 생명이나 자유가 위협받을 우려가 있는 국가나 영역으로 어떤 방법으로든 난민 송환을 금지하는 원칙으로 국제적 보호"의 초석이 된다. 강제 송환금지 원칙에서 유일하게 허용되는 예외는 협약의 제33조제2항에서 제시된 난민이 현재 사는 국가의 안보에 위협이 되거나, 특정 중범죄에 대해 유죄판결을 받아서 지역사회에 위험을 초래하는 상황에 해당한다. 개인이 고문 및 비인도적 처우나 형벌의 위험에 노출될 때는 절대로 강제송환 되어서는 안 된다. 1951년 협약의 제33조는 비호국 내 혹은 국경에 있는 비호신청인에게도 난민지위가 결정되기 전까지 적용된다. 「1951년 난민의 지위에 관한 협약」에는 다음과 같이 규정하고 있다(UNHCR 홈페이지).

1951년 난민의 지위에 관한 협약

① 보호는 모든 난민에게 차별 없이 제공되어야 한다.
② 난민에 대한 최소한의 처우 기준이 준수되어야 한다. 한편, 난민은 비호국에 대해 특정 의무를 지닌다.
③ 비호국에서 난민의 추방은 매우 심각한 문제로서 국가안보나 공공질서에 대한 위험을 근거로 예외적인 상황에서만 발생해야 한다.
④ 비호의 제공이 특정 국가에 과중한 부담을 가져올 수 있어서 만족스러운 해결책은 국제협력을 통해서만 가능하다.
⑤ 난민보호는 인도적인 조치이므로 비호 제공이 국가 간 긴장을 일으켜서는 안 된다.
⑥ 유엔난민기구가 주어진 임무를 수행하고, 본 협약의 적절한 이행을 감독하는 역할을 다할 수 있도록 국가는 유엔난민기구와 협력해야 한다.

(2) 1967년 난민 의정서

「1967년 난민의 지위에 관한 의정서(The 1967 Protocol relating to the Status of Refugees)」는 독립적인 문서로 1951년 협약 당사국이 아니라도 1967년 의정서에 가입할 수 있다. 의정서의 체약국은 협약의 정의에 해당하는 난민에게 지리적·시간적 제한 없이 협약의 규정을 적용하기로 동의한다. 협약 및 의정서의 당사국은 협약의 특정 조항을 적용하지 않는다는 혹은 수정할 시에만 적용하겠다는 점을 명시적으로 언급할 수 있다. 그러나 이러한 유보는 협약 및 또는 의정서의 모든 당사국이 수용해야만 하는 제1조(난민의 정의), 제3조(인종, 종교 또는 출신국에 의한 무차별원칙) 및 제33조(강제송환금지원칙) 등 핵심 조항에 대해서 인정되지 않는다.

난민협약과 난민의정서는 세 가지 주요 핵심 주제를 포함하고 있다. 첫째, 난민에 대한 기본정의, 난민지위 정지 요건 및 난민지위 배제 요건이다. 둘째, 비호국에서의 난민의 법적 지위, 권리와 의무, 자신의 생명이나 자유가 위협받을 영역으로 강제송환되는 것으로부터 보호받을 권리이다. 셋째, 유엔난민기구가 난민협약의 내용이 적절히 적용되고 있는지를 감독하고 난민 보호 업무를 쉽게 수행할 수 있도록 도와야 할 체약국의 의무이다.

02 떠나는 이민, 받아들이는 이민

1) 우크라이나 떠나는 이민

우크라이나는 1991년부터 가난, 빈곤, 무력 충돌로 불안정한 물질적 환경과 비물질적 환경 모두에 시달렸고, 다른 한편으로는 박해와 차별에 대한 두려움이 있었다. 경제적 불안은 우크라이나의 개발 적자로 인해 소련으로부터 독립한 이후 우크라이나에서 상당한 노동력 이동 흐름의 주요 자극제가 되었다. 2000년대와 2010년대의 정치적 불안은 경제 불안정과 시민 불안, 그리고 친러시아 분리주의 단체와의 무력 충돌로 번졌다. 우크라이나는 이미 20년 전부터 크림, 루한스크, 돈바스에서 대량의 내부 추방자를 발생시켰고, 현재의 위기에 이르기까지 난민을 많이 보내는 국가 중 하나가 되었다(Lloyd & Sirkeci, 2022).

우크라이나를 떠나는 이민(emigration)의 최근 단계는 러시아의 침공으로 우크라이나에 거주하는 사람들이 불안한 상황으로부터 탈출하는 것이다. 하지만 우크라이나의 이주는 과거의 불안과 현재의 위기가 연결되어 있고, 결국 현재의 위기 상황이 그들의 이주를 더 촉발한 것으로 보아야 한다. 우크라이나인들은 이미 나라를 떠날 의향이 있었고, 러시아 침공 상황에서 먼저 탈출한 사람들은 인적, 금융, 사회자본에 대한 접근이 쉬운 특권층이었다(Sirkeci et al., 2019). 이처럼 우크라이나로부터의 초기이주는 상대적인 불안 때문이었지만, 러시아의 전면적인 침공은 더 위협적이고 불안한 환경을 만들었고, 대규모 탈출로 이어졌다.

2014년 크림반도 병합(annexation of Crimea)으로 고조된 러시아와 우크라이나 간의 군사적 긴장은 2022년 2월 24일 러시아군이 우크라이나에 진입하면서 전면전으로 전환되었다. 이 전쟁은 우크라이나인들의 대량 탈출과 전쟁에서 탈출한 우크라이나인들에 대한 유럽연합의 임시적인 보호 약속이었다. 유엔에 따르면, 2022년 2월 이래로, 현재, 약 770만 명의 사람들이 우크라이나를 떠났고 710만 명 이상이 국내에서 추방되었다(Lloyd & Sirkeci, 2022). 또한 유엔은 우크라이나 인구의 최소 30%가 인명구조라는 인도적 지원이 필요할 것으로 추정하였한다(Jankowski & Gujski, 2022). 대부분의 우크라이나 난민은 폴란드(300만 명 이상), 루마니아(609,000명), 몰도바(387,000명), 헝가리(364,000명), 슬로바키아(281,000명)를 포함하여 우크라이나의 국경 국가 중 하나에서 피난처를 찾았다(Jankowski & Gujski, 2022). 현재 유럽의 난민 상황은 제2차 세계대전 이후 최대 규모이다.

2) 폴란드 받아들이는 이민

최근 폴란드에서 우크라이나인과 벨라루스인 망명 신청자들이 증가하였다. 그들은 보호와 지원을 받을 자격이 있다고 여겼고, 폴란드 국경에 도달하는 데 아무런 장애물도 직면하지 않았다(Klaus & Szulecka. 2022). 폴란드는 전형적인 유출 이민 국가였다. 하지만 2014년부터 폴란드의 이주 특성에 큰 변화가 관찰되었다. 주로 우크라이나와 다른 동방 파트너십(Eastern partnership) 국가들이 폴란드로 일자리를 얻어 유입하는 외국인들의 지속적 증가로,

이제는 떠나는 이민에서 받아들이는 이민(immigration) 국가로 전환되었다. 2022년 2월 24일 이후 자국 내 전쟁을 피해 우크라이나인들이 대거 유입되면서 이 과정이 빨라졌다. 물론 폴란드는 역사적인 이유로 우크라이나의 노동이주의 주요 유입국이다. 대부분 이민자는 자국의 상황 때문에 일자리, 교육 또는 안전한 거주지를 찾아 대도시를 선택하고 있으며, 그중 바르샤바는 여전히 중심지이다.

폴란드의 수도는 가장 많은 외국인을 유치할 뿐만 아니라 우크라이나인, 베트남인, 중국인, 유럽연합 국가의 시민들로 구성된 가장 다양한 인구가 거주하고 있다(Gorny & Kaczmarczyk, 2018). 그러나 폴란드 정부는 급격한 이수 특성 변화에도 불구하고, 일반적인 이주전략이 없다. 이러한 상황은 폴란드 도시들이 그들의 새로운 사회 구성원들을 수용하고 통합하는 새로운 과제에 대처하기 위해 그들만의 지역적인 접근법을 개발할 수밖에 없었다. 지역 주체의 역할이 강화되고, 통합정책(integration policy)을 형성하는 데 지자체(local governments)가 주도적이고 가장 중요한 역할을 하는 지역적 전환(local turn)의 흐름과도 맞아떨어진다. 지역통합정책의 예로서 가장 자주 언급되는 사례는 그단스크, 크라코프, 브로츠와프(Gdansk, Cracow, and Wroclaw) 도시들은 다문화주의와 이민자 통합에서 지역통합 전략을 펼쳐 가장 많은 수의 지역기관과 비정부기구(NGO)가 운영되어 다문화와 외국인의 통합을 지원하는 곳으로 거듭났다(Wach & Pachocka, 2022).

오랜 이민 역사를 가진 유럽연합 국가들의 통합정책은 지역적 전환 사례를 통해 이루어져 왔음을 확인할 수 있다. 최근 폴란드에서도 비슷한 상황이 관찰되는데, 도시들은 점점 더 자주 능동적인 태도를 보이고 중앙 정책의 부재에 비추어 그들만의 통합 솔루션과 활동을 구축하기도 한다. 예를 들면, 그단스크, 크라코프, 브로츠와프와 같은 도시는 다문화주의를 목표로 하는 정책을 시행하기로 하였다. 바르샤바는 모든 도시 주민에 대한 더 일반적이고 광범위한 정책으로 전환하기로 했다. 지역사회를 구성하는 집단과 개인의 다양성을 포기하는 것은 아니지만, 이들의 접근법은 주거, 교육, 보건, 사회, 노동정책과 같은 일반 정책에서 이주민의 이익을 충분히 고려한다는 것이다. 주류화의 또 다른 중요한 요소는 이러한 이해관계를 간과하지 않도록 하는 개별 부문 간의 효과적인 조정이다(Scholten & Geddes, 2016).

바르샤바는 폴란드에 거주하는 가장 많은 수의 국제적 보호 수혜자들, 즉 난민 신분 또는 보조적 보호(subsidiary protection)를 받는 사람들의 고향이 되었다. 바르샤바에 거주하는 다른 외국인들의 수에 비해 난민들은 상대적으로 작은 집단임에도 불구하고, 그들의 구체적인 지위와 사회적 배제 경향을 중요하게 개입하면서 통합의 과제로 다루었다. 결국 지역통합정책의 요소들이 강제 이주자뿐만 아니라 광범위한 외국인들에게 초점을 맞추고 있는 것과는 별도로, 바르샤바는 수년간 후자를 지원하는 것을 전문으로 하는 해결책과 구조를 개발해 왔다.

3) 난민인정

전 세계 60% 이상의 난민 발생이 생겨나는 국가는 5개국으로, 아프가니스탄 640만 명, 시리아 640만 명, 베네수엘라 610만 명, 우크라이나 600만 명, 남수단 230만 명으로 추산된다. 난민의 69%는 대부분 출신국의 주변국에서 체류했으며, 분쟁지역의 인접국이나 저·중소득 국가에 75%가 머물러 있으며, 특히 저개발국가에서 전체 난민의 21%를 보호하고 있다. 예를 들면, 이란의 난민수용 인원은 380만 명이며, 다음으로 튀르키예 330만 명, 콜롬비아가 290만 명(베네수엘라 실향민 포함), 독일 260만 명, 파키스탄이 200만 명 등으로 나타났다(UNHCR, 2024).

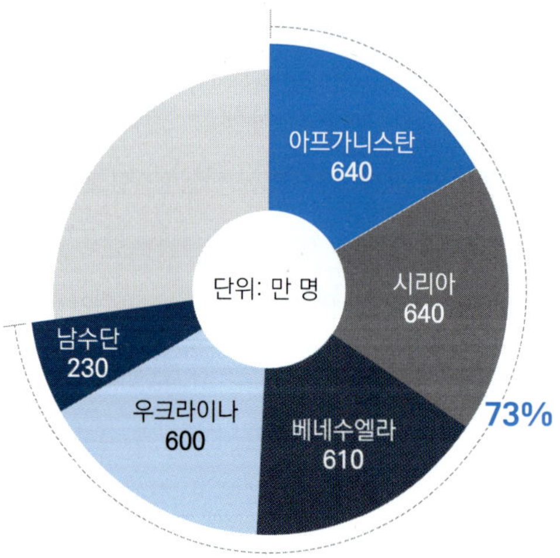

그림 7-1 세계 난민 발생 상위 5개국

출처: UNHCR 홈페이지(https://www.unhcr.org/kr)

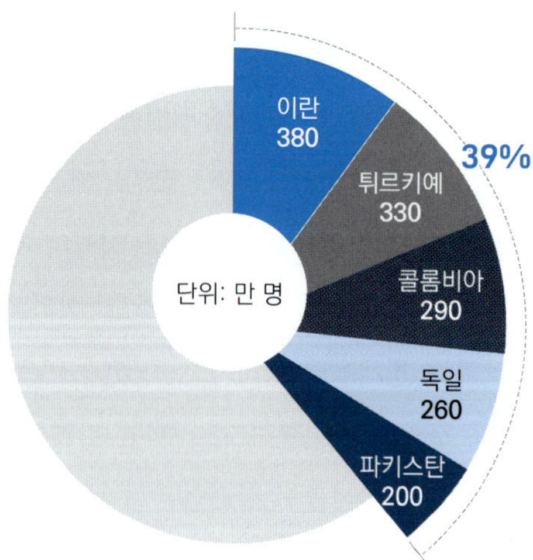

그림 7-2 세계 난민보호 상위 5개국

출처: UNHCR 홈페이지(https://www.unhcr.org/kr)

중동과 아프리카 난민들은 대부분 인근 국가 또는 유럽국가로 이동하고 있는데, 이에 따라 유럽국가의 난민 규모는 매년 1,400만 명에 이르는 것으로 조사되었다. 이처럼 난민들의 이동은 제2차 세계대전 이후에 가장 큰 규모의 인구이동이면서, 지금 순간에도 세계에서 난민 발생은 지속되고 있다. 특히, 18세 미만의 청소년은 강제이주민 전체의 42%를 차지하였으며, 수년간 지속된 국가 위기 상황에서 더욱더 취약한 환경에 놓이게 되는 부류는 아동이다. 이들 가운데 2018~2020년 사이에는 100만 명에 이르는 아이들이 태어남과 동시에 난민이 되었다. 앞으로도 이들 중 상당수는 난민으로 살아가게 될 가능성이 크다. 즉, 이들은 새로운 국가에서 재정착을 원하지만 난민을 수용하고 받아들이는 국가는 상당히 소극적이면서 제한적인 입장이다.

난민 수용국을 살펴보면, 미국이 7만 명으로 가장 많은 난민을 수용하는 것으로 나타났고, 그다음으로 호주, 스웨덴, 노르웨이, 핀란드 순으로 나타났다(김희정, 2019). 2023년 한 해 동안 미국은 120만 건의 신규 난민신청을 받으며, 세계 최다 난민신청 접수국이 되었다. 다음으로 독일 329,100건, 이집트 183,100건, 스페인 163,200건, 캐나다 146,800건 순이다. 한국은 1992년 12월 「유엔 난민 지위에 관한 협약」, 「유엔 난민 지위에 관한 의정서」에 가입하였으며, 2013년 난민보호 및 난민 인권 개선을 위한 「난민법」을 제정하였다(법무부 출입국·외국인정책본부, 2025b). 1994~2020년도까지의 누적 난민신청자 수는 총 71,042명이고, 이 중 누적 난민인정자는 1,091명, 인도적 체류 허가자는 2,370명으로, 난민수용 비율이 매우 제한적이다. 2020년 이전까지 한국은 매우 적은 난민을 수용해 왔기 때문에 난민 문제는 사회적 이슈가 되지 않았다. 그러나 2018년 제주도에 입국한 예멘 난민이 난민 자격을 신청하면서 난민 문제는 사회적 이슈가 되기 시작하였다.

난민인정과 관련해서 미국과 호주, 한국과의 차이점을 분석해 보면, 호주와 한국은 난민심사를 통해 난민과 인도적 거주자로 구분하며 체류 기간과 지원 서비스 측면에서 차별화되고 있다. 미국과 호주는 난민을 외국 난민과 국내 난민으로 분리해서 받아들이지만, 한국은 국내 난민만 받아들이다가 '재정착희망난민'으로 대한민국 밖에 있는 난민 중 한국에서 정착을 희망할 경우 수용하게 되었다. 난민 승인율은 미국이 42.6%, 호주가 15.7%, 한국이 4.1%이다. 그러나 한국은 2020~2024년까지 5년 동안 난민인정율은 1.94%에 그쳤다. 난민을 지원하는 다양한 난민 지원 서비스의 수준과 내용에 상당한 차이가 있음에도 불구하고, 미국, 호주 그리고 한국은 난민을 자국민으로 인정하고 자국민에 준하는 다양한 난민 지원 서비스를 제공하고 있다(권경득 외, 2020).

03 한국의 난민인정 과정

1) 난민 현황

한국은 1994~2024년까지 총 1,544명이 난민인정을 받았으며, 2024년 한 해 동안은 105명이 난민인정을 받았다. 난민신청자는 2010년 이후 꾸준히 증가하였고, 특히 2013년 「난민법」 시행 이후로 2023년 난민인정 신청 건수는 18,837건으로 역대 최고치를 기록하였으나, 2024년은 전년 대비 18,336건으로 약 2.7% 감소하였다. 연도별 인도적 체류 허가자는 1994~2024년까지 총 2,696명이 인도적 체류 허가를 받았으며, 2024년 한 해 동안 101명이 인도적 체류 허가를 받았다(법무부 출입국·외국인정책본부, 2025e). 난민 자격의 연도별 현황은 다음의 〈표 7-2〉와 같다.

표 7-2 난민 자격 현황

(단위: 건)

구분	2018	2019	2020	2021	2022	2023	2024
심사완료	3,954	5,060	6,237	6,842	4,891	5,452	5,099
난민신청	16,173	15,452	6,684	2,341	11,539	18,838	18,336
난민인정	144	79	69	72	175	101	105
인도적 체류	507	229	154	51	67	129	101
난민인정률	3.6%	1.6%	1.1%	1.1%	3.6%	1.9	2.0%

출처: 법무부 출입국·외국인정책본부(2025d). 출입국·외국인정책 통계월보, 2025년 4월호.

난민신청 사유는 정치적 의견(25,164명), 종교(23,971명), 특정 사회집단 구성원(10,949명), 인종(5,667명), 국적(1,196명), 가족결합(5,360명), 협약 외 사유(53,035명)로 나타났다(법무부 출입국·외국인정책본부, 2025e). 국적별 난민신청자는 1994~2021년까지의 집계에서는 중국 국적자가 7,452명으로 가장 많았으며, 다음으로 카자흐스탄 7,181명, 러시아 6,923명, 파키스탄 6,613명, 이집트 5,063명, 인도 3,925명, 말레이시아 3,583명, 방글라데시 3,222명, 네팔 2,048명, 기타 24,571명으로 집계되었다. 그러나 2022부터 2025년 4월 현재까지 국적별 난민신청자를 살펴보면 러시아 12,017명으로 가장 높고, 다음으로 카자흐스탄 6,185명, 인도 4,304명, 중국 4,071명으로 국제 정세에 따른 난민 국적자가 변화되고 있다는 것을 알 수 있다(법무부 출입국·외국인정책본부, 2025e). 2022~2025년까지의 난민신청 국적자 순위는 [그림 7-3]과 같다.

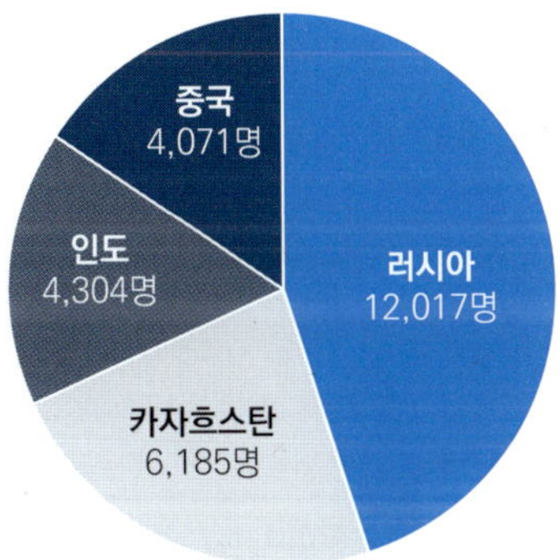

그림 7-3 2022부터 2025년 4월 현재까지 국적별 난민신청자 순위

출처. 법무부 출입국·외국인정책본부(2025e). 출입국·외국인정책 통계월보. 2025년 5월호.

2) 난민인정 절차

한국의 난민인정 절차를 살펴보면 다음과 같다(석인선·황기식, 2019). 첫째, 외국인이 난민인정 혹은 불인정 결정을 받기 위해서는 지방출입국이나 외국인 관서의 장을 통해 난민인정 신청을 해야 한다. 신청은 출입국항에서 바로 하거나 입국한 이후 국내 체류 중에도 가능하다. 전자의 경우에는 신청자 면담조사를 거쳐 난민인정 심사의 회부 결정을 받아야만 일반적인 난민인정 심사의 대상이 된다. 난민인정 심사 결과 1차에서 난민 불인정 결정이 난 난민신청자는 곧바로 심사결정에 대해 불복하고 이의신청을 할 수 있는데, 우선 법무부의 난민위원회 심의를 거친 후 법무부장관에 의해 결정된다. 둘째, 이의신청에 대해 기각 결정이 되었을 경우, 관할 법원을 통해 난민불인정결정 취소의 심판을 청구할 수 있다. 셋째, 제1심 법원의 불인정 판결에 불복할 시, 고등법원에 항소할 수 있다. 넷째, 항소심 불인정 판결에 불복할 경우, 다시 대법원에 상고가 가능하다. 재판 결과, 난민신청자의 승소가 확정되면 행정청을 통해 난민 지위 인정을 받게 된다.

〈표 7-3〉과 같이 2025년 5월 기준 난민신청은 127,614건으로 심사결정은 68,344건이다. 난민불인정을 받은 사람이나 인도적체류자, 난민인정이 취소 또는 철회된 사람은 그 통지를 받은 날부터 30일 이내에 법무부장관에게 이의신청을 할 수 있다. 이의신청은 1994년부터 2025년 5월 기준까지 50,987건으로 심사결정은 39,546건에 이른다.

표 7-3 난민신청 처리 현황

(단위: 건)

구분 / 연도	1차					이의신청			
	신청	심사종결				신청	심사종결		
		소계	심사결정	직권종료	자진철회		소계	심사결정	자진철회
총계	127,614	100,043	68,344	20,638	11,061	50,987	42,236	39,546	2,690
'94~'15년	15,250	11,938	10,131	1,081	726	7,566	5,422	5,225	197
2016년	7,541	7,061	6,326	572	163	5,277	4,356	4,276	80
2017년	9,942	6,416	5,219	1,017	180	3,723	4,463	4,415	48
2018년	16,173	6,600	4,295	1,735	570	3,110	2,691	2,584	107
2019년	15,452	10,012	5,874	2,620	1,518	4,066	3,557	3,431	126
2020년	6,684	14,031	8,102	4,013	1,916	5,954	4,093	3,792	301
2021년	2,341	9,675	5,982	2,167	1,526	4,718	5,307	4,997	310
2022년	11,539	8,120	5,461	2,020	639	3,748	3,386	3,079	307
2023년	18,837	9,654	7,087	1,431	1,136	5,248	3,645	3,143	502
2024년	18,335	10,880	6,746	2,292	1,842	5,152	3,504	3,002	502
2025년 1~5월	5,520	5,656	3,121	1,690	845	2,425	1,812	1,602	210

출처: 법무부 출입국·외국인정책본부(2025e). 출입국·외국인정책 통계월보, 2025년 5월호.

인도적 체류 허가는 「난민법 시행령」 제2조에 따라 난민인정을 신청하여 법무부장관으로부터 체류 허가를 받는 것을 말한다. 난민 요건에는 충족되지 않지만, 본국으로의 강제추방 시 생명 또는 신체에 위해가 가해질 것을 고려해 인도적 차원에서 1년간 국내 체류를 허용하도록 하는 제도이다. 이 제도는 임시적 형태로 유지되고 있으며, 1년을 단위로 체류를 연장받아야 한다. 인도적체류자(G-1)가 체류지 변경 시 전입한 날로부터 14일이 넘지 않는 기간에 출입국 또는 외국인 관서를 통해 체류지의 변경을 신고해야 하는데, 이를 위반할 시 처벌될 수 있다. 인도적 체류 허가를 받게 되더라도 기초생활보장이나 사회보장 혜택을 받을 수 없으며, 미성년 자녀나 배우자 초청은 불가능하다. 또한, 여행증명서 발급이 제한되며, 지역건강보험에 가입할 수 없다. 다만, 직장 건강보험에는 가입할 수 있으며, 본인이 원하는 지역에 거주할 수 있다. 따라서, 이들이 국내에서 행사할 수 있는 행위는 '머물 수 있고 일할 수 있는 권리' 정도라고 할 수 있다. 이것이 인도적체류자와 난민인정자의 가장 큰 차이점이다. 그러나 정부의 승인을 받을 시 인도적체류자 역시 난민인정자와 같이 취업할 수 있다.

3) 난민 대상 취업 지원제도

난민의 안정적인 정착을 위해서는 경제적 안정이 중요한데, 이를 위해서는 난민이 합법적으로 취업활동을 할 수 있도록 법적인 보장이 필요하다. 일반적으로 외국인이 우리나라에서 취업하려면 취업활동이 가능한 체류자격을 받아야 하는데, 난민인정자들이 받는 거주(F-2) 체류자격은 취업활동이 가능하다. 따라서 난민인정자는 별도의 취업 허가 없이 자유롭다. 반면에 인도적체류자와 난민신청자는 취업활동이 허용되지 않는 기타(G-1)의 체류자격을 받기 때문에 '체류자격 외 취업활동'을 위한 별도의 허가를 받아야 한다. 난민신청자의 경우 난민인정 신청일로부터 6개월이 지난 후에도 난민인정 여부가 결정되지 않은 상태이거나 장애 등으로 인해 근로 능력이 없는 피부양자를 부양해야 하는 경우 체류 기간 범위에서 1회 6개월 기간으로 체류자격의 활동 허가를 받아 취업할 수 있고, 취업 분야는 취업 제한 분야를 제외한 단순 노무 분야로 한정된다.

인도적체류자의 경우 「난민법」 제39조에 따라 법무부장관의 허가 아래 취업활동을 할 수 있지만, 난민신청자와 마찬가지로 체류자격의 취업활동으로 출입국사무소에 취업 신청을 한 후 1회 1년 기간으로 활동 허가를 받으면 취업을 할 수 있다.

난민신청자와 인도적체류자가 전문 분야에 취업하기를 원하는 경우 「출입국관리법」이 정하는 자격을 갖추어 체류자격 외 활동 허가를 받아야 한다. 단, 난민신청자는 체류자격 외 취업활동 허가를 받기 위해 매번 고용계약서와 고용주의 사업자 등록증을 먼저 제출해야 해서 실제로는 취업하는 것 자체가 매우 어렵다(김종철 외, 2018). 또한 인도적체류자와 난민신청자는 체류 기간(최대 1년)을 연장할 때마다 취업 허가를 다시 받아야 하는데, 이를 위해 다시 새로운 고용계약서를 발급받다 보니, 구조적으로 단기 고용을 강요받거나 취업 자체가 힘들어지면서 노동권이 제한된다(김기태 외, 2019).

표 7-4 난민 대상 취업활동 지원

난민인정자	인도적체류자	난민신청자
• 신청일로부터 6개월 경과 후 취업활동 가능 • 취업 제한 분야(건설업, 사행행위영업, 유흥영업, 개인과외 교습 등)를 제외한 단순 노무 분야 • 전문 분야 취업을 희망할 경우, 「출입국관리법령」이 원하는 자격을 갖추어 체류자격 외 활동 허가를 받아야 함	• 취업 제한 분야(건설업을 제외하고 난민신청자와 동일)를 제외한 분야 • 전문 분야 취업을 희망할 경우, 「출입국관리법」이 원하는 자격을 갖추어 체류자격 외 활동 허가를 받아야 함	별도 제한 없음

출처: 김종철 외(2018). 난민사건 법률지원 매뉴얼, p. 132 재정리

난민인정자는 「난민법 시행령」 제15조에 의거하여 직업훈련을 받을 권리가 있으나, 실제로 고용노동부에서 운영하는 취업 훈련 프로그램인 취업성공 패키지는 결혼이민자와 그의 외국인 자녀를 제외하고는 대한민국 국적이 없는 외국인은 참여가 불가하여 난민인정자에게는 제공되지 않고 있다. 즉, 난민인정자는 법적으로 취업활동이 허가되어 있으나 안정적인 취업에 필요한 직업교육이나 취업 알선 및 정보 지원 등에 대한 접근은 제한이 있어 대부분 단순 노무 및 일용직에 종사하고 있다(김기태 외, 2019).

4) 난민 가족재결합

우리나라의 법무부 난민 업무지침에 따르면, '가족재결합'은 해외에 있는 난민인정자의 가족 구성원에게 국내에 입국, 난민인정자와 함께 체류할 권리를 보장하는 것을 의미한다. '가족결합'은 난민인정자의 가족 구성원에게 난민의 지위를 인정하고 체류할 권리를 보장하는 것이고, 난민인정자의 난민인정 결정일 이전에 가족관계가 형성된 경우로 제한하고 있다. '가족재결합'과 '가족결합'은 구분되고 있으며, 이에 중요한 차이는 난민인정자의 가족이 한국에 입국하기 전후로 나눌 수 있다(조은희, 2025). 현행 「난민법」 제37조에서 가족결합의 주신청자는 난민인정자로 한정하고 있으며, 인도적체류자와 난민신청자는 가족결합의 주신청자로 인정하지 않는다. 난민인정자가 신청할 수 있는 가족 구성원의 범위는 배우자 및 미성년 자녀이며, 「난민법」 제37조제1항에 따른 배우자 및 미성년자의 범위는 「민법」에 따른다(「난민법」 제37조제2항)"라고 규정하고 있다. 「민법」상 배우자는 법률상 혼인한 자를 의미한다. 법률혼은 당사자의 자유로운 혼인 의사 합의와 「가족관계 등록 등에 관한 법률」에 정한 바에 의하여 신고함으로써 그 효력이 생긴다(제812조제1항).

우리나라의 경우 「난민법」상 가족재결합의 주 신청자는 난민인정자로 한정하고 있어 상당히 제한적인 편이다. 이에 따라 인도적체류자는 가족재결합을 허용하지 않는다. 인도적체류자는(보충적 보호권자) 난민협약의 요건을 충족하지 못하였지만, 그 사유가 다를 뿐 보호의 필요성이 있다. 이에 그들에게도 난민인정자와 유사한 가족재결합과 처우를 보장할 필요가 있는 것이다. 또한, 「난민법」 제37조제2항에서 가족재결합의 대상을 핵가족으로 규정하고 있다. 현대 사회는 다양한 가족을 가족의 범주에 포함하고 있으나 우리나라의 경우 동성혼 및 동성 파트너 관계에 의한 배우자를 아직 인정하고 있지 않다. 그런데 우리나라에서 대사의 동성 생활동반자에게 외교동거 자격을 부여한 바 있으며(민지원, 2019), 또한 2024년 대법원이 사실혼 관계인 동성 동반자의 건강보험 피부양자 자격을 인정하는 첫 판결을 내린 바 있다(조은희, 2025). 이에 법률혼 배우자의 범주에서 동성혼 및 동성 생활동반자에 대한 배우자의 범위를 확장할 필요가 있을 것이다. 「난민법」 제37조는 주 신청자를 부부 중 일방으로 규정하고 있으나 미성년자도 주 신청자가 될 수 있으므로 이에 미성년 자녀가 주 신청자가 되어 부모뿐만 아니라 미성년 형제자매까지도 가족재결합의 대상이 될 수 있어야 한다. 이는 「난민법」 제37조에 추가적인 명문 규정을 두어야 할 것이다.

(1) 가족재결합의 절차

난민인정자인 주 신청자가 가족재결합을 원할 때 본국에 거주하는 가족은 본국의 해외공관(대사관)에 입국을 위한 비자를 신청해야 한다. 각 국가의 대사관 홈페이지나 대사관에서 이에 관한 정보를 얻을 수 있다. 각 국가의 대사관마다 요구하는 서류 증명 요건이 다르므로 비자 관련 정보를 자세히 살펴보아야 한다. 난민인정자나 가족은 자신들이 이해할 수 있는 언어로 상세하고 명확한 정보를 제공받을 수 있어야 한다.

난민인정자의 가족은 일단 현지 대사관에서 어떻게든 비자를 발급받아 한국에 입국하여야 한다. 이들 가족의 비자는 가족재결합에 의한 F-1 비자가 아닌 방문비자(C-3-1)로 한국에 입국하게 되며, 입국 이후 초청인 관할 출입국사무소에서 C-3-1 비자에서 F-2-4 비자로 자격 변경을 신청해야 한다. 가족재결합 신청자는 준비한 서류를 본국에 있는 주한 대사관 및 영사관에 방문하여 제출해야 한다. 서류를 제출하는 과정에서 신청자가 준비해야 하는 서류가 있고 난민인정자가 준비하여 가족에게 보내는 서류가 있다. C-3-1 비자는 사증발급 신청 기본제출 서류와 함께 초청인의 난민인정증명서 그리고 가족관계를 증명할 수 있는 서류들을 첨부해서 제출한다. 가족재결합 관련 증명서류는 공적인 서류가 요구된다. 증빙서류를 제출할 수 없을 때 신청이 거부되거나 지연될 수 있다. 부득이한 사정으로 문서를 제출하지 못하는 경우 혼인의 구체적 경위 및 진정성 등을 조사한 후 예외적으로 혼인관계를 인정하고 있다(조은희, 2025).

(2) 가족결합을 통한 난민인정

난민인정자의 배우자 등 가족은 단기방문(C-3-1) 비자로 입국하게 되며, 안정적인 법적 지위를 확보하기 위하여 체류 허가를 받아야 한다. 난민인정자의 가족은 C-3-1 비자에서 방문동거 F-1(F-2-4) 비자로 국내에서 자격 변경을 하게 되고, 체류변경 신청이 접수되면, 이에 대한 심사가 진행된다. 난민업무지침은 특별한 사정이 없는 이상 접수일로부터 3개월 이내에

심사결정을 완료하도록 하고 있다. 가족 구성원에 대한 심사가 인정되면 체류자격은 거주(F-2-4) 비자로 변경되고, 3년의 체류 기간이 허가된다. 난민인정자의 가족이 가족결합으로 인해 난민인정자와 동일한 체류 허가를 인정받는 것은 특별한 해택이라고 볼 수 있다. 그러나 여기에서의 취약점은 난민인정자인 주 체류자와의 관계가 해체되거나 주 체류자의 체류 허가가 종료되면 난민가족의 체류자격도 종료된다. 이때 난민의 지위가 박탈·취소되거나 이혼, 별거 또는 사망하는 등 가족관계에 변화가 생겼을 때 가족 구성원들의 체류 지위가 불안정해질 수 있다. 하지만 자신이 적용정지 조항의 조건에 합당하지 않는 한, 난민지위는 유지 및 보호된다(조은희, 2025).

04 난민의 사회보장제도

우리나라 「사회보장기본법」 제8조에 따르면, "국내에 거주하는 외국인에게 사회보장제도를 적용할 수 있는 상호주의의 원칙에 따르되, 관계 법령에서 정하는 바에 따른다."라고 규정되어 있다. 그러나 「난민법」 제38조는 "난민인정자에 대하여는 다른 법률에도 불구하고 상호주의를 적용하지 아니한다."라고 규정하여, 난민인정자에 한해서는 대한민국 국민과 같은 수준의 사회보장을 받는다. 또한 난민의 체류 지위, 즉 난민인정자, 인도적체류자, 난민신청자에 따라 사회보험과 공공부조를 포함한 사회복지와 주거, 교육, 취업, 고용 등 다양한 영역에서 제도의 지원 여부가 다를 수 있음을 시사한다. 여기에서는 사회보장제도의 영역별 내용들을 검토하고, 난민의 유형에 따라 제도의 내용이 적용되는 양상들을 살펴보고자 한다.

1) 사회보험제도

(1) 국민연금

국민연금 대상은 18세 이상 60세 미만의 국내 거주 국민을 원칙으로 하지만, 당연히 적용 대상 외국인이 국민연금에 가입한 사업장에 근무하면 사업장 가입자가 되고, 그 외에는 지역 가입자가 된다. 난민의 경우 거주(F-2) 체류자격을 받은 난민인정자만 「난민법」 제31조에 의해 상호주의의 적용 없이 당연히 적용 대상자로서 국민연금의 혜택을 받을 수 있고, 기타(G-1) 체류자격을 받은 인도적체류자와 난민신청자는 당연히 적용에서 제외되어 국민연금의 혜택을 받을 수 없다. 또한 외국인은 체류자격에 상관없이 임의 가입 대상에서 제외되기 때문에 인도적체류자와 난민신청자는 국민연금에 가입할 수가 없다.

(2) 건강보험

건강보험 중 직장 가입의 경우 난민의 체류자격과 관계없이 「출입국관리법」에 따라 외국인등록이 되어 있고, 「국민건강보험법」 적용 대상 사업장의 노동자는 직장가입자의 형태로 보험에 당연히 가입할 수 있다. 난민신청자의 경우 난민인정 신청 이후 6개월이 지난 이후에 취업 허가를 받아 취업한 경우, 직장가입자 형태로 건강보험의 혜택을 받을 수 있다. 반면에 지역가입의 경우 난민인정자와 인도적체류자만 가입할 수 있다. 건강보험에 가입이 가능하더라도 가입 절차나 적용범위 등 보험제도에 대한 정보 접근의 어려움으로 보험에 가입하지 못하는 경우가 많다. 또한 우리나라에서 구직 활동이 어려워 직장을 구하지 못한 난민인정자나 인도적체류자들은 지역가입자로 해야 하는데, 경제적으로 어려운 상황에서 기본적인 보험료 외에 피부양자에 대한 추가 보험료가 합산되어 부과되는 보험료는 그 액수가 높아 부담이 크고, 가입마저 망설이는 경우가 많다(한국난민인권연구회, 2018). 또한, 건강보험가입자가 가족을 피부양자 또는 세대원으로 등록하려면 국적국에서 발급받은 가족관계 증명서류를 제출해야 하지만, 국적국의 재외공관에 접근할 수 없는 난민은 해당 서류를 구비 및 제출에 따르는 어려움이 클 수밖에 없다(김희주, 2020; 한국난민인권연구회, 2018). 즉, 의료서비스에 취약한 상태로 건강을 해칠 우려가 크다.

(3) 산업재해보상보험

산업재해보상보험은 가입 대상 사업장에서 일하는 난민인정자, 인도적체류자, 난민신청자가 산업재해를 당한 경우, 체류자격과 상관없이 모두 보상을 받을 수 있다. 단 「산업재해보장

보험법」 제63조 "그 근로자가 사망할 당시 대한민국 국민이 아닌 자로서 외국에서 거주하고 있던 유족은 제외한다."라는 규정에 따라 난민이 산업재해로 사망에 이른 경우 해외에 있는 유족은 보상을 받을 수 없다.

(4) 고용보험

고용보험 가입 대상 사업장에서 일하는 난민의 경우 체류자격에 따라 적용 여부가 달라진다. 거주(F-2) 체류자격을 받은 난민인정자는 고용보험의 적용을 받을 수 있지만, 기타(G-1) 체류자격을 받은 인도적체류자와 난민신청자는 적용에서 제외된다.

2) 공공부조

공공부조는 생활 능력이 없거나 생활이 어려운 저소득층에게 최저생활을 보장하고 자립을 지원하는 제도로, 대표적으로는 기초생활보장과 긴급복지지원이 있다. 이를 중심으로 난민에게 적용되는 내용을 살펴보면 다음과 같다.

(1) 기초생활보장

「난민법」 제32조는 난민인정자만 "「국민기초생활 보장법」 제5조의2(외국인에 대한 특례)에도 불구하고 본인의 신청에 따라 같은 법 제7조부터 제15조까지에 따른 보호를 받는다."라고 규정하고 있다. 즉, 특례 대상 외국인의 범주는 대한민국 국민과 혼인하여 본인 또는 배우자가 임신 중이거나 대한민국 국적의 미성년 자녀를 양육하고 있는 사람 또는 배우자의 대한민국 국적인 직계존속과 생계나 주거를 같이하는 사람과 같이 외국인이라도 대한민국 국적의 배우자나 배우자의 자녀, 미성년 자녀와 주거를 같이하고 있는 사람을 포함하고 있다. 그러나 난민인정자는 「난민법」 제32조에 의거하여 기초생활수급을 신청할 수 있고, 자격 기준을 충족하면 생계급여, 주거급여, 의료급여, 교육급여, 해산급여, 장제급여, 자활급여를 받을 수 있다. 그러나 인도적체류자와 난민신청자는 기초생활수급 지원 대상에서 제외된다. 다만, 난민신청자의 경우 「난민법」 제40조에 따라 난민인정 신청일부터 6개월간 법무부장관이

정하는 별도의 생계비를 지원받을 수 있다.

난민인정자는 기초생활수급 신청을 할 수 있지만 제도에 대한 홍보나 정보의 부족, 언어 장벽으로 인해 기초생활수급을 신청하는 과정에서 많은 어려움을 경험한다. 또한 난민인정자들을 대부분 우리나라에서 직장을 구하기가 힘들어 경제적 상황이 열악하지만, 근로 능력이 있다는 이유로 기초생활수급에서 탈락하는 경우가 많아 실제로 수급권자로 인정받기가 어렵다(김기태 외, 2019).

(2) 긴급복지지원

긴급복지지원제도는 갑작스러운 생계 곤란 등의 위기에 처해 도움이 필요한 사람에게 생계, 의료, 주거, 교육지원 등의 서비스를 신속하게 지원하는 제도이다. 「긴급복지지원법 시행령」 제1조의2제3호에서 난민으로 인정된 사람, 즉 난민인정자를 긴급지원대상자로 명시하고 있다. 인도체류자는 제도의 대상자에서 제외되었으나, 2012년 12월 6일 국가인권위원회가 결정을 통해 보건복지부장관에게 인도적체류자의 경우 취업할 수 있는 자격만 있을 뿐 생계비 지원을 받지 못하고 있어서 생계의 위협을 받고 있는바, 긴급지원대상자에 해당하는 외국인의 범위에 포함하도록 권고하였다(김종철 외, 2018). 이에 따라 보건복지부는 6년 후인 2018년 5월 「긴급복지지원법 시행령」 제1조의2제5호 그 밖에 보건복지부장관이 긴급한 지원이 필요하다고 인정하는 사람에 인도적체류자도 포함하였다(보건복지부, 2022a).

3) 난민 자녀 사회보장

(1) 난민 자녀 관련법

난민의 자녀들은 부모를 따라 한국으로 이주하였거나 이주 경험이 있는 난민 부모 사이에서 태어난 국내 출생 자녀를 의미한다. 이들은 넓은 의미에서 이주배경 아동·청소년이라고 불리는데, 이주배경 아동·청소년의 정의는 "만 24세 이하의 부모 또는 본인이 이주 경험을 가진 자"로 정의할 수 있다(양계민 외, 2020). 이주배경 아동의 유형은 부모의 배경과 본인의 출생지에 따라 일곱 가지로 구분되는데, 이주 난민 아동은 부모 모두 외국인이면서 국내 또는 국외에서 출생한 외국인가족 자녀에 포함된다.

한국이 1991년 비준한 「유엔 아동권리협약」은 아동에 대한 비차별적 원칙과 아동 최상의 이익 원칙 등을 포함하여 아동의 실질적인 권리 보장을 위한 원칙과 구체적인 권리 내용들을 41개 조항으로 규정하여 제안하였다. 협약의 비준 국가로서 한국은 아동 관련 법률들에서 비차별적 원칙 등을 적용하여, 인종이나 출생지에 상관없이 모든 아동을 보호할 것을 법에서 규정하고 있다. 아동·청소년 대상 관련 대표적인 국내법으로는 「영유아보육법」과 「아동복지법」이 있다. 먼저, 「영유아보육법」은 6세 미만의 취학 전 아동을 대상으로 양육수당, 어린이집 이용 등 보육지원에 관한 조항들을 규정하고 있다. 이 법의 보육 이념(제3조)에 따르면, "영유아는 자신이나 보호자의 성, 연령, 종교, 사회적 신분, 재산, 장애, 인종 및 출생지역 등에 따른 어떠한 종류의 차별도 받지 아니하고 보육되어야 한다."라고 규정하여 인종이나 출생지에 따른 비차별 원칙을 적용하고 있다. 이에 따라 미취학 난민인정, 인도적 체류, 난민신청 아동들은 어린이집을 이용할 수 있으나, 보육의 우선 대상이나 무상보육 지원 대상에서는 다문화가족의 자녀만 언급하고 있어 난민 아동을 포함한 이주배경 아동의 지원대상 여부는 명확하지 않다.

「아동복지법」은 국내법 중 아동보호의 기초가 되는 법으로, 법의 대상을 국민에 국한하지 않고 18세 미만인 사람으로 폭넓게 정의하고 있고, 제2조 기본 이념에서 "아동의 출생지역, 인종 등에 따른 차별을 금지"하고 있다. 또한 제4조제5항에서는 "국가와 지방자치단체는 아동이 자신 또는 부모의 성별, 연령, 종교, 사회적 신분, 재산, 장애유무, 출생지역 또는 인종 등에 따른 어떠한 종류의 차별도 받지 아니하도록 필요한 시책을 강구"하도록 규정하고 있다.

(2) 난민 아동 대상 사회보장서비스

「영유아보육법」에 근거하여 6세 미만의 모든 미취학 난민 아동은 어린이집을 이용할 수 있다. 그러나 보육료(보육기관 이용 대상)와 가정양육수당(보육기관 미이용 대상)은 원칙적으로는 대한민국 국적 및 주민등록번호를 보유한 영유아 대상이므로, 한국 국적이 없는 외국인 아동은 대상에서 제외된다. 그러나 구체적인 보육료와 가정양육수당 사업 지침서에 따르면, 난민과 아프간특별기여자는 "예외적으로 보육료와 양육수당의 지원대상에 포함"되는 것으로 명시되어 있다. 단, 보육료와 양육수당 신청 시 아동의 난민인정증명서 또는 부모의 난민인정증명서와 가족관계 입증 서류를 제출하도록 요구하고 있어, 인도적체류자와 난민신청자는 포함하지 않고 있다(보건복지부, 2022b). 이에 따라 어린이집을 이용하는 0~5세 난민인정자 아동은 월 499,000~260,000원을 지원받을 수 있고, 가정에서 양육되는 만 86개월 미만의 난민인정자 아동은 100,000~200,000원을 지원받는다. 인도적체류자와 난민신청자의 경우 생계를 위해 부모가 취업활동을 유지해야 하는 경우가 많은데, 보육료 지원을 받지 못할 경우, 어린이집 이용에 대한 비용 부담이 커지고, 경제적 어려움으로 어린이집을 보내지 못할 수도 있어서 보육료 지원은 난민 아동에게 중요한 사업이라고 할 수 있다.

아동수당은 만 8세 미만의 아동에게 최대 96개월간 수당을 지급하여 아동 양육에 따른 경제적 부담 경감과 아동의 건강한 성장 환경 조성을 목적으로 제공되는 아동 지원 사업이다. 지원대상은 부모의 국적과 상관없이 대한민국 국적을 보유한 아동을 대상으로 하지만 「난민법」에 따른 난민인정자는 예외적으로 포함하고 있다(보건복지부, 2022c). 이에 따라 난민인정 아동은 1인당 월 10만 원의 아동수당을 지원받을 수 있다.

난민 아동의 교육과 관련해서, 초등교육과 중등교육을 의무교육으로 규정한 「교육기본법」에서는 의무교육의 대상을 '국민'으로 한정하고 있어, 법령상 국민의 범주에 속하지 않는 이주배경 아동의 학습권은 명시적으로 보장되어 있지 않다(김희주 외, 2021). 그러나 「난민법」에서 미성년인 난민인정자 또는 그 자녀는 국민과 동일한 의무교육인 초·중등교육을 받을 수 있고, 초·중·고등학교, 특수학교 등에 입·편입학할 수 있다고 규정하고 있어 난민인정자는 고등학교까지 교육권을 보장받고 있다. 인도적체류자나 난민신청자의 자녀들은 「초·중등교육법 시행령」에 따라 체류자격이나 외국인등록 여부와 관계없이 초등학교와 중학교 입학 및 전학이 가능하다. 그러나 고등학교의 경우 학교장의 재량에 따라 입학과 전학이 가능하게 되어 있어, 고등학교 이후의 난민 아동은 교육권을 법으로 보장받지 못하고 있다(김희주 외, 2021).

4) 소결

난민은 이제 유럽에 국한된 문제가 아니라 세계적인 문제가 되었다. 20세기 들어 난민의 증가에 따라 난민의 이동과 유입을 통제해야 하는 상황에서 유럽의 각국은 난민보호에 관한 부담을 분담하는 논의를 시작하였다. 유럽은 1920년대부터 난민보호를 위한 국제적 규범들이 마련되기 시작하였다. 초기 난민 규범에서는 일정한 집단 전체를 법률적 범주로 설정해 난민을 규정하는 방식을 사용하였다. 그러나 현재 난민 개념은 사회적이고 개별적인 요소를 핵심으로 간주하게 되었다(김진선, 2020).

한국은 1992년에 「난민의 지위에 관한 협약(난민협약)」 및 「난민의 지위에 관한 의정서(난민의정서)」에 가입하였다. 이에 따라 한국은 1993년 12월 10일 국내적 이행 조치로서 「출입국관리법」을 개정하였으며, 1994년 7월 1일을 시작으로 그 효력이 발생하였다(석인선·황기석, 2019). 그러나 20세기 후반까지만 해도 한국에서 난민인정 사례는 없었다.

한국은 아시아 최초로 2012년 「난민법」을 제정하여 2013년 7월부터 「난민법」을 통해 난민심사 및 난민 지원 정책을 펴고 있다. 그러나 난민과 관련된 제도적 장치가 있음에도 불구하고, 2018년 6월 제주도에서 예멘난민 사태가 야기되었다. 2018년 초 제주도의 무사증 제도에 따른 예멘인이 입국하여 난민신청을 하게 되면서 한국 사회의 난민 문제가 초유의 관심사로 주목받았으며, 이는 곧 '난민 문제'로 간주되었다. 정부의 심사 결과 2명을 제외한 나머지의 경우에는 「난민협약」과 「난민법」에 명시된 5대 박해 사유에 해당하지 않는다는 판단하에 난민 지위를 인정하기 어려운 곤경에 처하게 되었다(석인선·황기석, 2019). 또한 국민은 난민 수용과 관련해 대다수가 부정적인 견해를 피력하면서 난민신청자들은 취업 등 다른 의도로 들어왔기 때문에 난민이 아니라고 주장하였다(오승진, 2018). 이에 따라 제주 예멘난민 사태와 관련된 부정적인 인식은 사회적 갈등으로 확산되었다. 예멘난민에 대한 수용성과 관련한 사회적 갈등은 한국 사회에 민속공동체라는 의식과 논리가 지배적이기 때문으로, 난민이라는 낯선 타자에 대해 차별과 배제의 메커니즘이 작동하고 있다. 난민은 인간존엄성과 보편적 인권의 적용 대상임에도 불구하고 난민 문제가 한국의 사회적 갈등의 존재로 여겨지고 있다(장미야, 2023).

'제주도에 온 예멘 난민 500명, 무슬림 혐오에 내몰리다.'

예멘 난민들 말레이시아를 거쳐 대규모 제주 입국 두 달째, 대부분 반군의 강제 징집을 피해 국외로 도피한 청년들. SNS 등에 "테러리스트", "강간범" 무슬림 혐오 봇물, 인권단체들 "정부가 침묵하며 오해 부추긴다." 비판

예멘 난민신청을 계기로 '난민신청 허가를 폐지하자.' 청와대 국민청원 올라온 지 5일 만에 22만 명 이상의 동의

출처: 박수진(2018.06.18.). 제주도에 온 예멘 난민 500명, 무슬림 혐오에 내몰리다.

한국의 난민정책은 국제 기준을 준수하고 있지만, 현재까지도 난민 인권을 배려하는 차원은 미흡한 실정이다. 이러한 문제를 극복하기 위해서는 정책 환경의 개선을 위한 노력이 필요하다. 이를 통해 난민인정에서 인도주의적 처우 개선 방안이 제시되어야 한다. 또한, 난민정책을 효과적으로 집행하기 위해 출입국 행정, 사회복지 및 사회보장, 육아, 취업 등 여러 난민 문제 관련 의사결정 과정의 정합성이 제고되어야 한다. 즉, 정책의 변화에 따라 난민정책의 집행 과정 역시 관련 부서 간 협업이 적절하게 이루어져야 한다(오병훈, 2015).

2018년 「난민법」 개정 법률안 및 폐지안이 발의되었는데, 난민심사를 강화하고 체류 지역을 제한하는 등 난민 보호보다 정부 규제 강화에 초점을 두었다. 한국은 난민협약 가입국이기 때문에 난민인정자와 인도적체류자뿐만 아니라 난민신청자도 보호할 의무가 있다. 이 조약 때문에 난민보호에 관여하기는 하나, 협소한 범위에서 협약 난민을 해석하고, 난민심사와 인정절차 역시 엄격하게 적용함으로써 난민인정률이 몹시 낮은 편이다. 난민문제 해결을 위한 주요한 논의점은 인권에서 출발해야 한다. 난민은 박해와 공포로 인해 불가피하게 삶의 터전을 떠나올 수밖에 없는 사람들이기 때문에 난민 문제는 사람다운 삶을 영위할 수 있는 인간의 기본적 권리의 문제이다.

국제사회에서 난민에 대한 보호 문제는 난민협약에 따른 의무 사항으로 제시되어 있으나 실질적으로 난민수용국 입장에서는 정치·경제·사회적 부담 등의 다양하고 복잡한 이유를 들어 난민의 권리 보호에 소극적으로 대처하고 있다(권한용, 2016). 한국 역시 「난민협약」의

체약국으로서 난민 문제에 대해 자유로울 수 없는 처지에 놓여 있다. 국제사회 변화에 능동적 대처를 위해서라도 미래 지향적이면서 인권보호 중심인 난민 문제를 소홀히 해서는 안 될 때이다. 이에 한국 정부도 난민보호에 관한 국제사회의 노력과 더불어 개별국가들의 난민 정책을 자세히 살펴보고 한국 사회에 맞는 정책을 추진하려는 노력이 무엇보다 필요하다.

토론 및 발표 주제

외신이 선정한 2018년 한국 이슈 TOP 5에 선정된 '제주 예멘 난민', 2018년 한국 사회를 달궜던 '제주 예멘 난민' 사태가 발생한 지 어느덧 7년이 지났다. 그해 예멘인 561명이 입국해 549명이 "난민으로 인정해 달라."고 신청했다. 2명이 난민인정을 받았고 412명은 인도적 체류가 허가됐다.

그 후 이들은 어떻게 됐을까. 난민 정책과 관련해서 토론해 봅시다.

출처: 박수진(2018.06.18.). '제주도에 온 예멘 난민 500명, 무슬림 혐오에 내몰리다.'
https://www.hani.co.kr/arti/society/rights/849580.html

Chapter 08

외국인 유학생

학습목표

1. 외국인 유학생의 개념과 현황들을 알 수 있다.
2. 외국인 유학생의 체류 및 정주 문제를 파악할 수 있다.
3. 외국인 유학생과 관련 정책을 추론해 볼 수 있다.

01 외국인 유학생에 관한 이해

1) 외국인 유학생의 개념

외국인 유학생이란 우리나라에서 '유학이나 연수활동을 할 수 있는 체류자격을 가지고 있는 외국인'을 말한다(「출입국관리법」 제19조의4). 외국인 유학생과 관련된 법률은 크게 출입국 및 국내 체류 관련 법제와 학업 및 국내 생활 관련 법제로 나눌 수 있다. 외국인 유학생의 출입국 및 국내 체류와 관련해서는 「출입국관리법」으로 규정하고 있으며, 학업과는 「고등교육법」, 「초·중등교육법」 적용을 받는다. 더불어 국내 생활과 관련해서는 「재한외국인 처우기본법」이 정하는 바에 따른다. 「출입국관리법」은 외국인 유학생의 체류자격에 따른 사증(VISA)의 발급 및 입국(「출입국관리법」 제3장), 국내 체류·활동 및 출국(「출입국관리법」 제4장), 외국인등록(「출입국관리법」 제5장)에 관한 사항을 정하고 있다.

유학 또는 연수활동을 할 수 있는 체류자격을 부여받을 수 있는 사람은 〈표 8-1〉과 같다. 일반연수 D-4 비자는 최대 2년 체류자격을 부여받고 3개월 단위로 연장할 수 있다. 대학유학 D-2 비자는 최대 4년 체류자격으로 학위에 따라 전문학사 D-2-1, 학사유학 D-2-2, 석사유학 D-2-3, 박사유학 D-2-4로 구분된다. 대부분 한국에 유학생으로 입국 시에는 일반연수 D-4 자격이 많다.

표 8-1 외국인 유학생 사증 발급 분류

<table>
<tr><th>사증 구분</th><th colspan="20">체류자격 분류</th></tr>
<tr><td>일반연수
(D-4)</td><td colspan="7">대학부설어학원연수
(D-4-1)</td><td colspan="6">초·중·고생
(D-4-3)</td><td colspan="7">외국어연수
(D-4-7)</td></tr>
<tr><td rowspan="2">유학
(D-2)</td><td colspan="5">전문학사(D-2-1)</td><td colspan="5">학사유학(D-2-2)</td><td colspan="5">석사유학(D-2-3)</td><td colspan="5">박사유학(D-2-4)</td></tr>
<tr><td colspan="4">연구유학
(D-2-6)</td><td colspan="4">(학사)교환학생
(D-2-6)</td><td colspan="4">일-학습연계
(D-2-7)</td><td colspan="4">단기유학
(D-2-8)</td><td colspan="4">교환학생
(D-2-F)</td></tr>
</table>

2) 외국인 유학생 체류 현황

외국인 유학생은 2024년 기준 약 26만 명에 달하며(법무부 출입국·외국인정책본부, 2025a), 전년 대비 16.5% 증가하였다. 이는 대학의 유학생 유치 노력과 정부의 글로벌 인재 확보 정책의 결과이다. 전반적으로 유학생들은 교육과 취업 등 다양한 이유로 한국을 선택한다. 또한 유학생의 졸업 후 향후 계획을 살펴보면, 한국에서 계속 체류하고자 하는 유학생은 전체의 63% 정도이고, 그중 35.4%는 취업을, 27.4%는 진학을 계획하고 있다(법무부, 2025.03.18.). 그러나 외국인 유학생의 한국 정주 체류에 장벽들이 높아서 부정적 인식이 높다. 이민 정책적 측면에서 외국인 유학생의 중요성이 점점 커지는 만큼 향후 전문성을 갖춘 국민으로서 잠재적 성장력을 발휘할 수 있도록 한국 체류 정주의 관점에서 논의가 필요하다.

국내 연도별 유학생 현황('20~'25년)을 살펴보면 〈표 8-2〉와 같이, 2025년 5월 말 기준 국내 유학생은 275,580명으로 전년 대비 17.5% 증가하였다. 유학과 연수 체류비자 유학생이 지속적으로 증가하는 추세를 보인다.

표 8-2 연도별 유학생 현황

(단위: 명)

연도	2020년	2021년	2022년	2023년	2024년	'24년 5월	'25년 5월
총계	153,361	163,699	197,234	226,507	263,775	234,452	275,580
유학(D-2)	101,810	111,178	134,062	152,094	178,519	161,760	194,051
한국어연수(D-4-1)	51,545	52,506	63,146	74,361	85,173	72,606	81,461
외국어연수(D-4-7)	6	15	26	52	83	86	68
전년대비증감률	-14.9%	6.7%	20.5%	14.8%	16.5%	-	17.5%

출처: 법무부 출입국·외국인정책본부(2025f). 출입국통계: 체류외국인.

국가별 대학유학 비자 D-2 자격 분포는 중국이 가장 많고, 다음으로 베트남, 우즈베키스탄, 네팔, 몽골 순으로 나타났다. 그러나 일반연수 자격의 D-4는 베트남이 압도적으로 가장 높게 나타나 향후 베트남 유학생의 D-2 전환이 높을 것으로 예측된다.

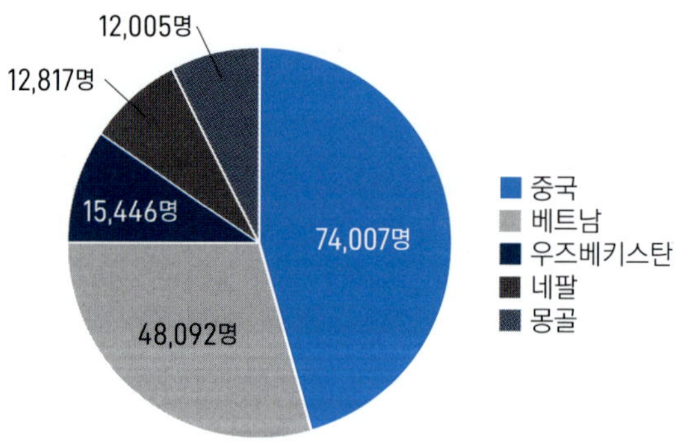

그림 8-1 대학유학 사증(D-2) 체류 국가별

출처: 법무부 출입국·외국인정책본부(2025d). 출입국·외국인정책 통계월보, 2025년 4월호.

[그림 8-1]과 같이 유학(D-2) 비자는 중국이 많이 차지하고 있지만, 연수(D-4)는 베트남이

높은 비중을 차지하고 있어서 2025년 5월 현재 전체 통합하면, 베트남 103,224명이 선두를 차지하고, 다음으로 중국 72,801명으로 나타났다.

02 외국인 유학생 관련 정책

1) 외국인 유학생의 체류자격 이동

외국인 유학생은 체류자격 외의 활동도 제한적으로 가능하다. 우선 일정한 수준의 한국어 능력을 보유하는 외국인 유학생은 대학의 유학생 담당자 확인을 거친 후 시간제 취업활동이 가능하다(법무부 출입국·외국인정책본부, 2025d). 시간제 취업활동은 주중 기준으로 전문학사 및 학사과정 재학생은 주당 25시간, 석·박사과정은 주당 30시간까지 가능하며, 주말 및 방학에는 제한 없이 체류자격 외 활동이 가능하다. 그뿐만 아니라 과학기술 연구 분야에서 학생연구원으로 등록할 때도 체류자격 외 활동 특례가 가능하다. 즉, 석·박사과정에 재학 중이거나 수료한 학생으로 소속 대학 이외의 정부출연 연구기관으로 「과학기술분야 정부출연연구기관 등의 설립·운영 및 육성에 관한 법률」 제8조에 따른 연구기관, 「특정연구기관육성법 시행령」 제3조에 따른 특정 연구기관, 「국제과학비즈니스벨트 조성 및 지원에 관한 특별법」 제14조에 따른 연구원 등에서 학생연구원으로 고용계약을 체결하고 근무하려는 자는 체류자격 외 활동이 가능하다

외국인 유학생은 졸업 후 취업을 위해 구직(D-10) 자격으로 변경이 가능하다. 구직(D-10)은 일반 구직과 기술창업 준비로 분류된다. 우선 일반구직은 교수(E-1)부터 특정활동(E-7)까지의 자격에 해당하는 분야에 취업하기 위해서 연수나 구직활동을 하려는 자로, 전문학사와 학사학위를 취득하고 기준 점수를 충족하였거나 국내 대학 출신 한국어 우수자의 경우 면제가 가능하다. 다만, 유학과정 경과(전문학사 2년, 학사 4년) 후 학점 미달 등으로 졸업요건을 갖추지 못하면 예외적으로 체류 허가를 받은 자는 허가 대상에서 제외된다(박웅신, 2025, p. 325). 외국인 유학생이 국내에 체류하면서 취업을 위해 구직(D-10) 비자를 받은 외국인 유학

생 수는 11,259명에 이른다(김명광·이윤주, 2023).

교육부는 지역에서 취업, 정주를 희망하는 외국인 유학생과 인력난을 겪고 있는 지역기업이 연결될 수 있도록 지속해서 지원한다. 이를 위해 '한국유학종합시스템'에 취업 정보와 상담 서비스 제공을 강화하고 있으며, 중소벤처기업부에서 구축한 '케이 워크(K-Work) 플랫폼'과 연계하여 취업 연결(매칭)도 지원할 계획이다. 또한 2025년부터 라이즈(RISE, 지역혁신 중심 대학지원 체계)가 전국으로 확대됨에 따라 각 지자체에서 외국인 유학생 취업박람회가 활발히 개최될 수 있도록 지속해서 지원할 예정이다(교육부, 2025). 이처럼 외국인 유학생들이 체류자격을 변경하거나 연장하기 위해서는 학업 관련 서류와 함께 해당 비자 규정에 따라 적합한 절차를 거쳐야 한다. 예를 들면, 학업 연장, 학교 전환, 졸업 후 일정 기간 내 체류 연장 등이 포함될 수 있다. 또한, 일부 유학생들은 졸업 후 한국에서 일정 분야의 경력을 쌓거나 추가 교육을 받기 위해 관련된 비자나 체류 허가를 신청하기도 한다.

이러한 체류자격 이동은 한국의 이민법 및 해당 비자 규정에 따라 이루어지며, 외국인 유학생들은 체류 기간 정해진 규정을 준수하여 자신의 비자 상태를 유지하고, 필요한 경우에는 체류 기간을 연장하거나 적합한 비자로 변환하는 과정을 따르고 있기 때문이다. 이를 도식화하면 [그림 8-2]와 같다.

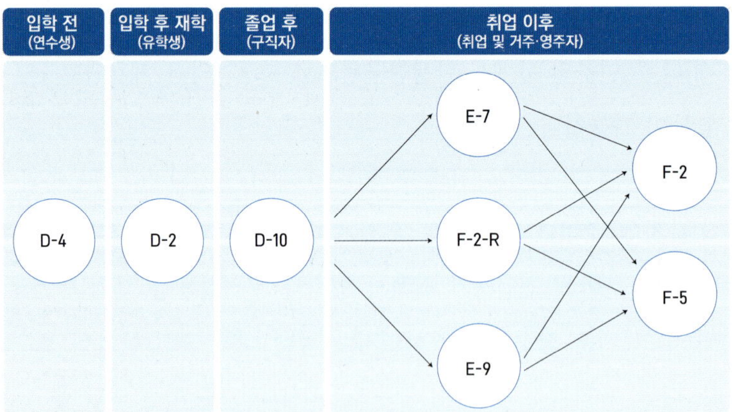

그림 8-2 외국인 유학생 체류비자 변환 과정

출처: 이윤주, 김명광(2023). 외국인 유학생의 한국 정주 체류 장벽 고찰 연구, p. 112.

구직 비자(D-10)는 취업을 위한 구직활동, 기술창업 준비 또는 요건을 갖춘 기업에서 첨단 기술 분야 인턴 활동을 하는 사람에게 부여되는 비자이다. 외국인 유학생의 경우 한국 대학을 졸업하면 어렵지 않게 일반구직(D-10-1) 비자를 받을 수 있다. 그러나 구직 비자(D-10)는 비자 기간이 6개월이며 최장 2년이다. 비자 유효기간이 만료되기 전에 구직 비자 연장을 신청해야 하므로 제한된 시간 내에 반드시 체류 연장신청을 해야 한다. 구직 비자 연장을 위해 필요한 서류 및 절차에 대한 이해도 부족으로 올바르게 신청할 수 없어서 연장이 지연되거나 거절될 수 있다. 비자를 연장하기 위해서는 취업 계획과 관련된 합당한 이유와 증빙자료가 필요한데, 외국인 유학생들은 그 정보를 어디에서 찾아야 하는지, 그리고 그것을 어떻게 구직 활동으로 연결해야 하는지 모르는 경우가 대부분이다(이윤주·김명광, 2023). 구직 비자(D-10)의 어려움은 연장 서류 마련과 구직활동의 한계에 있다. 특히, 비자 연장 서류 중 체재비 입증서류는 외국인 유학생에게 큰 부담이다.

E-7 비자는 전문직 근로자를 위한 특정 활동 비자로, 해당 직업 분야에서 충분한 경력과 능력을 갖춘 사람에게 제공된다. 따라서 해당 분야에서 충분한 경력과 능력을 갖추지 못한 경우에는 비자 발급이 어려울 수 있다. 외국인 유학생의 정주를 위한 비자 자격 이동은 E-7 비자 획득의 어려움, 서류제출의 복잡함, 연봉 기준 미달로 인한 문제, 직종 인정과 연봉 기준의 불일치, 실직과 취업 기간의 불일치 등으로 정리될 수 있는데, 이러한 문제들은 비자 획득 및 취업 과정에서의 규정과 현실 간의 불일치, 월급 기준의 높은 요구 등 다양한 측면에서 발생하는 것으로 보인다(이윤주·김명광, 2023). 이는 외국인 유학생들이 한국 취업을 위해 많은 어려움을 겪고 있다는 사실을 단정적으로 보여주고 있다.

2) 외국인 유학생의 사회통합

2008년 8월 교육부는 2020년까지 외국인 유학생 10만 명 유치를 목표로 하는 'Study Korea Project 발전 방안'을 수립하여 기존 유학생 유치 과정에서 제기된 문제점을 보완하고 개선하고자 하였다. 이 정책은 2004년의 'Study Korea Project' 수립 당시 외국인 유학생 유치 목표가 조기 달성됨에 따라 새롭게 목표를 설정하였으며, 기존의 정책보다 우수 유학생 유치 확대 등 질적 제고 측면에 상대적으로 더 비중을 두었다(이현주·이미정, 2019, p. 242). 이후 정부는 2012년 최초 목표했던 외국인 유학생 유치의 양적 성장이 달성되자 'Study Korea 2020' 프로젝트 추진계획을 통해 2020년까지 외국인 유학생 20만 명 유치를 목표로 '정부 초청 장학 사업 GKS(Global Korea Scholarship)'을 확대하였다.

최근 저출산 절벽으로 인한 학령인구 부족, 초고령사회로 생산가능인구 부족과 지방대학 위축, 인구 소멸의 가속화로 인한 지역경제 침체 등의 문제가 노출되었고 이에 대응하기 위해 정부는 'Study Korea 300K Project'를 발표해 이를 극복하고자 하고 있다. 이 프로젝트의 목표는 2027년까지 외국인 유학생 30만 명을 유치하는 것이며, 교육 국제화 역량 인증제도 개편, 유학생 유치 지원을 위한 규제 완화 정책, 유학생 취업 연계 강화 및 우수 인재 정주 지원 정책 강화 등이 대표적이다(교육부, 2023.08.16.).

이에 따라 우리나라의 외국인 유학생 확대 및 질적 향상 정책은 큰 발전을 보였다. 이는 최근 5년으로 범위를 좁혀 외국인 유학생 수가 2020년의 153,361명에서 2025년의 4월 기준 275,580명으로 확대된 사실과 일부 상위권 대학만이 아닌 전국적인 대학으로 분포된 것을 보면 알 수 있다. 하지만 이들이 정부와 전국 대학교의 희망대로 우리의 이웃으로 정착할 것인가에 대해서 아직은 지켜봐야 할 단계이다.

03 외국인 유학생 정책 사례

지금까지 외국인 유학생 대상 정책은 주로 한국에서의 적응과 졸업 후 본국으로 귀환하는 정책으로 맞추어졌다. 그래서 외국인 유학생들의 학위 취득 후 진로 지원에 대한 정책은 소홀한 것이 사실이다. 실제로 2023년 구직 비자(D-10)를 받은 19만여 명 중 단 1.2%만이 전문직 비자(E-7)로 전환하여 취업에 성공하였다(이윤주·김명광, 2023). 이러한 낮은 정주는 비자 제도의 복잡성, 언어 및 문화 장벽, 취업 연계 시스템 부족 등 다양한 요인에 기인한다. 그동안 정부는 청년실업률을 고려해 유학생의 국내 취업을 제한적으로 다루어 왔지만, 최근 저출산과 고령화로 인한 생산연령인구 감소 문제가 심각해지면서 유학생을 잠재적 숙련 인력으로 활용하려는 움직임이 나타나고 있다(이윤주·김명광, 2023).

이민 정책적 측면에서 자본과 기술을 갖춘 고급인력을 국익과 경제의 관점에서 적극적으로 수용하고 인구 감소와 지역 소멸 위기에 대비한 지역형 외국인 유학생 유치가 시급한 시점이다. 이에 외국인 유학생을 대상으로 졸업 후 취업이나 연수 기회를 제공하고 지역 맞춤형 정책 수립으로, 숙련 인력으로 확대할 수 있는 정주형 정책이 필요하다. 외국인 유학생이 졸업 이후 원활하게 한국 사회에 정착하고 노동시장에 진입할 수 있도록 정부의 제도적 지원과 실질적인 정책 보완이 필요한 시점이다.

1) '글로컬대학 30' 프로젝트

'글로컬대학 30' 프로젝트는 2023년 교육부가 글로컬대학 위원회를 출범하고 2025년까지 비수도권 대학 30곳을 '글로컬(Glocal) 대학'으로 지정해 지원하는 정책 사업이다. 글로컬은 세계화를 뜻하는 global과 지역화를 뜻하는 local의 합성어다. 일부 교육계는 이 정책이 대학구조조정 사업의 하나로 보고 경영 위기 대학 정책과 맥락이 같다고 보았다. 하지만, 학령인구 감소와 지역 격차 등 현시점의 위기 상황에 대응해 대학과 지역사회 간 결속력 있는 파트너십을 맺어 글로벌 수준의 동반성장 견인을 목표로 한다는 점에서 단순한 대학 재정지원 사업과는 궤를 달리한다.

따라서 교육부는 급격한 학령인구 감소와 산업구조의 변화 속에서 지역을 발전시키는 혁신 생태계의 중심이자 지역 우수 인재, 누구나 가고 싶어 하는 경쟁력 있는 지역대학 육성을 위해 '글로컬대학 30' 프로젝트를 추진하고 있다.

1단계 예비지정과 2단계 본지정 평가를 거쳐 글로컬대학위원회의 최종 심의 결과, 글로컬대학으로 지정한다. 최종 선정된 대학에는 학교당 5년간 약 1,000억 원을 지원하고 규제혁신을 우선 적용한다. 또 범부처·지자체 투자를 유도하고 「지방대학 및 지역균형인재 육성에 관한 법률」(약칭: 「지방대육성법」)상 특성화 지방대학 지정에 따른 행·재정 우대도 따른다.

2025년 기준, 2023년과 2024년에 각각 10건이 본지정에 오른 상태이며, 이후 2025년과

2026년에 각각 5건을 선정해 총 30건이 선정될 예정이었으나 2025년 10건 선정을 마지막으로 하고 2026년에는 선정하지 않는 것으로 계획이 변경되었다. 대학 내·외부 벽을 허물고, 지역·산업계 등과 파트너십을 기반으로 대학-지역의 동반성장을 이끌어 갈 대학을 집중적으로 지원하는 데 의의가 있다. 지정 대상은 소재지가 비수도권인 일반재정지원대학 또는 국립대학이다. 글로컬대학들의 혁신 전략이 확산하면서 전반적으로 혁신 전략이 체계화 및 정교화되었다. 학생 전공 선택권 확대와 산업체와의 연계 강화를 위한 학사제도 유연화를 기본적으로 포함하면서 대학 간 통합 및 연합으로 상승효과를 극대화하고 있다. 또한 연구기관·산업체 연합으로 인적·물적 벽을 허물고 대학 특성화에 기반한 글로벌 진출 등 차별화된 혁신 모델들이 제시되었다(교육부, 2024a).

교육부는 '글로컬대학 30' 프로젝트와 함께 지자체 주도로 대학 지원 패러다임을 전환할 수 있도록 2025년부터 교육부의 대학 지원 권한을 지자체에 위임·이양하여 지자체와 대학, 혁신기관들이 지역 맞춤 전략을 수립·시행하는 지역 혁신 중심 대학 지원 체계(RISE: Regional Innovation System & Education, 이하 라이즈)를 전면 시행한다. 이처럼 라이즈(RISE)를 통해 지자체는 교육·일자리·문화·복지 등 전 영역에서 대학과 긴밀하게 협력하여 '지역인재 양성-취·창업-정주'에 이르는 선순환 생태계를 구현하고, 대학은 지역과 함께 새로운 활로를 모색하고 활동 영역을 확장한다. 이를 통해 유학생 유치가 활성화되고 지역·산업계 등과 파트너십을 기반으로 동반성장에 기여할 것으로 예상한다.

2) 지역별 사례

(1) 충북형 K-유학생 제도

충청북도는 도내 대학과 연계하여 유학생에게 비자 발급 요건을 완화하고, 월 일정 금액의 생활비를 지원한다. 또한 'K-가디언 제도'를 통해 지역 주민이 유학생의 생활을 멘토링하고 문화 적응과 정서적 안정을 도모한다. 즉, 'K-가디언 제도'는 지역의 민·관·산·학 관계자를 활용한 유학생 후견인 시스템이다.

- 지방의회, 경찰, 소방, 민간사회단체, 대학 학생회 등 다양한 분야의 지역 인사를 가디언으로 위촉하여, 1:2 매칭된 유학생의 안정적 생활과 정착을 돕는 역할 수행
- 가디언은 유학생들에게 지역 생활정보를 제공, 진로상담 등 지역사회 활동도 함께 할 계획

K-가디언 K-유학생

출처: 천영준(2024.10.21.). 충북도 'K-가디언' 제도 도입… "유학생 안정 정착 돕는다".

(2) 경남 제조업 특화 정책

경상남도는 지역 제조업체의 인력 부족 문제를 해결하기 위해 2022년 지역특화형 비자(F-2-R)를 신설하여 활용하고 있다. 대학-기업 간 협약을 통해 유학생에게 전공과 연계된 실습 기회를 제공하고, 기술 인력으로서 지역 정착을 유도하는 데 의의가 있다. F-2-R 비자란, 대한민국 정부가 인구감소 지역의 산업·대학·일자리 등에 적합한 외국인의 지역 정착을 장려하기 위해 발행하는 '지역 맞춤형 비자'를 뜻한다. 비슷하게 외국인 유학생이 발급받을 수 있는 D-2 비자도 존재하지만, 이는 시간제 취업(아르바이트)만 제한된 시간 동안 허용되면서 학업 과정을 지속하는 데 초점이 맞춰져 있다. 반면 F-2-R은 D-2 비자 기준과 달리 더 안정적인 취업의 기회를 제공하므로 한국에서 계속 거주하길 희망하는 유학생은 더 유리한 선택지로 적용됨과 동시에 자연스럽게 지역 글로벌 인재로 유치시킬 수 있다. 예를 들어, 부산시의 경우, 조선소의 힘든 작업 환경과 근로 조건 등을 이유로 노동을 꺼리는 한국인 학생들보다 전문적 지식을 배운 외국인 유학생들에게 취업의 기회를 제공하고, 'F-2-R 비자'를 발급받을 수 있게 하여 지역에 체류할 수 있도록 돕는 제도를 확립할 수 있다.

2025년 부산상공회의소에서 발표한 「부산지역 기업체 외국인 유학생 채용 관련 인식 및 의견 조사」에 따르면, 외국인 유학생 채용 경험이 있는 기업 중 91.2%가 성과에 만족한다고 응답하였다. 이는 많은 인력이 필요한 제조, 생산 분야에서 전문 지식을 갖춘 유학생을 채용했을 때 나타나는 긍정적인 영향으로 볼 수 있다. 그러나 유학생들이 부산 같은 특정 지역에 채용될 시 발급이 가능한 'F-2-R 비자'에도 문제가 있어 사실상 개선이 필요한 부분이 발생

한다. F-2-R 비자를 발급받고 이후에도 계속 기회를 얻으려면, 법무부가 지정한 업종에만 취업할 수 있다. 즉, '지방의 인구감소 문제를 해결하기 위해 우수한 외국인 인재를 수용하는 것'을 목적으로 둔 F-2-R 비자 정책이 제대로 영향을 발휘하지 못하게 될 수 있다는 것이다.

법무부는 2025년 3월부터 2년간 14개 광역지방자치단체와 협력하여 '광역형 비자' 시범사업을 추진한다. 이 사업은 지역 산업 특성에 적합한 외국 인재를 유치하고, 외국인 유학생의 국내 정착을 지원함으로써 지역 경제의 균형발전을 도모하는 데 목적이 있다. 해당 사업은 지역 경제발전에 기반하여 지역별 산업구조에 맞는 외국 인재를 유치하여 지역 내 인력 부족 문제를 해소하고, 수도권에 집중된 자원과 인재를 분산시켜 지역 간 균형 성장을 실현하고자 한다. 이는 장기적으로 지역대학의 경쟁력 강화와 산업 생태계 활성화에도 도움이 될 것으로 기대되는 지점이지만, 유학생의 졸업 후 거취와 안정적인 구직의 기회를 누릴 수 있을지 자격 기준에 대한 보완이 필요하다. 법무부에 따르면 해당 비자의 실제 이용률은 낮으며, 직종 제한과 가족 동반 제약으로 인해 실효성이 떨어진다는 평가가 있다(법무부 출입국·외국인정책본부, 2025e).

(3) 전북 'JB 유학생 15,000 이룸 프로젝트'

전라북도는 도내 대학과 협업해 2030년까지 외국인 유학생 1만 5천 명 유치를 목표로, 해외 우수 인재 유치 및 지역 정주를 위한 'JB 유학생 15,000 이룸 프로젝트'를 수립하였다. 유치 단계의 '유치 이룸', 학업 단계의 '교육 이룸', 취업을 통한 '정착 이룸'의 단계별 이룸 전략을 통해 외국인 유학생의 유치 및 정착의 선순환 생태계를 조성할 계획이다. 이를 실현하기 위한 중점 과제로 첫 번째로 지역혁신 중심 대학지원체계(RISE)에 맞춰 지자체와 대학, 유관기관이 협업해 외국인 유학생 정책을 수립·시행하는 거버넌스를 구축하는 것이다. 두 번째 중점 과제는 대학을 통해 전북자치도를 한국어교육 1번지로 조성하는 것이다. 현재 5개소로 시행하고 있는 '해외 새만금 한글학당'을 2025년부터는 대학의 우수 자원을 활용해 외국인 유학생 유치를 위한 해외 주요 거점 국가를 대상으로, 10개소로 확대·운영한다. 또한 한국어 실력이 우수한 유학생을 활용해 같은 국적의 다문화가정과 외국인 근로자 등을 대상으로 한국어 수업을 진행하는 '찾아가는 한국어 공부방'을 운영한다. 유학생은 활동비를 지원

받고 외국인 근로자와 다문화가정 등의 한국어 능력 향상으로 지역 적응에 도움이 될 것으로 기대한다(한국대학신문, 2024.06.24.).

3) 외국의 유학생 정책 사례

(1) 캐나다: '주정부 추천프로그램'

캐나다에서는 적극적인 외국인 유학생 정책을 취하면서 이민을 목적으로 유학을 선택하는 상황이 발생하고 있으며, 캐나다 고등교육기관이 외국인 학생에 대한 의존도가 매우 높아지는 결과를 초래하였다(박은빈, 2024). 캐나다 이민자와 유학생 정주 정책에서 중요한 제도가 '주정부 추천프로그램(PNP: Provincial Nominee Program)'이라 보는데, 1999년에 도입된 이 제도는 지방정부(주정부)가 지역의 노동시장 및 경제적 특성을 고려해 특정 이민자를 연방정부에 추천하여 영주권을 취득할 수 있게 하는 제도이며, 이민정책의 연방-주정부 이원화를 의미한다. PNP 등을 활용해 캐나다 대학을 졸업한 외국인 유학생이 취업비자를 획득하고, 직장을 가진 외국인 졸업생이 영주권을 신청하면 1~2년 안에 영주권을 취득하는 경우가 많아서 유학·취업·영주로 연결되는 외국인 유학생이 증가하고, 이에 따라 외국인 등록금이 캐나다 내국인 평균 등록금의 5배 정도 비싼 결과를 초래하였다(박은빈, 2024).

2024년 하반기에 캐나다의 외국인 유학생 정책에 조금씩 변화가 있었다. 즉, 캐나다 연방정부는 외국인 유학생 주당 근로 시간을 종래 최대 40시간에서 24시간으로 축소했으며, 외국인 유학생이 재적하는 학교에 대한 정부의 통제(즉, 유학생 관리에 대한 서류제출 의무)를 강화하였고, 정부에 필요한 정보를 제공하지 않는 경우 해당 학교는 최대 1년간 신입생 외국인 유학생 초청이 금지될 수 있다(캐나다 연방정부, 2024.11.15.).

(2) 미국

미국은 지난 2003년 국토안보부를 신설하고, 미국에서의 유학생 비자와 이민법 준수를 위해 '학생과 교환 방문자 프로그램(SEVP: Student and Exchange Visitor Program)'을 출범시켰다. 이는 국토안보부 산하 국가안보조사국(National Security Investigations Division)의 일부이며

(https://www.ice.gov/sevis), 학생 및 교환 방문자 정보시스템(SEVIS: The Student and Exchange Visitor Information System)을 관리하고 있다. 이러한 SEVIS는 적시에 외국 학생들에 대한 전자 보고와 모니터링을 쉽게 만든 인터넷 기반의 프로그램으로, 외국인 유학생의 비자 규정 위반 여부 및 미국 내 학교등록 기록 등을 일원화하고 유학생 관리시스템과 미 전국의 사법기관 데이터베이스를 통합하여, 외국인 유학생들의 미국 입국 후 기록이 실시간으로 관리될 수 있도록 구축한 플랫폼이다. 다만, 2009년 9월부터 기존의 SEVIS 대신 외국인 유학생의 비자 규정 위반 여부 및 미국 내 학교등록 기록 등을 통합하고 유학생 관리시스템과 사법기관의 데이터베이스를 통합한 SEVIS II를 도입·운용하고 있다. 즉, 외국인 유학생들의 이민 체류 신분 유지 여부, 범죄 기록, 유학생과 관련한 사법당국의 수사 현황, 유학생의 학업 현황 등을 실시간으로 관리하고 있다(Korea Weekly, 2008.06.21.).

4) 외국인 유학생의 제도적 개선 방안

(1) 외국인 유학생의 정주

서울권의 주요 대학과 지방대학교의 외국인 유학생 유치는 본질적인 목적이 다른 경향이 있다. 지방대학교의 외국인 유학생 유치의 목적은 학령인구 감소에 따른 대학의 지속가능성을 확보하기 위한 것이라면, 서울권의 주요 대학의 외국인 유학생 유치 목적은 학령인구 감소에 따른 대응을 포함하고, 우수인력 유치로 대학의 경쟁력 확보라는 개념도 존재하기 때문이다. 특히 전문대학을 포함한 지방대학교의 외국인 유학생은 상대적으로 우리나라보다 경제적 여건이 취약한 나라에서 오는 학생들이 다수이므로 유학의 목적이 '학업 + 취업'에 주안점을 두는 경우가 많지만, 서울의 주요 대학에 유학을 오는 학생들은 R&D 영역에서의 우수인력과 상대적으로 안정적인 국가 출신들도 많이 포진하고 있어 '학업'을 목적으로 입학하는 학생들이 다수라는 차이점이 존재한다. 따라서 이들은 유학 과정에 중도탈락 및 불법취업 비율도 큰 차이가 존재한다. 이를테면, 내국인 학령기 학생의 진학에서 서울권과 지방권의 양극화 현상이 외국인 유학생 유치에도 존재한다는 것이다(박웅신, 2025). 따라서 수도권과 지방의 차이를 동일한 관점에서 접근하는 것은 합리적이지 않다고 여겨진다. 특히 지방권의 대학은 취업에 주안점을 둔 학생들이 다수이므로 이들이 통상적으로 허용되는 주당 근로 시간 이상의 근로 유혹에 빠질 개연성이 있으며, 이는 중도탈락률과 불법체류자 향상의 원인이 되기에, 법무부는 자연스럽게 이러한 점을 고려해 외국인 유학생 문제를 '통제'의 개념으로 접근하는 이유가 되는 것이라 본다. 따라서 외국인 유학생에 대한 세부적인 정책을 논함에 있어서 어쩔 수 없이 존재하는 불편한 진실(즉, 외국인 유학생의 양극화)을 인정하고, 서울권과 지방의 지역적 한계를 고려한 정책을 시행해야 한다.

(2) 외국인 유학생 재정 확대

외국인 유학생들에게 시간제 근로가 중요한 상황에서 지금과 같이 취업이 가능한 업종이 제한되어 있다는 점은 외국인 유학생들의 초기 정착에 도움이 되지 않는다. 즉, 일반 통·번역, 음식업 보조, 일반 사무보조, 그리고 공적 확인을 받은 자국정부 발급 범죄경력증명서 및 법무부장관 지정 의료기관 발행 채용, 신체 검사서를 제출하면 영어키즈카페, 영어캠프 안전보조원, 놀이보조원 등의 활동, 관광 안내 보조 및 면세점 판매 보조 등에서만 취업이 가능하다(찾기쉬운생활법령정보, 2025.08.15.). 그러나 이러한 업종에 대한 취업이 내국인과 동일한 자신의 의지로 이루어지는 것은 아니다. 업체의 고용 제안과 학교의 허가가 충족되면 다시 관할 출입국관리사무소로부터 허가를 받아야 하는 절차적 어려움도 외국인 유학생의 근로를 어렵게 하는 측면이 있다. 물론 이러한 규제는 불법체류자 확산을 막기 위한 대응책이지만, 유학생의 아르바이트와 인턴십 기회를 확대하는 것은 졸업 후 체류나 취업 의사를 확대한다는 점에서 정부가 계획하고 있는 학업-취업-정주의 경로가 실현될 방안이기는 하다(이민정책연구원, 2024b). 하지만 유학생의 아르바이트는 한국어 능력과 학점, 학위과정에 따라 주당 허용되는 시간이 달라지는데, 현재 유학생의 취업은 제도권을 벗어나는 경우가 많다는 지적이 있다. 즉, 절차가 번거로워 정부 허가를 받지 않을 경우도 있고, 한국어능력시험 점수를 취득하지 않은 채 일을 시작하는 때도 있다. 이민정책연구원(2024b) 통계브리프에 의하면, 2024년 분석 표본 2,393명 중 630명이 수입 목적으로 한국에서 근무하였는데, 이 중 253명만이 출입국 관리사무소에 근무를 신고한 것으로 나타났다. 유학생 10명 중 1명만이 정식으로 허가를 받고 일하는 것이다. 신고하지 않고 근무한 유학생 347명 중 절반 이상인 189명은 취업 신고를 해야 한다는 것을 몰라서 신고하지 못한 것으로 확인되었다. 유학생의 아르바이트 관리를 실효성 있게 하는 것도 중요하고, 더불어 이러한 취업 경험이 실제 졸업 후 유용한 경력이 되기 위해서는 단순 아르바이트 경험보다는 기업과 연계한 인턴십 기회를 확대하는 방안이 정책적으로 우선 고려되어야 할 것이다.

국내 유학 시 정부 또는 학교에서 제공되는 장학금 혜택은 유학생들의 체류 및 취업 의사와 공통적으로 상당한 연관성이 있는 것으로 보인다(브리프). 이는 정부의 유학생 대상 재정지원 확대가 한국에 정주할 의사가 있는 유학생들을 유입시키는 데 기여할 가능성이 있음을 시사한다. 특히, 교육부와 기획재정부가 각각 실시하는 GKS 사업(정부초청외국인장학사업) 및 BK21(Brain Korea) 사업으로, 재정지원 확대는 긍정적인 효과를 기대할 수 있을 것으로 보인다. 학업 성취도가 높은 인재들을 선별적으로 수용한다면, 한정된 재원을 이들에게 집중시킴으로써 재정 운용의 효율성을 확보하고 양질의 교육을 제공할 수 있을 것이다. 또한 교육과정의 우수성을 이유로 한국 유학을 선택한 유학생들의 졸업 후 체류의사가 높다는 것을 고려할 때, 효율적 재정지원을 통한 교육의 질 제고는 장기체류 의사가 있는 유학생 유입에 도움이 될 것으로 보인다.

(3) 취업 비자의 문제

외국인 유학생 유치를 위해 법무부는 유학 비자 발급 시 외국인 유학생의 재정능력 기준을 완화하고, 교육국제화역량인증제(IEQAS: International Education Quality Assurance System)의 평가 결과에 인증을 받은 대학은 외국인 유학생의 비자발급 절차를 완화하고 있다. 또한 법무부는 2022년 '지역특화형 비자(F-2-R)'를 신설하면서 '비자 발급에 지방자치단체의 수요를 반영하고 지역의 특성과 요구를 반영하는 비자로 지역인재 확보와 국가 균형발전을 도모'할 것으로 예측하였다(법무부, 2022.07.25.). 하지만 F-2-R 비자는 대상 지역이 인구감소 지역으로만 한정되어 있어 인구감소 지역이 아니지만 인력이 부족한 지역의 수요를 충족시키기 어렵다는 문제점, 그리고 법무부가 비자 요건 설정과 관련하여 너무 많은 부분을 결정하고 있어서 지자체가 주도적으로 그 지역에 필요한 외국인 인재들을 확보하는 데에 한계가 있다는 지적을 받았다(임연서, 2024.10.30.).

이에 법무부는 기존 F-2-R 비자의 단점을 보완하기 위해 지난 2025년 4월 2일 지역별 '광역형 비자' 제도의 시행을 공지하였다(법무부, 2025.04.02.). 종래 F-2-R 비자는 법무부가 방문동거(F-1), 거주(F-2), 재외동포(F-4) 비자 등을 인구감소 지역에 일정한 기간 거주하는 것을 조건으로, 완화된 요건(소득, 학력, 한국어 능력 등)을 설정하고, 해당하는 지자체는 그렇게 만들어진 별도 요건을 충족하는 외국인 중 그 지역에 필요한 인재를 찾아서 그 인재들에 대한 비자 발급을 법무부에 신청하는 방식이었다. 하지만 법무부가 설정한 요건은 지자체 수준에서 변경할 수 없었으며, 해당 지역에 완화된 조건을 충족하는 외국인이 없으면 유명무실해질 수 있다. 2025~2026년 시범 사업으로 진행하는 광역형 비자는 2025년 4월 2일 전국에 14개의 지자체가 시범사업으로 선정되었으며, 향후 해당 지자체에서 해당 외국인을 추천하면, 그에 따라 법무부가 비자를 심사·발급하는 형태로 제도가 운용될 예정이다. 이를 통해 지역별 특성에 맞는 외국인 유학생의 수급이 확대될 수 있는 기틀이 마련되었다고 볼 수 있다. 다만 이는 시범 사업이기 때문에 발급 건수가 2년간 약 5,000건에 불과해 지금과 같이 인구감소가 심각한 시기에 2년에 걸쳐 전국에 5,000건의 광역형 비자가 과연 실효성이 있을지 의문이 든다.

외국인의 한국 체류 기간은 체류자격별로 상이하다. 외교, 공무, 국가 간 협정에 따른 A 계열 비자는 공무수행 기간이며 사증면제협정, 상호주의 등에 따른 B 계열 비자는 3개월 이내(연장 불가)이다. C 계열은 일시 체류를 목적으로 입국하는 사람이므로 90일 이내(연장불가)이며, 교육, 문화, 투자 관련 활동을 위한 D 계열은 6개월부터 2년, 3년, 5년 등 다양하며, 전문분야, 비전문분야에 활동하는 E 계열 외국인은 2~5년까지 체류자격별로 차이가 뚜렷하며 연장도 가능하다. 또한 F 계열은 가족동반, 거주, 동포, 영주, 결혼이민 자격으로 2년, 3년, 5년이며, F-5(영주)는 영구적이다. 장벽 사례들은 비자 변경 주기 및 비자 연장의 불편함, 서류 준비 및 제출의 불편함, 비자 종류에 따른 혼란 등으로 정리할 수 있다. 특히 비자 변경과 연장의 번거로움은 매번 발생하는 비용과 서류제출의 번거로움이 유학생들의 학업 및 한국 정주 체류에 영향을 미칠 수 있다. 또한 E-7 비자와 E-7-2 비자의 유효기간 차이와 관련된 불명확한 정책은 외국인 유학생뿐만 아니라 외국인들이 자신의 체류 상황을 이해하고 관리하는 데에 어려움을 겪게 할 수 있으므로, 이에 대한 정확한 해석이 요구된다. 이는 체류비자 관련 정책 및 프로세스에 대한 효율성과 학업 또는 한국 정주 체류에 미치는 영향을 고려하여 개선 방안을 모색해야 한다.

04 외국인 유학생 정책 과제

1) 시간제 취업 확대 및 학점 요건 완화

유학생의 취업 허용 시간은 학위과정과 한국어 능력에 따라 서로 다르다. 학위과정 및 학년에 따라 토픽 3~4급(KIIP 3~4단계) 이상 소지하고, 직전 학기 평균 C 학점 이상을 취득할 시, 학부·어학연수 과정은 1주일에 20시간 이내(주말, 방학 기간은 제한 없음), 석사·박사과정은 1주일에 30시간 이내(주말, 방학 기간은 제한 없음)로 제한하고 있다. 다만, 어학연수생의 경우, 자격변경일(사증 소지는 입국일)로부터 6개월이 경과된 자만이 시간제 취업(아르바이트)이 가능하다. 그런데도 학생들의 경우, 체류자격 외 활동 신고를 하지 않고 취업하는 사례가 발생하는바, 외국인 유학생 대상 취업에 대한 안내 및 경고가 필요하다. 이 같은 현상은 자영업체 구인난과 생활비를 충당하려는 외국 유학생 수요에 기인하는데, 유학생 체류자격 외 활동 신고를 하지 않고 시간제 취업한 학생들이 속출한다는 점이다.

외국인 유학생의 시간제 취업 요건 가운데 직전 학기 평균 C 학점 이상을 취득해야 하는 조건이 있다. 한국 소재 사업장에서의 취업으로 한국어 능력 보유 조건은 타당할 수 있으나, 직전 학기 평균 학점 기준에서 더 완화된 기준 마련이 전제된다. 유학 목적과 유학 영역이 다양해지고 전공 영역 일치 및 전문기술 분야에 대한 인정이 요구되는 만큼, 이에 직전 학기가 아니라 재학 기간의 평균 학점으로 완화하는 유연한 대응이 필요할 것으로 사료된다. 일부 생활비 충당이 어려운 유학생 중 직전 학기 학점 요건 미충족으로 인하여 취업 허가를 신청하지 못한 경우도 발생한다. 2023년 기준 외국인 유학생의 중도탈락률은 평균 8~15% 수준이며, 일부 대학은 20%를 초과한다(교육부, 2023). 외국인 유학생은 상대적으로 한국보다 경제적 여건이 취약한 나라에서 오는 학생들이 다수이므로 이들은 유학 과정에서 중도탈락 및 불법취업을 할 수 있는 잠재적 대상이 될 수 있다. 외국인 유학생의 재정적 확보를 위한 다양한 지원적 대안이 필요하다.

2) 졸업 후 취업 지원

「이민자 체류실태 및 고용조사」에 따르면, 외국인 유학생이 졸업 후에도 국내에 남거나 국내에서 취업활동을 이어가고자 하는 유학생 비율이 점차 증가하고 있으며, 국내 취업을 희망하는 경우 농업·임업과 어업, 광업·제조업, 건설업보다는 교육 서비스업, 전문, 과학 및 기술 서비스업을 선호하는 것으로 나타났다(이민정책연구원, 2024b). 이공계 인력 수급이 원활하지 않은 상황에서 공학 분야 전공자의 취업 희망 비율이 높게 나타났다는 점은 긍정적으로 볼 수 있다. 이는 우수 이공계 인력의 선별, 유치, 정주를 도모하는 정부의 정책 방향과도 일치한다. 법무부는 2023년 과학기술 석·박사급 인재의 영주 및 귀화 절차를 간소화한 '과학기술인재 패스트트랙 제도'를 본격적으로 시행하고(법무부, 2023.01.01.), 2025년에는 첨단분야 고급인재 유치 지원을 위한 '톱티어(Top-Tier)' 비자를 포함하는 「신(新) 출입국·이민정책」을 발표(법무부, 2025.04.02.)하는 등 이공계 인재 유치에 힘쓰고 있다. 이공계 유학생과 정부의 이해관계가 일치하는 상황에서, 공학 계열 유학생에 대한 취업 지원을 더 적극적으로 확대한다면 정부와 유학생 모두에게 긍정적인 결과를 가져올 수 있을 것으로 기대된다.

토론 및 발표 주제

1. 외국인 유학생의 우수 이공계 인력의 선별, 유지, 정주를 도모하는 정부의 정책 방향에 대해 알아보고 작용·부작용에 대해 의견을 나누어 봅시다.

2. 다음의 영상을 보고 토론해 봅시다.
   Ch B tv 서울 [심층] 외국인 유학생 '21만 시대'…한국 사회 과제는?
   출처: Ch B tv 서울(2025.05.22.). [심층] 외국인 유학생 '21만 시대'…한국 사회 과제는?
   https://www.youtube.com/watch?v=9jhJDHkPlwU

Part 3

다문화사회복지

다문화사회의 이해와 다문화사회복지 실천

Chapter 09

다문화사회복지의 이해

학습목표

1. 세계화와 국제이주를 통해 한국의 다문화사회복지 영역의 패러다임을 설명할 수 있다.
2. 다문화사회복지의 개념과 정의를 설명할 수 있다.
3. 다문화 사회복지사의 문화적 역량을 이해할 수 있다.
4. 한국의 다문화사회복지 정책을 분석할 수 있다.

01 세계화와 다문화사회복지

1) 세계화와 국제이주

세계화와 이주 사이의 관계는 한쪽의 특별한 영향으로 인해 형성된 것이 아니라 복잡하고 다면적인 관계를 맺고 있다. 세계화의 문화적·경제적 힘은 이주 흐름의 방향과 강도에 영향을 미치지만, 이주는 그 자체로 세계화의 매개체가 될 뿐만 아니라 세계적 분업에 대한 세계화의 매개체가 된다. 또한, 이주자들이 그들의 문화를 나라 밖으로 퍼뜨림으로써 문화적 세계화의 매개체가 되는 것이다(Triandafyllidou, 2018). 국가 간 인구이동은 전 지구적이고, 역사적으로 이민을 촉진하는 환경적 요소가 많아졌지만, 유입국의 사회·경제적 여건 변화나 정치적 이유 등으로 인해 이민에 대한 정책과 규제도 그에 따라 행해지고 있다.

국제이주는 경제적·인구학적·환경적 요인 등 다양한 요인으로 발생하나 대부분 노동력의 이동을 통해 이루어진다. 역사적으로 대규모의 이주는 유럽의 식민지 개발과 노예무역에서 시작되었다. 18세기 식민지 개척 과정의 노동력 부족을 해소하기 위한 아프리카인의 매매를 통한 강제 이주가 진행되었다. 산업혁명과 인구증가, 미국의 노예해방으로 인해 기존의 강제 이주는 잦아들었지만, 식민모국으로의 유입과 세계대전 등으로 강제 이동이 증가하였다. 이후 유럽의 공업화와 과잉인구, 미국의 노동수요 증가로 인해 대규모 외국인노동자가 발생하게 되었고, 전통적 이민국가 이외에 중동, 아시아 일부 국가까지 산업화에 성공하면서 자국 내 노동력 부족을 해소하기 위한 이주를 적극적으로 수용하게 되었다.

제2차 세계대전 이후 대규모 인명 손실과 강제적 인구이동의 참혹한 경험을 통해 삶의 터전이 상실되는 위기에 효과적으로 대응하기 위한 국제사회의 노력 하나로 국제기구(IOM: International Organization for Migration)와 유엔난민기구가 출범하였다. 양차 대전을 이후 세계사는 현대로 인식하고 세계질서에 의해 이주의 방향과 규모가 변화하고 국가마다 국제이주의 새로운 정치, 경제에 대응하기 시작하였다. 서유럽 국가들은 1990년대 전반에 이민자와 관련된 문제가 가장 가시적이며 논란 속 정치적 쟁점으로 부상하였다. 실업과 민주주의 환경, 전쟁, 정치적 저항, 인권 시위 등 정치적 갈등을 초래했기 때문이다(Koopmans et al., 2005).

국제이주기구(IOM)는 전 세계 주요 이주 양상 변화를 담고 있는 「세계이주보고서 2024」를 발표하였다. [그림 9-1]에서 국제이주의 수가 2억 8,100만 명으로 추정되며, 사상 최고치에 달했음은 물론, 국제 송금액이 큰 폭으로 증가했음을 밝혔다(IOM, 2024). 그중 갈등과 분쟁, 폭력, 재난 및 기타 이유에 따른 이재민이 1억 1,700만 명으로 최고치를 기록하였다. 이는 이재이주민의 위기를 속히 해결해야 함을 의미한다. 더불어 2000~2022년 사이 국제 송금은 미화 1,280억 달러에서 8,310억 달러로 650% 이상 급증했다는 점을 언급하며 이주가 인류 발전과 경제 성장의 원동력임을 강조하였다. 나아가 코로나19로 송금이 많이 감소할 것이라는 많은 예측에도 불구하고 성장세가 계속되었다고 밝혔다.

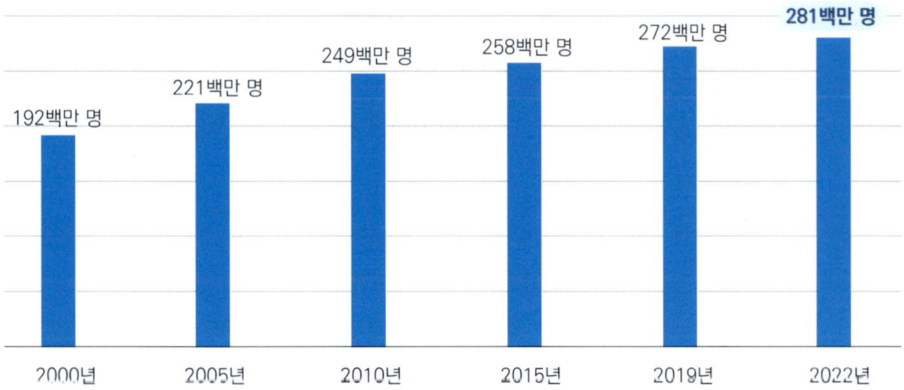

그림 9-1 국제이주의 규모

출처: IOM(2024). International organization for migration.

이러한 국제적 추세와 함께 한국 내 거주하는 외국인의 수도 증가하고 있는데, 공식적 체류외국인은 2019년 12월 기준 2,524,656명에 이르렀는데 이는 전체 국민의 5% 비율이다. 2025년 4월 기준 체류외국인 수는 2,713,682명으로 증가 추세이다. 전반적으로 국제결혼이 보편화되고 외국인노동자의 정착, 정주 외국인과 유학생 증가 등 다양한 형태의 체류조건으로 OECD의 다인종 국가의 기준인 이주민 5% 이상의 조건을 충족한 다문화사회가 되었다. 이는 세계화의 추세로, 이민자의 인권보장과 인종 차별, 아동과 여성의 인신매매, 난민과 빈곤의 가속화, 외국인 혐오 등의 문제와 직결된다(Perterson, 2004).

2) 다문화사회와 인권

서구 중심의 세계화는 인권 확장에 토대가 되었다. 세계화의 영향으로 식민지를 경험했던 국가들이나 저개발국가들은 인권적 권리들이 차례로 정착되어 가거나 아직 논쟁 중이다. 1948년 UN 총회에서 채택된 세계인권선언 내용을 기준으로 인권의 개념을 살펴보면 다음과 같다.

세계인권선언문

제1조 모든 사람은 태어날 때부터 자유롭고, 존엄성과 권리에서 평등하다. 사람은 이성과 양심을 부여받았으며 서로에게 형제의 정신으로 대하여야 한다.
제2조 모든 사람은 인종, 피부색, 성, 언어, 종교, 정치적, 또는 그 밖의 견해, 민족적 또는 사회적 출신, 재산, 출생, 기타의 지위 등에 따른 어떠한 종류의 구별도 없이, 이 선언에 제시된 모든 권리와 자유를 누릴 자격이 있다. 나아가 개인이 속한 나라나 영역에 독립국이든 신탁통치 지역이든, 비자치지역이든 또는 그 밖의 다른 주권상의 제한을 받는 지역이든, 그 나라나 영역의 정치적·사법적·국제적 지위를 근거로 차별이 행하여져서는 아니 된다.

인권의 기본은 모든 인간의 보편적 존엄성의 실현이다. 어떤 문화적 배경을 가지고 있든지, 가난하거나 부유하거나 상관없이, 어떤 상황에서도 모든 인간은 천부권의 존엄성을 갖는다.

세계인권선언문에서 보듯이 타 문화를 가지고 있더라도 세계 인류 공동체로서 모든 구성원이 갖는 고유한 존엄성과 평등하고 양도할 수 없는 권리가 보장되지 않으면 문화 간 집단 이기주의에 따른 폭력적 문화관계가 만들어질 수 있다. 이와 비슷한 맥락으로 세계시민사회의 개념은 전 지구적인 정치·경제·사회·문화를 하나의 사회체계로 이해하고, 시민권적·보편적 권리인 인권의 확대를 추구하는 연대의 가치로 세계 모든 이들을 대하고자 하는 만민평등주의의 가치이다(UNESCO, 2015). 이 개념은 1953년 UNESCO 협동학교사업 ASP(Associated School Project)로부터 제안되었으며, 현재는 전 지구적 공동체의 문제에 대한 초국가적 시민참여와 대안운동으로 UNESCO ASP Network(ASPNET)와 다양한 국제적인 시민사회단체의 활동을 통하여 더욱 발전되었다. ASPNET는 평화, 빈곤 기아, 에이즈, 문화적 정체성, 성별, 아동 노동, 환경오염, 기후 변화, 문맹 등의 문제해결에 이바지하기 위하여 학교들을 대상으로 한 세계시민사회교육 네트워크로, 유네스코와 유엔의 지원으로 연결된 활동을 수행한다.

다문화사회는 인간 존중을 기반한 타문화에 대한 문화상대주의적 관점에서 어떠한 이유로도 차별하지 않으며, 서로 이해하고 소통하기까지 상호 존중의 인식과 실천적 태도를 갖추는 것이 세계시민의식이며 동시에 다문화사회의 핵심적 가치이다. 인권은 욕구의 충족에 대한 강력한 도덕적 준거점을 제공하며, 인권의 논의들로부터 사회복지실천 원칙이 도출되어 적용되어야 한다(Ife, 2001). 모든 인간이 자유와 생명 등을 법으로 보장받고, 불법체포·구금·추방 등으로부터 보호받으며, 일할 수 있는 권리와 행복을 위해 의식주·의료·교육·사회서비스를 받을 권리를 보장받는 것은 사회복지의 이론, 가치, 윤리 및 실천과 분리할 수 없는 중요한 권리이다(Healy, 2010). 이처럼 사회복지 인권의 중심은 사회권과 복지권이다. 사회권은 인간이 사회적으로 생존할 수 있도록 개인의 생존, 생활 유지와 발전에 필요한 조건들을 확보하도록 국가에 요구할 수 있는 국민의 권리를 총칭하는 것으로, 국민이 인간으로서 누려야 할 최소한의 생활을 국가로부터 보장받기 위한 권리이다(김귀한 외, 2008).

이렇듯 다문화사회는 인권의 실현과 본질적으로 많은 부분 공유될 수밖에 없다. 외국인 근로자, 결혼이민자, 다문화가정 자녀, 난민 등 다문화적 약자의 평등적 권리 확보는 다문화사회가 모두 행복한 사회로 확장할 수 있는 토대가 될 것이다.

02 다문화사회복지 개념

1) 다문화사회복지의 정의

'사회복지(social welfare)'란 '사회(social)'와 '복지(welfare)'가 합쳐진 단어이다. 여기에 'welfare'는 '지내다', '살아가다'라는 뜻을 가진 'fare'와 '만족스러운', '적절한'의 뜻을 가진 'well'이 합쳐져 '만족스럽고 적절하게 살아가는 상태'를 의미한다. 즉, 복지란 건강, 경제적으로 윤택한 생활, 문화적으로 높은 수준, 안락한 환경 등이 어우러져서 행복하게 살아가는 상태를 말한다. 그러므로 '사회복지'란 그 사회의 모든 구성원이 전 생애에 걸쳐 건강하고, 경제적으로 여유롭게 생활하며, 문화적으로 높은 수준을 향유하고, 안락한 환경을 누리는 것을 통해 만족하며 행복하게 살아가도록 보장해 주는 것이다.

미국사회복지사협회(NASW)에서는 "사회복지는 사회적 유지에 필수적인 사회적·경제적·교육적·보건의료적 욕구를 충족시키는 것을 돕는 국가의 프로그램, 급여, 서비스체계"라고 정의하였다. 인류는 그동안 인간의 행복을 위하여 경제를 발전시키고, 분배하고, 교육과 의료를 보편적으로 제공하고, 인권의 가치를 실현하기 위한 노력을 지속해 왔다. 세계화에 따른 다양한 문화를 가진 사람들이 한 사회 안에서 함께 어우러져 살아야 하는 다문화사회에서는 문화적 차이가 보편적으로 인정을 받아서 소수의 문화를 가진 사람들이 편견의 대상이 되거나 차별을 당하지 않고 당당하게 사회의 구성원으로서 역할을 해가도록 돕는 다문화사회복지가 필요하다. 즉, 다문화사회복지는 인간 행복의 노력에서 인종, 문화, 성별, 국적, 계급 등의 차이를 넘어서 화합과 공존의 가치의 복지가 구현되어야 한다는 것을 의미한다.

2) 다문화사회복지의 특성

(1) 사회적 배제와 다문화사회복지

사회적 배제는 인간 개인이 속해 있는 사회에 충분히 포함되지 못한 상태로, "사회적 자원에 대한 특정 개인과 집단의 접근 및 이용 기회의 박탈"(신유리 외, 2013; Silver, 1994)로 정의된다. 같은 맥락으로, 어떤 개인이나 집단이 당면한 경제적 빈곤 이외에, 사회, 문화, 정치, 건강 등 다양한 영역에서 자원과 기회의 박탈을 의미한다(강신욱 외, 2005). 즉, 한 개인이 거주하는 사회에서 시민으로 누려야 할 정치적·경제적·문화적 활동에 지속적으로 참여하지 못할 경우, 사회로부터 배제되는 것이다. 이렇듯 사회적 배제는 빈곤, 차별, 낮은 교육 수준, 열악한 주거환경 등으로 인해 사회적으로 배제된 사람들은 사회제도와 서비스, 사회적 네트워크 개발 등의 기회로부터 제외된다(최혜지, 2019). 한 개인 사회로부터 배제를 경험할 경우, 전반적인 사회체계에 대한 접근 기회와 활동의 참여 기회를 상실하게 되고, 관계 형성과 필요 자원 접근에 불리한 상황에 직면하게 되면 점차 주류사회로부터 유리되는 결과뿐만 아니라 인간의 존엄성에 대한 권리 등을 누리지 못하는 상태가 될 수 있다.

사회적 배제를 이해하기 위해서는 빈곤 개념과의 차이를 명확히 하는 것이 중요하다. 빈곤은 소득의 부족이나 자원의 결핍으로부터 초래된 상태를 의미하지만, 사회적 배제는 소득뿐만 아니라 정치, 경제, 교육, 문화, 사회보장, 건강 등 다양한 영역에서의 다차원적 불리함을 설명하고(Percy-Smith, 2002), 빈곤 현상의 발생 원인과 과정에 관심을 두는 동태적인 개념이다(Room, 1995). 빈곤이 인간과 경제적 자원 간의 관계에 관심을 둔다면, 사회적 배제는 인간과 인간 간의 사회적 관계에 더 큰 관심을 두고 배제의 주체와 대상을 확인하는 것을 중요하게 여긴다. 따라서 사회적 배제는 단순한 물질적 결핍상태를 의미하는 빈곤 개념과는 달리 빈곤화 과정에 초점을 맞춘 개념이다(김순양, 2013).

(2) 사회적 배제의 특성과 차원

사회적 배제가 가지는 특성들은 다음과 같다(최혜지, 2019). 첫째, 사회적 배제는 가변적이고 복합적이며 중복적인 원인으로 경험되는 다차원적인 특성이 있다. 즉, 사회참여와 사회적 지지, 정치 권력, 경제적 조건 등 다양한 차원에서의 박탈과 결핍을 포함하고 있다. 둘째, 사회적 배제가 발생하는 개인, 공동체, 지역, 국가, 세계까지 확대되는 다층적 현상이다. 이를테면 사회적 배제를 해결하고 통합을 촉진하기 위해서 다층적 관점에서의 정책적 접근이 요구된다. 셋째, 사회적 배제는 자원 결핍의 상태인 빈곤만이 아니라 빈곤과 박탈이 인간의 자율성에 미치는 과정과 결과를 내포하는 역동적 과정이다. 사회적 배제를 해결하기 위해서는 기존의 사회정책에 대한 수정·보완과 인적 자원 개발, 적극적인 노동시장 정책 등이 중요하다. 넷째, 사회적 배제의 다양한 차원은 상호 인과적 관계로 연결되어 있다. 예를 들면, 주거, 의료, 노동, 교육, 경제, 사회참여 등 한 차원의 배제는 다른 차원의 배제를 일으키는 원인인 동시에 결과로 나타난다. 다섯째, 사회적 배제는 사회체계 사이의 관계성에 주목하면서 빈곤, 박탈에 대한 재분배적 패러다임의 한계를 극복하고자 한다. 즉, 개인과 개인, 개인과 조직, 개인과 권력 구조 사이의 관계를 재구조화함으로써 사회적 통합을 추구한다. 마지막으로, 사회적 배제의 특성은 참여를 강조하는 진보 성향과 통제의 강화를 강조하는 보수 성향을 모두 포괄하는 정치적 유연성을 보인다.

사회적 배제는 다차원적인 속성을 가지는 개념으로, 이를 계량적으로 측정하기 위해 학자마다 조금씩 차이는 있으나 세부적인 지표 및 영역 개발을 통해 개념을 실증적으로 입증하였다. Robinson과 McDougall(1998)은 실업, 낮은 수준의 기술, 가정 파탄, 빈곤, 열악한 건강, 열악한 주거, 높은 범죄율이라는 일곱 개의 사회적 배제를 일으키는 영역이 어떻게 연결되는지를 논리적으로 설명하고, 이를 기초로 소득, 실업, 교육, 건강의 네 가지 영역을 중심으로 사회적 배제의 지표를 개발하였다.

국내에서는 강신욱 등(2005)이 유럽연합(EU)의 사회적 배제 지표(경제, 실업, 근로, 교육, 건강)를 기반으로 주거, 가족 및 사회적 관계망, 사회적 참여를 나타내는 3개의 지표를 추가하여 총 8개의 영역과 이를 설명하는 세부 내용과 지표들을 개발하여 차상위 계층의 배제 실태를 조사하였다. 사회적 배제 측정을 위해 세부 영역으로 경제, 실업, 노동, 주거, 교육, 건강, 가족 및 사회적 관계망, 사회적 참여, 물질적 결핍, 문화적 통합 영역 등으로 구분한 후 각 영역에 부합하는 지표들을 개발하여 접근할 필요가 있다(〈표 9-1〉 참고).

표 9-1 사회적 배제 영역 및 지표

영역	지표
경제	•빈곤율 추이(성별) 및 아동 노인빈곤율 •가구특성별, 종사자 지위별, 교육수준별, 주택소유상태별 빈곤율 •소득분배, 지니계수
실업	•실업률(성별), 경제활동인구/실업자 중 장기실업률 등
근로	•근로빈곤 가구비율, 근로빈곤가구의 사회경제적 특성별 빈곤율, 빈곤지속 기간 •상대적 중위저소득 격차, 성별 임금격차 •저임금근로자의 조세부담률, 산업재해율
주거	•최저주거기준 미달 가구, 전기/상하수도 미공급가구, 방 1개 거주가구, 1인당 주거면적, 비닐하우스, 쪽방 거주가구 수, 노숙자 수
교육	•18~24세 교육 훈련받지 않는 조기 탈락자 비율, 계층별 사교육비 비중, 평생학습자 비율, 무단결석 학생 수
건강	•출생 시 기대수명, 결식아동 비율, 소득수준별 주관적 건강 상태
가족 및 사회적 관계망	•노인단독·소년소녀가장·한부모 가구 수 및 증가율 •연령별 자살률, 가족생활만족도, 사회적 관계망
사회적 참여	•도보 20분 이내 공원 접근성, 대중교육서비스 이용 가능 •사회단체 참여도, 자원봉사 참여율, 문화행사 참여도 및 만족도 •지역별 범죄율

출처: 강신욱 외(2005). 사회적 배제의 지표개발 및 적용방안 연구.

(3) 인정과 다문화사회복지

전통적 다문화주의의 유형은 크게 자유주의, 공동체주의, 공화주의, 다문화주의 등으로 구분한다(전형권, 2014). 먼저, 자유주의적 관점에서 다문화주의에 접근한 캐나다 학자 Kymlicka(2010)는 다문화주의를 "자유민주주의에 대한 광범위한 합의와 지지가 먼저 해결된 상태에서 제공되는 다양한 문화적 주체들의 특수한 삶의 권리에 대한 제도적 보장"으로 정의하였다. 자유주의 관점은 문화적 다원성이 보장되는 다문화적 상황에서 개인의 자율성을 보장하면서 개인의 선택과 책임에 따른 삶을 제도적으로 보장하는 사회를 지향한다. 반면 자유주의는 소수집단의 권리와 존재 인정 문제에 대해 취약하다는 저항도 받고 있다.

Taylor(1994b)와 같은 공동체주의자들에 따르면, 한 개인은 '옳음'의 문제를 스스로 결정하지 않고 국가나 공동체가 지향하는 '옳음'에 따른 삶의 방식에 영향을 받기 때문에 공동체주의에 기초한 다문화주의가 적절하다고 주장한다. 즉, 보편적 이성과 인간성에 대한 추상적 호소보다 문화적으로 특정한 공동체의 가치가 갖는 실제적이고 구체적인 주장을 강조한다.

공화주의는 현대 정치사상에서 주로 사용되고 있지만, 다문화주의 담론에서 공화주의는 주로 자유주의를 정치·철학적 대척점으로 삼고 있다. 즉, 자유주의가 개인의 자율성과 보편성을 지나치게 강조함으로써 다양하게 얽혀 있는 다문화사회의 통합 문제에 명쾌한 해답을 줄 수 없다는 점에서 공화주의적 다문화주의를 대안으로 제시하는 것이다. 그러나 공화주의를 실제로 채택한 프랑스는 소수집단에 대한 인정을 거부하는 동화주의 정책에 더 가깝다. 이는 단순한 차별이나 냉소주의가 아니라 '단일하고 분리될 수 없는 국가'라는 공화주의 철학에서 비롯된다. 프랑스에서는 공동의 정체성을 바탕으로 결정된 특수집단은 부조리한 집단으로 인식하고(이용재·박단, 2011), 국적, 인종, 종교뿐만 아니라 성, 성적 취향 등을 불문하고 각 시민을 추상적이고 보편적인 개인으로 취급하는 공정한 국가가 곧 사회라고 믿는다.

① 인정의 정치 개념

다문화주의의 정치철학적 논리는 '인정의 정치'이다. 인정의 정치는 한 개인 또는 집단의 정체성은 함께 살아가는 주변 사람들이 그 개인이나 집단을 어떻게 바라보고 평가하는지에 영향을 받기 때문에(김용우, 2012), 이들로부터 동등하고 가치 있는 존재로 인정을 받는 과정을 통해 긍정적인 정체성이 형성되는 것이다. 따라서 한 개인 또는 집단의 정체성을 인정하지 않거나 잘못 인정(misrecognition)할 경우, 인정의 대상이 되는 사람이나 집단에 상처를 주고 억압하고 허위의식에 빠지게 함으로써 그들의 존재 양식을 변형시킨다(Taylor, 1994b). 즉, 타인으로부터 정체성을 잘못 인정받는 개인과 집단은 자기혐오에 빠질 수 있다(김용우, 2012).

이렇듯 인정의 정치학이 개인의 정체성 형성과 불가분한 관계를 맺는다고 보기 때문에 '정체성의 정치학(politics of identity)'이라고도 불린다. 이를 다문화주의의 관점에서 설명하면, 한 사회 내의 다양한 문화들은 고립되어 따로 떨어져 존재하는 것이 아니라 각각의 문화들의 가치를 인정할 때 문화들 사이의 평등한 기반이 형성되는 것이다. 또한 이러한 기반을 두고 다양한 문화들은 개성과 상호 영향을 발휘할 수 있게 된다(김용우, 2012).

인정의 정치는 다양한 소수집단의 정체성이나 문화의 다양성에 대해 인정과 존중을 추구한다. 문화적 신분의 위계 구조에 내재한 불평등, 즉 문화적 억압과 불인정, 경멸과 같은 문화적 부정의(cultural injustice)를 해결하고자 한다. 다양한 소수집단의 고유한 정체성과 문화적 특성에 대한 집단적 정체성과 차이를 인정하고 수용하고자 한다. 이러한 부분에서 인정의 정치학은 '차이의 정치(politics of difference)'라고도 불린다.

② 인정의 정치 비판

인정의 정치는 인정 또는 관용의 덕목을 요구한다. 그러나 인정하는 주체와 인정받는 대상 사이에 작동하는 권력 기제의 문제가 있다(송재룡, 2009). 즉, 주체는 인정을 베푸는 시혜자로, 대상자는 시혜를 입는 수혜자라는 관계가 형성되면서 인정의 기대가 동화로의 요구나 압박으로 이어질 수 있다는 것이다. 특히 단일민족주의 정서가 강하거나 자문화 중심의 전통에 대한 자부심이 강한 엘리트 집단이 지배적 계급인 사회에서는 자신들의 문화적 진정성을 보존하고 수호해야 한다는 보수주의적 태도로 인해 인정을 꺼리는 모습을 보일 수 있다(구견서, 2003).

인정의 정치에 대한 비판은 인종 및 문화적 차이와 다양성을 인정하고 관용을 요구하는 정치철학이 문화상대주의와 도덕상대주의의 딜레마에 빠지게 한다고 주장한다. 예를 들면, 한국과 프랑스 간의 먹거리(개고기-달팽이) 논쟁이나 아프리카 이슬람 문화의 여성할례 문제,

명예 살인, 아프가니스탄 탈레반 이슬람 원리주의 정부의 억압적 여성과 조혼제도 등의 이슈들이 도덕적 또는 가치 평가적 상대주의의 딜레마를 가져올 수 있다. 이러한 가치 및 규범적 상대주의로 인해 다문화주의와 인정의 정치학에 대해 거부감을 보이는 사람도 많다.

그러나 모든 집단의 문화적 양식은 고유한 가치가 있음을 인정하지만, 그렇다고 해서 모든 문화 유형에 같은 가치를 부여하는 방식의 인정은 아니다(Taylor, 1994b). 이를테면, 북한이탈주민은 남한 사회에서 대한민국 국민이라는 정치적 권리를 가지고 있다. 그러나 '적대적인 국가의 출신자'이며 '식량 난민'이라는 사회적 평가절하로 인해 고유한 집단의 문화와 가치가 훼손되고, 이에 따라 자기 존중과 사회적 가치 부여를 획득하지 못하고 있다. 그들은 한국 사회로의 동화와 같은 형태로 인정받기 위한 투쟁을 실천하고 있다(이희영, 2010). 이처럼 우리 사회에서 민족적·문화적 소수 집단에 대한 부정적 인식과 낙인을 제거하고 한국인과 동등한 '권리 인격체'로 인정하기 위해서는 이들의 문화적 권리를 존중하면서 제도적으로 보편적 시민의 권리를 인정하는 노력이 필요하다(김정선, 2011).

우리 사회는 결혼이민자와 이주노동자, 난민, 외국인 유학생 등 다양한 이주민들이 유입되면서 단일민족 중심주의에서 다문화주의로 패러다임이 전환되었다. 이러한 다문화주의는 한 국가 내에 여러 문화와 민족이 공존하면서 개별 문화를 인정하고, 정책에서 문화적 차별을 두지 않는 다문화사회를 의미하는 것이다. 우리 사회 내의 소수집단이나 이주민이 믿는 가치와 사회적 행동양식을 이질적이라고 단정하거나 배타적으로 대하는 것이 아니라 다름을 인정하고 차이 문화를 존중하는 태도가 필요하다.

03 다문화사회복지 역량

1) 문화적 역량의 개념과 정의

'문화적 역량(cultural competence)이란 무엇인가?'라는 질문에 단일한 개념으로 정의 내리기는 쉽지 않다. 문화적 역량은 사회복지, 상담, 교육, 심리, 의료 등 다양한 학문 분야에서 여러 학자에 의해 논의되었으며, 학자와 학문 분야마다 문화적 역량이 조금씩 다르게 정의되어 왔다. 미국 사회복지교육협의회(CSWE: Council on Social Work Education, 2015)는 사회복지 학사와 석사 과정을 통해 개발해야 하는 사회복지 역량의 하나로 '다양성과 차이에 대해 개입할 수 있는 역량'을 제시하고 있다. 이처럼 문화적 역량은 다양한 문화적 배경의 클라이언트에게 효과적인 서비스를 제공하기 위해 사회복지사가 갖추어야 하는 필수적인 요소로 인식되고 있다.

Sue(2010)는 문화적 역량을 "내담자와 내담자의 체계를 발전시킬 수 있는 최대의 조건을 만드는 능력"이라고 정의하였다. 문화적 역량을 갖춘 사회복지실천이란 다양한 배경의 클라이언트를 위해 소통하고 개입하는 능력뿐만 아니라 모든 집단에 좀 더 민감한 새로운 이론, 정책, 실천, 기관조직 등의 발전을 위한 옹호 활동까지 포함한다고 보았다. 이는 다문화사회의 사회복지사들에게 문화적 역량이 실천의 필수적 전제조건이 되기 때문이다.

Davis와 Donald(1997)는 문화적 역량을 개인과 집단에 대한 지식을 적절한 문화적 환경에서 사용되는 구체적인 기준, 정책, 실천, 태도로 바꾸고 통합시켜 서비스의 질을 향상하고 좋은 결과를 도출하는 것이라고 주장하였다. 문화적 역량은 타인의 문화적 차이를 수용하며 호감을 보이는 인지 과정인 문화적 인식, 다른 문화나 인종과 직면하는 데 도움이 되는 문화적 지식, 문화적 사정을 유능하게 하고, 다른 문화의 사람과 효과적으로 소통을 학습하는 과정은 문화적 기술로 구성했다(O'Hagan, 2001). 따라서 문화적 역량은 개인, 가족, 지역사회의 다양성과 차이를 인정하고 존중하며, 문화적으로 다양한 클라이언트를 효과적으로 원조하기 위한 실천가의 능력이라고 할 수 있다.

미국사회복지교육협회 인증위원회는 실천 현장에서 요구되는 역량을 중심으로 학부와 대학원의 교육과정이 운영될 수 있도록 9개의 역량 기반 교육정책을 제시하였다. 그 내용을 정리하면 다음과 같다.

미국사회복지교육협회의 실천 역량

① 윤리적이고 전문적인 행동의 표명
② 실천에서 다양성과 차이 활용
③ 인권과 사회적·경제적·환경적 정의 증진
④ 실천 기반의 연구와 연구기반의 실천 노력
⑤ 정책 실천에의 참여
⑥ 개인, 가족, 집단, 조직, 지역사회에 대한 실천
⑦ 개인, 가족, 집단, 조직, 지역사회에 대한 사정
⑧ 개인, 가족, 집단, 조직, 지역사회에 대한 개입
⑨ 개인, 가족, 집단, 조직, 지역사회에 대한 평가

이 중 '실천에서 다양성과 차이 활용'의 내용을 소개하면 다음과 같다.

역량 2: 실천에서 다양성과 차이 활용

- 사회복지사는 다양성과 차이가 어떻게 인간의 경험을 특징짓고 형성하는지 그리고 정체성 형성에 얼마나 중요한지에 대해 이해해야 한다.
- 다양성의 차원은 계급, 피부색, 문화, 장애 및 능력, 민족, 성별, 연령, 성 정체성과 표현, 이민 신분, 정치적 이념, 인종, 종교/영성, 성별, 성적 지향, 부족적 지위, 결혼 상태 등을 포함하되 이에 국한되지 않는 여러 요인의 상호연관성으로 이해해야 한다.
- 사회복지사는 차이의 결과 때문에 한 개인의 삶의 경험에는 특권, 권력, 찬사뿐만 아니라 억압, 빈곤, 주변화, 소외가 포함될 수 있음을 이해해야 한다.
- 사회복지사는 억압과 차별의 형태와 메커니즘을 이해하고 정치적·사회적·경제적·문화적 배제를 포함한 문화의 구조와 가치 억압, 주변화, 소외, 또는 특권과 권력을 창출할 수 있다는 것을 인식해야 한다.

출처: CSWE(2015). Educational policy and accreditation standards for baccalaureate and master's social work programs(EPAS).

미국 사회복지사협회 윤리강령 원칙에 따르면, 문화적 역량은 문화가 인간과 사회에 미치는 기능을 알고 모든 문화의 강점을 인식하는 것, 클라이언트의 다양한 문화에 관한 지식을 갖춰서 문화적으로 민감한 서비스를 제공하는 기술을 갖추는 것, 억압과 차별 등에 반대하여 행동하는 것, 자기 자신의 문화적 한계를 인식하고 문화적 겸손을 갖추는 것, 다양성과 억압의 본질에 관하여 이해하는 것, 전자 장비를 활용한 서비스에서 클라이언트의 능력과 접근성에 차이가 있음을 인식하는 것 등을 포함한다. NASW(2021) 윤리강령에서는 문화적 역량에 관하여 다음과 같은 윤리적 원칙을 규정하고 있다.

NASW 윤리강령에 명시된 문화적 역량

1.05 문화적 역량

(a) 사회복지사는 인간의 행동과 사회 안에서 문화 및 문화의 기능을 이해하며, 모든 문화에 존재하는 강점을 인식해야 한다.

(b) 사회복지사는 다양한 문화적 배경의 클라이언트를 위한 실천에 관한 지식을 갖춰야 하고, 소외당하는 개인과 집단의 역량을 강화할 수 있는 문화적으로 민감한 서비스를 제공하는 기술을 갖춰야 한다. 사회복지사는 억압, 인종차별주의, 차별, 불공정에 반하여 행동해야 하며 특권에 대해 인식해야 한다.

(c) 사회복지사는 비판적인 자기 성찰(자기 자신의 편견을 이해하고 자기 교정을 하는)을 통해 문화적 겸손과 인식을 갖추어야 한다.

(d) 사회복지사는 인종, 민족, 국적, 피부색, 성별, 성격 지향, 나이, 혼인 상태, 정치적 신념, 종교, 이민 지위, 정신적 또는 신체적 능력에 관한 사회적 다양성과 억압의 본질에 대한 교육을 받고 그것을 이해하도록 노력하여야 한다.

(e) 전자 장비를 이용한 사회복지 서비스를 제공하는 사회복지사는 클라이언트들이 전자 기술을 사용하고 접근하는 데 있어 문화적·사회경제적 차이가 있음을 알아야 하고 그러한 잠재적 장벽을 예방하고자 해야 한다. 사회복지사는 문화적·환경적·경제적·정신적·신체적·언어적 능력, 기타 서비스 이용과 전달에 영향을 미치는 사안들을 평가해야 한다.

출처: National Association of Social Workers(2021). NASW Code of Ethics of the National Association of Social Workers.

2021년에 개정된 NASW 윤리강령에는 몇 가지 특징이 있다. 첫째, 자기성찰을 통한 문화적 겸손의 중요성을 포함하였다. 둘째, 클라이언트의 사회·경제적, 문화적 지위에 따라 전자 기술 능력과 접근성이 다를 수 있음을 인지해야 한다는 내용이 새롭게 추가되었다. 2021년 개정안에는 코로나19 팬데믹을 비롯한 다양한 사회적 재난 환경 속에서 전통적인 취약계층이 확대·재생산되고 있을 뿐만 아니라 새로운 형태의 취약계층이 생겨나고 있는 현실이 반영되었다고 볼 수 있다. 이는 사회복지사는 새롭게 생겨나는 잠재적 불평등을 예방하는 노력을 하여야 함을 강조하고 있다.

우리 사회에는 수많은 다양함 속에 클라이언트의 성별, 인종, 민족, 사회경제적 지위, 성적 지향, 장애 여부 등을 모두 전문적으로 고려하는 것은 분명 사회복지사에게 큰 도전일 것이다. 다문화사회에서 다양한 클라이언트들과 새로운 상황을 마주하는 사회복지사에게 있어 문화적 역량은 필수적으로 갖추어야 할 역량이지만, 최종 목표라기보다는 클라이언트의 문화적 특수성에 적절한 효과적인 서비스를 제공하기 위해 노력하는 지속적인 과정으로 판단된다. 사회복지사에게 있어 문화적 역량을 갖추는 것은 일생이 걸린 끝없는 여정인 것처럼 말이다(Sue, 2010, p. 54).

2) 문화적 역량의 다차원적 모델

Sue(2010)는 문화적 역량을 다차원적인 개념이라고 주장하면서 문화적 역량의 다차원적 모델(MDCC: Multidimensional Model of Cultural Competence)을 개념화하였다. 효과적인 다문화 서비스 전달과 관련된 세 가지 주요 차원을 제시하였는데, 그 내용은 다음과 같다.

① 차원 1: 문화 역량의 다양한 범주-인종, 성별, 성적 지향, 장애, 종교, 나이 등의 집단과 연관된 집단 특수적 세계관(group-specific worldview)

② 차원 2: 문화적 역량의 구성요소(components of cultural competence)-태도 및 신념에 대한 인식, 지식, 기술

③ 차원 3: 문화적 역량의 관점 및 초점(foci of cultural competence)-개인 차원, 전문적 차원, 조직 차원, 사회적 차원

차원 1 집단 특수적 세계관(인종, 성적 지향, 성별, 종교 등)은 인종 및 민족과 관련한 준거집단, 예를 들면 장애 기준은 장애 유무로 나뉘고, 종교의 기준에서는 개신교, 가톨릭교, 이슬람교, 불교 등으로 나뉠 수 있으며, 인종이라는 기준에서는 유럽계, 북미계, 남미계, 아시아계, 아프리카계 등으로, 성적 지향 기준에서는 이성애, 게이, 레즈비언, 양성애 등으로 나뉠 수 있을 것이다. 이처럼 각 기준에 의해 구분된 준거집단은 서로 다른 집단 특수적 세계관을 지닐 것이며, 사회복지사는 그러한 집단 특수적 세계관을 고려해야 한다.

차원 2 문화적 역량의 구성요소는 Sue(2010)가 미국상담학회의 관점을 반영한 '인식, 지식,

기술' 부문을 구성하고 제시하였다. 먼저 '인식'의 측면은 사회복지사 자신이 속한 문화와 타 집단 문화와의 차이를 존중하는 것, 사회복지사 자신이 속한 문화 속에서 사회화됨으로 인해 생겨난 편견과 고정관념을 인식하는 것 등을 포함한다. 문화적 역량을 갖춘 사회복지사는 자신이 속한 집단의 문화적 전통에 대한 우월성을 믿는 것이 아니라, 다른 집단의 문화 또한 자신이 속한 문화와 동등하게 가치가 있다고 여기고 존중하여야 한다는 의미이다. 사회복지사가 문화적으로 다름을 받아들이지 못하고 그 차이를 일탈로 받아들인다면, 자칫 자민족중심주의에 빠져 클라이언트에게 자신의 가치와 기준을 강요하는 행동을 할 수 있다. 문화적 역량을 갖춘 사회복지사는 자신의 지식 부족, 편견(인종차별주의, 연령차별주의, 성차별주의, 민족차별주의 등), 고정관념 등이 자신의 태도, 신념, 감정에 영향을 준다는 것을 알아야 한다. 자기 인식(self awareness)을 증진하기 위해 슈퍼바이저, 멘토, 동료들과의 관계를 통해 도움을 받거나 사회복지실천을 수행 중 자신의 한계를 잘 알고, 클라이언트의 욕구를 더 잘 충족시킬 수 있는 다른 기관 또는 전문가 자원을 연결해 줄 수 있다.

두 번째 '지식'의 측면은 다양한 문화에 대한 지식과 전문성, 문화적 억압과 차별의 영향에 대한 이해 등을 포함한다. 문화적 역량을 갖춘 사회복지사는 방대한 문화적 지식과 전문성을 갖추기 위해 노력해야 한다. 사회복지사는 클라이언트가 속한 특정 집단의 역사, 경험, 생활방식, 문화적 가치 등의 문화적 지식과 정보를 깊이 있게 알고 있을수록 더욱 효과적인 서비스를 제공할 수 있을 것이다. 이를테면, 문화적 역량을 갖춘 사회복지사는 인종차별, 성차별, 동성애 혐오 개념 등을 이해하고 우리 사회의 자민족중심적인 단일문화주의가 소수집단의 삶에 어떠한 영향을 미칠지에 대해 생각해야 한다. 다양한 문화적 배경을 가진 클라이언트가 사회복지 서비스를 받는 데 있어 우리 사회에 존재하는 제도적 장애물에 대해 알고 있어야 한다.

세 번째 '기술'의 측면은 사회복지사가 다양한 집단들에 대해 적절하고 다양한 기술 목록을 많이 가질수록 이들에게 더 효과적인 서비스를 제공할 수 있을 것이다. 문화적 역량을 갖춘 사회복지사는 클라이언트와 언어적·비언어적 메시지를 정확하고 적절하게 주고받을 수 있다. 특히, 클라이언트의 메시지를 잘 읽는 것이 매우 중요하다. 예를 들면, 문화마다 선호하는 의사소통 방식이 다르듯, 어떤 특정 문화에서는 간접적이고 우회적인 의사소통 방식이,

또 다른 어떤 문화에서는 적극적이고 대면하는 방식이 선호될 수 있다. 그러나 사회복지사가 문화적으로 다양한 모든 클라이언트에게 완벽하게 맞추는 것은 사실상 불가능하다. 실천과정에서 클라이언트와 조정이 제대로 잘 안 될 경우, 사회복지사 자신의 한계를 인정하고 클라이언트에게 솔직하게 전달하며, 사회복지사 자신의 방식이 클라이언트에게 부정적인 영향을 미칠 수도 있다는 것까지도 전달할 수 있어야 한다. 사회복지사와 클라이언트 간의 이러한 투명성은 라포 형성에 오히려 도움이 될 수 있다.

차원 3 개입의 관점 및 초점을 개인 치료에만 국한하기보다는 전문적·조직적·사회적 수준에서도 효과적으로 개입할 수 있어야 한다. 〈표 9-2〉는 문화적 역량을 갖춘 개입의 네 가지 관점, 즉 개입의 미시체계(개인적 관점), 중간체계(조직적 관점), 거시체계(사회적 관점), 전문적(professional) 관점을 나타낸다.

표 9-2 문화적 역량의 네 가지 관점

관점	내용
관점 1 개입의 미시체계 (개인적 관점)	사회복지사는 문화적으로 다양한 배경의 클라이언트들에게 효과적이고 문화적으로 민감한 서비스를 제공하기 위해 자신의 편견, 선입견, 다양한 문화적 배경의 집단에 관한 잘못되거나 충분하지 않은 정보 등을 잘 다루어야 한다.
관점 2 전문적 (professional) 관점	사회복지협회나 사회복지교육협의회, 사회복지대학원과 같은 사회복지 관련 전문직 기구가 갖추어야 할 문화적 역량이다. 사회복지의 전문직 가치는 문화적 역량과 다문화적 세계관을 반영할 수 있도록 수정되어야 할 것이다. 전문직 기구의 윤리강령이나 대학·대학원 교과과정 등에 문화적 역량의 중요성을 접목하는 노력이 필요하다.
관점 3 중간체계 (조직적 관점)	기관과 조직의 문화가 단일문화 중심이라면, 조직의 문화와 다른 문화적 배경을 지닌 소수집단은 억압적인 사회복지실천, 정책, 프로그램 등이 수행될 수도 있다는 점을 인식하여야 한다. 소수집단도 서비스의 접근 기회가 동등하게 제공되어야 한다.
관점 4 거시체계 (사회적 관점)	우리 사회의 정책이나 제도가 특정 소수집단에 해롭거나 불리하게 작용한다면(예: 건강보험의 불공평한 수급, 교육정책 차별, 인종차별 등), 사회복지사는 이에 대한 변화를 적극적으로 옹호하고 행동으로 추진할 책임과 의무가 있다. 사회복지사는 체계적이고 거시적 차원의 변화를 이룰 수 있는 전략에 관심을 가져야 한다.

출처: Sue, D. W. (2010). Multidimensional Model of Cultural Competence.

3) 사회복지사의 문화적 역량

사회복지실천의 핵심 중 하나인 문화적 역량을 갖춘 사회복지사는 어떤 특별한 가치와 태도가 필요할까? 문화적 다양성을 존중하고, 사회복지사 자기 인식의 중요성을 자각하며, 클라이언트의 문화에 대한 지식을 쌓고, 그 지식과 자신의 가치 및 태도를 개입 전략에 통합시킴으로써 문화적으로 적절하고 효과적인 개입 전략을 개발하는 등 문화적 역량을 높이기 위한 다양한 목표를 고민할 수 있을 것이다. 문화적 역량을 갖춘 사회복지사가 되기 위해서는 구체적인 목표와 전략을 수립할 필요가 있다. 이를 구체적으로 정리하면 다음과 같다.

(1) 역량 1: 인간 행동에 대한 자신의 감정과 가치 및 편견 이해하기

다양한 문화적 배경의 집단에 대해 사회복지사는 자신의 개인적, 직업적으로 어떤 고정관념과 세계관을 가졌는지, 클라이언트와의 실천과정에 어떠한 영향을 끼칠지, 클라이언트의 문제와 문제해결 방식을 어떻게 정의하는지, 사회복지실천, 지역사회복지, 교육, 행정 등 사회복지사가 하는 일에 사회복지사 자신의 어떤 가치체계가 깃들어 있는지, 사회복지사의 전략이나 기술에는 어떤 가치가 내재하고 있는지 등을 신중하게 탐색할 필요가 있다. 사회복지사가 자기 자신의 세계관에 대해 제대로 파악하지 못한다면, 사회복지사 자신의 가치관 또는 선과 악, 정상과 비정상, 옳고 그름에 대한 자신만의 기준을 클라이언트에게 강요할 수 있고, 결국 클라이언트를 문화적으로 억압하게 될 수도 있다. 사회복지사 자신이 주류집단에 속함으로써 지금까지 특권을 누려 왔다는 사실을 인식하지 못하면 무의식에서 다른 소수집단에 대한 억압을 강요할 수도 있음을 알아야 한다.

(2) 역량 2: 문화적으로 다양한 클라이언트의 세계관 이해하기

사회복지사는 자신과 다른 세계관을 가진 클라이언트의 세계관을 이해하고 공유할 수 있어야 한다. 특히, Sue(2010)의 '문화적 역할 수용(cultural role taking)'은 자신과 다른 세계관을 있는 그대로 수용해야 한다는 개념이다. 이를테면, 사회복지사가 북한이탈주민인 클라이언트와 똑같이 생각하고 반응한다거나 같은 세계관을 가지기는 힘들다. 다만, 나 자신과 타인의 다름을 인식하고 유연성과 감정을 조절하는 등, 인지적 공감(cognitive empathy)을 하도록 변화하는 것이다. 다양한 문화적 배경에 속한 클라이언트의 일상생활, 희망, 두려움, 열망 등에 대한 실질적인 지식을 습득하여 클라이언트를 이해하는 과정이 필요하다. 더 나아가 그들이 사회정치적 시스템 안에서 겪는 불평등과 차별, 억압 등을 밝혀내고 적극적으로 사회정의와 사회 변화에 영향을 미칠 수 있도록 노력하는 것이 중요할 것이다.

(3) 역량 3: 적절한 개입 전략과 기술 개발하기

사회복지사는 다양한 집단의 개인, 집단, 지역사회와 일할 때 효과적인 교육, 의사소통, 개입 전략, 원소 등을 개발해야 한다. 이 역량은 치료뿐만 아니라 예방을 포함하며, 전통적인 일대일 방식의 개입뿐만 아니라 클라이언트의 체계에의 개입까지 포괄한다. 또한 클라이언트가 속한 지역사회에 이미 존재하는 자원, 고유의 원조 및 치료 접근 방식이나 구조를 이용하는 능력을 갖추는 것이 중요한데, 이는 결국 그 지역사회 구성원들의 자립 및 자조 능력을 강화하는 데에도 도움이 될 것이다. 사회복지사가 클라이언트의 삶의 경험과 문화적 가치에 일치하는 개입 방식과 목표를 설정할 때 비로소 클라이언트를 더 효과적으로 도울 수 있다. 모든 개인과 집단은 각기 다른 특성이 있으므로, 클라이언트의 삶의 경험에 맞는 차별화된 접근이 필요할 것이다. 소수집단 클라이언트에게는 주류집단과 동일한 치료가 필요한 것이 아니라 개입에의 동등한 권리, 동등한 접근 기회가 필요한 것이다. 차별화된 접근법이야말로 진정으로 비차별적이라고 볼 수 있다.

(4) 역량 4: 문화적 역량을 고취하거나 부정하는 조직적·제도적 힘 이해하기

사회복지사는 자신이 속한 조직 또는 사회의 조직·제도적 힘이 과연 문화적 역량을 증진할지 억압할지를 파악할 수 있어야 한다. 만약 사회복지사가 일하는 기관에서 단일문화 중심적인 실천과 정책을 추구한다면 아마도 그 기관에서는 사회복지사가 다문화적인 지식과 기술을 사용하는 것을 용인하지 않거나 가치 있게 여기지 않을 것이다. 오히려 다문화 지식과 기술의 사용을 강력하게 부정하거나 저지할 수도 있으며, 심지어 처벌하려 할지도 모른다. 그렇다면, 문화적 역량을 갖춘 지원체계란 과연 어떻게 만들어지는가? 사회의 전체적인 분위기가 다문화적이고 문화다양성을 중시한다면, 그 사회에 속한 조직 및 기관들도 다문화적인 방향으로 나아갈 수 있을 것이다. 즉, 다문화주의를 고취하는 새로운 구조, 정책, 실천, 규칙 등이 거시적인 사회에서부터 조직안으로까지 확장되는 것이 더욱 중요하다. 다양성을 강조하는 조직일수록 문화적으로 다양한 사람들에게 문화적 특수성을 고려한 적절한 서비스를 제공할 수 있을 것이고, 사회복지사가 처벌받을 두려움 없이 다문화적인 실천을 할 수 있도록 허용할 것이다. 따라서 사회복지사는 자신이 속한 조직의 문화가 어떠한지, 어떤 관행이나 정책이 문화다양성을 저해하는지 또는 촉진하는지 등을 간파하고 있어야 한다. 더 나아가 사회복지사는 조직의 변화를 이끄는 주체가 되어서, 조직의 변화를 어떻게 시행할지 등을 강구해야 할 것이다.

04 한국의 다문화사회복지 정책

1) 외국인정책의 기본계획

한국은 2006년 '여성결혼이민자가족의 사회통합 지원대책'이 공표되면서 이주민과 관련한 사회통합정책과 이민정책이 본격적으로 논의되기 시작하였다. 2000년대로 진입하면서 외국인근로자, 결혼이민자, 외국국적동포의 유입이 확대되면서 이들을 관리하고 통합하기 위한 정책이 국가적 차원에서 마련되었다. 이러한 시점에서 법무부와 여성가족부는 각각 「제1차 외국인정책기본계획(2008~2012)」, 「제1차 다문화가족정책 기본계획(2010~2012)」을 수립하였다. 또한 「재한외국인처우기본법」, 「다문화가족지원법」은 이주한 외국인이 한국 사회에 잘 정착하기 위한 지원을 하도록 법적으로 보장하고 있다.

법무부 외국인정책위원회는 외국인정책을 "대한민국을 이주하고자 하는 외국인에 대해 일시적·영구적 사회 구성원 자격을 부여하거나, 살아가는 데 필요한 제반 환경의 조성에 관한 사항을 정치·경제·사회·문화 등 종합적 관점에서 다루는 정책"으로 정의하였다(법무부, 2008, p. 2). 외국인정책 기본계획은 2007년에 제정된 「재한외국인처우기본법」에 따라

2008~2012년까지 '제1차 외국인정책 기본계획', 2013~2017년까지 '제2차 외국인정책 기본계획', 2018~2022년까지 '제3차 외국인정책 기본계획' 그리고 현재는 2023~2027년까지 '제4차 외국인정책 기본계획'을 수립·시행하고 있다. 다음 〈표 9-3〉은 1차 외국인정책 기본계획부터 4차에 이르기까지 외국인정책 기본계획수립의 연혁 및 평가를 비교한 것이다.

표 9-3 외국인정책 기본계획수립의 연혁 및 평가

구분	제1차	제2차	제3차		제4차
기간	2008~2012	2013~2017	2018~2022		2023~2027
비전	외국인과 함께하는 세계 일류국가	세계인과 더불어 성장하는 활기찬 대한민국	활기찬 대한민국 국민공감! 인권과 다양성이 존중되는 안전한 대한민국	➡	국민과 이민자가 함께 도약하는 미래지향적 글로벌 선도국가
정책 목표	① 적극적인 이민 허용을 통한 국가경쟁력 강화	① [개방] 경제활성화 지원과 인재 유치	① [개방] 국민이 공감하는 질서 있는 개방	➡	① [경제] 이민을 활용한 경제와 지역발전 촉진
	② 질 높은 사회통합	② [통합] 대한민국의 공동가치가 존중되는 사회통합	② [통합] 이민자의 자립과 참여로 통합되는 사회	➡	② [안전] 안전하고 질서 있는 이민사회 구현
	③ 질서 있는 이민행정 구현	③ [인권] 차별방지와 문화다양성 존중	③ [안전] 국민과 이민자가 함께 만들어가는 안전한 사회	➡	③ [통합] 국민과 이민자가 함께하는 사회통합
	④ 외국인 인권 옹호	④ [안전] 국민과 외국인이 안전한 사회구현	④ [인권] 인권과 다양성이 존중되는 정의로운 사회	➡	④ [인권] 이민자의 인권 가치를 존중하는 사회 실현
		⑤ [협력] 국제사회와의 공동발전	⑤ [협력] 협력에 바탕한 미래 지향적 거버넌스	➡	⑤ [협력/인프라] 글로벌 스탠더드에 부합하는 이민행정 기반 구축
특징	• [통합] 과제 중심으로 기본계획 수립(72%) • 「난민법」 제정 (2012.2./2013.7. 시행)	• 1차와 비교 시행 계획 과제 수(연간) 평균 306개 증가 • 정책목표 [협력] 추가 (1차 4개 → 2차 5개 영역) • [인권] 영역 과제 비중 증가(1차 4.1% → 2차 28.0%)	• 5개 정책목표 체계 유지 • [안전]이 [인권]보다 우선순위를 차지 • 2018년 예멘 난민 2021년 아프가니스탄 특별기여자 입국 • 코로나19로 기본계획 달성률 하락	➡ ➡	• 예산집중: [개방] 영역 • 비집중: [안전] 과제/예산 가장 적음 • 환경에 따라 정책목표 우선순위가 변화 • 외국인정책위원회 실무 분과위원회 확대

출처: 법무부(2023). 제4차 외국인정책 기본계획 수립, 발표 자료 재구성

제1~3차 기본계획을 통해 질서 있는 개방, 이민자 적응·통합 지원, 인권·다양성을 증진하는 과제를 추진하였으나, 외국인 유입과 통합의 연계가 미흡하고 부처(분야)별 분절적인 정책 추진의 한계가 있었다. 이를 보완하기 위해 제4차 기본계획은 지역 수요를 반영한 이민정책, 사회통합 지표를 통한 평가·환류 시스템 도입으로 이민자 유입·통합 정책을 체계화하고, 다부처 협력을 통한 체류 질서를 확립하고자 한다. 더불어 '출입국·이민관리청' 신설 등 범정부 이민정책 추진체계 구축을 강조하고 있다.

비전	제4차 외국인정책 기본계획(2023~2027년) 비전 및 정책목표
정책목표	**중점과제**
【경제】 이민을 활용한 경제와 지역발전 촉진	① 국익에 도움되는 이민관리 시스템 체계화 ② 우리 경제에 필요한 이민자 유치와 육성 ③ 지역 기반의 이민정책 체계 구축 ④ 이민정책과 국가브랜드를 연계한 경제 성장
【안전】 안전하고 질서 있는 이민사회 구현	① 이민질서 위반 대응체계 확립 ② 사회질서와 조화되는 체류환경 조성 ③ 국민이 신뢰하는 안전한 국경관리
【통합】 국민과 이민자가 함께하는 사회통합	① 객관적 지표를 활용한 사회통합정책 체계화 ② 국민과 이민자의 상호 이해·소통 증진 ③ 사회구성원으로서의 이민자 역량 배양 ④ 국민과 동포의 유대에 기반한 동반 성장
【인권】 이민자의 인권 가치를 존중하는 사회 실현	① 보편적 가치 실현을 위한 이민자 인권보호 강화 ② 여성·아동 등 취약이민자의 사회적 배제 방지 ③ 국제 위상에 부합하는 인도적 의무 이행
【협력/인프라】 글로벌 스탠더드에 부합하는 이민행정 기반 구축	① 국가백년대계 수립을 위한 이민정책 추진체계 구축 ② 이민행정 전문성 및 연구 기반 확충 ③ 기술혁신에 기반한 이민행정 고도화 ④ 국제사회와 공동발전을 위한 이민 협력 강화

그림 9-2 제4차 외국인정책 기본계획

출처: 법무부(2023). 제4차 외국인정책 기본계획 수립 보도자료, p. 30.

「제4차 외국인정책 기본계획(2023~2027년)」은 '국민과 이민자가 함께 도약하는 미래지향적 글로벌 선도국가'를 비전으로 하여 [그림 9-2]와 같이 5대 정책목표와 18개 중점 과제를 마련하였다. 기본계획에는 정책목표 달성을 위해 범정부 합동으로 150개 세부 과제를 선정하였고, 특히 모든 정책 영역(경제·안전·통합·인권·협력·인프라)에서 우수 외국인 연구자, 유학생 등 글로벌 인재 확보와 숙련인력, 농어업 분야 등 인력 공급, 불법체류 대응, 국경 관리를 위한 협업 등의 다양한 부처 협력과제를 발굴하고자 한다. 법무부는 기본계획의 차질 없는 이행을 위해 연도별 시행계획을 마련하고, 성과 관리 및 평가도 내실화할 계획이다. '제4차 외국인정책 기본계획' 세부 내용은 [그림 9-2]와 같다.

2) 다문화가족정책 기본계획

다문화가족정책 기본계획은 2008년에 제정된 「다문화가족지원법」에 따라 '1차'는 2010~2012년까지, 2013년~2017년까지 '제2차', 2018~2022년까지 '제3차', 2023~2027년까지 '4차' 계획을 수립·시행해 오고 있다. 제4차 기본계획과 지난 14년간 다문화가족정책을 비교해 보면 〈표 9-4〉와 같다. 지난 1, 2, 3차 다문화가족 정책 기본계획의 큰 성과는 결혼이주민의 정착주기가 장기화되고 다양한 가족 유형이 발생함에 따라 결혼이민자의 적응, 영유아, 취약계층 자녀 중심의 지원에서 자녀의 성장 지원, 다양한 가족 유형에 대한 지원들이 강화되었다. 결혼이주여성의 인권 강화를 위해 다누리콜센터를 통해 가정폭력 상황에 대한 대응이 체계화되었고, 폭력피해와 관련한 이주여성이 경험하는 법률, 체류 등을 위한 전문상담소 운영을 확대하고 있다.

표 9-4 다문화가족정책 기본계획수립의 연혁 및 평가

구분	제1·2차(2008~2017)	제3차(2018~2022)	제4차(2023~2027)
국제 결혼	•결혼이민관 파견 후 중지 •(女현지사전교육) 대면 •(男국제결혼안내 프로그램)	•결혼이민관 파견 추진 •교육방식 다변화(전화, 우편 등) •인권·상호존중 교육 확대	•주요 결혼상대국과의 국제협력 강화 •베트남 국제결혼이민관을 지속 파견하여 결혼이민자 인권침해 예방 •이혼·사별 등의 사유로 본국 귀환 결혼이민자 및 한국국적 자녀의 안정적 체류, 의료·교육 등 지원
가정폭력 피해여성 지원	•(상담소) 없음 •(보호시설) 운영, 외국인 등록 해야 입소 가능 •(퇴소 후) 임대주택 지원 •(자립지원금) 없음	•종합상담소(상담, 법률, 의료, 치유, 통역 등) 신규 설치 추진 •보호시설 확대 추진, 외국인 등록 여부 무관 입소 가능 •임대주택 확대 추진 •자립지원금 신설 추진	•다문화가족 가정폭력 실태 등 파악을 위한 연구, 조사 등 추진 •폭력피해 결혼이민자의 체류 안정을 위한 「출입국관리법」 제25조의2(결혼이민자에 대한 특칙) 등 제도 지속 운영 및 점검 • 보호시설 퇴소 후 자립 지원을 위한 자립지원금 확대 추진
다문화 가족	•가족관계 프로그램 운영 •다문화가족이 직접 정책 과정에 참여하는 '다문화가족 참여회의' 운영(5개 권역 대표) •한국국적 배우자가 있어야 근로·자녀 장려금 신청	•가족관계 증진 프로그램 다양화, 사례관리 사업 및 정착단계별 지원 패키지 확대 •다문화가족 참여회의 지역 대표성 확대(16개 시·도 대표) •한국국적 자녀 양육하는 한부모 외국인에 근로·자녀장려금 지원 가능	•가족센터 지원이 필요한 결혼이민자 발굴을 위해 주민센터, 출입국관서 등과 연계 강화 •다문화가족 정책 참여 기회 확대(17개 시·도 추천 출신국 및 가족구성원 대표성 등을 고려하여 위촉) •K-MOOC 플랫폼을 통해 한국어 강좌 운영, 다양한 학문 분야의 강좌에 외국어 자막서비스 확대
다문화 가족 자녀	•한국어 능력 향상, 학교 생활 초기적응 지원(예비학교 확대, 기초학력 향상 지원 등)	•청소년 성장지원 사업(자녀성장지원 프로그램, 이중언어 인재양성 사업, 글로벌 브릿지 사업 등) •성장배경이 특수한 중도입국 자녀 지원 강화(레인보우스쿨 확대 및 운영방식 다양화, 취업사관학교 운영·훈련과정 확대)	•학업중단 다문화 청소년 정보를 학교 밖청소년지원센터로 연계하여 상담, 건강검진, 학력취득, 직업훈련 등 지원 •가족센터의 청소년 상담사를 활용한 다문화 청소년 대상 진로컨설팅 프로그램 단계 확대 •이중언어 교육 및 인재DB 활용 활성화
다문화 수용성	•대상별(공무원, 경찰, 종사자 등) 다문화교육 실시 중점	•일반 국민 대상 찾아가는 다문화 이해교육 활성화 및 부처 간 이해교육 협업체계 강화 •지역사회 다문화 우수 프로그램 발굴 및 포상, 사회적 공감대 형성 프로그램 확산	•학부모의 다문화 이해 증진 및 편견 해소를 위한 온·오프라인 다문화 이해교육 운영 •인종·문화 차별적 방송 내용에 대한 심의 강화 •다문화 이해교육, 세계시민교육, 문화다양성 교육 등 부처 간 전문강사 연계를 강화하여 교육 운영 효율성 제고
정책 추진 체계	•다문화가족정책위원회를 통한 총괄·조정 기능 강화	•위원회 간(다문화가족정책위원회-외국인정책위원회) 연계 강화 •다문화가족지원센터 내실화(처우개 선, 지역 여건별 통합 추진, 서비스 역량 제고)	•다문화가족 자녀의 성장단계별 맞춤형 지원 강화에 중점, 취학 전후·청소년기 등 성장단계별 지원 체계화 •결혼이민자의 정착 주기별, 가구 유형별 촘촘한 지원서비스 강화

출처: 여성가족부(2023). 제4차(2023~2027) 외국인정책 기본계획 최종본, p. 10 재구성

2023년 수립한 제4차 기본계획의 첫 시행계획을 보완 및 개선점으로 다문화 아동·청소년이 사회적 격차 없이 우리 사회의 미래 인재로 성장할 수 있도록 취학 전후·청소년기 등 성장 단계별 지원을 체계화하고, 기존 영유아기 성장 발달을 위한 지원 지속 및 학령기 학습·진로, 이중언어 역량강화 지원 등 확대·강화, 신규사업 발굴·추진을 확대한다. 한국 사회에 장기 정착한 결혼이민자가 경제활동에 적극적으로 참여할 수 있도록 맞춤형 직업훈련 등 취업 지원 강화하고, 다문화가족이 우리 사회의 구성원으로 자리매김하여 조화롭게 살아갈 수 있도록 우리 사회의 다문화 이해증진 및 차별적 인식 해소를 위한 프로그램을 확장한다. 이를 통해 정책 환경 분석 및 다방면의 의견 수렴, 정책추진 주체 간 협력체계를 구축 등 다문화가족 정책 추진 기반을 강화할 필요가 있다.

비전	다문화가족과 함께 성장하는 조화로운 사회	
목표	다문화 아동·청소년의 동등한 출발선 보장	다문화가족의 안정적 생활환경 조성

대과제	중과제
다문화 아동·청소년 성장단계별 맞춤형 지원	① 영유아 자녀양육 지원 ② 학령기 다문화 아동 학습역량 제고 ③ 다문화 청소년 진로개발 지원 ④ 다문화 아동·청소년의 정서 안정 기반 조성
결혼이민자 정착 주기별 지원	① 건전한 국제결혼 환경 조성 ② 다문화가족 가구 상황별 맞춤형 지원 ③ 결혼이민자 경제활동 참여 확대 ④ 가정폭력 예방 및 피해자 보호
상호존중에 기반한 다문화 수용성 제고	① 다문화 이해교육 확대 ② 다양성 존중 인식 확산 ③ 다문화가족 사회참여 활성화
다문화가족정책 추진기반 강화	① 다문화가족정책 환류 시스템 구축·운영 ② 다문화가족 지원 서비스 접근성 제고 ③ 다문화가족정책 협력체계 강화

그림 9-3 제4차 다문화가족정책 기본계획(2024년 시행계획)

출처: 여성가족부(2024). 2024년 다문화가족정책 시행계획, p. 9.

[그림 9-3]과 같이 다문화 이해교육 확대를 위해 다누리배움터를 통한 연령별·대상별 맞춤형 온라인 다문화 이해교육 및 학교, 직장 등으로 찾아가는 다문화 이해 교육을 한다. 무엇보다 각 기관장, 즉 어린이집 원장과 보육교사 보수교육 과정에 '다문화가정 영유아 보육지원' 내용을 포함하여 다문화 아동 보육역량 제고하고, 군 장병 대상 군 간부 다문화 전문강사 양성 등으로 군 내부 다양성 존중 문화를 조성하는 데 일조한다. 다양성 존중 인식 확산을 위한 공공부문 다문화가족 차별 요소 모니터링 및 개선을 추진하고 인권·문화 차별적 방송 내용에 대한 심의를 통해 다문화 수용성 제고를 위한 환경조성이 제시되고 있다.

다문화가족 교류·소통공간 '다가ON' 운영(2023년 82개소 → 2024년 120개소)은 지역주민-다문화가족 교류, 소통 프로그램 운영으로 전 국민의 다문화 수용성을 확대하는 큰 역할이 될 것이다.

3) 주관부처별 다문화정책

여성가족부는 현재 이재명 정부가 들어오면서 국정기획위가 낸 자료를 살펴보면 이찬진 사회1분과 위원장은 '성평등가족부'로의 확대·개편하고 세부적인 조직 개편안을 마련할 것을 주문했다(김효실, 2025.06.19.). 여성가족부는 결혼이주민과 그 자녀들을 주 대상으로 하는 다문화가족정책을 총괄하며, 다문화가족 사회통합정책 수립, 다문화가족위원회 운영 지원, 다문화가족 자녀 양육 지원, 다문화가족지원센터 운영 지원, 국제결혼중개업 관리, 이주여성의 인권보호 및 자활 지원을 담당하고 있다.

법무부 출입국외국인정책본부는 한국 이민정책의 컨트롤타워로서 외국인정책위원회 운영, 외국인 정책 기본계획 및 시행계획 수립, 이민자 입국·체류·귀화 허가, 영주권 및 국적취득, 난민 처우 관련 업무 및 이민자 사회통합정책을 담당하며 외국인의 체류와 사회적응 정책 전반에 관여한다. 고용노동부는 외국인력정책위원회 운영, 외국인근로자 고용 관리 등 외국인력정책 업무를 맡고 있다.

다문화가족정책 과제별 소관부처는 지자체를 제외하고 총 18개의 정부 부처가 관여하고 있다. 다문화정책의 효율성을 높이기 위해 부처 간 유사·중복 사업 조정을 지속적으로 추진해 왔으며, 부처별 차별화된 정책 서비스를 시행하기 위한 노력을 강구해야 한다. 〈표 9-5〉는 제4차 다문화가족정책 과제별 소관부처 정책서비스 담당 과제이다.

표 9-5 제4차 다문화가족정책 과제별 소관부처

과제명	소관부처
1. 다문화 아동·청소년 성장단계별 맞춤형 지원	
1-1. 영유아 자녀양육 지원	
① 부모의 영유아 자녀 양육역량 강화	여성가족부
② 영유아 자녀의 성장·발달 지원	여성가족부, 교육부
1-2. 학령기 다문화 아동 학습역량 세고	
① 학령기 다문화 아동 학교 적응 지원	교육부, 여성가족부
② 학령기 다문화 아동 기초학습 지원	여성가족부, 교육부
③ 이주배경 청소년 지원	여성가족부, 통계청, 법무부, 교육부
1-3. 다문화 청소년 진로개발 지원	
① 다문화 청소년 진로·직업 프로그램 확대	여성가족부, 교육부, 고용노동부
② 다문화 아동·청소년의 이중언어 역량강화 및 인재 양성	여성가족부, 교육부, 외교부, 산업통상자원부
③ 다문화 후기 청소년(만 19세 이상) 지원	여성가족부, 통계청, 고용노동부
1-4. 다문화 아동·청소년의 정서 안정 기반 조성	
① 다문화 아동·청소년의 심리·정서적 안정 지원	여성가족부, 교육부
② 차별 없는 학교 환경 조성	교육부, 여성가족부
2. 결혼이민자 정착주기별 지원	
2-1. 건전한 국제결혼 환경 조성	
① 국제결혼중개 피해 예방을 위한 제도적 기반 강화	여성가족부
② 국제결혼중개업 관리·감독 강화 및 교육 확대	여성가족부, 지자체, 법무부
2-2. 다문화가족 가구 상황별 맞춤형 지원	
① 결혼이민자 초기 적응 지원 강화	여성가족부, 법무부
② 장기 안착기 다문화가족 지원 확대	여성가족부, 방송통신위원회, 행정안전부, 소방청, 경찰청, 질병관리청
③ 취약 다문화가족의 생활 지원	여성가족부, 법무부, 외교부, 보건복지부, 재외동포청
2-3. 결혼이민자 경제활동 참여 확대	
① 결혼이민자 자립·취업역량 강화 지원	여성가족부, 문화체육관광부, 교육부, 농림축산식품부, 지자체
② 결혼이민자 취·창업 지원	여성가족부, 고용노동부, 지자체 중소벤처기업부

과제명	소관부처
2-4. 가정폭력 예방 및 피해자 보호	
① 입국 전-입국 초기의 폭력피해 예방 프로그램 내실화	여성가족부, 법무부
② 폭력피해 대응체계 내실화	여성가족부, 경찰청, 지자체
③ 폭력피해자 보호·자립 지원 강화	여성가족부, 경찰청, 법무부
3. 상호존중에 기반한 다문화 수용성 제고	
3-1. 다문화이해교육 확대	
① 대상별 맞춤형 다문화 이해교육 강화	여성가족부, 보건복지부, 교육부, 국방부
② 다문화 이해교육의 부처 간 연계 강화	여성가족부, 법무부, 문화체육관광부, 교육부
3-2. 다양성 존중 인식 확산	
① 공공부문 등 다문화가족 차별 요소 점검	여성가족부
② 미디어 환경 및 사회적 인식 개선	방송통신(심의)위원회, 여성가족부, 법무부, 문화체육관광부
3-3. 다문화가족 사회참여 활성화	
① 다문화가족과 지역주민 간 교류·소통 기반 확대	여성가족부, 문화체육관광부, 지자체
② 다문화가족 사회참여 기회 확대	여성가족부, 중앙선거관리위원회, 지자체, 농림축산식품부
4. 다문화가족정책 추진 기반 강화	
4-1. 다문화가족정책 환류 시스템 구축·운영	
① 정책환경과 수요에 기반한 지원체계 내실화	여성가족부
4-2. 다문화가족 지원 서비스 접근성 제고	
① 대상자 발굴과 서비스 안내를 위한 기관 간 연계 강화	여성가족부, 법무부, 지자체
② 정책수혜자 중심의 서비스 접근성 제고	여성가족부, 행정안전부, 보건복지부, 지자체
4-3. 다문화가족정책 협력체계 강화	
① 범부처 다문화가족정책 조정과 협력 강화	국무조정실, 여성가족부, 법무부
② 중앙-지방 간 다문화가족정책 협력체계 구축	여성가족부, 지자체
③ 주요 결혼상대국과의 국제협력 강화	여성가족부, 외교부

출처: 여성가족부(2024). 제4차 다문화가족정책 시행계획(2023~2027) 2024년도 시행계획, p. 74.

토론 및 발표 주제

1. 다문화 사회복지사의 문화적 역량을 확장하기 위해 다양한 방법을 제시해 보시오.

2. 한국 다문화사회복지 정책의 주요 흐름을 설명해 보시오.

3. 한국 다문화사회복지 정책의 핵심 과제를 제시하고, 주요 성과를 이야기해 보시오.

Chapter 10

다문화사회복지 실천

학습목표

1. 다문화사회복지 실천의 개념을 정의할 수 있다.
2. 다문화사회복지 실천과정을 적용해 볼 수 있다.
3. 다문화사회복지 실천 영역별 문제해결 대안을 제시할 수 있다.

01 다문화사회복지 실천 이해

1) 다문화사회복지 실천 정의

다문화사회복지 실천(MCSW: Multicultural Social Work Practice)을 어떻게 이해할 것인가는 2018년 개정된 「NASW 사회복지사 윤리강령」에서 명확히 보여주고 있다(MCSW, 2018). 즉, 사회복지사는 문화적 역량과 사회적 다양성에 민감하며 사회복지실천에서 다문화성 및 다양성 수용 원칙을 포함할 것을 강조한다.

Lum(2004a)은 다문화사회복지 실천에 대해 "사람들 간에 존재하는 차이를 존중하고 원조관계에서 작용하는 문화적 요소를 인식하는 사회복지실천"이라고 정의하였다. 또한 Lum(2004a)은 다문화사회복지 실천의 주요 대상이 인종과 사회경제적 지위로 인하여 차별받아 온 사회적 소수들과 지역사회이며, 이들과의 상호작용 속에서 다름과 차이를 인정하고 사회심리적 기능을 향상하는 것이 다문화사회복지 실천의 목표라고 강조하였다.

Sue(2006, p. 20)는 "다문화사회복지 실천은 원조 과정으로, 클라이언트의 문화적 가치관과 삶의 경험에 일치되는 서비스 목표를 세우고 원조방식을 활용하는 과정이다. 이 속에서 클라이언트의 정체성을 보편적·개인적·집단적 차원에서 이해하고, 치료 단계에서 문화 특성적 전략을 적용하여 클라이언트와 클라이언트 환경의 사정·개입·문제해결에서 개인주의적 접근과 집단주의적 접근의 균형을 맞추는 실천"이라고 정의하였다.

사회복지실천은 문화적 민감성과 문화적 역량을 내포하는 개념이며, 동시에 대상자의 문화적 맥락과 가치에서 이해하려는 실천을 의미한다. 문화 기반 사회복지실천에 내포한 함의는 다음과 같다(Sue & Sue, 2011).

- 원조자의 역할과 과정: 사회복지사와 상담자는 대상자의 상황에 적합한 다양한 문제해결, 치료기술의 목록을 가지고 이를 지속적으로 확대하는 노력을 기울여야 한다. 즉, 다문화사회복지 실천과정에서 사회복지사는 하나의 역할만 수행하는 것이 아니라, 상담자, 교육자, 옹호자, 조직가, 중개자 등 다양한 역할수행을 하며, 대상자의 상황에 적합한 다양한 개입기술 및 상담기술을 활용할 수 있어야 한다.
- 개인 경험과 문화적 가치의 조화: 문화적으로 다양한 배경을 가진 대상자를 만나 진행하는 사회복지실천에서는 이들의 민족, 인종, 문화, 성적 지향, 종교, 성별 등을 고려하고 이와 일치하는 개입방법과 목표를 설정해야 한다. 예를 들면, 어떤 대상자에게는 교사의 역할을 수행하며 교육, 충고, 제언 기술을 활용하는 것이 문화적 가치와 부합하고 더 효과적일 수 있으나, 다른 대상자에게는 직언, 제언 등의 기술이 반감을 더 높일 수 있다.
- 존재의 보편적·개인적·집단적 특성: 개인의 정체성이 여러 영역에 걸쳐 발달함을 고려하여 개입을 진행한다. 대상자의 정체성이 개인적 특성 및 인종, 민족, 장애 여부, 종교, 문화, 사회경제적 지위 등을 내포하는 집단적 특성과 인간의 보편적 특성을 모두 아우르며 발달한다는 점을 염두에 두고, 보다 총체적이고 포괄적인 관점에서 대상자를 이해하도록 노력해야 한다.
- 문화 특수적 전략의 활용: 대상자의 문화적 배경을 고려한 문화 특수적 전략 활용이 가장

효과적인 실천으로 이어질 수 있다. 이를테면, 기존 연구에서는 아시아계 미국인은 적극적이고 직접적인 전략에 더 반응하는 결과를 보고했다면, 아프리카계 미국인의 경우는 진정성 있게 자기 노출을 하는 실천가를 더 선호하는 것으로 나타났다(Pedersen et al., 2002).

- 개인주의와 집단주의: 다문화사회복지 실천은 대상자를 개인으로서만 바라보지 않고 사회적·문화적 맥락의 산물로 바라본다. 이는 사회복지실천의 생태계적 관점과 유사하다. 즉, 대상자에 시선은 개인적 특성과 환경적 특성, 개인과 환경 간 관계, 적합성 모두를 총체적으로 고려하는 관점을 취한다.
- 대상자와 대상자 체계: 다문화사회복지 실천가와 상담사, 그리고 치료자는 대상자를 원조하는 데 있어 이중역할을 수행한다. 이는 사회복지실천의 이중 초점과 같은 개념으로 개입 시 개인의 역량과 문제해결 능력을 향상하는 것과 대상자가 경험하는 문제가 기관, 제도 내 존재하는 편견과 차별에 기인한 것이라면, 이에 적극적으로 대응할 수 있어야 한다. 즉, 개인과 환경 체계에 대한 이중 개입이 요구되는 지점이 된다.

2) 다문화사회복지 실천 모델

(1) 생태체계 이론

사회복지실천에서 가장 기본적인 이론 틀로 활용하는 것은 생태체계 이론이다. 생태체계 이론은 생태학적 관점과 체계이론이 결합한 것으로, 사회복지실천에서 대상자를 이해하는 매우 유용한 틀로 여겨지고 있다. 생태체계 이론은 사회복지의 환경 속 인간 관점과 그 맥락이 일치한다(최해경, 2017). 대상자를 둘러싼 가족 구성원, 지역사회 등 여러 체계와 체계 간 관계의 맥락에서 이해하고 대상자와 주변 체계 간 적합, 부합, 적응하지 않는 욕구를 살펴본다. 더불어 생태체계 이론에서는 주변 체계를 미시체계, 중간체계, 외부체계, 거시체계, 시간체계, 자연체계로 구분한다. 생태체계 이론은 상황 속에서 대상자의 변화 가능성을 제시하고 대상자와 주변 체계의 강점을 강조하며 대상자와 환경 간의 밀접한 교류관계를 통한 상호 영향력 알 수 있게 해 준다(양정민 외, 2020).

다문화가족 및 이주배경 구성원을 대상으로 하는 사회복지실천에서 생태체계 이론은 더욱 유용한 이해의 틀로 작동한다. 문화는 단순히 환경의 일부가 아니라, 인간의 행동과 상호작용을 규정하고 환경과 사회적 환경을 형성하는 핵심 틀이다(Marsiglia et al., 2021). 이는 사회복지실천에서 개입의 적절성과 효과성을 결정짓는 주요 요인으로 작용할 수 있다. 생태체계 이론은 대상자의 삶 속에 어떤 문화적 특성이 존재하며 어떤 문화체계와 상호작용하는지, 그리고 문화적 가치관, 특성, 관습, 생활양식(life style)이 대상자의 삶에 어떻게 영향을 미치며 또한 영향을 받는지 살펴볼 수 있게 해 준다. Meyer(1983: 최혜지 외, 2013, p. 125 재인용)는 생태체계 이론이 대상자와 대상자가 직면한 상황을 볼 수 있는 '눈'을 확대해 준다고 설명한다. 즉, 생태체계 이론은 이주배경을 가진 구성원의 삶과 상황을 이해하는 데 문화적 특성과 가치, 체계의 맥락에서 이들을 볼 수 있는 관점을 제공해 주며, 주류사회 내 존재하는 다양한 체계가 이들의 이주배경과 문화적 특성이 얼마만큼 부합되는지, 혹은 그렇지 않은지를 돕는 눈을 제공한다. 특히 이주배경 구성원을 이해하기 위해서는 '이주 전의 삶', '이주 과정에서의 경험', '이주 후의 삶과 경험' 탐색이 중요한 만큼, 사회복지사는 생태체계 이론을 통해 이들이 출신 국가와 사회 내에서 어떻게 성장해 왔으며 이들의 삶이 시간의 흐름에 따라 어떻게 변화했는지 살펴볼 수 있다. 동시에 사회복지사는 우리 사회 내 이주민으로서 이들이 주변 체계와 어떻게 관계를 맺고 어떤 사회구조적 상황을 경험하는지, 경험 속에 두드러지는 적응, 적합성의 어려움은 무엇인지 탐색할 수 있다.

(2) 임파워먼트 모델

임파워먼트(empowerment)의 개념은 여러 학자에 의해 정의되어 왔다. 임파워먼트란 "차별받는 사람이 경험하는 일에 대한 통제력을 발휘할 수 있도록 힘을 획득하는 것뿐만 아니라, 그 힘의 변혁을 통해 사회적 변화를 이루고자 하는 것"이다(Mullender & Ward, 1991, p. 6). Thomas와 Pierson(1995, pp. 134-135)은 "사람들이 자신의 삶에 대한 통제력을 얻고, 이를 통해 집단의 이익을 달성하는 방법에 관한 이론이자, 사회복지사가 무기력한 사람의 힘을 증진하도록 하는 방법"이며, "일반적으로 서비스 이용자 참여 및 자조 운동과 관련이 있으며, 이를 통해 집단은 제도적 서비스와의 협조나 독립적으로 활동을 수행한다."고 하였다.

임파워먼트를 위해서는 개인의 정신 상태, 즉 정신적 측면을 점검하여 자신들의 문화적·

지적·정서적·경제적 차별을 극복하고 의존성과 무기력에 도전할 수 있도록 하는 것이 필요하다. 이러한 도전은 대화와 교육과 비판을 통해 이루어질 수 있는데, 그 비판의 대상은 임파워먼트에 걸림돌이 되는 인종, 성, 계급, 장애, 나이 등에 대한 억압과 차별이 된다(최명민 외, 2017). 이처럼 임파워먼트는 이주민, 이주배경 가족 등 사회적 소수자에게 적용하기에 적합한 실천 접근이며, 특히 빈곤 문제는 더욱 취약할 수 있어서 그만큼 임파워먼트 접근이 요구된다. 소수집단의 빈곤은 사회기관이나 의료 관계자에게 의존하는 것에 익숙해 스스로 자신의 삶을 통제하는 것을 포기하고 자원 권력을 가진 사람의 기대치에 부응하게 된다. 여기서 중요한 개념은 '학습된 무기력'이다. 학습된 무기력은 사람들이 과거에 실패하였던 경험 때문에 새로운 과업에 관련된 요소를 제대로 볼 수 없는 마음 상태를 말한다. 따라서 과거와 같은 유사성만으로도 무기력한 상태가 될 수 있으며, 가까스로 목표 성취를 하더라도 그것을 자신의 노력에 의한 긍정적 결과로 해석하지 못한다는 것이다(Barber, 1991, pp. 32-33). 이것은 상대적으로 힘(power)이 적은 소수집단 문화에 속하기 때문에 겪는 차별 요소에 의해 열등감이나 실패감을 느끼는 사람들, 사회적 지지의 결여로 소외감과 고립감을 경험해 온 사람들, 불합리한 제도에 의해 좌절하며 자포자기하고 있는 사람들에게 적용될 수 있다. 이를테면, 불법 입국으로 근로 현장에 유입되어 고용주의 차별이나 폭력에 저항하지 못하고 수년 동안 부당한 대우를 받아 온 외국인근로자, 언어적 소통이 불가한 상태에서 무조건 한국의 문화에 동화되기를 강요받으며 전통적인 며느리, 아내, 어머니 역할만이 허용되는 환경에 순응할 수밖에 없었던 여성 결혼이민자, 혼혈인이라는 이유로 차별과 불이익을 받아 오면서 이에 익숙해져서 희망이나 의지를 상실한 이주가정 청소년 등이 그 예이다. 이를 극복하기 위해서 사회복지사는 의식화 과정을 통해 개인의 환경과 사회적 맥락을 연결하도록 도울 수 있으며, 사회구성원으로서 개인에게 초점을 두고 임파워먼트의 방법을 모색할 수 있다.

그런 측면에서 임파워먼트는 원래 정치적 아이디어이며, 권력, 권력의 소유, 권력의 불평등, 권력의 획득과 재분배가 중심이슈가 된다(Croft & Beresford, 2000, p. 117).

그러나 집단, 지역사회 및 조직 차원의 임파워먼트로 발전하기 위해서는 먼저 개인 임파워먼트를 실천하는 것이 필수적이다. 개인 임파워먼트는 좀 더 자기주장이 관철될 수 있도록 하는 것과 다른 사람들과 협력하여 건설적인 결과를 가져온다는 낙관주의를 발전시키는 것이다(Barber, 1991, p. 41). 이 과정에서 임파워먼트를 위한 사회복지사의 촉진활동 단계는 다음과 같다(최명민 외, 2017).

- 사회복지사가 활동의 필요성을 인식한다.
- 사회복지사가 집단의 다른 성원과 그 인식을 공유한다.
- 사회복지사와 집단 구성원은 개인이 원하는 대로 참여하지 못하거나, 집단을 스스로 운영하지 못하도록 저해하는 장애물을 밝혀낸다.
- 사회복지사와 집단 구성원들은 그들이 원하는 것을 다루는 전략에 대해 협의하고 동의한다. 이 전략에는 집단 구성원들의 임파워먼트를 저해하는 장애물을 극복하는 것이 포함된다.
- 사회복지사와 집단 성원들은 집단 구성원들이 기술을 개발하도록 지속적으로 노력한다.
- 구성원들이 스스로 과업을 수행할 수 있다고 느끼게 되면, 사회복지사는 서비스 제공의 역할을 철회한다.

이 과정에서 다문화사회복지 실천 현장에서 사회복지사는 당사자가 참여할 뿐만 아니라 활동의 주체가 될 수 있도록 최대한 도움을 주어야 한다. 그리고 그들의 삶과 문화를 정상화하고, 그들의 역할을 사회적으로 가치 있는 것으로 인식하도록 하여 사회적 역할 가치와 자기 삶의 주도권을 잃지 않도록 유의해야 한다. 이러한 과정을 통해 클라이언트는 인종과 차별, 무기력에 관한 이슈를 다시 이해하면서 앞날에 대한 새로운 이야기를 전개할 수 있게 되는 것이다.

(3) 강점 관점

① 강점 관점의 특성

강점 관점이란 클라이언트를 독특한 존재로서 다양성을 인정하고 존중하면서 클라이언트의 단점보다는 장점에 초점을 두어 가능한 모든 자원을 활용하여 역량을 실현해 나가도록 돕고자 하는 것이다. 강점 관점의 특성은 다음과 같다(Miley et al., 2007).

- 강점 관점은 모든 인간은 성장하고 변화할 능력을 이미 내면에 보유하였고, 문제가 생겼을 때 문제를 해결할 능력과 힘을 발현하는 관점이다.

- 사회복지사는 이러한 타고난 힘을 원조할 때, 클라이언트에게 긍정적인 성장의 가능성이 촉진된다.
- 클라이언트는 잠재력 및 지배력과 자기실현의 개발을 향하여 노력한다.
- 강점 관점은 사회복지의 근본적 가치인 인본적 가치와 사회정의의 가치와 일치한다.
- 강점 관점은 원조 과정의 특징인 인본적이고 윤리적이며 정치적인 가치에 상응한다.
- 강점 관점은 클라이언트 체계를 존중하며 원조하는 접근이다.

② 강점 관점의 다문화사회복지 실천

강점 관점을 다문화사회복지 실천에 적용할 경우, 다음과 같은 원리를 적용해 볼 수 있다(김혜영 외, 2021; Sue, 2006).

- 다문화 클라이언트 체계에는 모두 강점이 있다. 사회복지사는 다문화 클라이언트의 문제에 집중하기보다는 클라이언트와 그를 둘러싼 환경에서 강점을 찾는 데 초점을 두어야 한다.
- 다문화사회복지사는 다문화 클라이언트 문제의 영향을 인정하되 그에 대한 해석을 달리하여 문제가 성장을 위한 도전과 기회라는 긍정적 시각으로 유도해야 한다.
- 다문화사회복지사가 열린 마음으로 다문화 클라이언트의 변화 가능성을 지지할 때 더 큰 효과를 얻을 수 있다.
- 다문화사회복지사와 다문화 클라이언트는 수평적인 관계로 상호 협력함으로써 함께 문제 상황을 변화하며 나가야 한다.
- 다문화사회복지사는 보호와 환경을 강조한다. 즉, 다문화 클라이언트를 보호하며 동시에 환경 안의 상황을 이해하고 해석하며 개입해야 한다.
- 모든 환경에는 자원이 존재하므로, 다문화사회복지사는 자원의 중요성을 인식하고 생각하지 못했던 자원들을 환경 안에서 발견하도록 노력해야 한다.

3) 다문화사회복지 실천의 쟁점

(1) 다문화 사회복지사의 시각과 태도 이슈

다문화사회복지 실천에서 가장 큰 이슈는 문화적 배경이 다른 클라이언트에 대한 사회복지 전문가의 선입관과 고정관념이다. 사회복지사가 다문화 클라이언트에게 무의식적 편견, 고정관념, 선입견을 품는다면, 문제는 클라이언트가 아닌 자신에게 있는 것이다(김영란, 2010; Sue, 2006). 특히, 단일민족 중심의 가치와 신념은 사회의 정책, 제도, 실천방법, 조직를 통해 표명된다. 대부분 사회체계가 본질적으로 단일문화적이고 순종을 요구하므로 민족적·인종적 소수집단은 억압을 받을 수밖에 없다. 인종차별주의는 차별적 법률의 제정, 법률의 선택적 시행, 경제적 기회의 차단, 문화적 차이에 대한 강요된 동화정책을 조장한다(Sue, 2006).

그러나 한국의 대학교 사회복지학과의 교육프로그램은 학습자의 다른 문화, 타민족, 다른 종교, 다른 언어에 대한 태도나 편견, 선입견 등을 성찰할 시간과 기회를 부여하는 훈련 시간이 부족해서 사회복지사들의 자기 인식은 더욱 미흡한 상황이다. Johnson과 Yanca(2004)는 매우 무의식적이고 은밀한 형태의 편견이나 선입견은 사람의 의식 속에 깊이 은폐되어 있기 때문에 더 큰 문제가 될 수 있다고 강조한다.

NASW 사회복지실천에서 '문화적 역량기준'에 따르면, 다문화 사회복지사는 '자기인식'이 매우 중요한데, 이는 사회복지사가 다문화 실천에 앞서 자신의 개인적·문화적 가치와 신념에 대한 이해를 발달시키기 위해 노력해야 한다는 것을 의미한다. 사회복지사는 자신의 개인적 문제와 욕구, 감정, 생각, 행동 그리고 취약한 영역에 대한 자기인식을 발전시켜야만 비로소 클라이언트에 대해 객관성을 가지고 반응할 수 있기 때문이다.

이를 위해 사회복지사는 문화다양성 관련, 자신의 가치관과 욕구를 명확히 파악하기 위해서 훈련이 필요하며, 이때 Johnson과 Yanca(2004)의 자기인식 증진 연습이 유용하다. 사회복지사가 자신을 이해하기 위해서 자신의 감정·사고·행동을 파악할 필요가 있다는 것을 강조하였으며, 이를 위해 확인해야 하는 영역으로 다음 사항을 제시하고 있다.

- 나의 생활 스타일과 인생 철학에 대한 이해: 나의 성격, 결혼 및 가족, 일, 금전 등 기본적인 삶의 양식에 대한 자신의 신념체계

- 나의 가치체계 이해: 인간 본성, 인간과 자연의 관계, 시간적 지향(과거, 현재, 미래 중 강조하는 시간), 다문화 등 기본적 가치관
- 가족 배경 및 문화 배경 이해: 부모님과 조부모의 고향, 부모님의 양육 방식, 부모님의 생활 스타일 등에 대한 이해
- 나의 인생 경험 이해: 나는 어느 정도 다양한 연령층과 접촉했는지, 어떤 취약계층 및 다문화 클라이언트와의 만남 경험이 있는지
- 개인적 욕구: 나의 기본적 욕구, 다양성 인정 욕구, 성장 욕구, 소속 욕구 등에 대한 이해

(2) 다문화사회복지 실천의 윤리 이슈

미국의 「NASW 사회복지사 윤리강령」에서는 사회복지사의 문화다양성에 대한 민감성과 문화적 역량을 강조하였다. 특히 NASW의 「사회복지실천의 문화적 역량 기준(NASW Standards for Cultural Competence in Social Work Practice)」(2015)을 발표함으로써 사회복지실천 현장에서 문화다양성의 중요성은 더욱 강조되고 있다. 그에 비해 「한국사회복지사협회의 사회복지전문직 윤리강령」은 2001년 이후 개정되지 않아 문화다양성 또는 다문화사회복지 실천의 윤리적 기준에 대한 언급은 미흡한 상황이다. 「NASW 사회복지사 윤리강령」의 기준 중 다음의 1.05는 다문화사회복지 실천의 윤리적 기준과 관련한 내용을 명료화하고 있다.

NASW의 사회복지사 윤리강령과 문화적 역량를 정리하면, 다문화 사회복지사는 다음과 같은 윤리적 기준을 갖추어야 한다(김혜영 외, 2021).

- 사회복지사는 클라이언트의 다양한 문화를 인식하고 그 문화의 강점을 인식해야 한다.
- 사회복지사는 클라이언트의 다양한 문화에 관한 지식을 갖추어야 하며, 클라이언트의 문화에 민감해야 한다.
- 사회복지사는 다양한 사람 간 차이와 문화적 집단 간 차이를 인지하고 적합한 서비스를 제공해야 한다.
- 사회복지사는 다문화 관련 인권교육을 받아야 하며, 이를 이해해야 한다.

(3) 사회복지기관의 변화 이슈: 다문화적 조직의 발달

① 사회복지기관의 다문화 조직으로의 변화

한국의 사회복지실천 현장은 지금까지 단일문화적 관점에서 업무를 수행해 왔으므로, 다문화사회로의 변화 과정에 있는 지점에서 사회복지기관도 변화가 필요하다. 그동안 사회복지기관들은 우리 사회의 단일문화적 가치의 영향을 받아 그것을 사회복지실천에 반영해 온 것이 사실이다. 지역사회에서 다양한 이주배경의 클라이언트들이 거주하지만, 사회복지기관들은 이들을 다문화가족지원센터의 클라이언트로 분류하고 일반적 클라이언트 집단에서 이들을 배제해 왔다. 앞으로 사회복지기관은 다문화적 조직으로 변화가 요구된다. 다문화주의 관점에서 서비스를 제공하고, 클라이언트의 다양성을 중요시하며, 기관의 사명, 운영, 서비스에 다문화 클라이언트를 반영해야 한다. 다양한 소수집단의 개인적·사회적 욕구를 충족시키기 위해 사회복지기관들은 문화적 역량을 갖춘 사회복지사를 고용할 뿐만 아니라 기관 자체가 '다문화 역량'을 채워 나가야 한다. 다문화 역량을 갖추는 것은 사회복지사 개인적 실천 수준뿐만 아니라 사회복지기관의 다문화 실천적 접근까지 의미한다(김영란, 2010).

② 한국적 사회복지실천 + 균형적 다문화 접근

사회가 점차 전문화·다양화되는 시점에 사회복지실천 현장은 오히려 유의해야 할 다문화적 태도가 세계화가 내포하는 권력관계를 따라 선진국 문화 중심으로 형성되고 있다는 것이다. 이러한 상황에서 사회복지실천 현장에서 '문화다양성'의 강조는 오히려 한국적 사회복지실천의 논의 없이 선진국 지향성과 선진국 중심의 문화다양성 태도만 강화할 가능성이 크다. 따라서 사회복지실천 현장에서는 우리 문화에 적합한 실천방법 논의와 함께 다양한 이주자의 국가별·계층별 문화다양성의 가치를 적용하는 균형 잡힌 태도가 필요한 시점이라고 할 수 있다(심의경, 2017). 그리고 서구의 사회복지실천 이론과 기술들을 현장에 적용하는 데 머물지 말고, 한국적 사회복지실천 위에 다문화주의의 적용 방안에 대한 고민이 지속적으로 경주되어야 할 것이다.

02 다문화사회복지 실천과정

1) 준비 및 시작

(1) 준비 단계

사회복지사가 클라이언트를 만나기 전에 이루어지는 단계로, 궁극적인 목적은 대상자와 다문화사회복지 실천에 대한 기본 지식, 인식, 기술을 발달시키는 것이다(Ridley et al., 2021). 여기서 인식(awareness)이란 실천가가 자신의 문화적 정체성과 대상자의 문화적 정체성 모두에 대해 인정하고 이해하는 것을 말한다. 지식(knowledge)은 대상자의 문화적 배경과 집단이 가지는 특성, 가치관과 주류사회에서 대상자가 속한 집단이 가진 역사적 경험과 사회적 위치, 이슈 등을 모두 포함하는 개념이다(Sue, 2001: Ridley et al., 2021 재인용). 기술(skills)이란 문화 감수성을 가지고 대상자의 문화적 특성을 반영한 상담 개입기술을 말한다. 다만, 인식과 지식이 반드시 기술로 이어지지 않으므로 더불어 문화 감수성에 기반한 기술 함양이 필요하다(Ridley et al., 2021).

따라서 준비 단계는 사회복지사 스스로 자기점검 및 자기성찰이 이루어지는 단계이며, 생태체계의 사회구조적 틀 내에서 대상자의 생활과 경험을 이해하려는 노력의 단계이다. 예를 들면, 북한이탈주민이라면 지역 내 북한이탈주민 규모 및 거주 지역의 특성, 북한이탈주민과 관련된 기본 정보, 욕구, 어려움 등의 자료를 검토하고 대상자를 만날 필요가 있다. 그리고 준비 단계에서 중요한 통역의 필요 부분이다. 대상자의 한국어 실력을 파악하고 개입 과정 내 통역사가 필요하다면 통역 동행을 준비해서 다음 시작하기 단계로 진입해야 한다.

(2) 만남

문화가 다른 클라이언트와의 실천과정에서 첫 만남은 매우 중요하다. 특히 첫 회기에서 달성해야 할 목표는 다음과 같다(Diller, 2007, pp. 165-168).

- 좋은 라포 형성하기

- 클라이언트의 문제를 이해하기
- 클라이언트가 원조 관계에서 기대하는 바를 이해하기
- 실천가가 제공할 수 있는 것을 명확히 의사소통하기
- 클라이언트에게 자신의 말에 귀 기울여 주고 이해받는 경험을 제공하며, 적절하다면 즉시 도움을 제공할 것이라는 희망을 심어 주기

실제로 이 과업을 달성하기란 쉽지 않다. 문화적 소수집단에 속하는 클라이언트들이 공식적인 원조체계에 접근하기 힘들 뿐만 아니라, 어렵게 찾아온다고 하더라도 첫 회기에 자신의 문제가 해결되거나 욕구가 충족될 것이라는 희망을 품기 힘든 경우가 많기 때문이다. 또한 언어적 소통의 어려움이나 문화적 특성에서 기인한 행동이 저항의 하나로 해석되는 경우도 적지 않다. 따라서 충분한 신뢰를 형성하기 위해서는 더 많은 시간이 필요할 수 있다.

사회복지사는 클라이언트의 문화적 차이점을 고려하는 것도 중요하지만 유사성을 찾는 것도 좋은 전략이다. 이때 문화적 특성에 따라 인사 방법, 호칭을 염두에 두고 클라이언트에게 직접 어떻게 대해 주면 좋을지 의견을 물어볼 수도 있다. 이원숙과 임수정(2020, p. 238)은 관계 형성을 위해 다음과 같은 활동을 설명하고 있다.

- 대상자의 상황에 관해 관심을 보이기
- 대상자가 자신의 어려움, 문제, 상황에 대해 어떻게 인식하는지 이해하기
- 기관의 서비스가 무엇인지 설명하고 대상자 가지는 기대에 대해 논의하기
- 기관과 사회복지사가 대상자에게 도움이 될 수 있는지 파악하며 결정하기
- 대상자에게 (필요한 경우) 서비스 이용을 권유하기
- 대상자에게 실천과정에 대해 자세히 안내하기
- 기관에서 필요로 하는 서류를 함께 작성하기

사회복지사는 제공할 수 있는 서비스와 그 과정 및 유의사항 등에 대해 클라이언트에게 쉽고 명확하게 설명해 주어야 하며, 첫 회기를 마치고 클라이언트가 문을 나설 때는 다음 회기의 약속이나 의뢰 등에 대해 정확히 알고 있도록 독려해야 한다.

2) 정보 수집 및 사정

사회복지사와 클라이언트의 만남을 통해 관계가 어느 정도 형성되면 클라이언트의 구체적인 욕구나 문제로 옮겨 가게 된다. 그러나 이주배경 클라이언트의 특성은 사회적 불이익을 당한 경험이 있거나 아직 충분한 신뢰관계가 형성되지 않을 경우, 자신에게 불리하게 사용될 것이라는 불안으로 솔직하게 자신의 상황을 털어놓지 않는다. 따라서 사회복지사는 정보를 수집하고 사정이 이루어지는 과정에서도 신뢰관계의 형성 및 유지에 관심을 기울여야 한다.

사정(assessment)은 곧 개입의 기반을 마련하고 방향성을 제시한다는 점에서 매우 중요한 지점이다. 다문화사회복지 실천에서의 사정도 일반적인 사회복지실천 주요 원칙, 즉 문제에 대한 정보를 얻을 때 그 문제가 발달과정 중에서 가족이나 지역사회와의 관련성에도 관심을 가져야 한다. 또한 문제가 언제, 어디에서 일어나는지, 어떤 사람들과 체계가 문제에 관련이 있는지, 문제의 결과나 유형은 어떠한지 등이 포함한다. Diller(2007)는 정보 수집 목록을 세 가지 인구학적 정보 목록, 원조 과정 고려 목록, 문제 관련된 문화적 측면 목록 유형으로 제시하면 다음 〈표 10-1〉과 같다.

표 10-1 정보 수집 목록

목록	내용	
인구학적 정보	• 태어난 곳 • 현재 삶의 공간(한국)에서 생활해 온 기간 • 가족의 역할 및 구조(가계도 활용) • 집에서 사용하는 언어 • 한국어의 유창성 • 경제적 상황과 지위	• 교육 수준 • 한국 문화에 동화된 정도(정체성 확인) • 계속 고수하고 있는 문화적 전통 • 한국의 생활방식에 대해 익숙하거나 편안한 정도 • 종교적 소속 • 공동체와 친구 관계 유형
원조 과정 고려	• 클라이언트의 심리적 정신 상대 • 가족의 심리적 정신 상태 • 원조에 대한 클라이언트와 가족의 태도 • 클라이언트의 동화 수준 • 가족의 동화 수준	

목록	내용
문제 관련 문화적 측면	•문제가 이주와 같은 변화의 이슈와 얼마나 관련되어 있는가? •클라이언트 문제를 얼마나 문화적 요인에 기반을 두고 이해할 수 있는가? •문제가 되는 행동을 그 문화에서 정상적인 것으로 받아들이는가, 아니면 역기능적인 것으로 생각하는가? •문제가 자원이나 지지를 이용할 수 없는 환경 요인과 얼마나 관련되어 있는가? •문제가 정체성, 가치, 관계에서의 문화적 갈등과 얼마나 관련되어 있는가? •문제가 개인의 심리적 갈등이나 성격적 요인과 얼마나 관련이 있는가? •문화적 가치나 행동, 사회적 연결망, 지지체계 등과 같이 클라이언트가 활용 가능한 문화적 강점이나 자산에는 어떤 것이 있는가?

출처: Diller, J. V. (2007). Cultural diversity: A primer for the human services, pp. 165–168.

정리하면, 정보 수집 및 사정 단계에서 사회복지사는 이주민의 사회적·문화적 경험에 대한 이해를 바탕으로 다양한 수준에서 정보를 수집해야 한다. 이주민이 호소하는 문제와 어려움에 대해 사정 시, 이들의 이주 전, 이주 과정 내, 이주 후의 삶과 그 변화에 대해 미시적 차원부터 거시적 차원에 이르기까지 탐색해야 한다. 또한 클라이언트가 호소하는 문제와 드러나지 않으나 어려움으로 간주할 수 있는 부분에 대해 클라이언트가 어떻게 인식하며 이해하는지에 대한 탐색이 반드시 이루어져야 한다. 모든 사정 과정에서 나타나듯이, 이주민을 대상으로 하는 사정 단계에서도 이들의 사회복지와 의료서비스 등 자원에 대한 접근성, 용이성 등을 포함한 자원 활용 능력, 그리고 서비스 이용에 대한 인식과 모국에서의 이용 경험 등을 살펴봐야 한다. 특히, 자원 사정 시 고려할 부분은 이러한 공공·민관기관 내 이주민을 도울 수 있는 통·번역사 유무와 통·번역 서비스 이용이 가능한 기관인지 등이다.

3) 계획수립 및 목표

자료수집 및 사정 단계에서 사회복지사는 축적된 자료와 정보를 토대로 클라이언트와 함께 개입의 목적과 목표를 수립해서 계획을 세워야 한다. 일반적으로 개입 계획은 다음 〈표 10-2〉와 같이 7단계에 걸쳐 진행된다(Kirst-Ashman & Hull, 2018).

표 10-2 개입 계획 7단계

단계	내용
대상자와 함께 일하기	• 클라이언트를 모든 과정에 참여시키기
우선순위 정하기(기준)	• 클라이언트가 문제로 인식 • 클라이언트가 이해할 수 있는 언어로 문제 규정 • 문제해결을 위한 현실적인 대안 마련
문제를 욕구로 전환	• 문제와 어려움을 욕구로 전환 후 욕구 충족 방해 요인 검토
개입 수준 평가 및 전략	• 전략의 장·단점 평가 • 가장 효과적이고 실현 가능한 전략 선택
목적 및 목표 선정	• 목표는 목적을 세분화하고 구체적으로 작성 • 측정 가능한 형태로 기술 • 기간, 개입 상황이 달성 가능해야 한다는 점
행동 단계 구체화	• 각 목표와 개입 단계 행동 과업 '누가', '어디서', '어떻게'
계약하기	• 공식적 계약서 작성(서명 포함)

출처: Kirst-Ashman, K. K., & Hull, G. H. Jr. (2018). Understanding generalist practice(8th ed.), 재구성

1단계, 클라이언트는 자신의 삶과 상황에 대해 가장 전문가이며 모든 것의 주체가 되기 때문에 실천과정에서 클라이언트와 함께 계획을 수립하고 이를 실행하는 것은 매우 중요한 과업이다.

2단계, 사회복지실천 현장에서의 개입 과정은 기간 및 시간제한이 있다. 다문화사회복지 실천에서 특히 고려해야 할 점은 문제와 어려움에 대한 인식의 차이이다. 예를 들면, 자녀 처벌 및 방임은 한국에서는 반드시 개입이 필요한 문제지만 일부 문화권에 따라 가족 사적 영역이 되며, 자녀 훈육의 하나로 인식될 수 있다. 신중한 의사소통 기술이 요구되는 지점이다.

3단계, 문제를 욕구로 전환하는 작업은, 이를테면 구직문제를 '취업을 통해 안정적인 소득을 얻고 싶어 하는' 욕구로 바꾸는 것이다. 무엇이 잘못되었는가 대신 욕구 충족을 위해 무엇이 변화해야 하는가로 관점이 전환되는 것이다.

4단계, 구직 욕구가 있는 이주민의 경우, 원하는 직업에서 요구하는 자격, 능력을 완벽하게 갖추었지만 이주민이라는 이유로 취업이 쉽지 않을 때는 개인 역량을 고취하는 전략으로 해결할 수 없다. 따라서 이주민이라는 특성을 고려하여 전략의 수준을 함께 고민해야 한다.

5단계, 목적은 개입을 통해 성취하고자 하는 장단기 결과이며, 목표는 목적을 세분화한 것으로 구체적으로 작성된 것을 가리킨다. 종종 주 사례관리 기관에서 클라이언트와 함께 설정한 목적과 목표가 협력 기관과 상이할 수 있는데, 이러한 경우 개입의 방향과 방안이 달라질 수 있어서 사전 논의가 충분히 이루어져야 한다.

6단계, 행동의 주체를 명확히 해야 하는데, 일반적으로 행동 주체는 사회복지사와 클라이언트가 되고, 동시에 협력 기관 및 각 기관 담당자가 되기도 한다.

7단계, 계획수립의 마지막 단계는 공식적인 계약하기이다. 다문화사회복지 실천에서 유의해야 할 점은 먼저, 한국어 수준이 낮을 경우, 클라이언트의 언어로 계약서를 작성하여 서명을 받는 것이다. 통·번역사가 상근하지 않는 기관의 경우 어려운 과업일 수 있다. 한국어 계약서를 사용할 경우, 계약에 관한 내용을 천천히, 충분히 설명한 후 이해되었는지 클라이언트에게 다시 한번 확인해 볼 필요가 있다.

4) 개입 및 점검

다문화사회복지 실천의 개입은 일반적 사회복지실천의 개입과 크게 다르지 않다. 개입의 유형 및 단위 역시 매우 유사하다. 개입은 직접개입과 간접개입으로 구분되며, 직접개입은 사회복지사가 클라이언트를 직접 대면으로 진행하는 개입 활동이다. 반면, 간접개입은 사회복지사가 클라이언트의 주변 체계와 환경에 개입하는 활동을 포함한다(최해경, 2017). 다문화사회복지 실천은 많은 경우 간접개입 활동의 비중이 클 수 있다. 이주민이 주 문제로 호소하는 어려움은 체류자격, 「출입국관리법」 등과 연관될 수 있는 어려움이 있다. 이를테면, 이혼은 클라이언트의 합법적 체류자격과 직결되는 문제로, 귀화자, 국적 취득자, 영주자가 아닐 경우 한국에 장기체류 하기 위해서는 일부 조건을 충족해야 한다. 사례를 들면, 이혼귀책사유가 한국 국적 배우자에게 있거나, 자녀와 시부모를 각각 양육·부양할 시에만 체류가 한시적으로 인정된다(조세은·김혜미, 2022). 자녀를 양육하는 결혼이주여성은 자녀가 만 18세 성년이 될 때까지만 국내에 합법적 체류가 가능하며(법무부, 2019), 이후에는 본국으로 돌아가야 한다. 즉, 결혼이주여성과 같은 이주민의 경우 가족해체, 이혼 등은 이들의 체류와 밀접한 관계가 있어서 다문화사회복지 실천 전문가는 이주민의 체류자격, 사증, 절차 등에 대해 숙지하고 있어야 하며, 필요한 경우 관련 변호사, 법률전문가 등과 연계하여 이들을 지원해야 한다. 이혼과정을 경험하는 이주여성에게는 심리적 상실을 완화할 수 있는 상담과 자립 지원, 법률 지원 등 종합적인 서비스 제공이 요구된다.

다문화사회복지 실천의 주 대상이 이주배경을 가진 클라이언트이므로 이들의 심리적·사회적 적응 지원을 위해서는 이들 주변체계에 대한 교육 지원이 필요하다. 예를 들면, 다문화가족 아동·청소년을 포함한 이주배경 청소년이 학교생활에 어려움을 경험하고 있다면, 주 개입 대상에는 아동, 가족뿐만 아니라 학교도 포함되어야 한다(성정현 외, 2020). 학교생활의 어려움의 원인이 아동의 개인적 상황에 기인한 것인지, 아니면 아동 가족의 일시적인 상황에 의한 것인지, 또는 학교생활 내 또래나 교사와의 관계로 인해 나타나는 문제인지 등에 대한 면밀한 사정이 필요하며, 결국 학교, 교사, 또래 친구에 대한 개입이 필요하다.

(1) 심리적 차원 개입

Drachman과 Ryan(2001)은 지속적으로 노출된 스트레스에 대응해야 하는 개인에게 심리적 중요 요소로 자존감, 통제감, 인지 방식, 사회적 성향, 성취동기 등을 들었다. 더불어 스트레스 영향을 줄이고, 부정적인 연쇄 반응을 피하며, 자기효능감을 높이는 것, 새로운 기회를 찾는 것 등은 스트레스 대응을 위해 필요한 기제로 보았다. 이는 다문화 클라이언트의 심리건강을 위해서 개입하고자 하는 사회복지사는 이러한 요인을 강화하는 개입을 고려할 수 있을 것이다.

그러나 심리 상태는 정체감이나 상실의 경험 외에도 언어 사용, 고용, 빈곤, 인종주의 편견, 물리적 이별 등에도 영향을 받기 때문에 사실상 총체적 접근이라 할 수 있다. 그런 측면에서 다문화사회복지 실천은 기본적으로 환경 속의 인간이라는 구도의 접근이 맞다. 예를 들면, 이민자가 경험했을 가능성이 많은 차별, 착취, 폭력, 빈곤, 그리고 낯선 타국의 비우호적인 환경을 이해해야 하고, 나아가 이와 관련하여 사회복지사는 신체적·정서적 문제로 인해 외상을 입은 클라이언트와 일할 수 있도록 준비되어야 한다. 무엇보다 이주 이전과 이주 과정의 경험, 이주 이후의 삶 속에서 외상을 경험하면, 이를 위한 효과적인 실천적 개입으로 통합시킬 수 있어야 한다(Hendricks, 2008).

다음은 문화적으로 유능한 정신보건 개입을 위해 고려해야 할 상황을 제시하였다(Mechultka, 2009).

첫째, 명확한 목표 설정이다. 다문화 클라이언트에 대한 개입을 진행할 때, 개발도상국의 삶이나 전쟁, 이주 과정의 냉혹한 현실을 사회복지사가 충분히 이해하기는 쉽지 않다. 또한 일련의 외상을 경험한 클라이언트는 자신의 고통, 상실감, 고된 노력에 대한 보상 등을 충분히 이해받고 있다고 느끼지 못하는 경우가 많다. 따라서 클라이언트는 개인주의와 집단주의의 차이, 성별과 나이, 교육적 역할의 차이 등에 큰 영향을 받는다. 이에 따라 사회복지사는 존칭을 사용하고 약속을 지키며 지속적으로 클라이언트의 권리와 권리 행사 방법 등을 상기시킴으로써 긍정적인 관계를 형성하도록 노력해야 한다.

둘째, 언어적 배려이다. 언어에 대한 배려는 문화 차이를 고려한 서비스의 필수적인 조건이다. 낯선 외국어로 정신적 외상의 기억이나 갈등을 다루는 것은 매우 어렵고 비효과적일 수밖에 없다. 이러한 이슈를 다룰 때는 가능한 한 통역사를 활용하는 것이 좋다. 통역사는 언어적 의사소통뿐만 아니라 역사적 맥락에서 문화적 이해를 돕고 클라이언트가 자신의 공동체 내에서는 정상적이라는 점을 확인해 줄 수도 있다. 특히 통역사는 같은 본국 출신으로 자조 모임 내에서 교류 가능성을 염두에 두고 비밀보장 의무를 주지시켜야 하고, 전문가적 경계의 문제도 분명히 하도록 해야 한다. 또한 클라이언트와 같은 언어를 사용한다 해도 거주지, 성별, 나이, 계층 등에서 많은 차이가 나는 통역사는 비효율적일 수 있다. 그러므로 통역자의 특성이나 자격과 관련한 조건은 미리 클라이언트와 의논하는 것이 필요하다.

셋째, 대안적 방법의 활용이다. 이민자는 자신의 정신적 문제나 외상에 대해 새롭고 창의적인 방식으로 접근하기를 원할 수 있고, 자기 고유의 문화에 근거한 전통적 치유 방법을 활용하기를 원할 수도 있다. 사회복지사는 충분한 논의를 통해 클라이언트의 개인적 신념은 무엇이고 어떤 방식의 접근을 원하는지를 확인해야 한다. 그리고 그 방법을 통해 어떤 결과를 기대하는지, 그 방법이 다른 개입 방법과 어떤 식으로 상호작용하며 영향을 미칠 것인지, 부작용은 없는지 등도 파악해야 한다. 언어나 글로 자신의 의사를 표현하는 것이 힘든 클라이언트에게는 미술치료나 음악치료, 오락치료 혹은 의례나 사진의 활용 같은 창의적이고 대안적인 형태의 정서 표현 방법도 효과적일 수 있다. 때로는 친숙한 음식과 음악, 춤 등을 경험할 수 있는 전통 축제에 참여하는 것도 치료 효과에 좋을 수도 있다.

넷째, 다양한 서비스와 참여이다. 문화적으로 유능한 개입을 위해서는 클라이언트가 편안하게 선택할 수 있도록 다양한 서비스를 제공해야 한다. 신규 이민자는 심리적 서비스를 제공하는 예방, 치료, 교육 등으로 다양하게 참여할 수 있다. 단, 이들에게 효과적으로 제공되기 위해서는 프로그램 설계, 실행, 평가의 모든 과정에 이민자와 같은 민족적·문화적 배경을 지닌 전문가나 공동체 대표를 포함하는 것이다. 인종이나 민족 공동체 사이에서도 다양성은 존재하지만, 이들의 참여는 의사소통의 장벽을 줄이고 개입 효과를 높일 수 있기 때문이다.

(2) 지역사회 개입

Lum(2004b)은 다문화사회복지 실천 현장의 사회복지사는 개인을 개별보다는 가족이나 지역사회 단위에서 어떤 관련성을 찾아볼 필요가 있다고 하였다. 이는 전체 다문화사회 속에서 그 집단이 가지고 있는 언어와 행동적 특성 등을 이해하고, 차별 또는 편견이 그들에게 더 복잡한 문제를 야기하고 있는 것은 아닌지를 살펴야 한다는 것이다. 나아가 환경적 요소만으로는 클라이언트를 이해하는 데 부족하며, 차별적이고 왜곡된 환경을 적극적인 변화의 대상으로 삼아야 한다(McPhatter, 1997). 클라이언트의 환경이 적대적이고 차별적일 때 그 공간에서 생활하는 클라이언트의 복지에 악영향을 미친다는 것을 의미한다. 따라서 이러한 환경적이고 거시적인 이슈를 무시하는 전문가는 문화적 역량에 심각한 한계를 가질 수밖에 없다.

지역사회의 임파워먼트는 다문화사회복지 실천이 지향하는 궁극의 목적이라고 할 수 있다. 지역사회복지실천 현장에서 사회복지사는 기존 구성원과 새로운 이주민 간에 적극적으로 상호 소통하고 관계를 형성할 기회를 마련하는 것이 필요하다. 이는 단순히 당사자 간의 교류뿐만 아니라 다양한 문화가 만나고 연결된다는 의미가 있다. 이때 지역의 사회복지기관뿐만 아니라 공공기관, 종교기관은 서로의 관점이나 생활양식을 나눔으로써 문화 간 상호 이해를 높이는 장소로 활용될 수 있다. 사회복지사는 이 만남을 통하여 서로 이야기하고 긴장을 해소할 수 있도록 촉진자 역할을 수행해야 한다. 이 과정에서 교육은 매우 중요한 도구가 될 수 있다.

이와 같은 거시적 임파워먼트 접근에서 병행할 수 있는 모델로서 인권 중심 실천이 유용하다. 임파워먼트 실천에서는 개인, 가족, 지역사회를 여러 요인에 의해 '권력을 빼앗긴' 존재로 보고 이들의 권력을 효과적으로 증진하는 방법에 관심을 두는 데 비해, 인권 중심 실천은 개인, 가족, 지역사회가 기본적으로 권리가 있음을 명료화하고 논의를 시작한다는 점에서 다소 차이가 있다. 인권 중심 접근은 권리가 보호되고 실현되기 위해 개인, 가족, 지역사회가 변하는 것보다 좀 더 넓은 상위체계에서 어떤 것이 행해져야 하는지에 더 강조점을 둔다. 그러나 실제로 누구도 권리(right)에 수반되는 권력(power)에 대한 이해 없이 권리를 온전히 이해할 수는 없으므로, 두 접근방식은 상호 보완적이며 양립 가능하다(최명민 외, 2017). 따라서 사회복지사는 권리 중심 실천을 채택하더라도 임파워먼트 접근방식을 병행할 수 있으며, 반대로 임파워먼트 실천과정에서 인권 중심 실천을 활용할 수도 있다. 즉, 인권과 임파워먼트 실천은 상호작용을 통해 서로 강화될 수 있다.

5) 평가 및 종결

종결은 사회복지실천 과정의 마지막 단계로, 일련의 개입 과정이 계획에 따라 마무리되는 것을 의미한다(엄명용 외, 2020). 종결은 일반적으로 계획된 상태에서 이루어지지만, 종종 예상하지 못한 상황과 시점에 이루어지기도 한다. 종결은 크게 세 가지 유형으로 구분된다. 첫째, 목표 달성으로 인한 종결이 있다. 이는 가장 이상적인 형태의 종결로, 클라이언트와 사회복지사가 합의한 개입의 목적과 목표가 충분히 달성되었다고 평가할 때 이루어진다. 둘째, 시간제한에 의해 계획된 종결이다. 대부분의 사회복지실천 과정은 시간제한 두고 이루어진다. 사례관리의 경우, 기관에 따라 다르지만 빠르면 6개월부터 1년 등의 시간제한을 누고 진행된다. 이는 현장의 현실적 조건과 상황을 반영한 것이긴 하지만, 동시에 주어진 시간 내 목적과 목표를 달성하기 위해서 사회복지사와 클라이언트가 최선을 다해 개입에 임할 수 있는 장점도 있다(최해경, 2017). 셋째, 계획되지 않은 종결이다. 이는 대상자가 일방적으로 연락을 끊거나 개입을 중단하는 경우, 그리고 사회복지사나 기관이 클라이언트에게 필요한 서비스를 계속하기 어렵다고 판단할 시에 이루어진다. 여기서 유의할 점은 대상자가 왜 서비스를 중단 혹은 거부하는지 살펴볼 필요가 있고, 사회복지사나 기관의 결정으로 서비스가 종결될 때는 클라이언트가 이를 거부로 받아들이지 않도록 그 이유에 대한 충분한 설명이 필요하다.

평가는 성과평가와 과정평가, 개입 과정에 대한 만족도 등을 포함한다. 평가 수행방식은 일반적으로 표준화된 척도를 활용하는 경우가 많은데, 한국어가 서툰 클라이언트의 경우 이를 번역한 척도를 활용할 필요가 있다. 무엇보다 이를 진행하기 전 평가의 목적과 기능에 대해 충분히 설명할 필요가 있다. 또한 사회복지사 및 기관 평가에서 클라이언트의 특성을 반영한 문항과 질문이 포함되어야 하며, 사회복지사와 기관의 문화적 감수성 개입이 적용되었는지, 이들의 문화적 가치를 존중했다고 느끼는지 등에 관한 질문을 추가로 포함하여 전체 문화적 역량을 검토하는 평가체계를 마련해야 한다.

마지막으로 종결 시에는 종결 이후의 사후 관리도 중요시한다. 회기가 종료된 후 전화 또는 정기적인 모임 등을 통해 접촉을 유지하는 것은 사회적 지지망이 취약한 다문화 클라이언트를 위한 것이기도 하지만, 클라이언트의 진전을 확인함으로써 개입을 평가하는 기회가 될 수 있다.

03 영역별 다문화사회복지 실천

1) 다문화 청소년

교육부(2024c)의 「2024 교육기본통계」에 따르면, 다문화 학생 수는 193,814명으로 전년 대비 12,636명(7.0%↑) 증가하였는데, 이는 2012년 조사 이후 매년 꾸준히 상승하여 역대 최고치를 기록한 것이다. 학교급별로 초등학교는 117,459명으로 전년 대비 1,820명(1.6%↑) 증가했으며, 중학교는 47,910명으로 전년 대비 4,212명(9.6%↑) 증가, 고등학교는 27,673명으로 전년 대비 6,483명(30.6%↑) 증가, 각종 학교는 772명으로 전년 대비 121명(18.6%↑) 증가한 것으로 나타났다. 2024년 우리나라 초·중·고 학생 수는 5,132,180명으로 이중 다문화 학생이 차지하는 비율은 3.8%로 전년 대비 0.3% 상승하였다.

다문화가정 자녀들은 앞으로 한국 사회에서 어떤 역할을 통해서든지 우리 사회의 구성원으로서 이바지할 무궁한 가능성을 가지고 있다. 그러나 사회적 이해와 배려가 부족할 경우 그들은 독특한 욕구와 이슈에 당면할 수 있다는 점에서 오히려 당사자뿐만 아니라 사회적으로도 어려움에 봉착할 수 있다. 이러한 욕구와 이슈에는 가족, 자녀 양육, 아동 발달에 영향을 미치는 사회적·경제적 문제, 개인주의에 기반을 둔 독립적 가치와 가족주의에 기반을 둔 상호주의 간의 가치 갈등, 이중언어 사용과 낙인, 주류문화에 적응하는 과정에서 겪는 문화적 갈등, 인종주의에 의한 자존감 부족 등이 포함된다(Yamamoto et al., 1997). 따라서 다문화가족의 자녀들과 일하는 사회복지사는 아동의 심리사회적 적응, 가족원과의 관계, 학교 적응과 학업 성적, 친구관계, 그리고 지역사회 적응 등 다양한 측면을 고려해야 한다.

아동 보호와 복지에 접근할 때 고려해야 할 체계는 다음과 같다(Huang, 1997).

- 개인체계: 신체적 발달, 이차 성징, 학교 적응, 언어적 유창성, 감정 표현, 정서 상태, 수면, 가족 역동, 대인관계, 정확한 나이 등
- 문화체계: 세대 내 위치 및 적응 정도, 이민 역사, 인종적 정체성 등
- 가족체계: 가족 유형, 역할관계, 의사소통 유형, 사회경제적 지위 등
- 학교체계: 학교의 인종적 구성, 학업성취도, 교사와의 소통 유형, 사회적 행동 등
- 친구체계: 또래집단 내 지위, 또래집단 구성원의 성과 나이, 참여 정도와 유형, 가족과 학교에 대한 친구들의 가치 등

다문화 아동·청소년들의 지향하는 바가 무엇인지를 파악하는 것이 중요하며, 자신과 관련된 문화를 바로 이해하고 이에 대한 장점과 자원에 대한 자부심을 느끼고 자신의 문화적·인종적 정체감을 형성하도록 지원하는 것이 필요하다.

한국에서 다문화가족의 주요 관심사이자 걱정거리 중 하나가 자녀 양육 및 교육 문제로 나타나고 있다(여성가족부, 2023). 특히 학부모 간의 정보 교류 및 경제력이 요구되는 한국의 교육 현실에서 이들 가족이 경험하는 상실감과 박탈감의 체험은 희망의 상실과 차세대의 문제로 이어질 수 있다. 이에 이들에게 적합한 교육 자원을 개발하고 연결하며, 교육체계 안에서 이들이 차별받지 않고 학습할 수 있는 학습지원 서비스를 제공하는 것이 필요하다. 미국은 이민자 정책과 서비스에서 교육을 매우 중요한 영역으로 다루고 있으며, 이들이 기존 교

육제도 안에서 불합리한 처우를 받지 않도록 사회복지사들이 옹호자로서 임무를 수행해야 함을 강조하고 있다(Rieser, 2009).

(1) 사례에 대한 이해

사례 | "학교에서 다시 잘 지내고 싶어요"

아동 A는 초등학교 6학년에 재학 중인 여학생이다. A는 학교에서 친구들과 잘 어울리지는 못하지만, 학교에 가는 것을 싫어하지는 않았다. 최근에 모와 이혼한 부가 면접교섭권을 이용하여 학교까지 찾아온 이후 A가 한부모 다문화가족인 사실이 친구들에게 알려졌고, 그 이후 A는 학교에 가지 않으려고 한다. 경제적인 지원을 받기 위해 A의 모가 건강가정다문화지원센터를 방문하면서 상담 의뢰가 되었다.

A의 모는 부의 알코올중독과 폭력으로 인해 1년 전에 이혼하였다. 부의 폭력으로부터 자신을 지키기 위해 모가 이혼을 결정했다는 것을 알고 A는 모에게 죄책감을 지니고 있다. 모는 아시아 여성으로 자녀를 잘 양육하고자 열심히 근로 활동을 하고 있지만, 여전히 경제적으로 어려운 상황이다. 무엇보다 지금은 학교에 가지 않으려는 A로 인해 지쳐 있는 상황이다.

출처: 김혜영 외(2021). 사회복지와 문화다양성, p. 213.

앞의 사례를 이해하기 위해서는 클라이언트가 어떤 문제로 힘들어하지를 알아야 한다. 먼저, 아동 A를 이해하기 위해 가족체계 관점에서 가족 역동을 살펴보면 다음과 같다.

첫째, 다문화가족의 아동이다. 결혼이주여성인 모의 결혼생활이 A가 성장하면서 부모를 어떻게 생각하고 있었는지, 정체성 형성의 어려움은 없었는지에 대한 탐색이 필요하다. 부의 학교 방문 이후 다문화 아동임이 밝혀졌다는 사실은 A가 굳이 다문화가족임을 밝히지 않았을 가능성이 크다. 둘째, A는 알코올중독 가족의 자녀이다. A는 알코올중독인 부의 폭력을 보면서 성장하였다. 알코올중독 가족의 자녀는 영웅, 희생양, 잊힌 아이, 귀염둥이의 유형으로 성장하기도 하는데, A는 학교에서 잊힌 아이의 유형으로 보인다. 알코올중독 가족의 특성으로 배우자는 공동의존병에 갇힐 수도 있으며, 자녀는 감정 표현을 억제하고, 의존적인 성향이 있으며, 거짓말로 타인을 조종하려는 경향이 있을 수 있다. 셋째, A는 이혼가정의 자녀이다. 부모가 1년 전에 이혼했지만, 이혼의 과정이 건강했는지 살펴봐야 한다. 이혼은 법적인 이혼 외에도 정서적 이혼, 경제적 이혼, 심리적 이혼의 과정을 충분히 가지는 것이 필요하다. A도 부모가 이혼한다는 것을 미리 알고 있었는지, 부모의 이혼에 대한 감정을 충분히 나눌 기회가 있었는지, 모와 사는 현재의 삶을 어떻게 인식하고 있는지 등을 살펴보아야 한다.

종합하면, A의 학교 부적응, 즉 학교에 나가지 않는 것은 표면적으로는 A의 문제 행동으로 보인다. 그러나 A는 심리 내적으로 다양한 어려움이 엉키어 있었고, 그것이 부의 학교 방문으로 촉발되었을 가능성이 크게 보인다. 따라서 사회복지사는 의뢰된 학교 부적응 문제에만 집중하기보다는 A의 개인적 특성과 가족 역동의 특성을 파악하여 이해하는 과정이 필요하다.

(2) 개입 방향

이 사례의 상담 개입 방향을 제시하면 다음과 같다. 첫째, 상담 초기에 사회복지사는 A와 라포를 형성하고 충분히 A를 이해하고 수용할 수 있는 사람으로 다가서야 한다. A의 모는 A에게 학교에 나가지 않는 행동을 비난하거나 책망하였을 가능성이 크다. 자신을 지키기 위해 이혼을 결정한 모에 대한 죄책감, 학교에 갈 수 없는 어려움을 공감하지 않고 비난하는 모에 대한 분노 등 양가감정으로 혼란스러울 수 있으므로, A의 심정을 충분히 알아차림과 함께 따라가 주는 과정이 필요하다. 무엇보다 갑작스럽게 다문화 아동으로 밝혀졌을 때의 두려움이 무엇인지를 함께 나누어야 한다. 막연한 두려움은 더욱 큰 불안으로 커질 수 있으며, A를 꼼짝 못 하게 할 수 있다. 그 불안을 구체적으로 드러내면서 감당할 수 없는 부분을 구분하고, 같은 학급 반 학생들의 차별적 시선의 변화를 위해서는 인식 개선 등의 교육 방향을 학교 측에 제시할 수 있다.

둘째, A가 현재 겪고 있는 어려움이 언제부터 시작되었는지를 확인하고, A의 또래관계와 교사와의 관계, 학교 성적 등 학교생활에 대해 탐색한다. 그리고 이렇게 힘든 상황 속에서도 지금까지 학교에 다니는 것을 싫어하지 않고 어떻게 잘 나갈 수 있었는지, 그 힘은 어디에서 비롯되는지 등 내담자가 지닌 힘에 대해서도 함께 알아주고 지지하는 강점 관점의 태도를 견지하여 A가 이 상황을 통해 다시 일어설 기회를 가질 수 있도록 지원한다.

셋째, 일련의 과정을 통해 A와 협의하여 상담 목표를 설정한다. 이때 상담 목표는 모가 의뢰 당시 호소했던 학교 적응에 묶여 있기보다 A의 심리·정서적 상태를 따라가면서 단계적으로 설정하도록 한다. 그동안 억눌려 있던 A의 억압된 감정이 폭발적으로 드러나고, 자신의 상황을 객관적으로 이해하게 되면서 점차 학교에 대한 의지를 표현할 것으로 기대된다. 클라이언트마다 삶의 모양이 다양하고, 마음의 면역이 생겨 가는 과정을 지켜보는 것은 매우 힘든 시간일 수 있지만, 그 시간마다 사회복지사의 열정과 인내로 클라이언트는 성장할 수 있음을 기억해야 한다. 넷째, A뿐만 아니라 A의 모도 불안정한 상황이므로 A의 모에 대한 개입도 함께 이루어져야 한다. 다문화가족의 경우, 자녀가 학교 교육을 모두 이수하고 정상적인 궤도의 삶을 살아 내야 한국의 주류사회에 진입할 수 있다고 생각하므로 조급해질 수 있다. 게다가 한부모가족은 자녀 양육과 경제활동이라는 두 개의 무거운 짐을 안고 있어 사회적 지지가 필수적이다. A의 모는 자신과 자녀를 보호하기 위해서 이혼을 결정할 정도로 힘이 있는 여성이다. A의 모가 이 상황을 잘 극복할 수 있도록 한부모가족에 대한 다양한 지원 정보를 제공하고 다양한 지지체계를 연계하는 과정도 필요해 보인다.

다문화 아동·청소년은 특별한 존재가 아니며, 이들의 다름이 낙인이 되어서는 곤란하다. 기성세대뿐만 아니라 자라나는 세대가 이들을 함께 성장해 가는 동반자로 인식할 수 있도록 접근이 요구된다. 다음은 이러한 접근의 여실히 보여주는 사례다.

사례 | "야, 다문화"··· 담임쌤은 내 친구를 이렇게 불러요.

중학교 국어 교사 A 씨는 교실 문을 열고 들어오면서 큰 소리로 얼마 전 전학을 온 베트남 학생을 찾았다. 베트남 출신의 어머니를 둔 이 학생의 이름은 '김전일'이었지만 A 교사는 항상 '다문화'라고 불렀다. 한국어가 서툴러 친구들과 어울리지 못한 채 책상에 엎드려 있던 이 학생은 이유도 모른 채 앞으로 나갔다. A 교사는 한국인 학생들 앞에서 "숙제를 엉터리로 해 오면 어떡하느냐."라며 공개적으로 망신을 줬다.

아버지는 한국인, 어머니는 일본인인 김진영(15·가명) 군은 역사 수업 시간마다 괴롭다고 했다. 역사 선생님이 '우리나라', '우리 민족'을 얘기하는데 김 군에게는 '아빠 나라', '엄마 나라'만 있을 뿐이어서다. '독도는 우리 땅'이라는 노래를 부를 때는 같은 반 친구들의 눈치를 봤다. 친구들이 평소 "넌 한국 사람이냐, 일본 사람이냐?"라고 묻는 것도 남모를 괴로움이다. 이정은 아시아인권문화연대 사무국장은 "화합과 공동체성을 강조하는 '우리'라는 표현이 누군가에게는 소외감을 줄 수도 있다."라고 말했다.

출처: 김헌주(2018.07.29.). "야, 다문화"··· 담임쌤은 내 친구를 이렇게 불러요.

2) 정신건강 사례

이민자가 보건 서비스를 이용하는 일은 하나의 도전이 될 수 있다. 의료서비스에 접근하는 데에는 불법적 지위 발각과 질병 진단에 대한 두려움, 경제적 어려움이나 건강보험의 부재, 언어 장벽, 문화적 이슈, 의료체계에 대한 이해 부족, 실질적인 이동수단의 부족 등이 작용하는 것으로 알려져 있다(Smith, 2009). 이에 보건 서비스에 대한 접근을 저해하는 물리적인 조건을 해결할 수 있도록 돕는 옹호 및 자원 연결은 보건 서비스 이용을 위한 우선적인 전제조건이 될 것이다.

이러한 보건 서비스에 대한 접근과 그 이후의 이용 과정에서는 인종과 문화의 영향력이 세심하게 고려되어야 한다. 인종과 문화는 질병과 건강에 대한 신념체계에 많은 영향을 주기 때문이다. 즉, 인종이나 문화적 요소는 건강 문제에 당면하였을 때 도움을 구하는 방식과 치료를 받는 과정에서 보이는 양상으로서 환자의 역할, 질병에 대해 개방하여 의사소통하는 정도, 환자를 간호하고 보호하는 가족체계 및 주 보호자 결정, 그리고 질병과 관련된 의식 등에 영향을 미친다(Rolland, 1994, p. 158). 따라서 문화적 요소는 보건 및 정신보건의 문제에 관한 사정에서부터 치료 단계까지 세심하게 고려해야 한다.

Lu와 동료들(1995: Diller, 2007, p. 165 재인용)은 진단 및 치료 시 임상가들이 중요하게 여기는 문화적 요소를 다음과 같이 제시하였다.

- 자기 개념과 같은 개인의 문화적 정체성
- 자신의 질병에 대한 문화적 설명과 표현: 클라이언트의 문화에서 내리는 질병의 정의
- 심리·사회적 환경 및 기능 수준과 관련된 문화적 요소: 스트레스와 지지
- 클라이언트와 전문가 사이의 관계에 대한 문화적 요소
- 진단에 대한 문화적 영향: 문화가 진단이나 치료 활동 및 해석에 어떻게 영향을 미치는지에 대한 부분

한편, 의료와 관련된 문화적 요인은 성별, 나이에 따라서 다른 양상이 나타나기도 한다. 예를 들면, 같은 이민자라 할지라도 노인기에 이민을 온 경우에는 새로운 문화에 적응하기 어렵고 언어적 어려움도 상대적으로 더 많이 느끼기 때문에 질병에 더 소극적으로 대처하는 경향이 있다. 여성 질환의 경우 문화에 따라서는 이를 드러내고 적극적으로 치료하는 것에 대해

금기시하는 때도 있다. 또한 부모가 예방접종에 대한 정보를 충분히 알지 못하여 자녀에게 위험을 초래할 때도 있다. 따라서 보건체계 내의 서비스 제공자들이 이러한 문화적 민감성을 갖출 때 다문화인에 대한 적절한 양질의 의료 서비스가 제공될 수 있다. 특히 의료사회복지사는 환자들과 함께 일하면서 스스로 문화적 유능성을 잘 갖추고 있는지 계속 질문을 던지고, 환자의 문화적·종교적 신념을 더 잘 이해하기 위해 애써야 하며, 의료서비스 체계가 이민자 지위가 아니라 모든 의료적 욕구에 기반해서 이용하도록 옹호할 수 있어야 한다(Smith, 2009).

인종과 관련된 정신보건 이슈로 정리해 보면 여기에는 인종적 정체성, 동화, 스트레스, 정신적 외상, 그리고 약물 및 알코올 남용 등이 포함된다. 내용을 간략히 제시하면 다음과 같다(Diller, 2007, pp. 113-133).

- 인종적 정체성: 어떤 인종 집단의 구성원으로서 자신의 이미지에 관한 개인 정체성의 일부분이라고 할 수 있는데, 이는 다양한 인종적 경험을 통합함으로써 형성된다. 자신의 인종 및 문화적 배경을 수용하고 관련된 경험을 통합하며 인종 집단과의 관계 및 독특한 방식을 유지할 수 있을 때 긍정적인 인종적 정체성을 형성할 수 있다. 반면, 자신의 인종과 관련된 경험이 자신이 속한 인종에 대해 적대적이거나 차별적일 때 내면의 갈등과 혼란이 야기되면서 부정적 또는 양가 정체성으로 이어져 정신건강에 부정적인 영향을 미친다. 따라서 다문화사회복지 실천가는 문화 및 인종에 대한 자신의 태도를 점검하고, 이들이 긍정적인 정체성을 형성해 가도록 도와야 한다.
- 동화: 다양한 문화가 만나서 새로운 제3의 문화를 창출하게 될 것이라는 환상에도 불구하고 실제로는 주류문화에 일방적으로 동화되는 현상이 관찰되곤 한다. 동화는 고유의 전통적인 문화나 규범의 붕괴를 가져올 수 있다. 이는 문화가 다른 사람들과 일할 경우, 그 개인과 가족 안에서 일어나고 있는 동화의 정도뿐만 아니라 유지되고 있는 전통적인 가치, 태도, 행동을 파악하는 것이 필수적이다. 또한 이주 초기에 두드러지는 동화에 관한 스트레스 지수가 높게 나타나는 점에 유의하고 문화적 차이에서 기인한 표현이나 행동의 차이를 병리적으로 판단하지 않도록 조심해야 한다.
- 스트레스: 빈곤, 인종차별, 동화 등과 같은 사회적인 부정적 요소는 인종적 소수자에게 물리적으로는 경제적 자원의 결핍을, 심리적으로는 자존감 하락, 통제감 부족, 문제해결

능력 감소 등을 유발하여 부적응적 영향을 미칠 수 있다. 단, 인종 및 문화적 정체성, 적절한 대응 전략, 지지체계, 저항의 힘, 기술과 역량이 있다면 이러한 스트레스를 잘 극복할 수 있다고 하였다(Myers, 1982: Diller, 2007, pp. 124-126 재인용).

- 정신적 외상: 스트레스에 대한 반응으로 정신적 자원이 고갈될 경우, 질병으로 이어질 수 있으며, 스트레스가 극에 도달했을 시 적응 체계가 차단될 수 있다. 이러한 스트레스가 집중될 때 안정감 상실, 극단적 두려움, 위협감, 무력감, 통제력 상실 등을 느끼는 외상 후 스트레스 장애(PTSD)로 진단되기도 한다. 그러나 이를 다루는 작업은 쉽지 않다. 전문가도 고통스러운 경험을 경청하는 것이 힘들고, 클라이언트도 치료자를 가해자로 투사하기 쉽고, 그 작업이 길고 복잡하기 때문이다. 따라서 이를 다루는 전문가는 외상이 인간의 모든 기능에 영향을 미친다는 사실을 기억하면서 생심리사회적(Biopsychosocial model) 관점에서 포괄적이면서도 세심하게 접근해야 한다.
- 약물 및 알코올 남용: 음주나 약물 사용에 대한 의미는 문화에 따라 다르며, 그와 관련된 행위에 대해서도 문화에 따라 수용 정도가 다르다. 또한 약물 및 알코올 문제에서 '회복'에 대한 의미 부여도 문화의 영향을 받는다. 따라서 다문화 클라이언트의 약물 및 알코올 문제를 다룰 때는 그 문화가 가지고 있는 의미와 태도를 고려하는 것이 매우 중요하다.

이 외에도 자살 또한 문화적 요인이 많이 작용하는 것으로 알려져 있다. 미국의 경우 인종에 따라 자살률에 차이가 있다. 특히 미국 원주민의 자살률이 다른 인종에 비해 매우 높게 나타나는 것이 그 예다(Diller, 2007, p. 154). 이것은 문화적 단절과 인종적 정체성의 혼란, 전통문화가 존중받지 못하는 사회상을 반영한 결과로 볼 수 있다.

미국은 기존의 보건 및 정신보건 서비스 체계들이 이러한 이슈를 반영하여 민감하게 대처하기보다는 편견과 차별이 그대로 존속되고 있는 것으로 비판받아 왔다. 즉, 보건정책이나 서비스가 소수인종에게 차별적이고, 공평하지 못하다는 것이다(Lawlor, 2006, pp. 83-185). 여기에는 전문가가 가지고 있는 어떤 인종에 대한 편견이나 전형성이 치료적 가치와 결정에 영향을 미친다는 점, 대부분의 서비스 공급자가 사회적 주류인 백인이기 때문에 유색인종의 특수한 문화와 언어를 이해하지 못하고, 따라서 유색인종의 클라이언트도 이러한 서비스에 편하게 접근하지 못한다는 점, 측정 도구나 면담 도구 같은 것들이 그 사회의 주류에 맞춰져서 문화적 차이가 병리적인 것으로 이해되기 쉽다는 점, 또는 언어의 문제가 보건 서비스 이용을 저해하는 요인으로 작용한다는 점 등이 포함된다(Diller, 2007, pp. 156-157).

다음 사례는 다문화 요인과 정신보건 요인이 만날 때 일어날 수 있는 극단적인 실수에 관한 것이다. 이 사례는 다문화와 정신보건 영역의 인력들이 서로의 영역에 대한 기본적인 이해와 상호 간 협력이 필요하다는 것을 여실히 보여주고 있다.

사례 | 여섯 개의 시선

영화 ⟨여섯 개의 시선⟩ 중 박찬욱 감독의 ⟨믿거나 말거나, 찬드라의 경우⟩는 실화를 소재로 한 영화로, 그 줄거리는 다음과 같다. 1992년 36살의 나이로 네팔에서 온 찬드라 꾸마리 구룽은 섬유회사에서 일하던 중 기숙사 친구와 말다툼하고 외출했다가 지갑을 잃어버린다. 이 사실을 몰랐던 찬드라는 분식점에서 저녁을 시켜 먹었다가 무전취식 혐의로 연행된다. 사람들은 한국인처럼 생긴 그녀가 외국인이라는 사실을 눈치채지 못하고 한국말을 잘못하는 것을 정신질환으로 오인한다. 경찰에 의해 '행려병자'로 분류되어 정신병원에 넘겨진 그녀는 정신병원에서 '정신분열증' 환자로 판정받고 강제 입원으로 6년 4개월 동안 감금된다. 많은 시간이 흐른 뒤 그녀의 호소에 귀를 기울인 치료진의 노력으로 통역을 만나게 되고, 결국 고향으로 돌아간 찬드라. 그러나 젊은 날 6년 4개월 동안 갇힌 채로 원치 않는 투약을 받으며 보낸 시간과 그로 인한 상처는 어떤 것으로도 보상하기 힘들 것이다.

그녀는 처음부터 자신이 네팔 사람이라고 호소했지만, 그 누구도 그녀의 말에 관심을 기울이지 않았다. 한국인과 같은 외모를 가졌다면 당연히 한국인일 것이라는 고정관념이 사람들의 귀와 마음을 닫게 한 것이다. 문화적 민감성이 부족한 사회에서 언어가 통하지 않는 이방인으로 살아간다는 것이 어떤 결과를 가져오는지를 보여주는 사례다.

출처: 최명민 외(2017). 다문화사회복지론. p. 410 재구성

토론 및 발표 주제

박찬욱 감독의 ⟨믿거나 말거나, 찬드라의 경우⟩를 시청하고 개입 계획 7단계를 통해 다문화사회복지 실천을 실행해 봅시다.

출처: 경계없는학교(2020.05.06.). 이게 실화라고? 믿거나 말거나 찬드라의 경우[경계없는학교]. https://www.youtube.com/watch?v=-4BwQYPQBHk

Part 4

다문화교육

다문화사회의 이해와 다문화사회복지 실천

Chapter 11

다문화교육의 이해

학습목표

1. 다문화교육의 출현과 개념을 정의할 수 있다.
2. 국제이해교육, 상호문화교육, 세계시민교육의 개념을 비교할 수 있다.
3. 다문화 교사 교육의 역할을 알 수 있다.

01 다문화교육의 역사

1) 미국의 다문화교육 출현

한국에서 다문화교육(multicultural education)의 용어가 부각하기 시작한 것은 2006년 Hines Ward의 한국방문 이후 이슈화되면서 관심을 가지는 계기가 되었다. 그러나 미국에서는 1970년대부터 다문화교육이 시작되었다. 그 배경에는 이민 국가로서의 인종 간, 민족 간 갈등에 대해 교육을 통하여 해결하고자 하였다. 미국도 다문화교육은 갑자기 생겨난 것이 아니라 오랜 시간 많은 시행착오를 거쳐 오늘날의 발전된 다문화교육으로 체계가 잡혔다. 이를 위해 미국에서 다문화교육의 역사적 시작은 Banks(1988; 1993)와 Ramsey와 동료들(1989)의 관점에서 근거하여 고찰해 보고자 한다. Banks는 미국 다문화주의, 다문화교육으로 분류하였고, Ramsey와 동료들은 용광로이론, 앵글로주의로의 통합, 인종차별 폐지, 민족 재부흥, 문화다원주의로 분류하였다. 미국의 다문화교육 형성 과정을 살펴보는 것은 한국에서 다문화교육이 발전되어 가는 양상을 이해하는 데 도움을 줄 것이다.

1620년에 영국을 떠난 메이플라워호가 미대륙에 도착하여 오늘날 메사추세츠의 프리마우스 지역에 정착하면서 유럽인들의 미국 생활이 시작되었다. 그로부터 미국은 영국의 백인 청교도문화가 뿌리를 내리기 시작하였다. 이렇게 시작된 백인 이민자들은 1890년 이전에는 주로 영국, 독일, 스웨덴과 스위스 등의 북부 및 서부 유럽 출신이 많았으나, 20세기에 들어오면서부터 남부, 중부, 동부 유럽 출신의 이민자들이 미국으로 유입되었다. 북부와 서부 유럽 이민자들은 구 이민자로 간주하였고, 그 외 다른 유럽지역 출신들은 신 이민자로 받아들였다. 그들은 종교적으로 차이를 보였다. 구 이민자들은 대부분 개신교 신자였고, 신 이민자들은 가톨릭 신자였다. 1914년 제1차 세계대전의 발발로 인해 미국에서 이민자 집단에 대한 불신이 증가함에 따라 초기 이민자(nativist)들은 100%의 미국주의와 미국인들만을 위해 존재하는 미국을 주장하였다. 이러한 분위기로 인해 1640년경 매사추세츠와 버지니아에 최초로 세워진 공립학교에서 차별을 경험한 아프리카계 미국인들이 그들의 아이들만을 위한 별도의 학교를 설립하기 시작하였다. 아프리카계 미국인 교사와 행정가들이 고용되었지만, 학교 이사회, 교육과정, 교과서는 백인들에 의해 조정되고 지배받은 형태로 운영되었다. 구 이민자들이 신 이민자들의 이주를 막기 위한 네이티비즘 시기 동안에 학교와 대학은 미국화를 추구하였으며, 정부가 지원하는 가운데 국가에 대한 맹목적 충성심 교육 그리고 외국인과 이민자 집단에 대한 불신을 조장하는 역할을 수행하였다(장인실, 2006).

(1) 용광로 이론

미국 사회는 이민자 유입이 증가하면서 사회통합을 위한 이론이 필요하였다. Banks와 Ramsey와 동료들은 제1차 세계대전 동안의 동화주의적 이데올로기를 용광로 이론으로 설명하였다. 각 민족의 차이를 하나의 문화로 통합하는 것이 이상적이라는 신념으로 용광로 이론이 출현하였다. 즉, 용광로에 여러 나라의 문화를 녹여 종합된 하나의 새로운 동질문화를 형성하려는 이상주의적 이론이다. Mayo-Smith(1904)는 용광로 이론에 대해 "어떤 국가도 동질적 문화 없이는 강국이 될 수 없고 존재할 수도 없다."라고 주장하였다. 그러나 용광로 이론은 이상과 현실 간의 괴리로 인하여 미국 사회 내 갈등 등이 촉발되었다. 현실에서는 모든 문화가 동등한 위치에서 출발하지 못하였고, 앵글로색슨 문화가 소수인종 문화를 융화시켜 주도적 역할을 하였다. 소수민족 집단이 미국 사회에서 사회적, 경제적, 정치적으로 참여하기 위해서는 그들의 문화적 특성을 버려야만 하는 구조가 될 수밖에 없었다. 이처럼 동화주의적 용광로 이론은 소수민족이 사회·경제·문화적 특성을 버리고 주류사회에 영속되는 도구가 되었다. 이에 Garcia(1978)는 이러한 현상에 대해 "같은 용광로 안에서도 각 인종 간의 우세는 나누어진다. 백인 영국계 이민자를 우수한 집단, 동유럽계 이민자는 백인 중에서도 중간 위치, 지중해 연안의 유럽계 이민자들은 가장 열등한 집단으로 간주한다. 백인종 아래에 유색인종으로 황색계와 갈색계 인종으로는 중남미의 멕시코인, 스페인인 등이 있으며, 흑색계 인종은 백인 문화에 용해되지 않은 채 용광로 아래에 깔려 있다."라고 묘사하였다.

이 시기에는 앵글로색슨의 문화가 미국 사회의 주류가 되었지만, 독일계, 아일랜드계, 미국 토착민, 아프리카계 미국인 등과 같은 다른 민족 집단도 주류사회에 영향을 미치기 시작하였다. 같은 시기의 미국 학교는 두 가지 주요한 목표를 가지고 있었는데, 그중 하나는 소수민족 집단의 특성을 없애는 것이었다. 다른 하나는 앵글로색슨의 가치와 행동을 습득하도록 만드는 것이었다. Banks와 Ramsey와 동료들은 1920년대의 미국을 특징짓는 교육을 규정하면서 각각 민족교육, 앵글로주의로의 통합이라는 용어를 사용하였다. 일부 철학자와 연구자들은 미국 사회에서 각 민족의 문화는 고유한 역할을 할 것이며, 사회 전체를 풍부하게 하는 데 기여할 것이라고 주장하였다. 그리고 이러한 현상을 샐러드 볼이나 문화다원주의로 불렀다.

그러나 일부 학자들의 주장과는 달리 대부분의 교육계, 미국 정계, 경제계의 지도자들은 이민자와 토착 민족 집단의 동화를 강조하였고, 그들은 이 방법만이 다양한 민족들이 용해되어 단일 국가를 만들 수 있다고 생각하였다. 결국 1917년과 1924년 「이민법」은 북부와 서부의 유럽인들을 제외한 유럽 이민자와 아시아인들의 숫자를 극적으로 제한하였다(Banks, 1988).

(2) 신다원주의(new pluralism)와 민족연구운동(ethnic studies movement)

제2차 세계대전으로 빚어진 사회·정치·경제의 변화는 집단 간 교육 및 인종차별 폐지를 불러왔다. 미국의 북부와 서부로 일자리를 찾아 이주하는 아프리카계 미국인, 멕시코계 미국인들이 급증하였다. 이후 앵글로색슨계와 맥시코계 미국인들 간의 인종 갈등은 서부 도시를 중심으로, 아프리카계 미국인과 앵글로색슨계 간의 갈등은 북부 도시를 중심으로 발생하였다. 이러한 인종적 갈등과 긴장은 1940년대 후반과 1950년대까지 시카고, 디트로이트, 뉴욕, LA 등에서 인종 폭동으로 나타났다(Banks, 1988).

이로 인한 국가적 조치는 인종과 민족 간의 이해를 증진하는 교육의 필요성을 깨닫고 학교에 집단 간 교육을 요청하게 된다. 집단 간의 이해 증진을 위한 활동들은 여러 소수민족에 대해 강의하기, 편견에 대해 훈계하기, 민족 집단 간 함께하기, 인종·민족·종교적 배경지식 제공하기, 타민족 집단에 대한 비방 및 정형화 금지하기 등이 있다(Banks, 1988).

이러한 인종 집단 간 교육 운동에도 불구하고 용광로 이론은 1960년대 초까지도 미국 사회 전반을 지배하였다. 즉, 동화론자들은 주류집단과는 부합된 생각으로 일치할 수 있지만, 다른 소수인종이나 민족 집단들에게 그들의 문화유산을 부정하도록 강요하는 것이다. Banks(1988)는 자신의 인종 민족정체성을 부정하는 것은 큰 고통을 주고 심리적 혼란 과정을 경험하게 만든다고 주장하였다. 결국 역사·사회적 배경을 가진 집단 간 교육은 1960년대에 인종 간의 차별 대우 금지를 목표로 하는 인권 운동이 시작되면서 새로운 다원주의의 시대를 열었다.

1965년 「이민법」 개혁 이후에 미국은 남미와 아시아로부터 새로운 이민자들의 이주행렬을 경험하게 된다. 또한 주거, 교육, 직장, 시민권 운동에서의 불평등 인식의 제고는 차별과 분리를 종식하려는 요구를 증가시켰다. 이러한 시민권 운동과 다양한 민족 연구로 촉발된 개혁 운동은 다른 민족문화를 부정하던 주류 집단들에게 타문화 이해를 위한 노력을 펼치도록 만들었다. 이러한 운동을 Banks는 신다원주의로 명명하며, 램지 등 민족 연구 운동을 일으켰다. 학교는 소수민족 집단을 위하여 그들의 문화적 유산과 기여를 기본 교육과정에 포함하고 그들을 위한 교수 방법을 고려하기 시작하였다. 대학에는 소수민족 연구소가 설치되고, 흑인, 아시아인, 토착민 연구를 위한 과목들이 개설되었다. 새로운 다원주의와 민족 연구는 다른 인종과 민족 집단의 국가적 기여에 대한 인식과 민족의 존엄성을 일깨워 줌으로써 교육에 주요한 영향을 미쳤다. 그러나 신다원주의와 민족 연구는 한계점도 드러났다. 먼저, 민족 연구는 내용 위주로, 지식에만 기반을 두면서 자신들의 문화적 기여도에만 집중하는 등,

타 집단에 대해서는 배타적이었다. 두 번째는 인종주의나 차별 관련한 인과관계에 대해서는 고려되지 않았다. 그리고 마지막으로는 앵글로색슨의 자기 중심성이나 우월적 인식에 대한 비판에는 실패하였다는 점 등이다.

(3) 다문화교육과 문화다원주의

미국은 다민족국가로 형성되어 다양한 소수민족 집단이 함께 어울려 살아가고 있다. 서로 다른 문화가 공존함으로써 인종 간, 민족 간의 긴장이 나타나게 됨에 따라 선입견을 줄이고 상호 이해가 중요시되는 교육이 필요한데도 초기에는 하나의 문화로 국가를 만드는 동화주의 이데올로기가 중심이 되었다. 그래서 소수민족은 본래 자신의 문화와 언어를 버리고 미국의 시민이 되고자 하였으며, 주류집단은 국가정체성과 지배 계급에 존재하는 문화적 헤게모니(Hegemonie)를 유지하고자 하였다.

그러나 소수민족에 대한 제도적 차별이 개선되고 그들의 사회·경제적 지위가 향상되면서 자신의 언어, 종교, 민족의 상징을 유지하려는 권리들을 요구하기 시작하였다. 이러한 시대적 배경을 바탕으로 다문화교육은 1960년대와 1970년대 초 소수자의 인권을 옹호하는 시민운동으로 출발하여 학교에 잔재한 인종차별주의를 반대하는 교육의 하나로 개념화되었다(Gollnick & Chinn, 1986). 1970년대 이후에는 인종, 민족, 나이, 성별, 종교, 장애, 성적 소수자, 계층 등과 관련된 다양한 사회적 소수자를 위한 학교개혁 운동으로 확장되었다.

다문화교육은 Williams(1882)에 의해 시작되어, Woodson(1933), Wesley(1935) 등에 의해 이어진 초기 민족 연구 운동과 직접적으로 관련되어 있다(Banks, 2001). 다문화교육 운동의 기본 골격은 아프리카계 미국인 학자와 다른 소수민족 집단에 의한 민족 연구에서 영향을 받았다.

Banks(2001)는 다문화교육의 발전 국면을 시기적으로 다음과 같이 네 단계로 구분하였다.

1단계, 다문화교육이 민족연구(ethnic studies)로 나타나는 시기이다. 교육자들이 소수민족 집단의 문화, 역사에 관심을 가지고 개인이나 기관이 민족연구의 개념, 이론, 정보를 학교나 교사 교육과정에 통합하려고 시도하는 단계이다.

2단계, 다민족교육(multiethnic education) 시기이다. 교육자들이 각 민족 연구의 내용이 학교와 교사 교육과정에 필요성을 깨닫고, 교육 평등을 실현하는 학교 전체의 구조와 체계적인 변화가 목표였다. 하지만 모든 학생이 인종과 민족에게 민주적인 태도로, 소수민족 학생의 요구에 부응할 만큼 학교개혁이 뒤따르지 못하였다.

3단계, 인종과 민족뿐만 아니라 성(性), 장애 등과 관련된 사회적 소수자까지 사회와 학교에서 배제되고 있는 희생자로 보는 시기이다. 교육자들은 범위를 넓혀 사회적 소수자들의 전통문화, 역사, 목소리가 학교와 대학의 교육과정과 구조에 반영되기를 요구한다.

4단계, 다문화교육이 인종, 종교, 계층, 성별, 성적 소수자 등의 모든 소외 집단과 관련하여 이론, 연구, 실행을 전개하는 발전 단계이다.

다문화교육의 각 단계 모두가 오늘날에까지 존재하고 있지만, 초기 단계보다는 후기 단계가 좀 더 발전된 양상을 보였다(장인실, 2006).

2) 한국의 다문화교육 출현

한국 사회에서 다문화교육 정책이 등장하게 된 배경에는 일차적으로 이주노동자와 결혼이민자 등의 유입으로 다문화사회로의 변화에 있었다. 한국이 경제 성장으로 88올림픽 개최 이후 해외 노동력의 유입이 증가한 만큼 그에 따른 법과 제도는 정비되지 못했다. 1991년 '해외투자기업연수생제도'를 도입하였지만, 연수생 신분 보장에 대한 사업자들의 인권 남용으로 사회적 문제가 야기되었다. 이에 정부는 2003년 「외국인근로자 고용 등에 관한 법률」을 제정하고 2004년부터 시행함으로써 고용허가제도가 공식적으로 시행되었다. 고용허가제는 사업자가 외국인력 고용을 허가하고 관리하는 제도로서, 일정한 제약은 있지만 외국인근로자의 지위와 권리를 보장한 제도로서 의의가 있다. 고용허가제 도입으로 합법적인 장기체류 외국인 근로자 수가 증가하면서 2005년 468,328명이었던 것이 2025년 5월 현재 613,283명에 이르렀다(법무부 출입국·외국인정책본부, 2025e). 한국의 다문화 사회 통합에 가장 주목하는 집단은 국제결혼을 통해 형성된 다문화가족이다. 한국에서 다문화교육에 대한 학술적인 논의는 1980년대부터 시작되었으나(김종석, 1984), 2000년대 중반까지도 대중적인 관심을 받지는 못하였다. 다문화교육이 정부와 대중의 관심을 본격적으로 받게 된 계기는 미국의 풋볼 선수인 Hines Ward의 방문이 있었던 2006년 이후부터이다.

2006년에 교육인적자원부가 '다문화가정 자녀 교육지원 대책'을 발표하면서 다문화가정 자녀를 위한 적극적인 지원을 하게 되었고, 여성가족부, 법무부 등의 정부 부처에서도 다문화가정을 위한 지원 정책에 합세하면서 다문화교육이 전국적으로 확산하기 시작하였다. 이에 정부는 2008년 「다문화가족지원법」을 제정하고 사회통합으로의 정책을 펴고 있다. 2023년 9월에 발표한 「이주배경학생 인재양성 지원방안(2023~2027년)」에 포함된 한국어교육 강화, 강점개발 등을 과제로 차질 없이 이행하기 위해 지역거점 '한국어 예비과정'을 신설 및 운영(2024년, 40개교)하고 기존의 학교 내 한국어 학급을 지속적으로 확충(2023년 527학급 → 2024년 600학급)하고 있다. 또한, 학교 부적응으로 학습을 중단한 이주배경 학생들을 위한 교육지원청 산하에 출석을 인정받을 수 있는 학교 밖 운영기관을 설치하여, 이주배경 학생들에게 한국어 집중교육을 실시하고 있다. 이주배경 학생의 강점개발을 위한 이중언어 '강점개발 정책학교'를 운영한다.

한국계 혼혈 미국프로풋볼(NFL) 선수인 하인스 워드는 피츠버그 스틸러스의 프랜차이즈 스타다. 2006년과 2009년 두 차례에 걸쳐 NFL 챔피언 결정전인 슈퍼볼에서 우승을 경험했다. 첫 우승 무대인 2006년에는 최우수선수(MVP)로 뽑히기도 했다. 워드는 주한미군이던 아프리카계 미국인 아버지 하인스 워드 시니어와 한국인 어머니 김영희 씨 사이에서 태어났다. 한 살 때 부모를 따라 미국으로 건너간 워드는 부모의 이혼 후 어려운 환경에서 자랐으나 어머니의 헌신적인 뒷바라지 덕분에 4년 연속 NFL 올스타에 뽑히는 등 최정상급 선수로 성장했다. 워드는 슈퍼볼 우승컵을 들어 올린 후인 2006년 4월, 9박 10일 일정으로 어머니 나라인 한국을 찾았고, 538번째 '서울시 명예 시민증'을 받았다. 한국인 핏줄을 갖고 태어난 것이 자랑스럽다고 밝혔던 워드는 한때 한국인 어머니를 둔 시절을 부끄러워하기도 했다고 고백했다. 그는 어린 시절을 떠올리며, "초등학교 시절 흑인 친구들은 어머니가 한국인이라는 이유로 나와 어울리지 않았고 백인 친구들은 내가 흑인이라는 이유로 섞이지 않으려 했다."라고 말했다. 이런 고백은 다문화가정을 돌아보는 계기가 되었고, 사회적 이슈를 만들었다.

출처: 송고(2012.02.07.). 하인스 워드 "한국방문 때가 가장 행복했다".

02 다문화교육의 개념

1) 다문화교육의 정의

다문화교육의 선구적 학자인 Banks(1993)는 "다문화교육은 교육철학 및 교육개혁 운동으로 교육기관의 구조를 바꾸어 학생들에게 평등한 교육 기회를 제공하는 것이 중요한 목표이다."라고 정의하였다. 교육기관의 구조는 사람들의 인식 구조와 인적 구성, 행정 및 재정적 지원 등의 총체적 변화를 의미한다. 사람들의 인식 구조를 변화시키기 위해서는 교육의 내용과 관련된 교육과정 개혁을 통한 종합적인 학교개혁이 필요하다. 다문화교육에서의 교육과정 개혁을 강조한 학자인 Nieto(1992)는 "다문화교육은 모든 학생을 위한 기본 교육과 종합적인 학교개혁과정"으로 정의하였으며, Grant(1993)도 "다문화교육은 철학 개념이고 교육과정으로, 모든 학생이 미국의 조직과 기관에서 구조적으로 평등하게 일하도록 준비시키는 과정이다."라고 정의하였다.

다문화교육은 교육의 평등성과 다양성을 포함하는 개념으로 규정하고 모든 학생이 그들이 속한 집단에 상관없이 동등한 혜택을 보장받는 것이라고 설명하고 있다(Donna & Chinn, 2012). 일부 학자들은 다문화교육이 적용되고 이루어지고 있는 장소를 학교 현장에 국한하지 않고, 학교 밖에서도 확장하려는 시도를 선보였다. 사회개혁에 중점을 두고 모두를 위한 기회와 부의 공평한 분배는 사회와 개인에 대한 권한 부여를 통해서 가능하며, 이는 다문화교육을 통한 사회개혁으로 가능하다고 간주하였다(Sleeter & Grant, 2009). 나아가 학교가 사회를 변화시키고 사회적 불평등과 억압을 없앨 수 있는 초석이라고 가정하고 사회변화와 개혁에 목표를 두고자 하였다(Gorski, 2002). 이처럼 다문화교육은 평등교육 실현에 국한한 것이 아니라 학교개혁과 사회개혁까지로 그 범위를 확대하고 있다.

다문화교육 학자들의 주장에 근거하면 다문화교육은 교육철학이지만 교육개혁 운동으로, 평등교육의 목표를 달성하기 위한 교육과정 개혁을 통해 학교 및 사회개혁을 실현하고자 하는 교육이다. 이러한 다문화교육의 개념을 종합하여 Bennett(2011)은 평등교육, 교육과정 개혁, 다문화적 능력, 사회정의를 향한 교육의 네 가지 구성요소로 설명하고 있다. 즉, 다문화교육은 평등교육을 목표로 하고 교육과정 개혁을 통하여 주류집단과 소수집단의 모든 사람이 다문화적 능력을 배양하여 사회정의 실현에 참여할 수 있도록 하는 교육을 의미한다. 다문화교육의 개념을 도식화하면 [그림 11-1]과 같다.

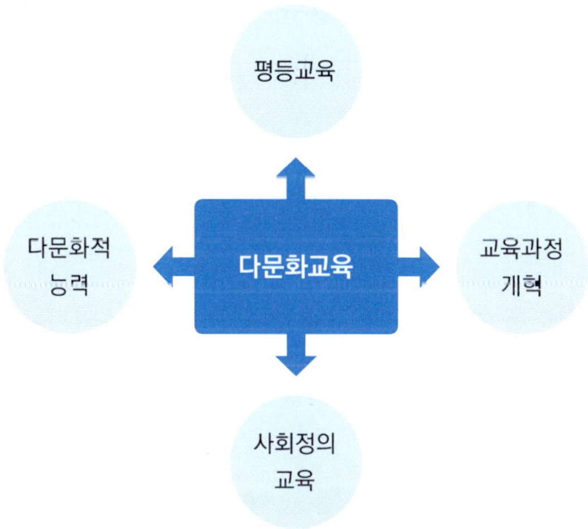

그림 11-1 Bennett의 다문화교육 개념도

출처: Bennett, C. I. (2011). Comprehensive multicultural education: Theory and practice(7th ed.).

평등교육은 소수민족이나 경제적으로 불리한 조건에 있는 아동들에게 특히 공평하고 동등한 교육의 기회를 부여하는 데서 출발한다. 그러나 평등교육은 주류집단과 함께하는 소수집단의 아동들에게 기회의 평등만을 제공하는 것이 아니라 각자가 가진 잠재력을 계발할 수 있는 교육적 개입이 달라져야 한다는 것이다. 다문화교육에서 평등교육은 문화적 차이가 문화적 결핍으로 작용하지 않도록 지원해 가는 '과정의 평등'이라 할 수 있다. 이를테면, 부모에게 지원을 많이 받은 아동과 경제적·문화적 여건으로 인해 부모로부터 지원을 받지 못한 아동이 함께 초등학교에 입학하였을 때 이들에게 기회의 평등은 주어졌지만, 과정의 평등이 담보되었다고 보기는 어렵다. 따라서 다문화교육의 평등교육에서 과정의 평등은 여건이 열악한 아동을 문화적으로 결핍된 존재로 오인하기보다는 이들의 문화에 적합한 방식의 지원을 국가와 지방정부 차원에서 제공하는 것이 필요하다. 즉, 다문화교육은 학생 개인의 다양성을 인정하고 그들이 가지고 있는 잠재력을 최대한 성장시킬 수 있는 교육이기 때문이다.

다문화교육에서 평등한 기회의 제공을 강조하는 평등(equality)의 개념과 결과의 평등을 보장하는 형평성(equity) 개념의 두 차원을 통해 구체적으로 규명할 수 있다. 형평성 교육은 동등한 기회의 제공을 포함한 다양한 사회적 약자와 배려 계층을 위한 교육 요구를 적극적으로 수용하는 방향으로 학습 과정이 수립되는 것을 말한다. Baker와 Green(2008)은 형평성 교육을 학생들 사이에서의 교육자원, 과정, 결과에서의 다양성이나 상대적인 차이를 강조하였다. 즉, 인종, 민족, 계층 간, 장애, 성, 지역 등과 관련된 거시적 측면에서 다양한 배경을 지닌 학생을 포함하는 개념으로(Jordan, 2010), 같은 교육을 모두에게 제공하기보다는 자신의 잠재력을 최대화할 수 있도록 개별화된 교육을 지원하는 것을 의미한다.

그림 11-2 합리적 평등

종합해 보면, 다문화교육의 평등교육은 키가 크거나 작거나 상관없이 모두에게 같은 받침대를 지원해 주고 있으나, 형평성 교육은 학생들의 잠재력을 최대화할 수 있도록 서로 다른 받침대를 제공할 수 있어야 한다.

교육과정의 개혁은 단일민족 또는 주류집단 중심의 관점에서만 적용되었던 기존의 교육내용에서 다민족과 전 지구적인 관점을 포함하여 접근하고 다름의 차이를 상대방의 편에서 사안을 판단할 수 있도록 교육과정이 개편되는 것을 말한다. 즉, 평등교육과 형평성 교육이 실현되기 위해서는 교육과정 개혁은 필수적인 영역이고, 교육 내용과 다양한 학생의 욕구(needs)에 부합하는 교육 방법 등을 필요로 한다. 예를 들어, 일제강점기와 관련하여 한국 입장은 '일본이 나쁘다'라는 감정만이 앞서서 학생들에게 일방적 가르침을 전달한다면 다른 사람 또는 국가의 관점에서 생각할 수 있는 비판적 인지 능력을 충분히 키울 수 없을 것이다. 객관적인 측면에서 일본의 상황과 한국의 상황 등에 대해 설명하고, 이에 대한민국, 미국, 일본, 중국 등의 입장을 고찰하게 하는 것이 다문화교육 과정에서 필요한 지점이 될 수 있다.

다문화적 능력은 다양한 방식으로 인식하고 생각하고 평가하고 행동할 수 있는 역량을 의미한다. 이 과정에서 중요한 것은 자국 내에서 혹은 국가와 국가 간 존재하는 문화적 다양성을 이해하고 조율하는 방법을 학습하는 것이다. 다문화 역량을 갖춘 사람은 문화적 공감, 제3세계관, 타자의 세계관에 대해 이해할 수 있는 능력을 우선 가진 사람이다(Bennett, 2006). 무엇보다 교사의 경우, 공감 능력과 다양한 학생에게 적합한 교육과정을 개혁할 수 있는 능력까지도 포함하는 개념이다.

마지막으로 사회정의를 향한 교육은 인종차별, 계급차별, 성차별과 관련한 이해력을 향상하고 그와 관련된 적절한 태도와 사회적 행동 기술을 발달시킴으로써 차별에 대한 투쟁과 문제해결 과정에 직접적으로 참여할 수 있도록 돕는 교육이다(Bennett, 2011). 사회정의를 향한 교육은 개인적, 문화적, 제도적으로 나타나고 있는 차별 관련 증거들을 감지하고 이해할 수 있는 능력을 발달시키는 것을 포함한다. 사회정의를 향한 교육을 통해 학생들은 지금까지 깨닫지 못했던 인종, 계급, 성 등의 차별을 인식하는 것에서만 그치지 않고, 이를 직접 행동으로 옮기는 것이 중요하다. 이를테면, 걷지 못하는 장애인들의 불편함을 인식하고 이들을 위한 문제해결 방안으로 교장 선생님에게 엘리베이터 설치를 건의하는 편지를 쓰는 것과 같은 행동은 사회정의를 향한 교육의 대표적인 예시라 할 수 있다.

다문화교육이 무엇인가에 대한 관점은 학자마다 다양하므로 이를 한마디로 정의를 내리기는 한계가 있다. 다만 다문화교육의 가장 기본적 목표와 소임이 학습자들이 속한 집단에 상관없이 평등한 교육을 보장받는 데 있다는 점에서 대부분이 합의하고 있는 것에 의의가 있다.

2) 다문화교육의 목표

다문화교육의 목표에 대해 Bennett(2007)은 "민주주의의 가치관과 신념에 기초한 문화적 다양한 사회에서 문화 다원주의를 지지하는 교수-학습 접근법으로 다원화된 민주사회에서 공교육의 주요 목표는 모든 학생의 지적·개인적·사회적 발전을 도모하여 그들의 잠재력을 최대한 발휘하도록 하는 데 있다."라고 하였다.

Banks(2008)는 학교 교육에서의 다문화교육의 목표를 여섯 가지로 제시하였다. 첫째, 개인들이 다양한 문화의 관점을 통해 자신의 문화를 인식하게 함으로써 자기 이해를 증진하도록 하는 것이다. 다문화교육은 지식과 이해를 바탕으로 각 문화에 대한 존중을 강조한다. 둘째, 학생들에게 문화적·민족적·언어적 대안들을 가르치는 것이다. 지금까지 미국과 서구 국가들의 학교 교육과정은 주류집단 중심의 역사와 문화에 초점을 맞추어 왔다. 하지만 다문화사회로의 변화에 적응할 수 있는 합리적인 대안을 제시하는 것이 필요하다. 셋째, 모든 학생이 주류문화, 자문화, 타문화가 공존하는 다문화사회가 요구하는 기능과 지식, 태도를 습득하도록 지원한다. 넷째, 소수인종, 민족 집단이 그들의 인종적·문화적·신체적 특성으로 겪게 되는 고통과 차별을 감소하는 데 있다. 소수민족이 긍정적으로 자신들의 정체성을 받아들이고 주류사회는 이를 긍정적으로 수용할 수 있도록 하는 것이 중요하다. 다섯째, 학생들이 전 지구적이고 평평한(flat) 테크놀로지 세계에 속해 생존하는 데 필요한 읽기, 쓰기, 수리적 능력을 습득하도록 돕는 것이다. 즉, 다문화적 자료와 정보는 다문화사회를 살아갈 학생들에게 의미 있게 활용할 수 있는 중요한 교재가 될 것이다. 여섯째, 학생들이 자신들의 문화 공동체, 국가적 시민 공동체, 지역문화, 전 지구적 공동체에서 각자의 역할을 하는 데 필요한 지식, 태도, 기능을 다양한 인종, 문화, 언어 종교집단의 학생들이 습득하도록 지원하는 것이다. 학생들을 대상으로 새로운 시민성 교육의 개념을 정립하고 비판적인 시민성 교육을 진행하여 진정한 교육적 평등을 누릴 수 있도록 하는 것이다.

한국 사회에 유입되는 이주민들은 다양하고 이질적인 인종, 문화, 언어, 종교적 배경을 가지고 있다. 그들은 한국 주류사회에 적응하는 데 어려움을 호소하고 있고, 다문화가정 자녀들도 한국 사회에서 성장하면서 다양한 정체성 혼란 문제를 경험하고 있다. 이처럼 다문화교육 목표들은 일반 시민과 다문화가족 구성원 전체를 대상으로 한 시민교육과 학교 교육에 적용이 가능하다. 다문화교육은 모든 학습자에게 다양한 문화적인 배경과 생활방식에 대한 사회적·문화적 인식을 제고하고 계발하도록 지원하며, 다문화적 역량 강화를 장려하는 포용적인 환경을 만들어 줄 수 있다. 다문화 교육적 환경을 제공하는 방법에는 교육정책적 차원의 배려뿐만 아니라 다양한 교과목의 개발 및 교육 내용을 폭넓게 포함·확장하는 과제도 포함된다.

03 다문화 관련 개념과의 비교

1970년대부터 시작된 다문화교육은 여러 문헌에서 다양한 용어로 사용되고 있다. 그 예로는 다민족교육, 다문화적 교육, 국제이해교육, 상호문화교육, 세계시민교육 등이 다문화교육과 유사한 개념으로 혼용되어 사용하고 있다. 한국에서는 다민족교육, 다문화적 교육, 문화간 교육 등의 용어는 거의 사용하지 않고 있지만, 국제이해교육(education for intercultural understanding)과 상호문화교육(intercultural education), 세계시민교육은 다문화교육과 혼용해서 사용되고 있다. 여기에서 세 유형의 다문화교육의 개념을 알아보고자 한다.

1) 국제이해교육

유네스코(UNESCO, 국제연합교육과학문화기구)는 제2차 세계대전 이후 세계의 재난과 파멸을 가져오는 전쟁의 방지와 국가 간 평화 유지를 위해 설립되었다. 이에 따라 교육의 중요성을 인식하고 국제이해교육을 하게 되었다. 특히, 1974년 제18차 유네스코 총회에서 채택된 '국제 이해 협력과 평화와 인권 및 기본적 자유에 관한 권고'를 통해 국제이해교육의 정당성을 확립하였고, 이것이 국제이해교육의 기본 방침이 되었다. 이 권고문에서는 단순한 국가 간 이해나 협력이란 차원을 넘어 인구, 식량, 자원, 환경, 에너지 등과 같은 전 지구적 문제들의 상호의존적인 측면과 세계공동체 의식을 강조하고 있다. 또한 국제이해교육과 관련하여 국제교육, 세계교육, 평화교육 등 다양한 개념이 등장하며, 시대적 배경과 국제 환경에 따라 국제이해교육의 구체적인 개념과 명칭은 조금씩 변화하고 있다.

Hanvey(1976)는 국제이해교육의 다섯 가지 구성요소를 강조하였다. 먼저 관점에 대한 자각, 두 번째로 지구 상황에 대한 인식, 세 번째로 문화 간 이해, 네 번째로 세계의 역동적 체제에 대한 지식, 마지막으로 인간의 선택에 대한 지식 강조 교육을 주장했다. 국제이해교육은 세계 여러 나라가 공통으로 겪는 세계의 문제에 대한 학습 외에 문화·생태·경제·정치·기술적으로 상호 유기적 지구 체계에 대한 학습이다. 그리고 문화적 배경이 다른 나라 문화를 이해하고 인정할 줄 알며, 타인의 시선으로 서로 같은 요구와 필요성을 가지고 있음을 깨닫게 하는 세계적 시각에 대한 교육을 포함한다(Tye, 2003).

국제이해교육은 하나의 세계, 하나의 지구, 하나의 인류로 공영할 수 있는 교육으로서, 국가 간의 상호의존성을 이해하고 상호 협력함으로써 평화로운 인류의 세계를 이룩하는 데 공헌할 수 있는 교육이다(강환국, 1994). 결국 세계 상호의존성에 대한 이해를 증진하기 위해 세계적 관점의 교육, 문화 간 이해에 대한 교육, 세계 문제 및 이슈에 대한 교육, 그리고 세계 체제에 대한 교육을 포함하는 시민교육이기도 하다(김현덕, 2003).

이를 바탕으로 국제이해교육의 의미를 정의해 보면, 국가 간의 평화와 공존을 추구하는 것을 목표로, 세계 각처에서 발생하는 인권, 평화, 문화, 기아 등과 같은 지구촌 문제를 함께 해결하고 세계시민으로 생활하는 데 필요한 태도 및 기능을 함양하는 것이라고 이해할 수 있다. 즉, 세계평화와 지구촌 화합을 목적으로 개념과 주요 범주를 구성하고 있다. 그러나 인종, 민족, 성, 사회계층과 관련된 다양한 소수집단 사람들이 차별받지 않고 평등한 학습의 기회를 가질 수 있도록 학교 체제를 바꾸려는 개혁운동인 다문화교육과는 차이가 있다.

2) 상호문화교육

상호문화교육은 유럽을 중심으로 통용되는 용어이다. 특히 독일, 프랑스에서는 문화 간의 대화와 만남을 강조하고, 나와 다른 사람과의 사이에서 발견할 수 있는 보편성을 통해 관계를 확장해 나가는 교육을 지향한다(이영민·이연주, 2017). 상호문화교육은 한국에서도 학자들에 의해 다양하게 번역되어 사용되는데, '문화 간 이해교육'(김형민, 2010), '간문화교육'(허영식·김진희, 2013), '상호문화교육'(정영근, 2001) 등으로 소개되고 있다.

제2차 세계대전 이후 프랑스와 독일 등 나라의 경제가 부활하면서 노동 인력 부족으로 식민지국들이거나 남유럽 및 북아프리카 국가들로부터 많은 수의 외국인노동자들이 유입되면서 상호문화교육이 시작되었다. 이민자의 급증으로 인해 학교 교육 현장도 인종적, 문화적으로 다양화되었고, 이러한 다양성 속에서 사회통합 형성 문제에 직면하게 되었다. 독일의 경우 초기 외국인 아동을 결핍과 지원의 존재로 보는 외국 교육학 단계에서, 그들을 문화적 차이를 지닌 또 다른 능력의 존재이자 문화적 풍요를 가져올 수 있는 존재로 이해하는 상호문화교육 단계로 전개되었다(김상무, 2010). 프랑스도 1970년대 초 이민자 자녀들에게 '모국어로서의 프랑스어'를 가르치기 위한 취지에서 교육 현장에 처음으로 상호문화교육이라는 용어를 도입하게 이른다(이경수, 2019). 이후 문화의 상대성을 인정하는 관점에서 본국으로 돌아갈 때를 대비한 자국 언어-문화교육인 ELCO(Enseignement des Langues et Cultures d'Origine) 프로그램을 시행하였다. 1970년대 중반에 시행된 이 프로그램은 이민자 가정 자녀들에게 부모의 출신국 언어 및 문화교육을 제공함으로써 이들이 본국으로 돌아갈 경우 그곳에서의 적응을 돕기 위한 목적으로 시행되었다. 그러나, 모로코, 알제리, 튀니지, 튀르키예, 이탈리아, 스페인, 포르투갈, 크로아티아, 세르비아의 9개국들과 맺은 상호 협약하에 실행된 ELCO 프로그램은 시행된 지 대략 40여 년이 지난 2020년 전면 폐지되었다(배진아, 2021).

프랑스의 상호문화교육은 이민자 가정 자녀들이 프랑스 학교에 원만하게 적응하는 것에 초점을 맞춰 왔다(이경수, 2019). 그러나 1980년대부터 이민 학생의 수가 줄어들고, 국제교류의 확대, 직업, 문화지역이나 세대가 다양화되면서 이민자 가정 자녀 모두가 다문화 상황에서 함께 공존할 수 있도록 교육하는 것에 중점을 두었다. 즉, 1970년대 이민자 출신을 언어, 문화교육의 차원에서 도입된 상호문화교육은 1980년대 접어들면서 상호문화적 대화, 민족중심주의의 거부, 각 문화의 가치와 특수성 존중 등을 강조하는 교육으로 발전하였다(장한업, 2009). 상호문화교육은 자신의 문화에 기반을 두고, 그 문화를 비판적으로 성찰하며 다른 문화에 대한 수용적 태도를 전제로 한 교육이다(이경수, 2019). 따라서 이민자 학생들도 부족한 존재가 아니라 다른 능력을 잠재하고 있는 사람으로 이해한다.

3) 세계시민교육

세계화 시대 속 세계시민이라는 용어를 이해하는 데 세계시민성을 정의하는 것이 필요하다. 시민(citizen)은 지역과 국가를 초월해 인류 역사를 통해 발전한 보편적인 개념이다. 시민은 고대 그리스에서는 공동체가 보장하는 모든 권리를 누리는 구성원을 의미하였다. 역사적으로 오랫동안 신분, 계층, 성별 등의 제약으로 일부 특권층만의 자격으로 제한되었다. 근대 국가 이후 국가에 대한 시민의 저항과 참여로 획득된 사회적 권리를 제도화해 특정 국가 소속 모든 구성원에게 부여된 기본권으로 개념이 확대되었다. 근대 사회의 시민권이 국가와 국민 간의 긴장 관계 속에 규정된 권리라면 현대 사회에서는 '민주주의 사회의 구성원으로서의 자질을 갖추고, 역할과 책임을 실천하여, 공동체의 문제해결에 적극적으로 참여하는 주체'라고 정의되고 있다(유네스코 아시아태평양 국제이해교육원, 2015). 이에 시민성(citizenship)은 개인과 사회의 상호작용을 통해 형성되며 민주주의 사회의 구성원으로서 시민 소양을 갖추고 민주정치 과정에 참여할 수 있는 지식과 교양을 갖춘 기능의 총체로 본다(한경구 외, 2015).

이제는 하나의 국가를 위한 시민의식이 아닌 세계 사회의 주체로 세계공동체를 위해 노력하는 세계시민의 의미로 강조하고 있다(강문지, 2018). 세계시민교육은 세계시민성(또는 세계시민의식)을 바탕으로 한다. 세계시민성은 법적 지위를 수반하지 않으면서 세계 차원에서 집단 정체성, 연대감, 소통 능력, 지속 가능 개발, 인류공영의 가치를 갖추는 것이다(한경구 외, 2015). 무엇보다 세계시민교육은 반편견교육, 국제이해교육, 상호문화이해 교육, 인권교육 등을 모두 포괄하는 상위의 개념으로 이해할 수 있다.

세계시민교육의 배경은 세계화 현상의 차원에서 출발하여 세계위험사회, 세계시민사회, 지속 가능한 개발, 네트워크 세계의 다섯 가지 측면의 주제를 도출할 수 있다(허영식, 2017).

첫째, 세계화이다. 세계화는 불가피성, 양면성(기회 및 위험), 정확한 예측 불가성, 어느 정도 조정이 가능한 측면을 포함하고 있다. 특히 지구촌 수준에서의 사회계약이 요구되고 있고 적어도 기본적인 필요와 소망의 충족, 지구촌 운영을 위한 도구 창출, 문화 간 상호인정과 교류, 생태적 자원 보존 등의 차원으로 설명할 수 있다.

둘째, 세계위험사회이다. 지구적 위험요인은 부(富)와 빈(貧)으로 인한 생태계 파괴, 대량살

상무기의 확산, 후속 개발 실패의 결과 등으로 구분된다. 세계위험사회의 징후를 나타내는 지구촌 문제로는 인구증가, 세계보건상태, 인권, 여성, 난민, 전쟁, 안보와 평화, 기후 환경, 식량, 세계무역 관계, 국제원료무역, 에너지 등이 있다.

셋째, 세계시민사회는 세계화와 더불어 글로벌 세계의 중요한 요소로 등장하였다. 세계시민사회는 사회의 여러 다른 영역에서 활동하는 단체와 기구(협회, 시민운동단체, 비정부기구)의 총칭이다. 세계시민사회의 중요한 역할은 지구적 양심 혹은 도덕의식의 기능을 맡고 있다. 더불어 지구적 수요라고 부를 수 있는 대변자 역할 수행을 한다. 세계시민사회는 혁신적인 정치 행동 방식을 제공하기 위해 지구적 활동공간을 제공한다.

넷째, 지속 가능한 개발이다. 지속 가능한 개발의 정의는 인간의 필요와 자연의 유지능력 사이의 조정, 세대 간의 정의 문제 조정, 세대 내의 가진 자의 필요와 가지지 못한 자의 필요 사이의 조정 등의 의미를 함축하고 있다. 즉, 지속 가능한 개발은 환경의 유지능력 속에서 삶의 질을 지속적으로 향상하는 것이다.

다섯째, 네트워크 세계이다. 정보화 사회로 이행하는 과정에서의 도약은 지구적 시민사회의 형성 관점에서 평화, 환경, 개발의 영역에서 지속적으로 영향을 미칠 것이다. 인터넷은 정보의 홍수라는 문제와 함께 정보통제와 조작의 새로운 가능성을 누가 이용할 것인가, 중요한 정보와 그렇지 않은 정보를 누가 구분해서 선정할 것인가, 어떤 목적을 가지고 누가 이끌어 갈 것인가의 물음을 고려하는 일 자체가 세계시민교육의 대상이 된다.

다음의 〈표 11-1〉은 세계시민교육의 이념과 특징, 교수법 요소를 전통적 학습과 이분법적으로 비교하여 제시하였다.

표 11-1 전통 학습과 세계시민교육 비교

	전통적 학습	세계시민교육
이념	• 지역 중심적 세계관	• 전 지구적 세계관
특징	• 가까운 곳, 먼 곳의 지리적 연결	• 지역 수준과 세계 수준의 연결
	• 넓은 세계는 개인 경험 영역과 멀리 떨어진 것으로 간주	• 넓은 세계는 생활공간과 연결된 곳으로 간주
교수법 요소	• 교과 및 부분 영역의 지식 전달	• 맥락과 체제를 고려하는 사고력 중요
	• 학습자는 수동적인 주체	• 학습자는 능동적인 주체
	• 추상적 지식 전달	• 학습자 스스로의 경험 중시
	• 합리성이 우선	• 상상 창의성 정서의 중시
	• 경쟁과 대항	• 협동과 연대

출처: 허영식(2017). 다양성과 세계시민교육, p. 164.

4) 다문화교육과의 비교

(1) 다문화교육과 국제이해교육

다문화교육과 국제이해교육이 혼용되고 있는 이유는 양자가 공통점을 가졌기 때문이다. 다문화교육과 국제이해교육은 다른 문화에 대한 인식과 지식을 함양하고, 문화 간 이해와 문화 다원주의의 관점에서 다양한 세계를 이해하는 것을 추구한다. 그로 인해 다양한 집단과 계층에 속한 사회 구성원들의 인권을 존중하고 더 나아가 환경이나 국제적인 문제에 관심을 보이는 것에 공통점이 있다(Bennett, 2006). 다문화교육은 다름에 대한 이해로 문화적 다양성을 강조한다. 성, 종교, 인종, 계층 등과 관련된 다양한 사회집단의 문화적 다양성을 이해하는 사고의 전환, 인식의 전환을 통해 사회 속에 존재하는 불평등과 편견 등을 깨닫도록 도움을 준다. 즉, 자기중심적 인식에서 타인의 입장으로 인식 전환을 통해 비판적 사고를 기르는 데 강조점을 둔다.

그러나 국제이해교육은 모든 민족과 문화, 문명, 가치, 생활양식에 대한 이해와 존중이라는 목표의 실현을 위해 문화이해교육을 강조한다. 즉, 다문화교육에서는 문화의 다양성이 정의롭고 평등한 교육을 실현하기 위한 토대가 된다면, 국제이해교육의 문화적 다양성은 국가 간 이해를 위한 필수적인 요소가 된다. 다문화교육은 궁극적으로 평등교육을 목표로 삼는다면, 국제이해교육은 국제 관계에 초점을 맞추고 국제 문제를 인지하고 그에 따른 지식을 습득하여 전 지구적 문제의 평화적 해결을 위한 적극적인 참여 의지를 지향하는 평화교육에 궁극적인 목표를 두고 있다. 이러한 목표의 차이는 각 교육의 강조점이나 방법적인 측면에서도 적용된다. 국제이해교육은 문화 간 이해에 강조점을 둔다면, 다문화교육은 문화 이해를 바탕으로 한 비판적 사고에 강조점을 둔다(Bennett, 2006). 즉, 다문화교육의 실천을 위한 핵심적인 요소는 교육과정 개혁이고, 국제이해교육은 국제 관계 이해나 지구적 문제의 평화적 해결을 위한 적극적인 참여가 핵심적 실천 방법이라 할 수 있다.

다문화교육은 국내에 거주하는 주류집단과 소수집단 모두를 대상으로 한다. 반면에 국제이해교육은 다수자를 위한 문화이해교육만을 실시할 뿐, 소수자들을 대상으로 하는 교육은 잘 성사되지 않는다. 즉, 다문화교육 대상자는 주류집단과 소수집단 모두가 해당되지만, 국제이해교육은 주류집단만을 대상으로 한다는 것이다.

(2) 다문화교육과 상호문화교육

상호문화교육은 내국인과 외국인 모두 서로의 다양성을 인정하고, 인종적·사회문화적 편견 등에 민감하며 상호문화적 의사소통 능력을 키우는 데 강조점을 두고 있다. 이러한 관점은 다문화교육과 공통점을 가진다. 그러나 다문화교육의 접근법을 주장하는 Sleeter와 Grant(2009)에 따르면 대인관계만을 강조하는 것으로, 사회정의에 대한 교육에는 한계가 있다. 상호문화교육은 문화 간 만남과 교류의 상호작용, 서로 배우기, 그에 따른 제3의 문화 창조 가능성을 강조하며(김상무, 2010), 상호문화 존중에 중점을 두고 있다.

상호문화교육 방법의 원칙은 여섯 가지의 교수·학습 단계를 통해 구체화한다. 첫째, 학생들에게 문화개념을 이해시키는 단계, 둘째, 학생 자신의 고유한 시각을 인식시키는 단계, 셋째, 타인의 문화를 발견하는 단계, 넷째, 자기 문화와 타인의 문화를 비교하게 하는 단계, 다섯째, 상대화하게 하는 단계, 여섯째, 타인의 문화를 수용하는 단계이다. 이처럼 상호문화교육의 교수·학습 방법으로 나와 다른 문화를 이해하고 수용하는 것에 초점이 맞추어져 있다면, 다문화교육은 총체적 차원의 교육과정 개혁을 통한 평등교육을 추구하고 있다. 이러한 관점에서 상호문화교육과 다문화교육의 목표와 지향점은 분명 차이가 있다.

(3) 다문화교육과 세계시민교육

세계시민성을 갖추기 위한 교육은 다문화교육과 유사한 개념이지만 차이점도 존재한다. 다문화교육은 다양한 인종, 종교, 민족, 언어, 성, 장애 등의 차이로 인해 개인과 집단이 차별받지 않도록 하며, 단순히 문화 간 이해 증진 교육을 넘어 평등, 정의, 다양성을 핵심 가치로 수용하며 사회변화를 촉구하는 교육이다. 반면, 세계시민교육은 국가 차원을 넘어서 전 지구적 문제해결을 위해 세계 전체의 연대와 협력을 강조하며, 세계인이 지구 차원의 이슈를 이해하고 참여하는 역량을 키워 비판적 사고력과 참여 능력을 함양시키는 교육이다(허영식, 2017). 따라서 다문화교육은 소수집단이나 개인이 주류사회 속에서 차별과 소외되지 않도록 하는 지식과 내용 중심의 사회 변혁적 교육을 통해 변화를 유도한다. 반면, 세계시민교육은 세계를 하나의 단위로 인식하고 세계 전체가 다양한 문화 및 사람들의 상호의존성을 수용하여 보편적 인류 공영을 목표로 하는 가치지향적 교육이자 그에 따른 실천적 역량을 키우는 것을 중요시한다는 점에서 차이를 보인다.

하지만 다문화교육의 핵심적 가치가 문화다양성의 인정과 보편적 인권에 대한 존중이라는 점을 고려하면, 그 가치를 인정하는 것은 물론, 국가 단위를 초월하여 세계 수준으로 확장하려는 것이 세계시민교육이 지향하는 바와 같은 의미로 해석될 수 있다. 따라서 다문화교육과 세계시민교육은 글로벌시대를 살아가는 세계시민이 주체적으로 사고하고 참여하여 사회 전체의 공존과 번영을 추구한다는 공통점을 발견할 수 있다(김진희, 2012).

04 다문화교육과 교사 교육

1) 다문화교육과 교사의 역할

한국은 다문화사회로의 전환에서 정착단계로 진입하고 있으며, 이러한 변화에 발맞추어 다문화교육을 효과적으로 실행할 수 있는 교사를 양성하고 교사의 다문화적 전문성을 신장하는 것이 필요하다. 우리의 학교 현장에서 다양한 배경의 학습자가 증가하는 만큼 이들의 학업성취와 건전한 성장을 위해 교사의 역할이 매우 중요하다. 무엇보다 교사들이 다양한 배경의 학습자를 가르칠 수 있는 역량을 함양하는 것은 세계 각국의 주요 교육 과제가 되었다.

그러나 교사의 다문화교육을 위한 역량에 대해 정책적·학문적 관심은 비교적 역사가 짧다. 한국은 2006년 다문화정책을 최초로 시행한 이후 교사교육에 점차 관심을 가지게 되었다. 2009년부터 초등교사를 양성하는 전국 교육대학을 대상으로, 2011년부터는 중등교사를 양성하는 사범대학을 대상으로 정부에서 다문화 강좌 개설 및 운영을 지원하였다. 이를 통해 대학의 다문화 관련 강좌 개설이 급증하였고, 정부와 시도교육청 주관하에 현직 교사의 전문성을 향상하기 위한 연수 프로그램들이 시행되고 있다.

학생의 다양성과 관련해서 교사가 학생에 대한 기대가 높은 집단을 가르칠 때 열정적, 효율적으로 가르치며, 또한 학생들로부터 높은 성적을 기대한다. 반면에 낮은 기대를 하는 학생들에 대해서는 낮은 성취를 보일 때 쉽게 수용하는 경향이 있다(Cochran-Smith et al., 2004). 이처럼 교사의 기대는 다양한 학습자의 학업성취와 정서 발달에 큰 영향을 미친다. 예를 들면, 미국의 경우 대체로 교사들은 유색인종 학생들, 특히 흑인과 남미계 학생들에게 낮은 학업성취를 기대하고 문제행동을 일으킬 것으로 예상하며, 교사들의 이러한 기대는 소수집단 학생들의 자긍심과 학업성취에 부정적 영향을 미친다. 이에 반해 교사들은 백인 학생들이나 일부 아시아계 학생들에 대해서는 긍정적으로 기대하고, 이는 학생들의 학업성취 향상에 기여한다(Bennett, 2011).

교사의 긍정적 기대뿐만 아니라 다문화교육 자료와 교수법을 적절히 사용하는 능력은 학생들의 고정관념이나 편견을 완화하고 긍정적인 가치관을 형성하는 데 영향을 끼친다. 교사들은 교실에서 직면하는 다양한 차이에 대해 긍정적인 태도를 지녀야 하며, 이러한 차이들을 차별하거나 문제로 인식할 것이 아니라, 그 속에서 학생들이 풍부한 경험을 제공한다는 믿음을 가져야 한다. 또한 교사들이 다양한 학생들 가르칠 수 있는 역량을 소유하고 있다는 자신감을 길러야 한다. 다문화교육에서 교사 역할의 중요성은 일관되게 검증이 되어 왔으며, 교사들의 다문화적 인식과 교수 능력의 향상은 효과적인 다문화교육에 필수적인 요소이다.

다문화교육을 위한 교사들의 역량을 갖추기 위해서는 예비교사의 다문화 역량 강화를 위한 교육과정 개선이 필요하다. 다문화교육의 핵심적 주체가 현장 교사라는 점을 고려할 때, 예비교사를 위한 교육과정의 개발, 실질적 효과를 높이기 위해 실제 강의 운영 방식과 효과성을 심층적으로 평가할 필요가 있다.

2) 교사의 다문화 역량

다문화교육을 위한 교사 역할의 중요성에 대한 인식이 높아짐에 따라 학생들의 다양성에 효과적으로 대응하기 위한 교사의 자질 또는 적절한 전문성을 '교사의 다문화 역량(multicultural competency)'이라고 정의한다. 교사의 다문화 역량 구성요소들은 다양한 문화적 배경을 가진 사람들을 가르칠 수 있는 지식, 다양한 학습자들에 대한 이해, 다문화교육 자료 개발 및 활용 능력, 소수자에 대한 관용과 배려, 다문화적 갈등 상황 해결 능력, 다문화 수업에 대한 자신감 등이 있다.

여기에서는 교사의 지식과 기술, 효능감, 가치와 태도에 대해 살펴보고자 한다(장인실 외, 2022). 교사 다문화 역량 요소를 구분하면 [그림 11-3]과 같다.

그림 11-3 교사 다문화 역량 요소

(1) 교사의 지식과 기술

Banks(2016)는 다문화 친화적 학교와 교실에서 유능한 교사가 되기 위해 교사들이 숙지해야 할 지식을 네 가지 범주로 제시하였다.

첫째, 다문화교육의 주요 패러다임이다. 다문화교육에 관한 패러다임으로 Banks는 두 가지 관점에서 접근하였다. 먼저, '문화적 박탈의 패러다임(cultural deprivation paradigm)'이다. 즉, 문화적으로 박탈된 학생들의 인지적·문화적 결손을 회복할 수 있도록 경험을 제공해 주는 것이다. 또 하나는 '문화적 차이의 패러다임(cultural difference paradigm)'이다. 즉, 소수집단(저소득층, 유색인종 등) 학생들의 교육적 결손은 이들 문화의 결핍으로 인한 것이 아니라, 주류집단과의 문화가 다르므로 교육의 실패 원인을 학교나 학교 밖 사회의 불평등에 있다고 보는 것이다.

둘째, 다문화교육의 주요 개념이다. 대표적 개념은 바로 '문화'이다. Banks는 교사가 수업에서 문화 간 가치, 상징, 관점, 신념의 차이가 있다는 것을 유념해야 한다고 강조하였다. 문화적 차이는 상대적이며 절대적 우열의 기준이 될 수 없으므로 특정 문화를 기준으로 학생의 문화를 평가하거나 재단해서는 안 된다. 특히 문화의 복잡성과 역동성에 주목해야 하며, 특정 집단에 대한 고정적인 이미지와 성향을 부여하는 것이 바로 편견임을 명심해야 한다.

셋째, 다양한 민족 집단에 대한 지식이다. 각 소수집단의 핵심 가치는 중요한 역사적 경험, 현재 처한 상황 등에 충분히 이해하고 수업 전략을 세워 나가야 한다. 여러 민족 집단에 대한 사실적 지식을 토대로 다문화교육의 실행과정에서 적절한 내용을 수립해서 가르칠 수 있고, 대응할 수 있다. Banks는 교사가 각 민족 집단의 경험을 분석해서 가르치는 데 필요한 11개의 하위 요인을 제시하고 있다. ① 민족정체성과 민족적 동질감, ② 민족 단체와 민족 자결, ③ 민족 내부의 다양성, ④ 인구통계학적 현황과 사회·정치·경제적 지위, ⑤ 출신 지역과 이수, ⑥ 세계관, 관점, 판단의 준거, ⑦ 공유하는 문화, 상징, 가치, ⑧ 인종차별주의, 편견, 차별, ⑨ 동화와 문화접변, ⑩ 지식의 구성, ⑪ 혁명 등이다.

넷째, 다양한 학생에게 적용할 교수법이다. 교육과정을 실행하는 전문가로서 교사는 다양한 민족, 다문화적 배경을 지닌 학생들의 요구에 적합한 학습 경험을 제공해야 한다. 이를 위해 교사는 '문화적으로 적합한 교수 방법'을 적용할 수 있어야 한다. 이를테면, 미국 공립학교에서 한국, 베트남, 필리핀, 중국계 미국인 학생들은 백인 학생보다 시각적 학습(visual learning) 방법을 선호한다는 연구 결과에 따라 사진, 차트, 개념지도, 삼차원 모형 등과 같은 시각적 학습자료를 활용하면 효과적이라는 것이다(Pang, 2005, p. 335). 이는 소수민족 집단 학생들의 수업 참여도를 높이고 이들의 학업성취를 향상할 수 있다.

(2) 교사의 다문화 효능감

교사의 다문화 효능감(multicultural efficacy)은 다문화적 교육환경에서 효과적으로 학생을 가르칠 수 있다는 자신감이며, 가르치는 데 필요한 교수 방법과 활용에 대한 방법 등을 잘 인지한다는 것까지 포함한다(이기용·박창언, 2014). 또한 교사의 다문화 효능감은 다문화가정 학생들의 편견을 찾아내서 지도하거나 스스로 편견을 발견하고 성찰할 수 있도록 지도할 수 있는 능력이다. 다문화가정 자녀들의 필요에 따른 수업 방법을 적용하며, 다문화적 수업에 맞는 학습자료를 개발할 수 있는 능력을 의미한다. 학생들이 다른 민족 집단의 가치관을 존중하고 인정할 수 있도록 지도할 수 있는 자신감과 다양한 문화적 배경을 가진 학생들이 잘 어울릴 수 있도록 도울 수 있는 자신감도 이에 해당한다.

다문화 효능감을 높이기 위해서는 다문화 인식의 하위 요인 개방성이 중요한 역할을 한다는 사실을 확인하였다(이기용, 2024). 이 다문화 인식은 우리 사회 내에 존재하는 인종, 민족 등에 대해 편견 없이 다양한 관점에서 상호 존중하며 개방적으로 받아들이는 태도를 의미한다(이기용·박창언, 2014). 향후 예비 중등교사를 양성하는 대학교에서는 개방성 관련, 이를테면, 외국인의 삶을 현실적으로 이해하기, 생활방식의 차이 알기, 나와 다른 사람이 이웃에 사는 것을 좋아하기, 나와 다른 사람들과 잘 어울리기 등을 체계적으로 함양할 수 있도록 다양한 교육적 지원이 필요하다.

(3) 교사의 가치와 태도

교사의 가치와 태도는 교육과정의 조직과 실행을 통해 학생들의 정서적 발달과 수업에 직접적 영향을 미칠 수 있다. 교사는 다문화적 학급 환경을 조성하고 구체적인 다문화 수업 활동을 제공하는 핵심적 임무를 수행해야 한다. 이 과정에서 교사의 다문화교육 및 문화다양성에 대한 신념, 태도 등은 결정적인 영향을 미친다(Banks, 2016). 교사는 다문화교육의 주체로서 자신의 편견이나 고정관념을 반성하고 특정 집단에 소속된 이유만으로 부정적 또는 적대적 태도를 드러내는 것을 삼가야 한다. 수도권 초·중·등 사회과 예비교사를 대상으로 타인종, 타민족에 대해 가지는 고정관념을 조사한 자료에 의하면 중국인에 부정적인 고정관념을, 이에 반해 백인과 일본인에게는 긍정적 고정관념을 가지고 있는 것으로 나타났다(이정우, 2007).

교사는 학생들에게 중요한 학습 모델이므로 교사의 문화적 편견은 학습자들에게 그대로 전수될 수 있을 뿐만 아니라, 문화적 편견으로 인해 다문화 수업에서 차별적인 교수·학습 활동이 이루어질 우려가 있다. 다문화교육에서 교사는 스스로 가지고 있는 다양성에 대한 가치와 문화적 태도를 성찰하고 문화적으로 다른 집단과 상호작용할 수 있는 문화 간 이해와 존중의 능력을 갖추어야 한다. 특히 교사는 자신이 진공상태에서 가르치는 것이 아니라, 문화적 가치체계에 기반하여 행동하는 존재임을 인식하고 스스로 문화적 고정관념과 편견을 점검하고 현장에서 학생들을 만날 수 있도록 해야 한다.

3) 다문화 교사 교육의 과제

다문화교육은 교사 개인이나 다문화정책 학교에서 전적으로 담당하기에 어려움이 있으며, 사회 전반의 관심과 지역사회와의 긴밀한 유대, 교육정책과 교사 교육의 조직적인 연계와 지원이 뒷받침되어야 한다.

김보라와 조순정(2023), 이기용(2024) 선행연구를 토대로 예비교사와 현직 교사의 다문화 교사 양성을 위한 과제를 다음과 같이 요약해 볼 수 있다.

첫째, 다문화정책 학교의 교사들 대다수가 다문화교육의 중요성을 인식하고 있다는 것은 한국 사회에서 다문화교육이 중요한 이슈로 부상하고 있다는 것이다. 이에 교사 교육은 장기적이며 실질적으로 연계성 있는 다문화 교사 교육이 필요하다. 다문화사회로 전환한 미국과 캐나다는 공교육과 교사 양성과정에서 다문화적 감수성과 다양성 존중을 체계적으로 적용하고 있다. 다문화학생의 교육적 수요를 충족시키기 위한 정책과 프로그램을 운영하여 교사의 다문화 역량 강화를 더 강조하고 있다.

둘째, 다문화정책 학교의 교사들은 다문화 학생들의 학습 지원에 어려움을 겪고 있다. 이는 다문화 학생의 언어 장벽, 교과목 이해 부족, 사교 능력 부족 등이 주요 원인이 된다. 이에 학습자료와 방법을 다양화하고 융합 교육 방식을 도입하여 학생들의 학습을 지원하고자 노력하고 있다. 그러나 교사 개개인의 노력만으로는 한계가 있어서 체계적이고 구체적인 다문화교육 지원이 필요하다. 예를 들면, 동료 교사 및 지역사회와의 협력과 지원을 강화하여 다문화교육 관련 프로그램의 개발과 운영을 촉진하고, 지역사회의 다문화가족지원센터와 행정복지센터의 한글학교 등의 사회적 자원은 다문화 학생들의 지역사회 적응 및 학업 향상에도 도움을 줄 수 있을 것이다.

셋째, 현장에 적용할 수 있는 실질적 교사 교육프로그램 운영 등 교사 교육 지원의 확대가 필요하다. 교사들의 교과 연계 다문화교육 역량을 강화하기 위해 현장 연계형 프로그램을 개발하고 운영하여 학생들의 학업 성취도 향상을 지원하여야 한다. 이를 통해 교사들은 다양한 학습 방법과 자료를 활용하여 다문화 학습 활동의 효과를 극대화할 수 있을 것이다. 또한, 교사들에게 교과별 학습 한국어 지원 및 다양한 시청각 자료, 교수법 등을 제공하여 다문화 학생들의 학습 경험을 향상하는 데 주력해야 한다.

넷째, 국내 모든 교육대학교에서 교직과목 중 교직 소양을 운영하고 있으며, 상담 및 생활지도 과목은 인성교육과 학교폭력 예방을 주로 다루고 있다. 다문화학생과 그 가정을 대상으로 한 상담과 지원의 필요성이 충분히 반영되지 못하고 있다. 이러한 현실은 다문화사회에서 요구되는 교사의 역량을 배양하는 데 한계가 있다.

효과적인 다문화 교사교육을 위하여 대학과 초·중등학교 현장의 연계 속에 광범위한 현장 경험이 필요하다. 현장에서의 관찰 및 지도의 충분한 실습 경험은 교사 자신의 태도 변화는 물론, 다문화적 교실 상황에서의 수업 및 지도 능력도 신장할 수 있다.

토론 및 발표 주제

1. 학교 환경적 측면에서 다문화 학생들에게 정서적·심리적 불편을 주는 요소는 무엇이 있고, 또 이로써 발생할 수 있는 문제는 무엇인지 예측해 봅시다. 그리고 해결을 위한 방법과 전략을 두 가지 이상 제안해 봅시다.

2. 교사의 다문화 역량 세 유형을 중심으로 교사들의 예상되는 태도나 행동을 사례로 들어 표현해 봅시다. 그리고 무엇을 개선해야 할지 여러분의 생각을 제시해 봅시다.

3. KBS 스페셜 "10년 후 동창생" 다문화사회 대한민국의 이면

출처: KBS 다큐(2021.03.21.). 10년 전 다문화 학교에서 만난 친구들… 지금은 어떻게 지낼까? '다문화 사회' 대한민국의 이면 | KBS 스페셜 "10년 후 동창생". https://www.youtube.com/watch?v=ySTl1sp7ejk

Chapter 12

다문화교육의 실천

학습목표

1. 다문화교육 교육과정의 개념과 모형, 평가 원리를 이해할 수 있다.
2. 다문화교육 과정의 교수·학습방법을 통해 실천 방법을 적용해 볼 수 있다.
3. 친화적 다문화학교의 특징을 설명할 수 있다.

01 다문화교육 교육과정

1) 다문화교육 교육과정 개념

다문화교육이 실현되기 위해서는 다문화가정의 한국 사회 적응뿐만 아니라 타인의 다름을 인정하고 존중하는 주류집단의 인식 전환이 매우 중요하다. 즉, 한국의 주류집단이 순혈주의나 단일민족으로 우수하다는 환상에서 벗어나서 모두가 함께 평등하게 살아가는 사회로 가야 한다는 인식의 전환이 필요하다. 이러한 변화를 위해서는 무엇을 어떻게 가르쳐야 하는지와 관련이 있는 교육과정이 중요한 부분이다. 따라서 다문화교육을 실천하기 위해서 교사나 관리자들이 다문화적 인식을 두고 학교 교육과정을 변화시키는 것이 중요한 화두가 된다.

다문화교육은 교육철학이자 교육개혁 운동으로, 교육기관의 구조를 바꾸는 것에 중요한 목표를 두었다(Banks, 1993). 여기에서 교육기관의 구조를 바꾼다는 것은 물리적인 건물의 구조가 아니라 비가시적인 사람들의 생각, 인식, 제도 등을 의미한다. Bennett(2007)은 다문화 교육과정은 잠재적 교육과정이라고 주장하였다. 예를 들면, 다문화 교육과정은 교사의 가치관과 기대, 학교의 규칙, 학생의 또래집단 형성 등과 밀접한 관계가 있으며, 그 속에 학생들의 다양성, 즉 가치관, 지식, 견해, 문화적 스타일이 연결되어 있기 때문이다. 교과서에서 각 나라에 대한 문화를 소개할 때, 나라별 소개 내용에 어떤 비중을 다루고 있는지 혹은 각 나라에 중요한 문화는 어떤 내용을 다루고 있는지에 따라 학생들의 인식에 영향을 미칠 수 있다. 더불어 교과서 등장인물이나 이름이 모두 한국 사람으로만 이루어져 있는지 또는 한국 문화만으로 구성되어 있는지 영향을 받는다. 일부 교사는 다문화교육은 창의적 체험활동 등에서 별도의 시간을 마련하여 교육하거나, 사회, 도덕 교과처럼 특정 교과만이 다문화교육과 연계되어 있다고 생각할 수 있다. 그러나 다문화교육은 모든 교과에 나타난 내용뿐만 아니라 일상생활 속에서 잠재적 교육과정을 통해서 학생들에게 교육되고 있다. 이처럼 진정한 의미의 다문화교육이 실행되기 위해서는 교육과정의 개혁이 무엇보다 중요하며, 모두를 고려하는 교육과정 개혁 없이는 다문화교육의 실현이 어려울 수 있다.

그러나 다문화 교육과정의 체계가 잘 갖추어져 있더라도 교사가 다문화 인식을 갖추지 못하면 교육은 제대로 진행하기 어렵고, 교사가 다문화 인식을 장착했더라도 학교장 또는 관리자가 비협조적이라면 교육과정의 개혁은 더욱 어려움에 봉착한다. 따라서 실제적인 다문화 교육을 실현하기 위해서는 학생들을 위한 다문화교육 프로그램 개발과 교사와 학교 리더들의 다문화 교사 교육이 선행되어야 한다.

2) 다문화교육 교육과정 개발 모형

(1) Banks의 다문화 교육과정 개혁 접근법

다문화교육은 학자, 교사, 교육행정가마다 다양한 생각과 관점을 가지고 있어서 다문화교육에 대한 정의와 접근법도 다양하다. 이에 따라 다문화교육과 관련한 정책이나 학교 현장에서 적용도 다양하게 나타나며, 때로는 혼선을 빚기도 한다. 다문화교육을 좀 더 잘 이해하기 위한 이론적인 접근으로 Banks(1995)의 다문화교육 네 가지 접근법을 살펴보도록 한다. Banks의 다문화교육 접근법으로 기여적 접근법, 부가적 접근법, 변혁적 접근법, 사회행동적 접근법으로 나누었다. [그림 12-1]은 Banks의 다문화 교육과정 접근법이다.

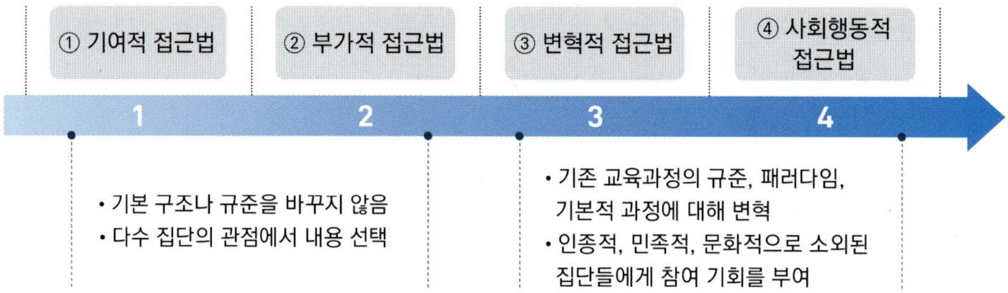

그림 12-1 Banks의 다문화 교육과정 개혁 접근법

출처: Banks, J. A. (1995). Multicultural education: Historical development, dimensions, and practice.

첫째, 기여적 접근법(contributive approach)는 현존하는 교육과정에서 소수민족 집단과 관련된 민족적 위인, 기념일, 공휴일 등을 주제로 지정한 날에 교육과정을 반영하여 접근한다. 예를 들어, 민족적인 사건이나 기념과 관련된 특별한 날, 주, 달을 설정하여 이에 맞추어 교육한다. 이는 교육과정 속에서 소수민족 집단의 내용을 상대적으로 빠르고 쉽게 반영할 수 있고, 종족집단의 영웅들을 주류집단의 영웅과 비교적 같이 교육과정에 소개할 수 있어서 교사와 교육자들이 많이 활용하는 방법이다. 첫 번째 단계에서는 소수집단의 영웅이나 명절, 축제와 같은 문화적 요소를 활용할 수 있다는 데 의의가 있다.

둘째, 부가적 접근법(additive approach)는 교육과정에는 변화를 주지 않고 선택된 문화적 주제가 포함되는 것이다. 민족적 개념이나 실생활적인 관점, 주제, 요소 등을 기존의 교육과정 속에 더하는 것을 특징으로 한다. 부가적 접근법은 실질적인 교육과정을 개정하거나 전문 인력의 동원이 필요한 교육과정의 구조를 변경하지 않고도 소수문화 집단의 내용을 가르칠 수 있다는 점과 기존 교육과정 구조 안에서도 실행될 수 있는 장점이 있다. 두 번째 단계에서는 교육과정의 기본적인 구조나 목표, 특성을 변화시키지 않으면서 소수집단과 관련된 내용, 개념, 주제, 관점 등을 교육과정에 부과하는 것이다.

셋째, 변혁적 접근법(transformation approach)은 교육과정의 기본 목표, 구조, 본질이 다양한 종족, 인종, 문화의 관점으로부터 도출된 개념, 주제, 문제, 사건, 쟁점 들을 학습자들이 인식할 수 있도록 변화시킨 접근법이다. 즉, 학습자들은 다양한 문화 집단들과 인종들의 사회와 문화 형성 과정에서 나타난 복합적인 방식들을 이해할 수 있게 도움을 준다. 더불어 인종에 대한 편견을 감소시키고 사회와 문화의 본질과 발전에 대해 균형 잡힌 관점을 형성해 준다. 결국 민족, 소수인종, 종교 집단들의 문화와 관점이 반영된 교육과정을 학습하도록 지원함으로써 비교적 약자의 위치에 속해 있는 소수집단의 문화들을 격려하는 효과를 지닌다. 세 번째 단계에서는 교육과정의 근본적인 목표, 구조, 관점의 변화, 다양한 집단의 관점 등에서 밝혀진 개념, 이슈, 사건, 쟁점 등을 조명해 볼 수 있다.

넷째, 사회적 행동 접근법(social action approach)은 학습자들이 주요한 사회문제와 이에 대한 쟁점을 인식하며, 자료수집을 하고, 쟁점에 관한 가치를 명료화하며, 의사결정을 하고, 이에 대한 쟁점이나 문제들을 해결하기 위해 성찰적으로 행동을 수행하기 위한 접근법이다. 이것은 자료수집 기능, 사회행동, 가치분석, 사고력 등을 향상하며, 정치적 효능감을 개발시키고, 집단 내에서 실제로 행동할 수 있는 능력을 확장할 수 있는 장점이 있다. 네 번째의 사회적 행동 접근법은 세 번째 단계인 변혁적 접근법에 덧붙여 실천과 행동의 문제를 강조하고 있다. 특히, 인종적, 민족적, 문화적으로 소외된 집단들에게 참여 기회를 부여함으로써 더욱 민주적인 사회를 건설하고자 한다. 진정한 의미의 다문화교육이 되기 위해서는 학생들이 단순히 다른 나라 문화를 이해하는 것에서 나아가 다양한 관점에서 비판적으로 생각하며 판단하여 지식이 사회적 실행으로까지 나아갈 수 있도록 변혁적 접근법과 사회행동 접근법으로 교육과정이 개혁되어야 할 것이다.

(2) Bennett의 다문화 교육과정 개발을 위한 종합적 개념 모형

Banks의 다문화 교육과정 개혁 접근법은 교육과정 개발에 있어 기본적이며, 단순한 모형으로 전체적인 큰 범주만을 제시, 다문화 교육과정에 대한 설계는 구체적으로 제시하지 못하고 있다. 그러나 Bennett의 다문화 교육과정 개발을 위한 종합적 개념 모형은 단계별로 다문화적 능력을 함양할 수 있는 내용을 구체적으로 제시해 주고 있다. Bennett의 모형에서 다문화교육의 핵심 가치는 인간존엄성과 권리에 대한 존중, 문화적 다양성에 대한 인정과 존중, 세계 사회에 대한 책임감, 지구 보존의 네 가지로 제시하고 있다. 다문화 교육과정 개발을 위한 종합적 개념 모형은 다문화교육의 목적으로 학생들의 이해, 행동, 태도, 가치관 등을 고려하여 의도적으로 계획된 학교 경험에 중점을 두고 설계되었다. 이 모형은 여섯 개의 목표로 이루어졌으며, 다문화적 역사관점 개발, 문화적 인식 강화, 문화 간 이해 능력 강화, 인종·성별 등의 편견과 차별에 대항, 지구 상황과 세계적 역학 관계 인식, 사회적 행동 기술 향상 등의 목표를 제시하고 있다(Bennett, 2007). [그림 12-2]는 Bennett의 다문화 교육과정 개발을 위한 종합적 개념 모형이다.

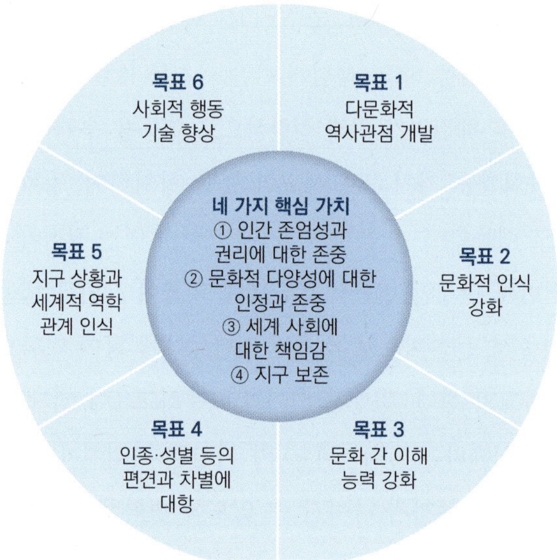

그림 12-2 Bennett의 다문화 교육과정 종합적 개발 모형

출처: Bennett, C. I. (2007). Comprehensive multicultural education: Theory and practice.

첫째, 다문화적 역사관점 개발은 주류사회가 가지고 있는 편견을 바로잡아 줄 수 있는 다양한 역사적 관점을 갖는 것이 목적이다. 과거와 현재의 사건들을 주류집단이나 소수집단의 한쪽 관점에서만 이해하기보다는 다양한 민족과 국가적 관점으로 이해할 수 있는 능력을 기르는 것이 중요하다.

둘째, 문화적 인식 강화는 세계 사회에서 드러나는 다양한 현상이나 생각 등을 자각하고 자신의 사고가 다른 국가나 민족 집단에서는 무엇이 다르게 인식되는가를 이해하는 것이다. 개인의 문화적 인식을 강화하기 위한 교육에는 동화 「신데렐라」와 「콩쥐 팥쥐」가 있다. 「신데렐라」는 세계적으로 유사한 동화가 존재하는데, 한국의 「콩쥐 팥쥐」와 유사하다. 두 동화의 유사점과 차이점을 학습하면서 문화적 인식을 강화할 수 있다.

셋째, 문화 간 이해 능력 강화는 의도적인 의사소통인 언어, 신호(상징성), 무의식적 단서(몸짓 등) 자신과 다른 문화 양식을 해석할 수 있는 능력을 강화하는 것이다. 여기에서 중요한 것은 의사소통과 공감이다. 즉, 문화적 배경이 다른 사람들은 다른 행동과 사고를 한다는 가정에 대해 자기 인식을 하는 단계이다.

넷째, 인종, 성별 등의 편견과 차별에 대항하는 것은 자신과 다른 문화적 배경을 가진 사람들에 대해 열등하다는 편견이나 오해에 따른 부정적인 태도와 행동, 인식을 줄이는 것을 의미한다. 인종, 성별, 민족과 관련된 미신이나 고정관념을 없애고 기본적인 인간의 유사성에 강조점을 둔다.

다섯째, 지구의 상황과 세계적 역학 관계 인식은 현실에 기반한 세계의 경향, 조건, 전개들에 대한 지식을 획득하는 것을 말한다. 새로운 기술의 소개나 건강과 영양 성취, 실천 방법 등과 같이 효과적이지만 단순한 사건에서부터 생태계와 같은 거대한 주제까지 세계에 대해 다양한 지식을 포함한다.

여섯째, 사회적 행동 기술 향상은 인간의 복지와 미래, 지구를 위협하는 중요한 문제를 해결하는 데 필요한 지식, 태도, 행동을 향상하는 것이다. 전 지구적인 사고는 하지만 행동은 지역적으로 하는 것을 강조한다. 사회적 행동 기능은 지구와 인류 위협을 위한 참여적 사고와 행위를 촉진할 수 있는 개인적이고 정치적인 효능감, 지구적 책무성을 계발하고 실천하는 것에 중점을 둔다.

(3) 다문화교육 교육과정 평가

다문화교육 교육과정의 평가도구를 구성하는 6개의 상위 영역은 학교 차원의 변화를 요구한다는 것을 의미한다. 지역사회를 기반으로 한 인적·물적 시스템, 교육과정, 교육프로그램 개발 및 운영, 개별화 맞춤형 지원을 바탕으로 다문화교육의 추진과 지속적인 모니터링과 피드백이 형성되어야 한다(이륜·장경원, 2016). 이를 정리하면 〈표 12-1〉과 같다.

표 12-1 다문화교육 교육과정 평가도구

영역		평가 요소	세부 내용
시스템	인적	담당교사 배정	학교의 다문화교육을 담당하는 교사가 배정되어 있다.
		강사 확보	다문화교육 관련 강사(상담, 이중언어, 다문화교육 등)가 확보되었다.
	물리적	예산 편성	다문화교육 관련 학교 예산이 편성되어 있다.
		운영매뉴얼	다문화교육을 위한 학교 운영매뉴얼이 구축되어 있다.
		내용 게시	학교 게시판, 복도 등에 다문화교육과 관련된 내용이 게시되어 있다.
	지역 연계	공동협의체	다문화교육 관련 기관과 공동협의(MOU)가 구축되어 있다.
		학교협의체	다문화교육을 위한 학교 간 연계 협의체가 구축되어 있다.
교육 내용 방법 및 평가	교육과정	편성	다문화교육을 위한 교육과정 시수가 확보되어 있다.
		재구성	다문화교육을 위한 교육과정 재구성이 이루어지고 있다.
		요구반영	학교 교육과정에 다문화교육을 위한 요구(학생, 학부모, 교사)가 반영되어 있다.
		개별화 교육과정	다문화가정 학생을 위한 개별화 교육과정이 있다.
	수업 내용	내용 포함	문화, 인종과 관련하여 고정관념, 편견, 차별의 해소를 위한 수업이 이루어지고 있다.
		내용 점검	문화적·인종적 편견과 관련된 교육 내용이 있는지 점검하고 있다.
		문화 반영	이주배경 가정 모국의 민족음식, 명절, 의상, 위인 등 문화가 반영되어 있다.
	교수·학습 방법	개별 처방식 수업	다문화가정 학생에 적합한 개별 처방식 수업이 이루어지고 있다.
		수업 참여	다문화가정 학부모가 참여하는 수업이 이루어지고 있다.
		학습 전략	다문화가정 및 비다문화 학생이 서로 협력하고 수업에 적극적으로 참여하는 교수-학습 수업 유형이 이루어지고 있다.
	교육자료	자료 개발	학교 특성에 맞는 다문화교육 자료를 개발하고 있다.
		자료 활용	다양한 교육 자료를 활용하고 있다.
	학생 평가	학업 성취도	다문화가정 학생의 학업 성취도를 파악하고 있다.

<table>
<tr><th colspan="2">영역</th><th>평가 요소</th><th>세부 내용</th></tr>
<tr><td rowspan="6">다문화 역량</td><td rowspan="3">연수</td><td>관리자</td><td>관리자(교장, 교감)를 대상으로 다문화교육 연수를 시행하고, 다양한 연수(직무, 교외연수 등)에 참여하고 있다.</td></tr>
<tr><td>교사</td><td>교사를 대상으로 다문화교육 연수를 시행하고 다양한 연수에 참여하고 있다.</td></tr>
<tr><td>교직원</td><td>교직원(행정직 등)을 대상으로 다문화교육 연수를 시행하고 다양한 연수에 참여하고 있다.</td></tr>
<tr><td rowspan="3">학교문화</td><td>관리자의 전문성</td><td>학교의 관리자가 다문화교육에 전문성을 갖추고 있다.</td></tr>
<tr><td>긍정적 태도</td><td>학교의 구성원들이 다문화교육에 긍정적인 태도를 갖추고 있다.</td></tr>
<tr><td>문화 수용</td><td>학교의 구성원들이 다문화가정의 문화를 수용하고 있다(이슬람 문화 등).</td></tr>
<tr><td rowspan="3">다문화</td><td rowspan="3">인식개선</td><td>다문화 이해 교육</td><td>비다문화 학생과 학부모를 대상으로 다문화 이해교육을 실시하고 있다.</td></tr>
<tr><td>학생 통합교육</td><td>비다문화 및 다문화가정 학생이 함께 참여하는 프로그램을 운영하고 있다.</td></tr>
<tr><td>학부모 통합교육</td><td>비다문화 학부모와 다문화가정 학부모가 함께 참여하는 프로그램을 운영하고 있다.</td></tr>
</table>

출처: 이륜, 장경원(2016). 학교의 다문화교육 평가도구 개발.

02 다문화교육 교육과정의 교수·학습 방법

Banks(2008)는 다문화교육의 다섯 가지 차원을 설명하며, 다문화교육 방법으로 공평한 교수법을 제안하였다. 공평한 교수법은 교사가 다양한 인종, 민족, 사회계층 집단에 속하는 학생들의 학업성취도를 향상하기 위해 사용하는 교수법을 통칭하는데, 다문화교육을 위해 교사는 다양한 문화적 배경을 지닌 학생들의 독특한 학습양식에 부합하는 교수법을 활용해야 한다. 이러한 교수법을 활용함으로써 학생들은 비판적 사고 능력과 사회행동 기술을 습득하게 된다.

1) 개념기반 탐구 수업

Banks는 사람들은 사실적 세부 사항보다는 주요 핵심 아이디어를 더욱 잘 기억하는 경향이 있다는 점을 파악하고, 주요 개념과 핵심 아이디어를 중심으로 하는 수업은 특정한 사건이나 현상을 깊이 있게 이해하고 수업에서 배운 지식을 다른 상황에 전이시키는 데 도움을 준다고 주장하였다. 이는, Hilda Taba에 의해 시작된 개념기반 교육과정과 맥락을 같이하는 것으로, Hilda Taba는 사실적 정보를 피상적으로 가르치는 것보다는 개념 및 주요 아이디어를 깊이 있게 가르칠 것을 주장하였다. 개념기반 교육과정은 효과를 내는 사고를 위한 3차원 교육과정의 성격을 지닌다. 학생들이 알아야 할 지식과 할 수 있어야 하는 기능 중심으로 구성되었던 전통적인 2차원적 교육과정과는 달리, 3차원 교육과정에서는 학생들이 알아야 하는 것(know), 이해해야 하는 것(understand), 할 수 있어야 하는 것(be able to do)이 무엇인지 명확하게 진술한다. 또한, 심층적인 이해에 도달할 수 있도록 핵심 개념과 개념적 이해를 강조한다. 이때, 개념(concept)은 구체적인 사실(fact)과는 대비되는 의미로, 추상적이고 시대, 장소와 관계없이 전이되며, 수많은 관찰 결과를 분류하고 범주화할 수 있는 성격을 갖는 단어 혹은 구(句)이다. 이러한 개념들을 수업의 렌즈로 활용하고, 개념적 이해에 도달할 수 있도록 하는 안내 질문(guiding question)을 중심으로 수업을 이어감으로써 학생들의 학습효과 내는 사고를 유도한다. 개념기반 수업의 최종적인 목적은 학생들의 깊이 있는 이해(conceptual understanding)와 전이(transfer)이다. 다문화 교육과정에서는 문화, 권력, 저항, 가치 등의 고차원적인 핵심 개념을 중심으로 내용을 조직하는데, 이러한 핵심 개념 중심 수업을 통해 학생들이 다문화와 관련된 지식과 가치를 깊이 있게 이해하고 삶의 다른 맥락으로 전이시키는 것을 목적으로 한다.

2) 협동학습

협동학습(collaborative learning)은 민주주의의 원리를 바탕으로 하는 교육적 접근법 중 하나로서 다문화교육의 목표 실현을 위해 활용될 수 있다. 다문화교육에서 협동학습을 활용하는 이유는 주류문화 중심의 수업에서 소외되기 쉬운 다양한 학생들의 의견을 듣고 그들의 참여를 이끌 수 있기 때문이다. 협동학습을 위해 교사는 명확한 목표를 설정하고 프로젝트나 탐사를 설계함으로써 협동을 통해 학습을 이어가는 전략을 사용한다. 협동학습의 원리를 활용한 수업 전략으로는 직소(jigsaw) 모형, 상호교수 등이 있다.

협동학습의 핵심적인 목표는 학생들의 친사회적 기능의 향상이므로, Johnson과 Johnson은 다음과 같은 협동학습의 네 가지 지향점을 설명한 바 있다.

① 학생들이 학습하는 과정에서 개별 학습과 비교하여 모둠이나 집단 학습이 갖는 효과를 이해하게 한다.
② 학생들이 협동학습을 더 효과적으로 수행할 수 있도록 사회적 기술을 습득하게 한다.
③ 수업에서 실질적으로 활용할 수 있는 사회적 기술들의 구체적인 목록을 작성하고 이후의 수업에서 필요한 기술을 파악하도록 한다.
④ 학생들이 협동학습을 통해 얻은 기술과 태도가 학교의 영역을 벗어나 실제 삶에서 어떤 가치와 효과를 지니는지 깨닫게 한다.

3) 문화감응교수

문화감응교수(CRT: Culturally Responsive Teaching)는 교육의 기회와 결과에 나타나는 민족 간, 인종 간 불평등에 대항하며 등장한 미국 다문화교육 운동과 기본적인 가정 및 신념을 공유한다(Gay, 2002). 1970년대 초 미국은 주류 중심의 교육과정 체제와 수업 관행에서 소수집단 학생들이 겪게 되는 불평등에 주목하기 시작하였고, 이를 극복하려는 방안으로 소수집단의 언어와 문화가 지닌 지식적·기술적 가치에 주목한 다양한 교수법을 제안하였다. 소수집단 언어와 문화를 인종의 교수자원으로 이해하고 활용했던 당시의 이론과 실천을 통틀어 '자원교수법(resource pedagogics)'으로 일컫는다. 소수집단 학생들의 낮은 학업성취도가 학생과 학생이 속한 집단의 언어와 문화에서 비롯되는 것이라기보다 주류집단을 중심으로 구성된 교육과정과 수업에서 기인한다는 점을 밝힘으로써 교육 기회와 결과에 나타나는 불평등에 대한 패러다임의 전환을 촉구한 것이다.

문화감응교수의 핵심은 학생들이 속한 집단의 문화에 적합한 방식으로 교수·학습 내용과 방법을 다양화하는 데 있다. 일차적으로 넓은 관점에서는 교실과 학교의 학습환경을 설계하는 데 있어 학습자가 속한 집단의 문화를 유용한 자원으로써 참조하고 활용하는 것이다. 여기에서 집단(group)은 민족, 인종, 성별, 지역, 종교, 장애 여부, 성적 지향 등을 토대로 형성되는 다양한 사회적·문화적 하위집단을 포함하며, 문화는 관습, 규범, 언어, 가치, 인지 양식, 의사소통 양식 등 집단의 성향 혹은 경향성을 특징짓는 다양한 요인을 포함한다.

문화감응교수는 문화와 다양성(diversity)이 모든 교육정책과 프로그램, 교육과정과 수업 실천의 핵심이 되어야 한다고 주장한다(Gay, 2002). 그러나 학교의 문화가 다양한 집단의 문화와 항상 일치하지는 않으며, 학교에서 중요하게 다루는 지식과 문화에 학생들이 속한 다양한 집단의 지식과 문화를 포용하는 일은 결코 쉬운 일이 아니다. 교사는 다양한 문화가 서로 만나는 곳과 양립 불가능한 지점을 이해하고, 갈등을 최소화하며, 서로 다른 문화체계의 격차가 야기되는 문제들을 해결할 필요가 있다. 수업뿐만 아니라 평가 장면에서도 문화는 지대한 영향을 미친다. 평가를 둘러싼 일련의 과정이 결코 문화 중립적일 수 없다는 것이다.

실천사례

학생들의 지식 자본을 활용한 문화감응교수는 지난 30년간 다양한 교과와 학교급 학생들을 대상으로 한 무수한 실천사례로 이어졌다. 예를 들면, 나바호족의 담요 만들기, 퀼트 짜기, 바구니 짜기 등과 같은 기술을 활용하여 패턴(pattern)에 관한 수학적 지식과 기술을 가르친 사례를 들 수 있다. 구체적인 예로서 알래스카 원주민을 대상으로 수행된 문화적 맥락에서의 수학(math in a cultural context) 프로젝트(Lipka, 1994; Lipka et al., 2009)를 소개하면 다음과 같다(장인실 외, 2020 재인용).

이 프로젝트 목표는 공통 교육과정으로 제시된 수학 교과 내용에 알래스카 원주민의 문화적 지식을 통합하여 학생들의 학업성취도를 증진하는 데 목적이 있었다. 문화적 지식자본을 기반으로 구안한 수학 교육과정은 유픽 원주민들의 일상과 문화를, 7개의 모듈(① 생선 말리기, ② 산딸기 줍기, ③ 연어 건조하기, ④ 별 찾기, ⑤ 파카 옷 디자인하기, ⑥ 달걀섬(Egg Island) 탐구하기, ⑦ 훈제장 건설하기)로 구성되었다. 각 모듈에서 사용되는 문화적 지식과 정보는 교사와 교사 교육자들로 구성된 대학-학교 연계 프로젝트팀에 의해서 수집되었다. 이들 교사와 교사 교육자들은 각각의 모듈과 관련한 유픽 원로들의 설명을 듣고 시연을 관찰하였다. 별을 탐색하는 과정, 생선 건조대를 만드는 과정, 훈제장 모델을 만드는 과정에 참여하였으며, 유픽 원주민들의 전통적인 설화, 게임 등을 수집하였다. 이러한 일련의 과정을 통해 프로젝트팀과 원주민 공동체 간의 신뢰가 쌓이고, 동등한 관계에서의 참여가 지속됨에 따라 프로젝트팀은 유픽 원로들의 문화적·역사적 배경과 지식을 더 깊이 이해하게 되었다. 유픽 원로들은 '외부인들'에게 그동안 '숨겨왔던' 지식과 기술을 더 많이 전해 주었다. 이러한 과정에서 측정하기, 수 세기, 추정하기, 설계하기, 패턴 만들기, 위치 정하기, 위치 탐색하기 등 유픽 원주민들의 일상에 숨겨진 수학적 내용들이 더 선명하게 드러났다. 이후 스토리텔링, 상징하기 등과 같은 효과적인 의사소통 방식을 비롯하여 전문가-견습생 모델, 공동제작 활동, 인지적 도제 등과 같은 다양하고 효과적인 교수·학습방법들이 드러났다. 시간이 지남에 따라 이러한 의사소통 및 교수·학습의 방법과 전략들은 '문화적 맥락에서의 수학' 프로젝트에 더 긴밀하게 연계·통합되었다.

이 프로젝트 공통 교육과정에서 제시하는 지식과 기술을 유픽 원주민 학생들의 삶과 문화에 맥락화함으로써 학생들이 더 흥미롭게 학습에 참여하고, 효과적이고 유의미한 방식으로 배우며, 자신이 속한 민족집단에 대한 결속력과 문화정체성, 긍정적인 자아개념 등을 형성하도록 이끈 것이다.

03 다문화교육 교육프로그램

1) 다문화교육 프로그램의 이해

다문화교육 프로그램은 사전에 계획된 목표, 내용, 방법, 평가, 대상, 활동, 방법, 장소 시기, 매체 등의 모든 교육 요소들을 유기적으로 조직화한 시스템이자 현장에서의 다문화교육을 실현하기 위한 체계적인 교육과정이다. 현재 한국의 다문화교육은 교육과정보다는 프로그램이라는 용어의 사용이 더 적절하다고 여겨진다. 다문화교육의 대상이 유아부터 성인에 이르기까지 나이, 정주민, 이주민, 이주배경 자녀 등 집단별로 매우 다양할 뿐만 아니라 다문화교육의 기간, 방식 등도 주관 기관에 따라 달라서 현장 상황에 맞춤식 교육이 필요하기 때문이다.

다문화교육 프로그램의 궁극적인 목적은 개인과 사회의 발전을 위해 요구되는 핵심 역량을 갖춘 민주적 세계시민의 육성에 있다. 특히 다문화역량 향상을 위한 고유성과 다양성을 인식하고, 문화적 차이를 수용하고 존중하는 능력을 함양하도록 다문화교육은 미래를 위한 대안에 고민하고 실천할 수 있는 역량을 키울 수 있다.

다문화교육 프로그램의 목표는 크게 여섯 가지로 요약할 수 있다(Banks, 2008). 첫째, 개인에게 타문화의 관점으로 자신의 문화를 인식하게 함으로써 자기 이해 증진을 도모한다. 둘째, 학습자들에게 현실의 다양한 문제를 비판적 시각으로 바라볼 수 있도록 하여 언어적·문화적·민족적 대안을 모색하도록 한다. 셋째, 모든 학습자가 자문화와 타문화, 주류문화와 하위문화가 공존하는 다문화사회에서의 요구되는 지식, 태도, 기능을 습득한다. 넷째, 소수인종, 민족 집단이 자신들의 인종적·문화적 특성으로 인해 겪는 고통과 차별을 감소시킬 수 있는 실질적인 방안을 모색한다. 다섯째, 학습자들이 세계화 시대의 생존에 필요로 하는 수리적 능력, 읽기, 쓰기 등을 높일 수 있다. 여섯째, 다양한 인종, 문화, 언어, 종교집단의 학습자들이 자신의 문화 공동체, 국가적 시민 공동체, 전 지구적 공동체에서 자신만의 존재 가치를 획득하는 데 필요한 지식, 태도, 기능을 습득할 수 있도록 한다.

(1) 다문화교육 프로그램의 구성

다문화교육 프로그램 개발은 매우 중요한 부분이다. 먼저 다문화교육 프로그램의 개발을 위한 강의주제와 교육 내용을 소개하면 〈표 12-2〉와 같다.

표 12-2 다문화교육 프로그램 개발 구성 영역

주제		교육 내용
다문화 지식	국제이주와 다문화주의의 철학적 배경	•다문화사회의 역사를 이해하고 그에 따른 시대적 과제 설명 •다문화주의의 이해를 통해 다문화사회에 직면한 사회문제에 대해 설명
	문화적 다양성과 사회복지	•다문화사회에서의 문화적 다양성 확대와 다문화사회복지의 정책적 방향을 설명 •다문화사회복지의 개념과 실천의 기본 원칙 및 주요 개입기술에 대해 설명
	외국인 「출입국관리법」 및 이주정책	•한국 사회가 지향해야 할 이주정책과 「출입국관리법」에 대한 기초적 이해 도모 •최근의 이주민 유입 증대에 따른 사회·정책적 변화에 대해 설명하고 토론
	결혼이주여성의 특성 및 주요 이슈	•결혼이주여성의 문화적응 특성을 이해하고, 다문화가정에서의 가족문제를 설명 •다문화가정에서 나타나는 주요 이슈와 가족관계 증진을 위한 실천 기법에 대해 설명
	이주노동자의 특성 및 주요 이슈	•이주노동자들의 주요 인구학적·심리적·사회적 특성을 설명 •이주노동자의 주요 이슈들에 대한 사회복지적 개입 방안 설명
	북한이탈주민의 특성 및 주요 이슈	•북한이탈주민의 한국 사회 유입 현황과 정책적 과제 설명 •북한이탈주민의 문화 이데올로기 및 가치충돌에 대한 이해 기반한 개입방안을 설명
	다문화 아동의 특성과 주요 이슈	•다문화 아동에 대한 사회복지적 개입 방법 논의 •다문화 아동의 발달과업과 다문화가정 부모의 사회적 역할에 대한 논의

주제		교육 내용
〃	다문화 청소년의 특성과 주요 이슈	•다문화가정 청소년의 심리발달 과업과 다문화가정 청소년의 문제에 대한 고찰 •다문화가정 청소년의 건전한 성장과 발달을 원조할 수 있는 교육체계 설명
	외국의 다문화 접근 사례	•서구에서 나타난 다문화주의 전개 양상과 주요 이슈별 다문화정책에 대해 설명 •서구의 경험을 통한 한국적 다문화주의의 방향성 토론
	문화적 다양성에 기반한 사회조사기법	•문화적 다양성에 기반한 사회조사기법에 대한 이해 증진 •다문화사회복지 사회조사 시 유의하여야 할 조사, 윤리적 문제와 조사자로서의 자세 설명
다문화 실천 기술	다문화사회복지 실천과정 및 모델	•다문화사회복지 실천과정의 주요 모델을 설명하고, 그에 따른 실천적 이슈 고찰 •다문화사회복지 실천가로서의 문화적 태도에 대한 토론
	다문화가족 지원을 위한 사회서비스 현황	•다문화가족 지원을 위한 사회서비스의 현황을 소개하고 다문화사회복지 실천 방향 제시 •다문화가족의 생애주기에 부합하는 사회복지사의 개입 방향
	다문화교육 프로그램의 개발과 평가	•다문화교육 프로그램의 구성요소와 실제 사례의 검토를 통한 학습자의 심화학습 도모 •다문화교육 프로그램의 실무를 워크숍 형태로 실제 진행하면서 학습자의 경험 축적
	다문화상담의 이론과 실제	•다문화상담에서 필수적으로 요구되는 상담자 자세와 개입기술 •다문화상담의 개입모델을 중심으로 구체적 실천 방법 연습
	이주민의 정신건강 문제와 개입	•이주민에게서 나타나는 주요 정신·건강 문제에 대한 이해 증진 •이주민의 정신건강 문제를 예방할 수 있는 실천적 개입 방법
사회적 행동	다문화사회와 사회적 자본	•사회자본에 대한 이론적 이해를 바탕으로 이주민의 사회자본 형성과정에 대해 설명 •이주민의 사회적 네트워크 형성을 촉진하는 사회행동가로서의 역할 설명
	이주민의 인권문제와 개입	•이주민이 한국 사회에서 경험하게 되는 인권침해 사례 설명 •한국인이 이주민과 상호 공존하고 소통할 수 있는 실천적 개입 방법 설명
	다문화사회와 시민교육	•이주민에 대한 편견을 줄이기 위한 시민교육의 필요성과 사회복지사의 역할 설명 •이주민의 사회적 차별 극복을 선도할 수 있는 시민운동의 필요성과 전개 방향 토론
	사회복지사의 문화적 유능성 강화 방안	•사회복지사의 문화적 역량 변화 과정에 대해 설명하고, 문화적 유능성 강화 방안 설명 •다문화사회복지 실천가의 역량 계발을 위해 필요한 노력과 행동 토론
	다문화사회에 따른 한국 사회의 도전과 과제	•한국적 다문화주의의 개발을 위한 사회복지사의 준비와 도전적 과제에 대해 설명·토론 •다문화사회를 살아가는 대학생으로서 바람직한 사회적 행동과 소통의 방법 토론

출처: 황성동 외(2012). 다문화교육 프로그램의 효과성 검증.

(2) 다문화교육 프로그램 교육 내용

다문화교육 프로그램 교육 내용의 영역은 크게 다양성, 관계성, 보편성으로 구분되며, 핵심 역량은 인식, 관용, 수용, 공감, 소통, 협력, 반차별, 반편견, 세계시민성으로 세분화하였다. 이를 정리하면 〈표 12-3〉과 같다(이향규 외, 2013).

표 12-3 다문화교육 프로그램 교육 내용

영역	다양성 영역	관계성 영역	보편성 영역
핵심 역량	인식	공감	반차별
	관용	소통	반편견
	수용	협력	세계시민성

출처: 이향규 외(2013). 청소년을 위한 다문화 감수성 증진 프로그램 개발 연구.

다문화교육 프로그램 교육 내용의 영역으로 다양성, 관계성, 보편적의 핵심 역량을 구체적으로 정리하면 〈표 12-4〉와 같다.

먼저, '다양성'은 다양한 가치를 인식하고 수용하며, 타 집단의 정체성과 문화가치를 우리와 동등하게 인정하는 수준까지의 분포로 정의된다(안상수 외, 2012). 다양성 영역의 핵심 역량인 인식, 관용, 수용은 감수성 발달 과정에서 일련의 수직적 위계가 있다. 다양성 영역의 교육목표는 다양성 인식과 다양한 관점·가치, 문화적 배경을 존중하며 수용하는 자세에 있다.

'관계성'은 다른 인종·문화집단과 더불어 사회에 참여하고 가까운 관계를 맺고자 하는 통합을 기반으로 한다(안상수 외, 2012). 관계성 영역에서는 공감하고 타인과의 의사소통 능력을 함양하고서 협력의 역량을 기르는 것이다.

'보편성'은 외부세계에 대한 다양한 경계를 초월한, 경제발전 수준, 차별화, 문화 가치 등급화에 근거하지 않는 상위의 도덕적 규범에 따라 인종적·문화적·종교적·지역적 차이를 관대하게 수용하는 공통된 세계 구성원의 자질을 말한다(안상수 외, 2012). 보편성 영역은 타 집단 구성원에 대한 개인이 지닌 선호, 그 집단에 대한 고정관념, 가치판단, 차별적 언어와 행동을 이해하고, 차별의 언어, 자신과 타인의 차별적 행위에 대해서 각성하고 개선할 수 있도록 한다. 나아가 사회적 차별에 반대하고 '정의'의 실현을 생각하고 실천하는 세계시민성을 갖추는 것이다(이향규 외, 2013).

표 12-4 다문화교육 프로그램 영역별 주요 핵심 역량

영역	역량	내용
다양성 영역	인식	•모든 사람은 개성, 취향, 문화적 배경을 중요하게 여기는 가치, 상황에 반응하는 판단기준이 다를 수 있다는 것을 이해하는 능력 •모든 사람은 개인마다 다르다는 것을 인식함으로써 나와 똑같이 생각하고 행동하는 것을 전제하거나 기대하지 않음
	관용	•타인이 나와 다를 수 있다는 것을 인식하는 것에 기반하여, 타인이 중요하게 여기는 가치와 개성에 대해 받아들이고 내 기준으로 평가하고 재단하지 않는 태도
	수용	•타인을 있는 그대로 인정하고 존중하는 긍정적인 태도 •다른 문화에 관심을 가지고 배우려고 노력하고, 다양한 문화로부터 장점을 배우려는 태도를 지님
관계성 영역	공감	•당사자가 아닌 제삼자 입장으로 가해자 또는 피해자의 감정을 합리적으로 이해하고 느끼는 감정 •다문화적 상황 속에서 타인이 처한 상황에 대한 객관적인 이해를 바탕으로 타인을 이해하고 동일시하는 마음에서 느끼는 감정
	소통	•자신과 타인 사이의 문화적 차이로 인하여 발생하게 되는 편견, 오해, 고정관념의 근원을 이해하고, 반편견, 반차별적 태도로 서로 다른 문화적 배경을 가진 구성원들이 수평적 관계에서 서로를 이해하고자 노력하는 태도 및 능력
	협력	•공감과 소통의 기반 위에서 다수자와 소수자가 공통의 목적을 달성하기 위하여 상호 간의 노력을 기울여 협동하는 태도 및 능력 •다문화적 갈등 상황 속에서 발생하는 문제점을 함께 해결하고자 하는 태도 및 능력
보편성 영역	반차별	•어떤 집단에 속해 있다는 이유만으로 개인을 부당하게 대우하는 모든 종류의 차별적 상황에 대해 민감하고, 언어와 행동에서 차별적 행위를 하지 않는 능력 •문화적 배경이 다른 구성원의 민족적·인종적 특징으로 인해 언어적, 비언어적, 명시적, 암시적으로 차별하지 않도록 하는 능력
	반편견	•사회적으로 구성된 고정관념이나 편견이 있다는 사실을 깨닫고, 타인에 대한 공정한 관점을 취하려는 노력 •인종이나 민족, 성, 사회계층, 나이, 장애, 종교, 성적 취향, 국적 등에 근거하여 타인에 대한 편견을 형성 •사회적 편견에 대한 민감성을 높이고, 근거 없이 판단하지 않는 능력, 자신의 고정관념에 대해 성찰적으로 인식하는 능력
	세계 시민성	•전 세계의 사람들이 상호 의존하고 있음을 이해하고 존중, 공감, 협력, 반차별의 가치들을 전 지구적 차원에 적용할 수 있는 능력

출처: 이향규 외(2013). 청소년을 위한 다문화 감수성 증진 프로그램 개발 연구.

2) 다문화교육 프로그램 운영

(1) 다문화학생 맞춤형

이주배경(다문화)학생의 실질적인 교육권을 보장하기 위해 공교육 진입부터 학교 교육 준비도 격차 해소를 지원한다. 공교육 진입 절차 안내·홍보 및 다국어(한국어 외 14개 언어)로 자료를 지원하고, 한국 학교생활 조기 적응을 위한 준비교육은 초·중등학교에서 징검다리 과정으로 지원한다. 다문화 학생의 입국 초기 한국어교육을 위한 한국어학급(유치원/초·중등), 찾아가는 한국어교육, 표준한국어(의사소통/학습도구) 교재(국립국어원 제공) 및 원격수업 콘텐츠 등의 사업 등을 지원한다. 특히 기초학력 향상 및 이주배경 특성을 살린 인재를 양성하기 위한 '전국이중언어말하기대회'를 운영하여 활성화한다. 이처럼 다문화학생의 학교적응 및 안정적 성장을 위한 기초학력 향상 교육 및 이중언어 교육을 지원한다.

모든 학생을 위한 다문화교육도 교육과정 속에서 다문화교육 요소를 접하고 이해하여 다문화 수용성을 향상하도록 지원한다. 모든 학생을 위한 다문화교육 정책학교 유형과 운영 내용은 다음 〈표 12-5〉와 같다.

표 12-5 모든 학생을 위한 다문화교육

유형	운영 내용
유치원	•놀이 중심 누리과정 연계 다문화교육 요소 학습 가능한 활동 제공 •다양한 다문화교육 요소가 담긴 놀잇감 비치 및 공간 운영 •가정·지역사회 유관기관 연계 다문화교육 프로그램 운영
초·중등	•교육과정과 및 창의적 체험활동(자율, 동아리, 봉사 등) 시간을 활용한 다문화교육 프로그램 기획·운영 •학교 행사, 지역사회 유관기관 연계 다문화교육 프로그램 운영

출처: 중앙다문화교육센터 홈페이지(https://www.edu4mc.or.kr)

(2) 다문화교육 정책학교 운영

다문화교육 프로그램 운영의 대표적인 사례로 '다문화교육 정책학교'와 해당 교육프로그램이 있다. 다문화교육 정책학교는 다문화교육 활성화를 통해 다양한 문화가 공존하는 성숙한 교육환경 조성을 위한 선도모델로, 이주배경학생(유아)의 특성을 고려한 맞춤형 지원 제공을 목적으로 운영되고 있다. 다문화교육 정책학교는 일반 학교를 '다문화교육 정책학교'로 지정하여 모든 학생을 대상으로 학교 교육과정 안에서 다문화 이해 교육을 연중 실시하도록 지원하고 있다. 또한, 한국어·한국문화에 익숙하지 않은 학생이 많은 경우에는 '한국어학급'을 설치하여 한국어·한국문화 교육을 집중적으로 교육한다.

다문화교육 정책학교는 종교, 성, 문화, 가족, 장애, 신체적 특성 등 다양한 배경으로 인한 차별이 없도록 편성하여 운영하고 있으며, 각 지역 특성과 학교(유치원) 여건에 따라 교과, 창의적 체험활동, 방과후 학교 등을 통해 자율적으로 다문화교육을 추진하고 있다. 이를 위해 시·도교육청은 컨설팅 및 예산 등을 제공하면서 효과적인 운영을 지원하고 있다.

다문화교육 정책학교 운영 내용은 〈표 12-6〉과 같다.

표 12-6 다문화교육 정책학교 프로그램 운영

다문화교육 정책학교	운영 내용	한국어학급
유치원	• 다문화유아의 언어발달을 지원 • 모든 유아, 학부모, 교사 대상 다문화교육 프로그램을 연중 운영	• 중도입국·외국인학생이 다수 재학할 경우 별도학급을 개설하여 한국어 집중교육 제공
초·중등	• 모든 학생을 대상으로 학교 교육과정을 통한 다문화교육 실시 • 다문화학생에 대한 각종 맞춤형 교육 운영	

출처: 중앙다문화교육센터 홈페이지(https://www.edu4mc.or.kr)

다문화교육 정책학교의 운영 목표는 네 가지로 설명할 수 있다. 첫째, 다문화교육을 통해 다문화학생들을 포함한 모든 학생의 다문화 인식 제고 및 실질적 사회통합 기반을 마련하는 것이다. 둘째, 다문화학생에 대한 맞춤형 교육을 통해 다문화학생의 글로벌 역량 강화 및 학교 적응을 지원한다. 셋째, 인적·물적 자원의 활용을 통해 학교 내 모든 구성원의 다문화 감수성을 제고하고, 마지막으로 학교와 지역사회 간의 자원 연계를 통한 다문화교육 체계 구축 및 통합지원 체계를 확립하는 것이다.

(3) 다문화교육 프로그램 구성 및 운영

① 다문화교육

다문화교육은 평등성, 반편견, 정체성, 다양성, 문화이해, 협력 등 다문화교육 요소에 대한 학습 및 올바른 인식을 통해 학생들의 다문화 감수성 제고를 목적으로 한다. 모든 학생을 대상으로 교과교육과정, 창의적 체험활동 및 기타 활동 등과 연계한 다문화 교육프로그램을 기획·운영한다.

교과 연계 프로그램은 교과교육과정 내 다문화교육 요소를 추출하여 다문화교육 프로그램을 기획하고 수업 시간을 통하여 운영한다. 교과 연계 다문화교육 교수·학습 방법 구성 절차는 [그림 12-3]과 같다.

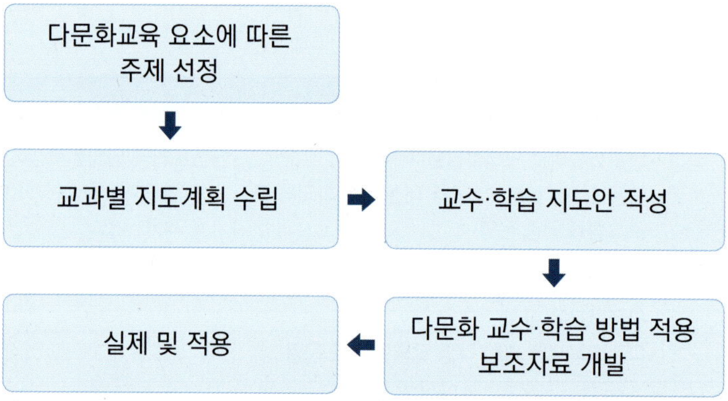

그림 12-3 교과 연계 다문화교육 교수·학습 방법 구성 절차

출처: 교육부(2024b). 다문화교육 정책학교 운영 가이드라인(초·중등).

학교에서 다문화교육을 효과적으로 실시하기 위해 각 교과 내용 중 다문화교육 관련 소재를 연관을 지어 교과에 대한 흥미를 유발하고, 자연스럽게 다문화 감수성을 증진할 수 있는 프로그램을 개발·적용한다. 일반적인 수업 방법 외에도 프로젝트 학습이나 주제 중심 학습, 문제 기반 학습 등 다양한 방법으로 교과 연계 다문화교육을 구현할 수 있다.

② 창의적 체험활동 연계

창의적 체험활동은 주로 동아리 활동, 봉사활동, 진로활동, 자율활동 등이 있다. 체험활동 시간에 학교 안팎의 다문화교육 자원을 활용하여 다문화교육 프로그램을 기획·운영한다. 다문화 관련 내용을 학년별로 구분하여 연간 지도 계획을 수립하고, 창의적 체험활동 워크북의 제작·활용이 가능하다.

창의적 체험활동의 추진 방향은 다음과 같다. 첫째, 학생들의 요구, 학교 여건, 지역사회 자원 및 풍토 등을 고려한 특색이 있는 프로그램을 구성해서 실시한다. 둘째, 교과에서 다루지 못한 다문화 관련 주제를 다양한 방법과 매체를 활용하여 다각적으로 접근한다. 셋째, 학생들의 자율적이고 자주적인 동아리 활동을 위한 지원으로 창의성과 공동체 의식을 함양한다. 넷째, 학생들이 자기 주도적으로 다문화 관련 주제를 정하고, 탐구·발표할 수 있도록 자유 탐구 주제를 통한 학습 기회를 제공한다.

창의적 체험활동의 예시는 〈표 12-7〉과 같다.

표 12-7 창의적 체험활동 사례

구분	내용
다문화교육 전문강사 초청 프로그램	다문화 유관기관 협조를 통해 인권 교육 및 다문화 이해 교육 강사 등을 초청하여 다문화 이해 교육 실시
동아리 활동 지원 프로그램	세계시민교육 요소와 관련된 주제들을 선정하고 이와 관련된 주제로 토론 및 문화 체험활동 진행
봉사활동 시간 활용 다문화 프로그램	세계시민교육과 연계한 실천적 활동 프로그램 – 지구촌 비교 학교 식수 문제 알아보고, 기부 체험 참여하기 등
진로활동 프로그램	희망하는 해외의 산업기관을 선정하여 취업 체험활동을 실시

출처: 교육부(2024b). 다문화교육 정책학교 운영 가이드라인(초·중등).

③ 기타 활동 연계

다문화교육은 교과뿐만 아니라 다양한 자원을 통해 학교, 지역사회, 가정과 연계하여 추진할 수 있다. 다문화교육과 연계하는 방안은 다음과 같다.

첫째, 학교 행사 시 다문화교육과 관련된 체험활동을 함께 운영할 수 있도록 기획한다. 학교 축제 행사 시 다문화 부스를 운영하여 놀이나 의상, 음식 등 외국 문화를 체험하는 기회를 제공한다. 더불어 세계인의 날(5월 20일)과 연계하여 다문화교육 주간 등을 운영한다.

둘째, 지역의 유관기관이나 대학교 등과 협업하여 강사, 멘토를 지원받거나 프로그램을 연계하여 운영한다. 시·도 교육청 및 지역교육지원청, 지역다문화교육지원센터와 연계하여 지역에서 추진된 다문화교육지원단이나 지역 전문가 등을 초빙하거나 멘토링 프로그램 구성 시 지역의 대학교에서 대학생 멘토를 지원받을 수 있으며, 체험관이나 박물관, 지역의 랜드마크 등을 활용한 문화 체험을 한다.

셋째, 학교에서 진행하는 다문화교육 프로그램에 학부모 참여를 독려한다. 다문화 친화적인 학교 환경 조성과 이를 통한 지역사회의 다문화 친화적 풍토 형성을 위하여 모든 학부모를 대상으로 다문화교육을 실시한다. 또한 다문화가정 학부모로부터 다문화교육을 받음으로써 그들의 입장과 사회적인 시선을 더 직접적으로 들어볼 수 있도록 기회를 제공한다.

3) 다문화교육 프로그램 교과 연계[1]

(1) 국어·영어 교과와 연계하기

국어 교과는 다양한 문학작품이나 글에서 나타난 다문화 주제를 가지고 다문화교육을 실시한다. 다문화가정이나 다문화사회를 다룬 소설, 시, 수필 등과 연계하고, 작품의 주제가 다문화교육 요소와 관련이 있는 작품을 통해 그들의 심리적 감수성에 공감해 보는 수업을 진행한다. 작품을 재구성하거나 느낀 점을 직접 서술해 보는 과정도 경험한다.

영어 수업은 영어를 학습하고 대화·작문해 보는 수업을 진행하면서 더불어 다른 나라의 문화와 관련된 내용을 연계하여 수업을 진행한다. 다른 나라의 언어로 자신 생각을 이야기해 보고 모국어가 아닌 언어를 사용하는 것에 대한 어려움을 직접 느껴 보는 과정도 경험한다.

1 교육부(2024b)에서 제시한 「다문화교육 정책학교 운영 가이드라인(초·중·고)」의 해당 내용 중 일부 학습 주제를 재구성하여 제시

- 초등학교 다문화교육 프로그램

교과	학년	단원	학습 주제	다문화교육 요소
국어	1	4. 바른 자세로 말해요	나와 친구의 장점 찾아 자신 있게 말하기	반편견, 평등성
	2	4. 인물의 마음을 짐작해요	이야기를 듣고 인물에게 하고 싶은 말 쓰기	반편견, 평등성
	3	9. 작품 속 인물이 되어	이야기 속에 나타난 차별과 편견에 대해 알아보고, 장면을 정하여 연극하기	반편견, 평등성, 협력
	4	4. 이야기 속 세상	이야기 속 인물, 사건, 배경을 생각하며 낭독극을 하고 차별이 아닌 평등의 마음 지니기	반편견, 평등성, 협력
	5	4. 글쓰기 과정	'다양한 문화 존중'이라는 주제에 관한 영상 제작하기	반편견, 협력, 다양성
	6	2. 관용표현을 익혀요	우리나라와 다른 나라의 속담에 대해 알아보기	다양성, 문화이해
	6	4. 주장과 근거를 판단해요	관광객과 외국인노동자의 증가 및 난민 문제에 관해 주장하는 글쓰기	반편견, 평등성, 협력, 다양성
영어	3	1. Hello!	세계의 다양한 인사법 알아보고, 인사법 놀이하기	정체성
	3	2. Special 1	세계의 다양한 인사말과 문화 알아보기	문화이해
	3	2. I like math	세계 여러 나라의 학제에 대하여 알아보기	문화이해

- 중학교 다문화교육 프로그램

교과	학년	단원	학습 주제	다문화교육 요소
국어	1·2	5. 문학	동화책 『내가 라면을 먹을 때』를 활용한 독서 수업	다양성, 협력
	1·2	3. 개성이 드러난 표현	소설 『이상한 선생님』과 『미스터 방』에 나타난 문화 관점 비판하기	반편견, 정체성
영어	1	1. Follow Your Dreams	다른 나라의 축제	다양성, 문화이해
	1	4. The Beauty of Patterns	What is tessellation?	다양성, 문화이해

● 고등학교 다문화교육 프로그램

교과	학년	단원	학습 주제	다문화교육 요소
국어	1	2. 말과 글의 힘 7. 매듭을 푸는 말과 글	'「차별금지법」을 제정해야 한다'를 논제로 토론 후 주장하는 글쓰기	다양성, 반편견, 평등성
	1	6. 문학 너머로 9. 우리 문학의 길을 따라	'하종오' 시인의 작품을 통해 다문화 시 이해 및 창작하기	다양성
	1·2	2. 읽기	다문화 동화책 '벌집이 너무 좁아'를 읽고 이를 홍보하는 광고 만들기	반편견, 정체성, 협력
			공정무역을 통해 돌아보는 우리의 생활과 세계 비판적으로 읽기	다양성, 문화이해, 협력
			시 읽기를 통해 다문화사회의 모습 성찰하기	다양성, 반편견, 정체성
	1·2	5. 문학	문학 소설 『완득이』 독서퀴즈 대회	반편견, 평등성, 협력
영어	1·2·3	3. 읽기	영어 동화책 『They all saw a cat』을 읽고 독후활동 하기	다양성, 반편견, 정체성
	1·2·3	3. 읽기	「Right Up Your Street」 삽화 속 인권 이야기 찾기	정체성, 평등성, 협력

(2) 사회·역사 교과와 연계하기

사회 교과는 다양한 문화와 연관된 사회 갈등, 사회 구성원의 다양성과 이해관계, 소수집단에 대한 인권, 문화다양성, 문화상대주의 등 우리 사회의 다문화와 관련된 이슈를 확인 후 해당 영역에 대한 요소를 추출하여 교과 연제 프로그램을 진행한다. 우리 사회가 다문화사회로 진입했음을 배우고 다문화에 대한 이해와 인식 개선이 필요한 이유를 학습한다.

역사 교과는 그 나라의 역사적인 흐름에 따른 문화 형성과정을 학습하고 이것이 나라마다 어떻게 다른 문화로 형성되어 왔는지를 학습한다.

- 초등학교 다문화교육 프로그램

교과	학년	단원	학습 주제	다문화교육 요소
사회	3	2. 시대마다 다른 삶의 모습	여러 나라의 명절 알아본 후 명절놀이 체험하기	정체성
	3	3. 가족의 형태와 역할 변화	다양한 가족의 모습 속 결혼이민자 가정에 대해 알기	반편견, 평등성, 협력
	4	3. 사회 변화와 문화의 다양성	일상생활에서 나타나는 다양한 문화의 모습 알아보기	다양성, 문화
			일상생활에서 나타나는 편견과 차별 사례를 알고 반편견, 반차별 캠페인 포스터 만들기	반편견, 평등성
			편견과 차별이 없는 사회를 만들기 위한 노력 알아보기	빈편견, 평등성
	5	4-4. 여러 나라의 노래	다양한 문화권의 음악을 듣고 부르면서 다양한 문화가 있음을 이해하기	다양성, 문화이해
	6	1. 세계 여러 나라의 자연과 문화	세계 여러 나라 사람들의 생활 모습을 이해하고 존중하기	다양성, 문화이해, 협력
			세계여행 프로그램을 통해 문화 존중의 태도 가지기	반편견, 문화이해
	6	2. 세계의 다양한 삶의 모습	세계 여러 나라의 다양한 문화를 어떻게 대해야 하는지 알아보기	반편견, 다양성

- 중학교 다문화교육 프로그램

교과	학년	단원	학습 주제	다문화교육 요소
사회	1	4. 다양한 세계, 다양한 문화	히잡 착용 금지 사례를 통한 문화 갈등 사례 탐구	평등성, 반편견, 다양성, 협력
	1·2	2. 문화의 이해	다문화 주제 스토리보드 및 그림책 제작하기	다양성, 문화이해
	1·2·3	4. 다양한 세계, 다양한 문화	각 나라를 대표하는 음식 문화의 특징 소개하기	반편견, 문화이해
역사	1·2	8. 세계대전과 반제 민족운동의 전개	역사 속 인종·민족 차별과 편견에 반대하는 댓글 달기 운동	평등성, 반편견
	1·2	1. 문명의 발생과 동아시아 국가의 성립	우리 역사에 뿌리내린 외국인 인포그래픽 제작	다양성, 협력

● 고등학교 다문화교육 프로그램

교과	학년	단원	학습 주제	다문화교육 요소
통합 사회	1	2. 자연환경과 인간	세계의 다양한 기후, 공정여행 팸플릿 제작 프로젝트	다양성, 문화
	1	4. 인권 보장과 헌법	문서를 통한 인권의 확장, 인권을 위한 노력	평등성, 반편견
	1·2		외국인 이주노동자 권리 보호 프로젝트	평등성, 반편견, 정체성
	1	6. 시장경제와 금융	자원, 자본 교환을 통한 한국 수출품 제작 프로젝트	다양성, 협력, 정체성
	1	7. 문화와 다양성	문화 사대주의와 보편윤리	다양성, 반편견, 문화
	1·2		문화 경관을 반영한 제품 디자인하기	다양성, 문화이해
	1·2	8. 세계화와 평화	문화적 차이로 인한 갈등과 해결 방안	반편견, 문화이해, 협력

(3) 도덕·윤리 교과와 연계하기

도덕·윤리 교과는 다문화교육 요소와의 연계가 가장 쉬운 과목이다. 평등 성, 인권, 공존 등 다양한 윤리적 가치와 다문화교육 요소를 접목해서 수업을 진행하고, 학생들은 함께 사는 사회의 구성원으로서 가져야 할 자세를 배우고 도덕적 성찰 과정을 경험한다.

● 초·중·고등학교 다문화교육 프로그램

교과	학년	단원	학습 주제	다문화교육 요소
도덕	초5	5. 갈등을 해결하는 지혜	공감과 경청으로 난민 문제의 갈등 해결하는 방법 찾기	평등성, 반편견, 협력
		6. 인권을 존중하며 함께 사는 우리	인권의 의미와 인권 존중의 중요성을 알고 인권이 존중되는 학급을 만들기	평등성, 반편견, 협력
			인권침해 사례들을 알아보고 생활 속에서 인권 존중하는 마음 가지기	평등성, 협력
	초6	1. 지구촌의 어려움 해결에 애쓴 분들이 있어요	지구촌의 문제를 알고 해결하기 위해 노력하는 마음 갖기	평등성, 협력, 다양성
		6. 함께 살아가는 지구촌	다양한 나라의 문화와 관련된 도시 표현하기	평등성, 협력
			지구촌 문제 해결 방법 찾기	평등성, 반편견, 협력, 정체성
	중1	2. 자문화와 타문화를 어떻게 바라볼 것인가?	보편적 규범에 따른 문화 성찰	평등성, 협력

교과	학년	단원	학습 주제	다문화교육 요소
〃	중 1·2	3. 사회·공동체와의 관계	다문화사회 속의 북한이탈주민의 역할 모색하기	정체성, 협력
생활과 윤리	고1	2. 친구·이웃 관계의 윤리	친구, 이웃 관계의 윤리	평등성, 반편견, 정체성

(4) 예·체능 교과와 연계하기

예·체능 교과는 주로 다른 나라의 놀이, 운동, 음악, 미술 등과 관련된 다양한 문화를 체험하는 학습을 진행한다. 세계 여러 나라의 문화 체험을 통해 문화적 다양성을 경험하고, 우리나라 문화와 비교해 보거나 국가별 문화 생성의 역사적 선동성을 학습한다. 다문화와 관련된 작품 창작이나 재구성 활동도 진행한다.

● 초·중등학교 다문화교육 프로그램

교과	학년	단원	학습 주제	다문화교육 요소
음악	초5	2. 느낌을 담아	다양한 문화권의 음악극을 비교하며 감상하기	다양성, 문화이해
	초6	2. 세상을 만나는 음악	세계의 민요를 듣고, 그 나라의 문화적 특징 알아보기	문화이해
미술	초3	2. 생활 속 미술	협동의 중요성 알고, 친구들과 학교 공간을 쓰임새 맞게 꾸미기	협력, 평등성
	초4	5. 느낌과 생각 다양	여러 나라의 놀이 문화를 이해하고 놀잇감 알아보기	협력, 반편견
	초5	2. 표현의 날개를 펼치며	문화에 따른 시각 기호의 공동점과 차이점 알기	협력, 다양성
	초6	2. 마음을 움직이는 광고	다문화 공익광고 포스터 만들기	협력, 반편견
		6. 함께 살아가는 지구촌	다문화사회의 문화적 갈등 및 평화적 해결사례 조사하고, 갈등 해결을 위한 올바른 대화 방법 익히기	문화이해, 협력, 평등성
		13. 미술, 과거와 현재를 넘나들다	지구 온난화와 기후 난민 이야기	반편견, 다양성
	중 1·2·3	2. 표현	다문화 공익광고 포스터 제작하기	정체성, 평등성
체육	초5	4. 표현	세계 여러 나라의 다양한 민속무용 탐색하기	문화이해, 다양성
	초6	4. 표현	필리핀의 전통춤인 '티니클링'의 기본 동작 익히기	문화이해, 다양성

(5) 수학·과학 교과와 연계하기

수학 교과는 도형, 비율 등을 토대로 다양성을 이야기하고, 다문화 관련 통계자료를 분석한다. 과학 교과는 생태계와 관련하여 종과 유전형질의 다양성은 물론, 공존, 협력, 보존 등 다양한 요소와 결합하여 교육 활동을 진행한다.

● 초·중·고등학교 다문화교육 프로그램

교과	학년	단원	학습 주제	다문화교육 요소
수학	초5	3. 합동과 대칭	국가별 국기를 살펴보며 선대칭도형의 성질 알기	다양성, 협력
	초5	4. 소수의 곱셈	환율 개념을 사용하여 소수의 곱셈과 관련한 실생활 문제 해결하기	다양성, 문화이해
	고 1·2	2. 기하	선분의 내분점과 외분점을 이용하여 세계 여러 도시의 좌표 구하기	평등성, 협력
과학	초6	2. 생물과 환경	국가별 생태계 환경을 비교하고, 지역에 서식하는 생물의 관련성 알기	다양성
	중1	기체의 성질, 기체의 온도와 부피의 관계	여러 나라의 풍등 문화 속 샤를 법칙 설명하기	정체성, 다양성

(6) 기타 선택 교과와 연계하기

실과, 기술·가정 과목은 음식이나 식자재의 다양성, 나라별 식문화, 가족 문화의 다양성 등을 연계하여 수업을 진행한다. 환경 과목은 범지구적 공동체 사회에서 서로 협력하여 공존하는 방향을 논의한다. 진로 과목은 미래 사회의 진로 탐색 과정에서 다문화사회의 필요한 직업의식 및 직업 체계에 대하여 배우는 기회를 제공한다. 그 밖의 다양한 과목에서도 다문화교육 요소와 연계하여 수업을 진행한다.

● 초등학교 다문화교육(실과, 즐거운 생활, 바른 생활, 슬기로운 생활) 프로그램

교과	학년	단원	학습 주제	다문화교육 요소
실과	5	1. 나의 가정생활	가족의 의미를 알고 다양한 가족을 이해하기 건강한 가정생활을 위해 역할 분담하기	평등성, 정체성, 협력
	6	5. 간단한 음식 만들기	여러 나라에서 먹는 간식을 만들어 보기	다양성
	6	6. 건강한 식생활의 실천	'밥'을 주제로 동아시아권의 밥을 이용한 음식들을 알아보고 만들어 보기	다양성

교과	학년	단원	학습 주제	다문화교육 요소
즐거운 생활	2	두근두근 세계여행	세계 여러 나라의 노래와 춤 표현하기	다양성 차원의 정체성, 차이와 다양성 존중, 참여하고 행동하기
바른 생활	1	여름 나라	에너지를 아끼는 방법을 알고 실천하기	지역·국가·세계 차원 공동체 간 상호작용과 연계에 영향을 미치는 이슈, 참여하고 행동하기
			에너지를 아껴 써야 하는 이유와 방법 알아보기	사람들이 속한 다양한 공동체와 공동체 간의 상호 연계 방식, 개인적·집단적 취할 수 있는 행동
	2	두근두근 세계여행	다른 나라 문화를 존중해요, 차이와 다양성 존중, 참여하고 행동하기	차이와 다양성의 존중, 참여하고 행동하기
			인사법을 알아보고 글로벌 인사 놀이하기	차이와 다양성의 존중, 참여하고 행동하기
	3	국기 안에 담긴 세상	세계 여러 나라의 국기 소개하기	다양성 차원의 정체성, 차이와 다양성의 존중, 개인적·집단적 취할 수 있는 행동
슬기로운 생활	1	여기는 우리나라	여러 나라의 음식을 알아보고 상차림하기	차이와 다양성의 존중
	2	이런 집 저런 집	우리 가족의 친구가 되어 줄래?	차이와 다양성의 존중, 참여하고 행동하기
			행복한 가족을 위해 필요한 나의 역할 찾아보기	차이와 다양성의 존중, 윤리적으로 책임감 있는 행동

• 중학교 다문화교육 프로그램

교과	학년	단원	학습 주제	다문화교육 요소
기술·가정	1·2·3	5. 기술 활용	다문화사회 공공 안내 그림 표지판 제작	평등성, 협력
한문	1	즐거운 명절 이야기	세계의 명절 탐구를 통한 문화의 다양성 이해	다양성, 문화이해, 협력
교과	**학년**	**단원**	**학습 주제**	**다문화교육 요소**
진로와 직업	1	2. 일과 직업 세계 이해	다양성 차원의 정체성, 참여하고 행동하기	다양성 차원의 정체성, 참여하고 행동하기
기술가정	1	2. 가정생활과 안전 3. 자원 관리와 자립	지역·국가·세계 차원의 공동체 간 상호작용과 연계에 영향을 미치는 이슈, 윤리적으로 책임감 있는 행동	지역·국가·세계 차원의 공동체 간 상호작용과 연계에 영향을 미치는 이슈, 윤리적으로 책임감 있는 행동

04 다문화 친화적 학교 구축

1) 다문화 친화 학교 특징

학교를 다문화 친화적 조직체로 만든다는 것은 '학교 환경 전체를 개혁할 수 있는 변화 전략을 만들어야 한다는 것'(Banks, 2011, p. 29)이다. 하지만 학교를 다문화 친화적인 형태로 개선하는 것은 결코 쉬운 과정이 아니다. 학교를 하나의 사회체제로 인식한다면, 학교가 포함하는 다양한 측면과 구성 요소들이 동시에 변화되어야 한다. 따라서 학교에서의 권력의 역학 관계, 교사와 학생 사이의 상호작용 및 교류, 학교의 문화, 학교 규범 등이 함께 변화해야 한다(Banks, 2011, pp. 30-31). 학교조직의 다문화적 역동을 효과적으로 관리하기 위해서는 학교의 자생적 변화를 점진적으로 유도할 수 있는 대안적 접근이 필요하다.

Nieto와 Bode(2011, p. 482)는 포괄적인 학교개혁의 노력에 대한 기본 조건을 제시하였다. 첫째, 학교개혁은 반편견적, 반인종차별적이어야 한다. 둘째, 학교개혁은 모든 학생이 저마다 다양한 강점과 재능을 발휘할 수 있어야 한다. 셋째, 학교개혁은 학생들의 비판적 사고 능력을 개발할 수 있는 교육과정이어야 한다. 넷째, 교수 학습에 있어서 교사, 학생, 학부모가 학교개혁의 실행 과정에 참여할 수 있어야 한다. 다섯째, 학교개혁은 모든 학습자에 대한 높은 수준의 기대를 바탕으로 운영해야 한다.

Bennett(2009)은 다문화 친화적 학교를 통합적 다원주의에 기초한 학교로 이해하였다. 그는 학교 공동체의 지속 가능한 발전이 모든 집단의 참여와 기여를 통해 가능하다는 관점으로 분석하였다. 더불어 통합적 다원주의가 실현되기 위해서는 교사의 긍정적인 기대, 집단 간 접촉을 촉진하는 학습환경, 다문화적 교육과정의 세 가지 조건이 필수적으로 요청된다고 보았다.

보다 구체적으로 Banks는 친화적 다문화학교의 특징을 여덟 가지로 제시하였다. 첫째, 교직원은 모든 학생에게 높은 기대 수준을 가지고 그들을 사려 깊게 대한다. 둘째, 공식적 교육과정은 다양한 민족, 언어, 성, 인종, 사회계층 집단의 문화, 경험, 관점을 반영한다. 셋째, 교사의 수업은 학생들의 학습 스타일, 문화적 특징, 관심사 등에 부합하는 방식으로 이루어진다. 넷째, 교직원은 학생들이 사용하는 다양한 언어와 방언을 존중한다. 다섯째, 수업 교재는 다양한 문화적 관점에서 사건, 상황, 개념을 조명한다. 여섯째, 학교에서 사용되는 평가 기법과 절차가 학생들의 문화적 다양성을 적절히 반영하여 학생들이 문화적으로 공정한 평가를 받도록 한다. 일곱째, 학교의 문화와 잠재적 교육과정이 문화적 다양성을 반영한다. 여덟째, 학교 상담교사는 다양한 언어, 민족, 인종 집단에서 온 모든 학생이 도전적인 진로 목표를 설정하고 그것을 달성할 수 있도록 돕는다.

이상의 논의들이 대체로 학교 내부의 변수에 초점을 둔 것이라면, 학교가 진정으로 다문화 친화성을 갖추기 위해서는 학교 밖의 가정 및 지역사회와도 긴밀한 파트너십을 구축하는 데 힘써야 한다. 학교장 등 학교 리더가 학교 안팎을 연결하는 가교 역할을 함으로써 포괄적인 변화의 동인을 만들어 낼 수 있어야 한다는 것이다(Ham et al., 2020). 이러한 주장은 학교가 개방체제의 관점과 맞닿아 있어서 학교 울타리 내에서 직면하는 여러 문제에 더 효과적인 해결책을 모색하기 위한 학교 안팎의 요인들을 모두 고려할 필요가 있다. 따라서 학교를 둘러싼 지역사회의 인적·물적 자원과 상징적 자원이 무엇인지 다방면으로 파악하고 교육적으로 활용할 수 있는 적절한 방안을 모색하는 것이 중요하다. 다음은 다문화 친화적 학교의 주요 특징을 종합해서 요약하면, 〈표 12-8〉과 같이 교육과정, 교수 학습, 평가, 교직원, 학교 풍토, 참여구조 측면에서 다문화 친화적 학교가 어떤 특징을 보이는지 알 수 있다.

표 12-8 다문화 친화적 학교 특징

구성	핵심 내용	특징
교육과정	다양하고 균형 잡힌 관점	• 교육과정이 다문화 집단의 관점을 반영하는 방식 구성 • 반인종차별적·반편견적 교육을 통해 비판적 사고 지향
교수·학습	다양한 문화적 자산 존중	• 학생들의 다양한 언어, 경험, 양식을 포용하고 수업에 활용 • 개별 학생이 지닌 재능과 강점을 이해하고 수업에 활용
평가	문화적 공정한 평가	• 평가도구가 문화적으로 내용과 형식 면에서 공정하게 개발 • 공정한 기법과 절차에 따라 진행되는 평가의 적절성 확인
교직원	모든 학생에 대한 높은 기대	• 전체 교직원이 모든 학생에 대한 높은 기대와 관심 지님 • 진로지도 상담교사는 모든 학생의 도전적 진로 방향 지원
학교 풍토	문화적 다양성을 포용	• 문화적 포용성을 지향하고 학생 간 긍정적 접촉을 촉진함 • 학교 환경 전반과 교내 일상이 문화적 다양성을 반영함
참여 구조	개방적 소통과 협력	• 교내 문제로 교사 간 원활한 소통과 전문성이 공유됨 • 학부모와 지역사회의 다양한 의견 청취가 학교 개선에 반영

출처: 장인실 외(2022). 다문화교육, p. 250 수정·보완함

2) 다문화교육과 자생적 학교개혁

학교개혁이라는 말은 그동안은 위로부터의 압력에 획일적으로 동조하는 과정으로 인식해 온 것이 사실이다. 그러나 열정을 가진 많은 교사는 그런 학교개혁은 교사의 전문성 발휘를 가로막고 불필요한 혼란을 가져올 수 있다고 지적한 바 있다. Tyack과 Cuban(2011, p. 145)은 "교육개혁가들은 자신들이 정책을 제대로 만들기만 하면 학교를 개선할 것이라고 기대를 모았지만, 이러한 기술적이고 상부 하달식 접근 방식의 시도는 기존의 것을 대체한 경우는 거의 없었으며 대부분 복잡함을 더했을 뿐"이라고 비판하였다. 진정한 학교개혁의 토대는 대부분 선의의 열정을 가진 평범한 교사들의 일상에서 곳곳에 싹을 틔우고 열매를 맺는 것이

다(Hargreaves, 2013). 이렇듯 교육개혁은 교사들의 능동적인 참여가 지속 가능한 실질적 변화를 가져올 수 있다. 반면, 구성원들의 자발적 도전에서 비롯된 자생적인 학교 개혁 노력이 설령 더딘 걸음일지라도 지속 가능한 방식으로 이어질 때 비로소 진정한 다문화 친화적 학교를 구축할 수 있을 것이다.

따라서 학교개혁이 학교 현장을 토대로 하부체계에서 출발할 수 있다는 점을 간과해서는 안 된다. 실질적 학교 개선 노력이 효과적으로 추진해 나가기 위해서는 다양한 형태의 자생적 학교개혁 시도들이 지속 가능한 방식으로 유지되고 확장될 수 있도록 장기적 노력과 지원이 뒷받침되어야 한다(장인실 외, 2022). 특히 학교개혁의 자생력을 간과하지 말아야 하는 점은 교사의 교수 활동에 요구되는 고도의 전문성과 밀접하게 관련을 짓는다. 교사의 교수 활동은 높은 수준의 교수학적 불확실성을 보이는 복잡한 활동이다. 교수 활동이 매 순간 전문적 판단을 끊임없이 요구하고, 어렵고 복잡한 활동이라는 점을 인정해 주어야 한다. 교수 활동은 구체적인 교내 및 교실 상황 속에서 전개되는 광범위하고 복잡한 문제들과 끊임없이 직면하게 되기 때문이다(Kennedy, 2005).

다문화교육의 효과적 실천을 위해서는 교사의 직무는 더 높은 수준의 교수학적 섬세함을 요구하고 복잡한 활동으로 이해된다. 사회문화적으로 이질적 배경을 지닌 다양한 학생들 대상으로 학습참여율을 높이고 고루 이끌어 가기 위해서 교사는 고도의 문화감응성(cultural responsiveness)을 갖추어야 한다(장인실 외, 2022). 예를 들면 교사와 학생 간의 문화·언어적 차이로 인해 교사는 학생의 학습 과정과 성과를 정확히 진단하는 데 어려움을 겪을 수 있다. 무엇보다 학교 학생 구성의 인구학적 다양성 증대는 교사가 익숙하게 사용해 온 교수 방법에 변화를 요구하므로, 이는 교사에게 더욱 중대한 도전이 될 수밖에 없다. 이러한 불확실성에 노출될 때 일부 교사는 전통적 교수 방식으로 회귀하기 쉽고, 이를 회피하는 선택을 할 수 있다. 하지만 많은 교사는 동료 교사들과의 협력적 상호작용을 통해 자신이 직면한 불확실성을 정면으로 직시하고 이를 효과적으로 관리할 수 있다. 실제로 교수 활동이 높은 불확실성을 띠고 전문적 실천으로 이해하는 학교일수록 더욱 유기적인 교사 간 협력관계가 발견될 가능성이 크다(Cha & Ham, 2012). 특히 교사 간 신뢰를 바탕으로 하는 다양한 형태의 협력적 상호작용은 학교 공동체가 형성되어 있을 때 더욱 촉진될 수 있다.

학교가 협력적인 문화를 '전문적 학습공동체'로 발전할 때 다양한 형태의 긍정적 효과를 낳는다는 점은 여러 연구를 통해 밝혀지고 있다. 이렇듯 구체적으로 교사의 전문적 학습공동체에 관심을 기울일 필요가 있는 주요 다문화적 질문들의 예시를 〈표 12-9〉에서 제시하였다.

표 12-9 교사의 전문적 학습공동체 다문화적 질문

대질문	하위질문
모든 학생에게 무엇을 가르칠 것인가?	•가르치고자 하는 것에 지역사회의 지식도 포함하였는가? •그 지식이 소수자 학생들의 경험과 지역사회 맥락과 연결되었는가? •그 지식이 소수자 지역사회에 유익한 지식인가?
학생들이 제대로 언제 학습했는지 어떻게 확인할 수 있는가?	•평가의 기준과 세부 준거 기준이 문화적으로 편향적이지는 않은가? •소수자 학생들의 지식을 평가하기 위한 대안적 방법은 무엇인가? •평가 방식은 지역사회의 견해를 어떻게 청취하고 반영할 것인가? •소수자 학생들이 자신의 지식을 최대한 발휘할 방법은 무엇인가?
어떻게 가르칠 것인가?	•교수 방법이 문화감응적이고, 포용적인가? •학부모와 지역사회 관계자에게 어떤 도움을 구해야 하는가?
제대로 학습하지 않는 학생이 있다면 어떻게 할 것인가?	•소수자 학생들이 수업시간 반응하지 않는 이유에 대해 비판적 자기 성찰을 어떻게 할 것인가? •적응하지 못하는 학습자를 개별 또는 집단으로 어떻게 책임을 다할 것인가?

출처: Khalifa, M. A. (2018). Culturally responsive school leadership, p. 144.

결국 교사들이 자율적이고 협력적으로 전문성을 발휘할 수 있도록 적절한 여건을 조성하는 것이 중요하다. 이를 위해서는 학교 리더는 교수 활동이 내포하는 다양한 형태의 불확실성에 대해 예민하게 인식해야 한다. 자생적 학교개혁의 성패는 이러한 불확실성 속에서 매 순간 적절한 판단을 내릴 수 있는 교사의 전문성 신장과 공유에 달려 있음을 기억해야 한다.

3) 다문화 친화적 리더십

다문화 친화적 학교 구축을 위해서는 반드시 비전을 지닌 변혁 지향적 교육 지도자들이 필요하다(Banks, 2016). 미국의 '교육 리더십 전문성 표준(PSEL: Professional Standards for Educational Leaders)'에도 학교장 등 학교 리더의 역할은 높은 수준의 문화감응성을 갖추어야 함을 명시하고 있다(National Policy Board for Educational Administration, 2015). 다음 〈표 12-10〉은 학교장 등 학교 리더가 자신의 문화감응성을 스스로 점검하는 데 활용할 수 있는 세부 목록의 예시를 보여준다.

표 12-10 학교 리더의 문화감응성 자기 점검 목록

항목	전혀 그렇지 않다 ↔ 매우 그렇다				
학교 리더(나)는 ……	1	2	3	4	5
자신이 받은 문화적 유산 및 그와 관련된 관념과 가치에 대해 감지하고 있다.					
자신의 문화적 유산을 기준으로 자칫 다른 문화를 편향되게 오해하지 않도록 조심한다.					
문화적 차이를 수용하고 존중한다.					
교직원과 학생의 다양한 사회문화적 정체성을 긍정한다.					
자신과 타인 간에 존재할 수 있는 인종적 차이를 편안하게 여긴다.					
여성, 인종적·성적 소수자, 이민자 등을 향한 제도적 편향에 대해 인지하고 있다.					
교내 인종적·민족적 집단에 대해 구체적인 지식을 지니고 있다.					
인종적·민족적 소수자의 세대 간 교육적 상승이동을 방해하는 구조적 장벽에 대해 인지하고 있다.					

출처: Hesbol, K. A. (2013). Preparing leaders to reculture schools as inclusive, pp. 611-612.

교육학 일반에서는 교사의 전문성 신장과 관련하여 학교장 리더십에 대한 논의가 활발하게 이루어져 왔다. 이러한 맥락에서 최근 논의되기 시작한 '문화감응적 학교장 리더십'이 교사의 다문화적 전문성을 향상하는 데 긍정적인 영향을 미치는 것으로 드러났다(구하라·김지연, 2021). 즉, 교사의 다문화적 전문성을 신장하는 요인에 학교장의 리더십이 중요한 요소임을 시사해 준다. 그동안 다문화교육 연구는 이주배경 학생들을 위한 다문화교육, 비이주배경 학생 모두를 위한 다문화교육, 교사의 다문화적 전문성 및 계발 교육과정에 대한 논의들이 많았다. 하지만 다문화 친화적인 학교 풍토를 조성하고 교사의 다문화적 전문성을 신장하기

위한 문화적 다양성에 민감하게 반응하고 학교교육 활동 전반을 이끌어 가는 학교장의 문화감응적 리더십의 중요성을 간과한 부분에 자유로울 수 없다.

문화감응적 리더로서 학교장은 가정 및 지역사회와 소통하는 데 각별한 관심을 기울인다. 정부기관, 비영리기관, 사업체 등 지역사회기관의 자원, 정보 서비스를 적극적으로 활용하고, 사회복지사 등을 통해 이를 개별 학생 및 가정에 연계함으로써 교육 활동의 개선을 지원할 수 있다(구하라·김지연, 2021; 양경은 외, 2020). 다음 〈표 12-11〉은 학교장이 문화감응적 리더십을 어느 정도로 발휘하는지에 대한 교사들의 인식을 살펴보는 데 활용될 수 있는 구체적 설문 항목이다.

표 12-11 학교장의 문화감응적 리더십 설문 도구(교사용)

항목	전혀 그렇지 않다 ↔ 매우 그렇다				
	1	2	3	4	5
학교장은 학교의 교육 목표나 개선 방향에 문화적 다양성을 반영하기 위해 교사들과 논의한다.					
학교장은 학생의 문화적 다양성을 고려하기 위해 교사의 수업 개선 노력을 지원한다.					
교사가 학생의 문화적 다양성으로 인해 어려움을 겪을 시 학교장은 기꺼이 도움을 제공한다.					
학교장은 다문화 관련 전문성 개발 기회에 대해 교사들이 잘 알 수 있도록 최선의 노력을 한다.					
학교장은 학교 안팎의 자원과 기회를 연계하여 모든 학생의 교육적 성공을 돕는다.					
학교장은 학부모와 지역사회의 다양한 의견을 청취하여 학교 개선 노력에 반영한다.					

출처: Ham S.-H. et al. (2020). Which schools are in greater need of culturally responsive leaders? A pedagogical uncertainty management perspective, pp. 265-266.

교사의 다문화교육 실천은 복잡하고 전문성을 요구하는 어려운 활동으로, 다문화적 맥락의 학교에 근무하는 많은 교사는 혁신적이며 문화감응적 교수 활동을 위해 꾸준한 노력을 기울인다. 효과적인 문화감응적 리더십은 다문화교육에 동반되는 교수학적 불확실성의 효과적 관리를 돕는 리더십으로 개념화할 수 있다(Ham et al., 2020). 교사의 입장과 더 나아가 단순히 학생들의 다양한 배경을 존중해 주어야 한다는 인식 그 이상으로, 다문화학교 맥락의 수업 방식을 교사들이 적극적으로 탐구하도록 지원할 수 있는 교장의 전문성 또한 신장해야 한다. 이에 정책적 맥락에서도 학교장 대상 문화감응적 학교장 리더십을 향상할 수 있는 연수 등을 마련할 필요성이 있다.

토론 및 발표 주제

1. 일상에서 쉽게 접하는 광고나 사진, 영상 중에서 다문화교육 프로그램에 활용하면 유용하리라고 생각되는 것이 있는지 생각해 보시오. 그리고 어떻게 프로그램을 설계할 것인지, 프로그램 대상, 주제, 활동 등을 간략하게 제시해 보시오.

2. 최근 인상 깊은 영화, 웹툰, 드라마, 책 가운데 다문화교육 프로그램에 활용하면 유용하리라고 생각되는 것이 있는지 생각해 보시오. 그리고 어떻게 프로그램을 설계할 것인지, 프로그램 대상, 주제, 활동 등을 간략하게 제시해 보시오.

3. 다음 영상을 시청하고 편견에 대한 의견을 나누어 보시오.

출처: 세바시 강연(2018.08.13.). 차이가 차별이 되지 않으려면 | 수잔 샤키야 방송인 | 차별 편견 다문화 강연 | 세바시 955회 https://youtu.be/CZqy5DMxCHk

Part 5

다문화가족 상담

다문화사회의 이해와 다문화사회복지 실천

Chapter 13

다문화상담

학습목표

1. 다문화상담의 개념과 특성을 이해하고 설명할 수 있다.
2. 다문화상담 기술을 실제에 적용할 수 있다.
3. 다문화상담 기법 및 절차를 이해할 수 있다.

01 다문화상담의 역사

다문화상담(multicultural counseling)이 가장 활발하게 공론화된 배경은 미국의 역사로부터 시작되었다. 미국 사회가 점차 인종, 문화적으로 다양화되는 것에 비해 상담에서의 접근은 여전히 중산층 백인 남성 중심의 가치체계에 근거하고 있었다(Sue et al., 2003). 1990년대 미국 사회는 엄청난 속도로 인구 구성원의 변화를 계속 경험하였고, 이러한 변화로 소수인종 집단이 미국 사회의 주류집단인 백인을 수적으로 넘어설 것이라고 예상되었다. 인구 구성원의 변화는 노동력의 상당수가 소수인종이나 여성으로 구성되면서 이들을 위한 사회안전망 구축이 필요해진다는 것을 의미한다. 또한 소수집단의 수적 증가로 인하여 미국 사회의 가치관이 소수집단의 문화와 가치, 세계관을 중심으로 재편될 수 있어서 소수집단의 문화와 경험은 사회에서 민감하게 인식될 필요가 있었다.

미국 사회는 1990년대 이후 다문화주의로서의 큰 발전을 경험했지만 그 발전에 한계 또한 존재한다. 다문화상담 영역의 상담 이론 및 기법이 다양한 문화의 특성을 잘 반영하고 있는지에 대한 의문이 끊임없이 제기되고 있다(Robinson & Morris, 2000). 전통적인 상담은 개인의 정신 내적인 측면을 강조하며, 내담자의 변화를 끌어내는 데 관심이 집중됐지만, 내담자의 사회환경적인 맥락을 변화시키는 데는 소홀할 수 있다. 내담자의 어려움과 문제를 내적인 측면에서만 바라볼 때 내담자가 체념과 무기력에 봉착할 수밖에 없는 때가 있다. 예를 들면, 기업의 구조조정으로 인하여 갑작스러운 퇴직을 종용받은 가장은 내적인 측면에 집중해서 현실을 받아들이고 대안을 찾는 것도 필요하지만, 이는 고통의 중심에 놓인 내담자에게는 한계가 있을 수 있다. 또한 보호자에게 적절한 보살핌을 받지 못하고 끊임없이 가족과 갈등을 경험하는 청소년에게 내적인 측면에만 집중하는 접근이 과연 적절한가도 한계를 맞을 수 있다.

상담 접근의 방향을 내담자의 사회 적응에 지나치게 초점을 맞추게 되면, 극단적 경우 상담자 집단은 기득권을 수호하는 역할을 한다는 오명을 쓰게 될 수 있다. 상담의 과정은 궁극적으로 내담자의 어려움에 수평적이고 열린 태도로 이루어져야 하지만, 상담자가 사회에서 통용되는 암묵적인 메시지를 가지고 내담자가 소속된 집단에 대해 편향된 태도로 보인다면 이러한 태도는 상담의 과정에 영향을 미치고 내담자의 삶에 도움을 주기 위해 이루어졌던 만남이 오히려 상처로 끝나게 될 수 있다.

백인 중산층의 가치관에 근거한 상담 접근의 문제점은 백인 중산층의 문화는 우월하고 정상적인 문화로 간주할 수 있고, 소수집단의 문화는 열등하며 문제가 있는 병리적 문화로 평가하게 될 수 있다는 것이다. 예를 들면, 대만인들은 미국인의 또래에 비해서 회피 애착을 조금 더 긍정적인 것으로 보았다. 특히 대만 성인 남성은 미국 성인 남성에 비해 불안 애착에 대해 조금 더 긍정적인 평가를 하는 것으로 나타났다(Wang & Mallinckrodt, 2006). 이는 대만의 문화에서 안정 애착 성향을 보이는 성인이 미국의 문화에서는 불안 애착 성향을 보이는 것으로 판단할 수 있다. 이는 문화적 맥락에 따라 한 사람이 보이는 모습이 다르게 해석될 수 있다는 것을 보여준다. 이러한 문화적 차이를 상담에 적용해 보면 상담자가 타 문화에 대한 이해나 열린 태도가 부족할 경우 상담에 악영향을 가져올 수 있고 나아가 내담자에 대한 진단 및 이해 분석에 지대한 영향을 미칠 수밖에 없다(Goodman et al., 2004; Toporek &

Vaughn, 2010). 따라서 문화적으로 다른 사람에게 열등하다거나 부족하다거나 문제가 있다고 성급하게 치부하지 않아야 하며, 각각의 문화적 맥락에서 한 개인을 존중하는 태도로 이해해야 한다.

다문화상담 이론은 내담자의 심리적 문제를 이해하는 데에 계급주의, 성차별주의, 자문화중심주의, 인종차별주의 등 사회적인 억압의 역할을 강조한다. 이를테면, 공격적으로 자신의 권리를 주장하는 소수인종의 여성을 이해할 때 공격적이라고 낙인 씌우기 이전에 그 내담자의 공격성이 어떻게 형성되었는지, 소수인종으로서 어떠한 경험을 했는지, 자신의 권리를 주장하지 않았을 때의 경험이 어떠했는지 등 억압 경험에 대한 깊이 있는 탐색과 이해가 이루어져야 한다. 왜냐하면 내담자의 증상은 억압적인 사회적 관계 속에서 생존하기 위한 한때의 방편(Constantine et al., 2007)이었을 수 있기 때문이다.

미국심리학회(ACA: American Counseling Association)는 다문화 역량 관련 교육을 권하는 내용의 윤리강령을 꾸준히 수정·보완해 왔다. 2017년에 출판된 미국심리학회의 「ACA 다문화 상담, 교육, 연구를 위한 지침(Multicultural guidelines: An Ecological Approach to Context, Identity, and Intersectionality)」에서는 상담 전문가들이 다양한 문화적 배경을 지닌 내담자에게 더욱 민감하게 접근해야 한다고 강조한다. 이러한 지침은 상담자 또한 한 개인으로서 사회의 가치관과 편견에서 벗어날 수 없으므로, 자신이 특정 집단에 대해 어떠한 무의식적 태도를 지니고 있는지 끊임없이 인식해야 한다고 강조한다. 아울러 상담자는 이러한 인식에서 멈추지 않고 다른 문화적 배경을 가진 집단과 지속적으로 교류하면서 차이를 바라보는 자신의 태도를 성찰하고 변화시킬 수 있도록 끊임없이 노력해야 한다. 또한 이러한 역량은 교육을 통해서 강화될 수 있으므로 APA의 지침은 상담자의 문화적 민감성 증진을 위한 지속적인 연구 및 훈련을 강조한다.

미국심리학회의 다문화상담, 교육, 연구를 위한 지침

지침 1. 심리학자들은 한 개인의 다양한 정체성 조합은 개인의 사회적 맥락이 복합적으로 작용하며 형성된 것임을 인식한다.

지침 2. 심리학자는 문화적 존재로서 자신의 개인적인 태도와 신념이 내담자에 대한 전문적인 이해와 상호작용에까지 영향을 미칠 수 있다는 것을 인지하고 이해한다. 이로써 심리학자는 개인이나 집단에 대한 범주적 이해, 편견, 제한된 지식을 넘어서도록 노력한다.

지침 3. 심리학자는 자신이 상호작용하는 개인, 커플, 가족, 집단, 공동체, 조직의 살아 있는 경험에 민감성을 더하는 과정에서 언어의 의사소통 역할을 이해하도록 노력한다. 심리학자는 자신의 언어 및 의사소통 방식이 상호작용에 미칠 수 있는 영향을 이해한다.

지침 4. 심리학자는 내담자, 학생, 연구 참여자, 자문받는 개인이 처한 사회적·물리적 환경이 그들의 삶에 어떠한 영향을 미치는지 인식하도록 노력한다.

지침 5. 심리학자는 권력, 특권, 억압에 관련된 역사적 맥락 및 동시대의 경험에 대한 인식과 이해를 지향한다. 즉, 심리학자는 제도적 장벽이나 불평등, 법 집행, 형사사법 행정, 교육, 정신건강 등 사회체계의 불공정성을 해결하고 정의와 인권, 양질의 정신건강 서비스에 대한 공정한 접근 등이 가능하도록 노력한다.

지침 6. 심리학자는 예방, 조기 개입 및 회복 과정을 위한 체계 내외의 접근에서 문화적으로 조율된 개입을 하도록 노력한다.

지침 7. 심리학자는 국제적인 맥락 안에서 전문가들의 업무가 어떻게 이루어지고 있는지 조사하고 세계화가 심리학자의 정체성, 목적, 역할, 기능에 어떠한 영향을 미치는지 숙고한다.

지침 8. 심리학자는 발달단계와 삶의 전환기가 생태, 문화, 사회적 맥락과 어떠한 방식으로 상호작용하고, 이러한 상호작용에 따라 정체성이 어떻게 발달하며, 다양한 사회화와 성숙 경험이 세계관과 정체성 형성에 어떠한 영향을 미치는지 인식하도록 노력한다.

지침 9. 심리학자는 문화적으로 적절한 방식으로 연구, 강의, 슈퍼비전, 자문, 평가, 해석, 진단, 정보보급, 효율성의 평가 등을 실행하고 충분한 정보를 제공한다.

지침 10. 심리학자는 사회문화적 맥락 안에서 개인, 가족, 집단, 공동체, 조직의 탄력성을 증진하고 외상의 영향이 감소하도록 강점에 근거한 개입을 적극적으로 사용한다.

출처: American Counseling Association(ACA)(2017). Multicultural guidelines: An Ecological Approach to Context, Identity, and Intersectionality(ACA 다문화상담, 교육, 연구를 위한 지침).

02 다문화상담의 개념

'상담(counseling)'은 라틴어 'consulere'에서 유래되어 '조언을 구하다', '반성하다', '고려하다' 등의 의미를 내포하고 있다. 즉, 상담이란 '내담자(client)가 상담자(counselor)에게 조언을 구하여 자기의 삶을 반추하고 반성하며, 상담자의 말을 고려하여 더 나은 삶을 영위해 나가는 것'이다. '상담(相談)'을 한자로 풀이하면 '서로 상(相)'과 '이야기 담(談)'으로 이루어져 서로 눈을 맞추어 불꽃처럼 이야기를 나눈다는 뜻이다. 따라서 상담은 상담자가 내담자에게 일방적으로 지시하거나 내담자가 상담자에게 일방적으로 하소연하는 것이 아니라 서로 눈을 맞추어 마음을 열고 이야기를 나누며 성장을 도모하는 상호작용 과정이다.

상담은 '훈련과 기술, 신뢰로써 상담자가 내담자의 적응 문제를 해결하는 면대면의 관계'라고 정의하고 있다(Williamson, 1939). 즉, 전문적인 훈련을 받은 상담자와 내담자의 면대면의 관계를 중요시하였다. 국제적 위상이 높은 미국상담학회(American Counseling Association, 1990)는 상담을 '훈련받은 전문가가 도움이 필요한 사람과 신뢰 관계를 형성하는 과정'이라고 정의하였다. 상담자와 내담자 간의 언어적 상호작용을 통해 상담자가 내담자의 어려움을 극복할 수 있도록 돕는 것(Garfield, 1995)이며, 상담의 언어적 상호작용을 중시했다는 것을 알 수 있다.

다문화상담의 이론은 내담자 주 호소의 형성 과정을 이해할 때 내담자의 사회환경적 맥락, 즉 내담자의 국적, 인종, 나이, 성별, 종교, 성 정체성, 직업, 사회경제적 지위 등의 영향력을 강조한다. 더불어 상담자는 내담자의 사회환경적 맥락이 주 호소에 미치는 영향에 대해 주의 깊게 살펴보며 상담에 대한 접근을 수립해야 한다(American Psychological Association, 2003).

현재 한국 사회는 급속히 다문화사회로 전환되고 있다. 2025년 통계청 자료에 의하면 한국의 총인구가 51,684,564명으로, 그중 외국인은 2,692,729명(5.2%)에 달하는 것으로 보고하였다(통계청, 2025). 다문화사회의 기준이 되는 OECD의 전체 인구에 외국인 수 5%를 한국은 이미 진입하였다. 이렇듯 한국의 인구 구성은 점점 다양해지고 있고, 단일민족, 순혈주의에 대한 강조와 자부심은 과거의 것이 되고 있다. 이러한 시대적 분위기 속에서 자연스럽게 다문화상담에 관심을 가지고 문화적 요인을 중요하게 다루는 상담을 하는 추세이다.

그렇다면 다문화상담이란 무엇인가? 외국인에 대한 상담이 다문화상담일까? 외국인이 한국의 문화에 잘 적응하도록 돕는 것이 다문화상담일까? 적어도 부모 중 한 명이 이주배경을 가진 다문화가정에서 성장한 자녀들의 적응과 정신건강을 돕는 것이 다문화상담일까? 이러한 질문들에 대답하기 위해서 다문화상담의 정의를 살펴볼 필요가 있다.

다문화 상담 및 치료는 조력자이자 과정으로 정의될 수 있다. 내담자의 생활 경험 및 문화적 가치와 일관된 상담 목표와 양식들을 사용한다. 내담자의 정체성을 개인, 집단, 보편적 측면을 포함하는 것으로 인정하고, 조력 과정에서 개인적·문화특수적 전략과 역할을 사용하고, 내담자와 내담자 체계를 평가하고 진단하며, 치료할 때 개인주의와 집단주의 간 균형을 맞춘다(Sue & Torino, 2005).

이처럼 다문화상담에서 먼저 살펴봐야 할 개념은 문화이다. 문화는 언어, 가치, 이념, 행동, 생활, 기술, 사회적 관심으로 구성되며(Choudhuri et al., 2015), 다문화사회의 문화적 차이를 가진 사람들이 서로의 차이를 인식하고 이해하면서 더불어 잘 살아가는 방법을 찾아내는 것이 매우 중요하다. 이러한 관점에서 다문화는 인종이나 국적에 국한되는 것이 아니라, 한 사람의 정체성 영향을 줄 수 있는 모든 요소, 즉 성별, 연령, 장애 여부, 성적 지향, 종교, 사회계층 등을 총망라한 것으로 간주해야 한다. 또한 앞의 정의 중 문화적인 측면 외에 개인주의와 집단주의 간 균형을 맞춘다는 지점에 주목할 필요가 있다. 개인주의 문화와 집단주의 문화가 지닌 독특한 특성 외에도 다양한 사회적 맥락 간의 균형이라는 부분 또한 간과해서는 안 된다. 균형의 사전적 의미는 "어느 한쪽으로 기울거나 치우치지 아니하고 고른 상태"(국립국어원 표준국어대사전)로, 둘 이상의 문화가 만나 차이를 인식할 수밖에 없을 때, 하나를 위해 다른 하나를 희생하거나 끼워 맞추려 한다면 균형이라고 부를 수 없다. 다문화상담이 문화적 맥락 간 균형이라는 것은 외국인이 한국 문화에 일방적으로 적응하는 것만을 의미한다고 볼 수 없으며, 여기에는 문화 간 수용을 위한 더 복합적인 과정이 필요하다고 볼 수 있다. 이러한 관점은 성별, 나이, 사회계층, 종교, 장애 유무, 성적 지향 등 다양한 사회적 정체성에도 동일하게 적용된다. 소수 집단이 주류 집단에 일방적으로 적응해야 한다는 접근은 다문화

상담에서 바람직하지 않으며, 문화적응 개념은 다문화상담이 지향해야 할 방향을 보다 명확하게 제시해 준다.

다문화사회에서 새로운 문화를 접하게 될 때 사람들에게 여러 가지 변화 과정이 일어날 수 있는데, 이는 동화 모델(assimilation model)과 문화적응 모델(acculturation model)을 통하여 이해해 볼 수 있다(LaFromboise et al., 1993). 동화 모델은 한 사람이 새로운 문화를 접할 때 자신이 원래 가졌던 문화적 정체성을 잊고 새로운 문화에서 새로운 정체성을 획득해야 한다고 주장한다. 만약 누군가가 한국으로 이주한 외국인에게 "한국에 왔으니, 원래의 문화는 잊고 한국 사람이 되어야 한다."라고 제안한다면, 동화 모델에 따라 상대를 대하는 것이다. 그러나 동화 모델에 따라 새로운 문화에 적응할 경우, 새로운 문화에 적응하는 과정에서 극심한 스트레스를 경험하는 동시에, 원래의 문화로부터는 소외 및 따돌림을 경험하게 되어, 원래의 문화와 새로운 문화 모두로부터 거절을 경험할 가능성이 있다. 반면, 문화적응 모델의 경우, 동화 모델과 마찬가지로 한 개인이 새로운 문화를 접하게 되었을 때 새로운 문화에 잘 적응해서 유능한 참여자가 되도록 촉진한다는 점에서 공통점이 있으나, 그 개인이 원래의 문화적 정체성을 유지하는 것 또한 중요하게 인식하는 데에서 차이가 있다.

새로운 문화에 적응하는 과정에서 사람들은 상당한 수준의 문화적응 스트레스를 경험하게 될 수 있지만, Taft(1977)는 이중문화(biculturalism) 방식에 의해서 이러한 문화적응 스트레스가 상당히 완화될 수 있다고 주장하였다. 이중문화 역량(bicultural competence)은 자신의 문화 관련 신념과 가치관에 대한 인식, 주류문화와 소수문화 모두에 대한 긍정적인 태도, 두 문화 모두에 대한 효능감 및 명료한 의사소통, 두 문화 모두에서 안정적인 관계를 맺을 수 있는 능력 등을 포함한다(LaFromboise et al., 1993). 이러한 맥락에서 볼 때, 한국의 다문화상담에서도 한쪽이 다른 쪽으로 편입되거나 동화되는 것이 아니라 원래의 문화를 간직하면서도 새로운 문화에 적응하도록 돕는 것을 지향해야 할 것이다.

03 다문화상담의 특성

1) Sue의 세 가지 측면의 개인 정체성 발달

한 사회 안에는 다양한 종류의 고정관념과 편견이 존재한다. 스스로 강하게 부인하려고 해도 이러한 고정관념과 편견에서 완전히 자유로울 수 없다. 서구 사회에서 아시아인에 대해 가지는 고정관념, 즉 '아시아인은 조용하다거나 수동적이라거나 수학이나 과학에 능할 것'이라는 식의 고정관념과 편견의 사고방식은 개인성을 얼마나 무시하는지 실감하게 할 수도 있다. 아시아인이지만 누군가는 자기주장이 강할 수 있고, 누군가는 수학에 능하지 않으며, 누군가는 다소 수다스럽기 때문이다. 이처럼 한 집단의 구성원들은 저마다 독특한 특성을 가진다. 그러나 동시에 특정 집단에 소속될 때 각 개인이 집단의 일원으로서 유사성을 공유하는 것 또한 사실이다.

Sue(2011)는 다문화적 측면에서 한 개인의 정체성을 설명하면서 "다양한 측면에서 모든 개인은 어떤 사람과도 비슷하지 않고, 어떤 사람과는 비슷하기도 하며, 모든 다른 사람과 같다."라는 아시아 속담을 언급한 바 있다. 즉, 한 개인을 이해하는 데 있어 다양한 측면을 고려해야 한다는 의미이다.

이에 Sue(2001)는 개인의 정체성 발달을 세 측면으로 살펴보았다.

첫째, 개인적 측면이다. 인간은 생물학적, 실존적으로 독특한 존재이다. 이 책을 읽는 여러분은 같은 구절을 읽으면서도 저마다 각자 다른 생각과 감정을 경험할 것이다. 각 개인은 고유한 경험, 감정, 생각, 행동양식 등을 가지고 있어서 더욱 그렇다. 따라서 유사한 집단에 소속되었다는 이유로 전체가 유사한 특성을 가진다고 가정해서는 위험할 수 있다. 집단의 특성과는 별개로 개인의 독특성이 존재할 수 있다는 것을 인식해야 한다. 모든 아시아인이 수학과 과학에 뛰어난 소질을 보이는 것이 아닌 것처럼 말이다.

둘째, 집단적 수준이다. 모든 사람은 어떤 사람과도 비슷하지 않지만 어떤 사람과는 비슷하기도 하다는 아시아의 속담을 앞서 언급하였다. 모든 인간은 각자의 고유성을 가진 개별적인 존재이지만 소속된 집단에 따라 유사성을 공유하기도 한다. 인종, 민족, 성적 지향, 결혼

상태, 종교적 선호, 장애/비장애, 연령, 성별, 사회경제적 지위 등에 따라 소속 집단이 달라질 수 있다. 같은 인종적 배경을 공유하거나, 여성 혹은 남성으로서, 장애인 혹은 비장애인으로서, 각 세대에 따라 공유하는 문화가 상이할 수 있다. 이때 한 개인은 다양한 집단에 소속될 수 있고, 상황에 따라 특정 집단에 소속되는 것이 당사자에게는 더 중요한 의미를 부여할 수 있다. 예를 들어, 사회계층이 낮은 남성의 경우, 남성으로서의 정체성보다 낮은 사회계층이 삶에서 더 중요한 위치를 차지할 수 있다. 반면, 높은 사회계층에 속한 남성일 경우, 남성이라는 정체성이 더 중요한 의미를 더할 수 있다.

셋째, 보편적 수준이다. 모든 인간은 호모 사피엔스라는 공통성을 가지며, 신체적 혹은 생물학적 유사성, 발달단계에서 경험하는 유사한 인생 경험, 언어 사용이라는 공통점을 가지게 된다. 사랑하는 사람의 잃었을 때 슬픔을 경험하고, 늙어가면서 주름과 신체기능 저하, 인지기능 저하 등의 노화를 경험하기도 한다. 또한 각 문화에 따라 다른 언어를 사용한다고 하더라도 언어라는 도구로 서로 의사소통을 하는 공통점을 가진다. 결국 아주 넓은 수준에서는 '모든 개인은 다른 모든 사람과 같다.'라는 유사성을 공유하는 것이다.

2) 생태학적 모형

생태학적 모형은 개인을 개인체계, 미시체계, 중간체계, 외부체계, 거시체계로 설명한다. 생태학적 모형의 중심에는 개인체계(individual system)가 존재한다. 개인체계는 인지적·정서적·생화학적 요인으로 구성되며, 각 개인은 경험을 통해 불안이나 우울 등의 정서적 어려움을 경험할 수 있다. 또한 발달단계와 역할 변화 등으로 인한 정체성의 어려움, 호르몬 변화 등으로 인한 정서 및 사고 문제 등 셀 수 없이 다양한 문제들을 경험한다. 개인체계 수준에서 상담자는 내담자 개인의 불안, 우울, 가족 문제, 정체성의 어려움 등을 탐색하는 역할을 하게 된다(APA, 2017). 다음은 미시체계(microsystem)는 가족, 이웃, 친구, 동료 등과의 상호작용을 통한 경험을 의미한다. 각 개인은 학교나 선생님, 가족 구성원, 동료들, 종교기관이나 직장 등에서 주요 인물과 상호작용하면서 지대한 영향을 받으므로, 상담자는 내담자가 주요 인물과의 상호작용을 통해서 형성하는 문화적 규칙이나 참조체계, 정체성 등의 영향을 명료화해야 한다. 중간체계(mesosystem)는 미시체계들 사이의 관계, 즉 한 개인이 소속된 두 개 이상의 환경 간 상호작용을 말한다. 예를 들면, 한 청소년의 학교 따돌림 피해 경험은 교사의 관심과 부모의 방임 등이 맞물려 상호작용한 결과라고 할 수 있다. 다음으로 외부체계(exosystem)는 개인에게 직접적인 연결고리가 없어도 간접적으로 관련되는 사회문화적인 영향력을 의미한다.

예를 들면 지역사회, 언론, 시민단체 등이 포함된다(이나빈·안현의, 2016). 더불어 부모의 직장도 외부체계에 들 수 있다. 자녀는 부모의 직장에 소속되거나 직접적인 상호작용을 경험하지 않지만, 부모의 직장 분위기와 사칙에 따라 부모와의 상호작용 및 부모의 양육 태도, 자녀에 대한 부모의 통제 정도 등이 달라질 수 있어서 간접적인 영향을 받게 된다(정안숙, 2015). 마지막으로 거시체계(macrosystem)는 각 문화의 이념 및 제도, 규범, 법률, 공공정책, 문화적 가치 등 개인의 삶에 영향을 미치는 문화적 맥락을 의미한다(이나빈·안현의, 2016). 거시체계의 관점에서 상담자는 법률이나 행정, 교육제도, 정신건강 및 복지기관에서 불균형과 불평등이 만연해 있는지 인식해야 한다.

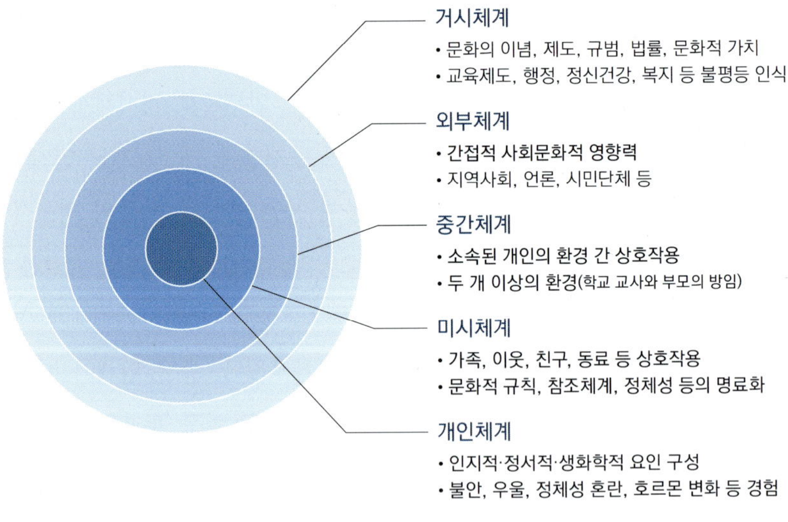

그림 13-1 문화적 역량의 생태학적 모형

전통적인 상담 접근은 사회에 만연한 문제가 내담자의 삶에 미치는 영향에 집중하기보다는 개인의 내적인 세계에 초점을 둔 개인체계의 관점에서 개입해 왔다고 볼 수 있다. 그러나 한 개인의 어려움은 개인의 내적인 것을 넘어서 주요 인물과의 상호작용, 지역사회, 나아가 한 문화의 규범과 법률 등 총체적 작용으로 이루어져 있다. 따라서 다문화상담가는 개인체계부터 거시체계의 관점까지 어우르는 다양한 관점으로 한 개인을 이해할 때, 그 개인에 대한 포괄적인 이해가 가능할 뿐만 아니라, 소수집단에 대한 객관적인 평가도 가능해질 것이다.

3) 상담형 대화하기

문화적 배경이 다른 내담자와의 상담은 언어적 의사소통을 통해 대화를 나눈다. 다문화상담은 언어적 의사소통을 통해 내담자의 문제를 탐색하며 대화를 진행하기 위해 고려해야 하는 사항들이 있다. 문화적 배경이 다른 내담자와 상담할 때 언어를 사용하는 방법에는, 첫째, 한국어로 상담을 진행하는 방법, 둘째, 내담자의 모국어로 진행하는 방법, 셋째, 한국어와 내담자의 모국어를 모두 사용하는 방법, 넷째, 통역사와 함께하는 방법으로 네 가지가 있다(Fontes, 2008).

첫째, 한국어로 대화하기이다. 먼저 상담자가 내담자의 모국어를 알지 못한다는 점과 내담자의 모국어로 상담이 진행되지 못하는 점에 대해 내담자에게 미안함을 표현하는 것을 선호해야 한다. 다문화상담에서 내담자는 한국어를 잘 구사하지 못하는 것에서 항상 불안함을 느끼며, 동시에 차별과 무시당하여 왔다(문화콘텐츠기술연구원 다문화콘텐츠연구사업단, 2009). 따라서 내담자의 모국어를 사용하지 못하는 것이 오히려 상담자의 부족한 점이라고 언급하는 것은 내담자에게 수용과 인정받는 느낌을 들게 할 수 있어서 서로의 관계 형성에 도움이 된다.

또한 한국어가 모국어가 아닌 경우 사회나 가정에서 생활하기 위해 필수적인 대화는 유창한 한국어를 하는 것처럼 보이지만 실상은 그렇지 않을 수 있다. 내담자가 자신의 모국어로 대화할 때 적극적이고 활기차게 상호작용을 하지만, 제2 언어로 대화하는 때에는 힘이 없고 우울해 보이며 침묵하거나 방어적일 수 있다. 특히 상담에서 내담자의 불안이나 분노와 같은 강한 정서를 유발하는 것이라면 이러한 감정을 자신의 모국어가 아닌 한국어로 솔직하고 자세하게 표현하기는 쉽지 않다. 따라서 다문화상담사는 내담자의 어려움을 충분히 예측하고 내담자가 편안한 언어표현이 나올 수 있도록 상담을 천천히 진행하며 인내하는 마음을 가져야 한다.

둘째, 내담자의 모국어로 대화하기이다. 상담자가 내담자의 모국어를 유창하게 말할 수 있다면, 내담자는 모국어로 상담을 받을 수 있다. 그렇지만 상담자로서의 전문적인 훈련을 받지 못한 사람이 내담자의 모국어를 유창하게 구사할 수 있다는 이유만으로 상담하게 해서는 안 된다. 또한 상담 내용을 한국어로 기록할지 내담자의 모국어로 기록할지 결정을 내려야 한다. 내담자의 모국어로 기록할 시 내담자가 의미하는 바를 더 정확하게 남겨 둘 수 있다는 이점이 있으나, 공식적인 서류들을 정리해 놓기 위해서는 한국어 기록도 필요하다. 따라서 상담가는 내담자를 충분히 고려한 준비와 판단이 필요하다.

셋째, 이중언어로 대화하기이다. 내담자가 한국어와 모국어 모두 사용하며 상담자 역시 이중언어를 사용할 수 있을 시에 가능하다. 이중언어를 사용하는 내담자의 경우 어느 시기에 어떤 환경에서 이중언어를 학습하였는지 살펴보아야 한다. 이중언어를 학습한 연령대, 환경에 따라 언어에 대한 기억이 다르기 때문이다. 하나의 환경에서 두 개의 언어를 학습한 사람은 복합적 이중언어자(compound bilinguals)라고 하며, 하나의 환경에서는 제1 언어를 배우고 다른 환경에서는 제2 언어를 배운 사람들은 협응적 이중언어자(coordinate bilinguals)라고 한다. 이를테면 아버지는 중국어를 사용하고 어머니는 한국어를 사용하는 환경에서 성장한 경우, 가정이라는 하나의 환경에서 두 개의 언어를 학습하였으므로 복합적 이중언어자로 볼 수 있다. 그런데 가정에서 일본어를 사용하였는데 학교에서는 한국어를 배운 경우, 서로 다른 환경에서 두 가지 언어를 학습하였으므로 협응적 이중언어자라고 할 수 있다(Fontes, 2008).

한국의 다문화사회에서 결혼이주여성, 외국인 유학생, 외국인근로자 등은 대부분 협응적 이중언어자일 가능성이 높다(Choi & La, 2019). 따라서 상담자는 이중언어로 상담할 때 서로 다른 정서나 기억이 서로 다른 언어와 연합되어 있다는 사실을 유념할 필요가 있다. 즉, 상담에서 어떤 언어를 사용하여 표현하느냐에 따라 내담자는 더욱 생생하고 자세하게 자신의 경험을 이야기할 수 있게 된다.

넷째, 통역사와 함께하기이다. 상담자가 내담자의 모국어를 완벽하게 구사하지 못할 경우,

통역사와 함께하는 것이 좋다. 상담에서 통역사와 함께하기로 한 경우 어떻게 상담을 진행할 것인지 상담자는 훈련된 통역사와 여러 가지 실제적인 문제를 고려해야 한다. 먼저 통역을 통해서 상담을 진행하다 보면 시간이 오래 걸린다. 상담자는 회기 시간을 여유롭게 잡는 것이 필요하며, 특히 통역사를 통해서 내담자에게 말하는 형식이 아니라 내담자에게 직접 이야기하는 것처럼 말해야 한다. 앉는 자리도 내담자를 바라보도록 앉고, 상담자는 통역사보다 내담자와 더 가까이 앉아야 한다. 그 외에 고려해야 할 구체적인 사항은 다음과 같다 (Fontes, 2016).

- 내담자에게 직접 말해야 한다. 통역사를 통해서 "내담자에게 ~에 대해 어떤지 물어봐 주세요."보다 내담자에게 직접 "~에 대해 어떠신가요?"라고 질문하는 것이 좋다.
- 짧은 문장으로 느리게 말한 후 통역을 위해 잠시 멈추는 것이 필요하다.
- 큰 소리로 정확하게 말하되, 소리는 지르지 말아야 한다. 작은 목소리로 말하면 통역사가 잘 알아듣지 못할 수 있다. 반면, 소리를 지르듯이 말하면 내담자가 위협감을 느낄 수 있다.
- 통역사의 성별이 내담자의 자기 개방에 문제를 가져올 수 있다는 것을 기억해야 한다. 동성 통역사가 반드시 적절한 것은 아니지만, 내담자의 특성이나 주 호소에 따라 통역사의 성별이 상담에 영향을 미칠 가능성이 높다.
- 전문 용어와 축약어는 피해야 한다. 전문 용어와 축약어를 사용하면 통역사와 내담자 모두 대화 내용을 이해하기 어려워진다.
- 내담자와 라포를 잘 형성하기 위해 노력해야 한다. 통역사와 함께 진행하는 회기에서 서로 대화 내용의 정확성에 집중하다 보면, 내담자와 따뜻하고 개인적인 관계 맺는 것을 놓칠 수 있다.
- 상담 회기가 끝난 후 상담자는 통역사와 결과 회의를 진행하는 것이 필요하다. 회의를 통해 상담 회기에서 통역사가 전달하지 못했던 정보들(예: 내담자의 억양이나 표현, 그 외 내담자의 특성을 보여주는 의미 있는 사항들)을 추가로 이야기할 기회를 만들어 준다. 특히 통역사에게 상담 진행팀의 일원이라는 느낌을 주고, 이후 상담 통역에도 적극적으로 참여하도록 돕는다.

04 다문화상담 기술

상담자는 내담자와 관계를 형성하며 내담자의 문제를 탐색하기 위해 다양한 반응 기술을 사용할 수 있다. 여기에서는 질문하기, 재진술, 감정반영에 관해 설명하고 문화적 배경이 다른 내담자와의 상담에서 이러한 반응 기술을 어떻게 사용하는 것이 좋은지 제시하고자 한다.

1) 질문하기

(1) 질문의 의도

질문하기는 대화를 시작하면서 내담자의 이야기를 끌어내기 위해 사용될 수 있다. 상담자는 질문을 통해 내담자의 문제를 명확하게 파악할 수 있으며, 내담자가 자기의 생각과 감정을 탐색하도록 도울 수 있다.

(2) 질문의 유형

질문의 유형에는 폐쇄형과 개방형이 있다. 폐쇄형 질문은 특정한 정보를 얻기 위한 것이며 짧은 반응을 끌어낸다. 개방형 질문은 다양한 정보를 내담자에게 끌어내서 충분히 이야기할 수 있도록 돕는다. 〈표 13-1〉에서 폐쇄형 질문을 하다 보면 상담자는 질문에 한계를 느끼게 되고, 궤도를 한참 벗어나서 다른 폐쇄형 질문을 계속 찾게 된다. 그러나 개방형 질문은 내담자의 상황에 대해 상세하고 구체적으로 파악할 수 있어서 내담자에게 무슨 일이 일어났는지를 이해하는 데 도움을 받을 수 있다.

표 13-1 질문의 유형 예

폐쇄형 질문의 대화 예	개방형 질문의 대화 예
상담자: 무슨 일이 있었나요? 내담자: 친구와 문제가 있었어요. 상담자: 친구와 말다툼을 했나요? 내담자: 그건 아니고, 그냥 같이 있는 게 너무 힘들어요. 상담자: 왜 친구가 약속을 어겼나요? 내담자: 시간 약속을 어기지는 않았어요. 상담자: 그러면 상처를 주는 말을 했나요? 내담자: 말로 상처를 받은 건 아니에요.	상담자: 무슨 일이 있었나요? 내담자: 친구와 문제가 있었어요. 상담자: 수진이와 무슨 일이 있었는지 이야기해 줄 수 있나요? 내담자: 며칠 전 친구와 함께 집에서 영화를 보았는데, 갑자기 그 친구에게 전화가 걸려왔어요. 친구는 계속 통화를 하느라 영화를 제대로 보지 못했어요. 항상 저와 같이 있는 시간에 다른 사람과 통화하거나 SNS를 하는 게, 마치 무시당하는 것 같아서 기분이 나빠요.

(3) 다문화상담에서의 질문하기

문화적 배경이 다른 내담자와의 상담에서는 서로 간의 문화적 차이에 대한 내담자의 느낌에 대해 질문하는 것이 좋다(Zigarelli et al., 2016). 내담자가 자발적으로 상담자와 문화적 차이에 대한 이슈를 꺼내기는 쉽지 않으므로, 상담자가 먼저 개방적인 자세로 문화적 차이에 대해 언급하는 것은 내담자가 상담자에게 마음을 열고 다가가도록 하는 도구가 된다.

- 당신과 문화적으로 다른 상담자와 상담하는 것에 대해 어떻게 느껴지나요?
- 서로 다른 문화에 속해 있다는 것이 상담 과정에 어떤 영향을 줄 것으로 생각하나요?
- 당신은 언제, 어떻게 한국으로 오게 되었나요?
- 한국에 이주한 후 어떤 상황이었나요? (한국으로의 이주가 현재 문제에 미친 영향은 무엇인가요?)
- 외국인으로서 정체성이 다른 사람들과의 관계 형성에 어떤 영향을 주었나요?
- 당신이 속한 가족과 인종이나 종교의 긍정적인 강점을 이야기해 줄 수 있나요?
- 당신의 친구나 가족 구성원 중 역경을 극복한 모범을 보인 사람이 있나요? 그 사람은 무엇을 해냈나요?
- 당신의 삶에서 도움이 되었던 교사, 후견인, 또는 어른에 대해 이야기해 보세요. 그들이 어떤 의미가 있는지 이야기해 줄 수 있나요?

한편, 상담자가 지나치게 질문을 많이 하거나 직접적인 질문을 던지는 것은 내담자가 속한 문화권에 따라 무례한 행동으로 여겨질 수 있다. 상담자와 내담자 사이에 신뢰가 충분하지 못한 상태에서 질문을 퍼붓는 것은 내담자에게 심문이나 취조받는 느낌을 줄 수 있다. 내담자는 상담자의 질문에 대해 억지로 대답할 수 있으며, 오히려 상담자를 불신해서 상담이 조기 종결될 수도 있다. 따라서 상담사는 문화적 배경이 다른 내담자에게 질문할 때는 신중할 필요가 있으며, 내담자가 질문에 어떻게 반응하는지 민감하게 살펴보아야 할 것이다.

2) 재진술

(1) 재진술 의도

상담자는 재진술을 통해 내담자의 말을 경청하고 있다는 것을 전달한다. 내담자는 상담자가 되풀이해서 되돌려주는 말을 통해 자신 생각을 명료하게 정리하게 되며, 자신의 문제에 대해 더 깊이 있게 탐색하게 된다.

(2) 재진술의 방법

재진술은 내담자가 말한 내용을 되풀이하여 말하는 것이다. 여기에서 중요한 것은 내담자의 말을 앵무새처럼 반복하는 것이 아니라 내담자가 말한 내용의 핵심 단어에 초점을 두고 바꾸어 말해야 한다.

결혼이주여성인 내담자 재진술의 예

상담자: 한국 생활은 어떠세요?
내담자: 생활은 편해도 자꾸 불안해요. 혼자 알아서 일을 잘못해요. 가정통신문을 읽어도 한글 잘 모르니까 남편한테 물어보고, 준비물을 가져오라고 하면 잘 모르니까 문구점 아저씨한테 물어봐요. 그렇지만 필요할 때마다 도와줄 사람이 없으니까 힘들어요.

부적절한 재진술의 예	적절한 재진술의 예
예 1. 한국 생활이나 한국어를 잘 모른다는 것이 어렵군요. 예 2. 자녀를 잘 키우고 싶은데, 자녀가 학교 생활을 잘 할 수 있도록 도와주는 것이 어렵군요.	한국어를 잘하지 못하기 때문에 늘 다른 사람의 도움이 필요한데 그때마다 도와줄 사람이 없어서 힘드시군요.

부적절한 재진술의 예 1, 예 2에서 상담자는 내담자가 이야기한 두 가지 핵심을 놓치고 있다. 첫째는 한글을 잘 몰라서 어렵다는 것이고, 둘째는 필요할 때마다 다른 사람의 도움을 얻을 수 없다는 것이다. 따라서 효과적인 재진술을 하기 위해서는 내담자가 이야기한 내용의 핵심이 무엇인지를 잘 파악하는 것이 중요하다.

(3) 다문화상담에서의 재진술

다문화상담에서 효과적인 재진술을 위해서는 내담자가 표현한 내용에 어떤 문화적 특성이 나타나는지 파악할 필요가 있으며, 재진술하기 위해 선택하는 단어나 언어들은 상담자의 가치나 기준의 영향을 받게 된다는 것에 유념해야 한다(MacCluskie, 2012). 상담자는 자신이 가진 문화적 가치에 따라 내담자의 이야기에 핵심을 다르게 파악할 수 있다는 것을 인지해야 한다.

상담자의 가치체계가 반영된 재진술

내담자: 부서 팀장님이 올해 각자 해야 할 업무와 역할에 대해 일방적으로 정해 버렸어요. 저는 정말 하고 싶지 않은 일을 맡았어요. 현재 할당된 일을 하고 있기는 하지만, 이 일을 왜 해야 하는지 마음에 와닿지 않아요.

- 재진술 1: 억지로 맡겨진 일을 하고 싶지 않고, 이러한 억압적인 상황에 대해 팀장님께 항의하고 싶은 마음이 있는 것이지요.
- 재진술 2: 현재 일방적으로 주어진 업무는 참 하고 싶지 않은 일이군요.

위의 이야기를 통해 내담자는 위계가 분명한 권위주의적인 문화에 속해 있음을 알 수 있다. 첫 번째 재진술 1과 같이 상담자가 권위적인 문화에서 벗어나고 싶은 마음에 초점을 맞춘다면, 그런 마음이 내담자의 생각을 나타낸 것인지 아니면 권위주의적인 상황을 극복해야 한다는 상담자의 가치에서 비롯된 것인지 명확하지 않다. 반면 두 번째 재진술 2는 내담자가 표현한 내용을 그대로 되풀이하고 있음을 볼 수 있다. 문화적 배경이 다른 내담자의 경우 권력과 위계에 대해 어떤 생각을 가지는지 알 수 없으므로, 상담자의 가치가 먼저 재진술에 반영되지 않도록 주의해야 한다.

3) 감정반영

(1) 감정반영의 의도

상담자는 감정반영을 통해 내담자가 자신의 감정을 온전히 경험하고 명료하게 이해할 수 있도록 돕는다. 감정반영을 통해 내담자는 더 심오한 차원에서 자신의 감정을 경험하고 표현하게 된다.

(2) 감정반영의 방법

감정반영은 내담자가 느끼는 감정을 파악하고 명명하여 내담자에게 되돌려주는 것이다. 재진술이 내용에 주목하는 반면, 감정반영은 정서에 주목한다는 점에서 차이가 있다. 상담자는 내담자와의 대화에서 다음과 같이 내담자의 감정을 반영할 수 있다.

감정반영의 예

내담자: 결혼기념일에 남편과 외식하려고 식당을 예약했어요. 그런데 남편에게 전화가 와서 급한 일이 생겨서 약속을 취소해야겠다고 했어요. 결혼기념일을 함께하는 것보다 일이 더 중요하다는 게 이해가 잘 안 되었어요. (머리를 숙이며 한숨을 쉼) 그래서 혼자 라면을 끓여 먹고 TV를 봤어요.

상담자: 남편이 전화해서 약속을 취소한 것에 대해 서운했고 그날 많이 외롭다는 마음을 느꼈던 것 같네요.

상담자는 정확하고 효과적인 감정반영을 위해서 주의할 사항이 있다. 첫째, 상담자는 내담자의 언어적 표현과 비언어적 표현을 관찰하면서 내담자의 핵심 감정이 무엇인지 파악해야 한다. 둘째, 상담자는 내담자가 경험하는 감정의 종류뿐만 아니라 감정의 강도도 함께 살펴보아야 한다. 화나는 감정의 강도는 약간 짜증이 나는 정도부터 강하게 격분하는 정도까지 내담자가 어느 정도로 강한 감정을 느끼고 있는가를 파악해야 한다. 셋째, 내담자가 반복적인 형태에 지겨워하지 않도록 다양한 형태로 감정반영을 해야 한다. 넷째, 내담자가 드러내지 않은 감정에 대해서도 감정반영을 함으로써 내담자가 더 깊이 있게 자신의 감정을 탐색하고 경험할 수 있도록 도와야 한다.

(3) 다문화상담에서의 감정반영

상담자는 문화에 따라 정서에 대한 경험과 표현이 달라진다는 것을 고려하여, 내담자의 문화적 특성이 자신의 감정 표현에 어떤 영향을 주는지 잘 살펴볼 필요가 있다(MacCluskie, 2012). 먼저, 내담자가 권위적이고 위계적인 관계를 중시하는 문화에 속해 있을 때 상담자가 앞의 감정반영의 상황에서 내담자에게 감정을 표현하도록 강요하면 내담자와의 관계에 부정적인 영향을 줄 수 있다. 두 번째로, 전통적인 남성성이 강조되는 문화에서는 남성들이 자신의 감정을 표현하는 것이 힘들고, 남성이 눈물을 보이거나 연약한 감정을 보이는 것은 남성다움의 상실이나 통제력을 잃는 것으로 간주한다. 세 번째로, 내담자가 집단주의가 강조되는 문화권에 속해 있는가 아니면 개인주의가 강한 문화권에 속해 있는가에 따라서도 감정을 느끼는 사건이나 대상이 달라질 수 있다. 집단주의에 속한 사람은 가족의 명예나 수치를 중요하게 여기지만, 개인주의에 속한 사람은 개인의 성공이나 실패가 중요하게 여겨질 수 있다. 결속력이 강한 집단주의 문화에서는 다른 사람과의 관계나 집단의 맥락에서 어떤 감정을 느끼거나 표현하는 경향이 있음을 인식해야 한다.

05 다문화상담 대상별 이슈

1) 다문화 아동·청소년 상담 이슈

아동·청소년은 상담자와 나이, 세대, 가치관의 차이가 크기 때문에 상담을 진행하면서 많은 문화적 차이를 느낄 수 있다. 더구나 인종이나 출신 국가가 다른 아동·청소년을 상담하는 일은 상담자에게 많은 도전과 해결해야 할 문제들을 안겨 준다.

(1) 다문화 아동 상담 이슈

① 아동의 발달수준 평가 문제

아동이 이중언어 사용자일 경우 언어를 이해하고 사용하는 방식에서 차이를 보인다. 예를 들면, 학교에서 사용하는 단어인 책상, 칠판, 알림장 등은 한국어로 알고 있다. 또한 집에서 사용하는 단어인 침대, 소파, 식탁 등은 자신의 모국어로 알고 있다. 만약 이러한 경우 이중언어 사용자인 아동에 대해 한국어로만 발달수준을 평가한다면, 실제 아동의 역량보다 발달이 더 늦다고 잘못 판단할 수 있다. 따라서 이중언어 사용자 아동은 가능한 통역사가 동반한 발달수준 평가가 진행될 필요성이 있다.

아동의 발달 과정을 양육자에게 질문할 때 양육자가 대답하기 어려워하는 상황이 일어날 수 있다. 아동에게 직접적인 변화가 일어났다고 보는 사건이 문화에 따라 차이가 있기 때문이다. 예를 들면, 어떤 문화권에서는 아동이 처음 웃었던 사건, 첫 대화 시기, 첫걸음마 등이 중요한 변화의 시점이라고 보지만 다른 문화권에서는 별 의미 없는 것으로 지나가 버리는 경우가 있다. 따라서 아동의 발달과 관련한 질문은 아동이 속한 문화에서 중요하게 다루는 발달적 변화가 무엇인지 알아보고, 이에 대해 질문하는 것이 필요하다.

② 아동의 보호자 및 가족 문제

아동 상담은 성인 상담과는 달리 아동의 보호자 및 가족을 포함하여 교사, 사회복지사, 상담사, 법정 후견인 등 다양한 관련 당사자들의 협력적 참여가 요구되는 다체계적(multisystemic) 접근이 필요하다. 상담은 대면과 비대면으로 진행할 수 있어서 기록에 대한 동의를 얻어야 한다. 비대면으로 진행하는 상담은 전화, SNS, 이메일 등이 있다. 아동의 상담 진행은 여러 사람이 참여하는 만큼 발생하는 큰 문제 중 하나는 상담의 진행 과정이나 목표 등에 대해 서로 의견이 일치하지 않는 경우이다(Bereiter, 2007). 예를 들면, 아동의 어머니는 아동이 상담을 받는 것에 대해 동의하였지만, 아버지는 상담을 거절하거나 훈육 방식을 수정하면

된다는 경우가 있을 수 있다. 또는 아동의 문제 행동은 성장 과정에서 일어날 수 있는 문제로 터부시하는 가족들도 있다. 따라서 상담자는 상담과 연관된 모든 사람의 도움을 얻을 방법을 간구해야 한다. 특히 집단주의 문화에 속한 아동일수록 부모뿐만 아니라 친척과 아동이 속한 공동체로부터 도움을 받는 방법들을 찾을 필요가 있다.

③ 아동의 자기개방 거부

아동은 낯선 환경이나 상황에서 자신의 이야기를 편안하게 말하지 못할 수 있다. 아동이 한국어를 능숙하게 구사하더라도 말하기를 주저하거나 자기개방을 쉽게 못 할 경우, 다양한 방법을 통해서 접근할 수 있도록 해야 한다. 먼저 아동에게 그림을 그리거나 도형을 그리면서 흥미를 유발하는 방법이 있다. 둘째, 언제, 어디서, 누구에게, 어떤 일이 일어났었는지 그림이나 도형을 그리게 한다. 셋째, 아동이 그린 그림이나 도형을 설명하게 한다. 아동이 그린 그림은 언어로 표현된 것을 보완하는 역할로 해야 하며, 언어적인 설명 없이 그림을 그리게 하는 것은 비효율적이다. 아동들은 그림을 그릴 때 더 자세하게 상황을 묘사하게 되며, 상담자와의 관계에서도 신뢰감이 향상되고 불안이 감소하는 효과가 있다(Faller, 2007). 또한 상담자는 아동의 상황을 객관적으로 정확하게 이해할 수 있으며, 주변 사람들과의 관계와 상호작용에 대해 쉽게 파악할 수 있다.

아동이 어떤 사건에 관해 이야기할 때 인형을 사용하는 방법이 있다. 먼저 말로 설명하게 한 다음, 그 후에 인형을 사용해서 사건을 설명하도록 한다. 이러한 경우 아동이 인형을 가지고 상상력을 발휘하여 사건을 이야기할 수 있으므로 아동이 표현한 내용에 대해 조심스럽게 해석해야 한다.

(2) 다문화 청소년 상담의 이슈

청소년 시기는 아동기에서 성인기로 발달해 가는 과도기적 단계로서, 청소년들이 정체성을 탐색해 가는 과정에서 혼란과 갈등을 경험한다. 특히 주류문화와 다른 문화적 배경을 가지고 있는 청소년들은 자신의 정체성을 발견하는 데 있어서 더 많은 혼란을 경험한다. 또한 청소년은 주류문화와 자신의 고유문화 사이에서 갈등을 경험한다. 이처럼 다문화 청소년은 친구들의 무리에 속하기 위해 주류문화에 동화되고자 노력하는 한편, 가정에서는 고유문화의 가치를 고수하는 부모와의 관계에서 어려움을 경험할 수 있다.

① 문화적 정체성의 문제

한국의 주류문화와 다른 문화적 배경을 가진 청소년들은 또래들과의 관계에서 자신의 정체성을 확립하기 위해 애쓰고 있다. 그들은 또래집단에서 보이는 옷차림, 말, 삶의 가치관 등을 따라가고자 하며, 자신의 원 문화에 대한 특성을 분리하고 주류문화의 특성에 동화되는 경우가 많다. 이처럼 이주배경을 가진 청소년들은 일반 청소년들보다 정체성을 확립하는 데 혼란과 갈등을 강력하게 경험하고 있다. 다문화상담에서 청소년의 문화적·인종적 배경에 대해 다룰 경우, 이러한 점을 민감하게 접근할 필요가 있다.

② 부모 참여의 문제

부모가 동반된 상담은 청소년 시기에 주로 겪는 학교 성적, 성, 친구, 이성 교제 등의 문제에 솔직히 이야기하는 게 어려울 수 있다. 특히 부모가 속한 문화권의 사람들만 친구로 사귀기를 원한다거나, 한국으로 이주하기 전에 지닌 고유문화의 가치에 따라 청소년의 행동에 제한을 많이 두는 경우, 청소년은 더욱 자기개방이 어려워진다. 부모가 함께 상담에 참여를 원하더라도 청소년을 더 잘 이해하고 파악하기 위해서는 개별상담이 필요하다. 따라서 부모에게 개별적 상담의 필요성을 잘 설명해야 하며, 부모와 청소년 모두에게 비밀보장에 대한 원칙과 예외 사항에 대해서도 전달할 필요가 있다.

③ 의사소통의 오해

상담자와 내담자 간의 문화적 차이는 의사소통에서 오해를 가져올 수 있다. 내담자가 생각을 정리하느라고 침묵하는 중인데, 상담자는 말이 끝났다고 생각하고 다른 주제의 이야기를 하거나 미리 진단할 수 있다. 또한 내담자의 저항적이거나 공격적인 말투가 문화적 차이에서 온 것임에도 이를 병리적인 특성으로 잘못 진단할 수 있다. 내담자뿐만 아니라 가족의 문화적 맥락을 잘 이해하지 못해 상담자가 무의식적으로 사용한 단어나 행동이 내담자에게 상처를 주거나 상담 관계에 손상을 가져올 수 있다. 따라서 상담자는 이주배경을 가진 청소년과 관련 가족들의 이민 세대를 잘 파악하고, 내담자의 관점에서 이해하고 공감하며 필요한 전문적 개입을 할 수 있도록 잘 살펴보아야 한다.

2) 다문화가족상담 지원

(1) 가족센터

「건강가정기본법」 제35조에 따른 '건강가정지원센터'와 「다문화가족지원법」 제12조에 따른 '다문화가족지원센터'는 각 기관의 기능을 통합해서 '건강가정·다문화가족지원센터'(약칭: '건가다가')로 운영되었다. 그러나 지역 내 모든 가족이 이용할 수 있는 통합적 서비스를 제공함에도, '건강가정·다문화가족지원센터'라는 명칭 때문에 특정 가족만 이용할 수 있는 곳으로 잘못 알려져, 이에 여성가족부는 센터 종사자, 지자체 공무원 등 현장 의견 수렴을 거쳐서 2022년 10월 13일부터 가족서비스 제공기관인 '건강가정·다문화가족지원센터'의 명칭을 '가족센터'로 변경한다고 밝혔다(여성가족부, 2021). '가족센터'는 가족 형태, 가족관계 특성 등을 고려한 가족교육, 상담과 다문화가족을 위한 한국어교육, 자녀 방문교육 등 종합 서비스를 제공하고 있다. 또한 아이돌봄서비스, 공동육아나눔터 운영 등을 통해 지역사회 돌봄 사각지대 해소에 큰 도움을 주고 있으며, 1인 가구 사회관계망 지원사업과 '다문화가족 학령기 자녀의 학습과 진로 지원사업'까지 실시한다(여성가족부, 2025).

청년·중장년과 노년 등 1인 가구 자기개발, 심리·정서 상담 등 프로그램 지원(12여 개 센터)과 학령기 자녀의 가정 내 갈등, 학업 고민 등을 상담하고 진로·취업 컨설팅 제공(140여 개 센터)한다. 아울러, 센터에 국공립어린이집, 공동육아나눔터 등 국민 생활과 밀접한 시설을 함께 설치해 통합적인 가족서비스를 제공하는 가족센터 건립(생활SOC복합화사업)도 추진하고 있다(한국건강가정진흥원, 2025).

그림 13-2 가족센터 설치 현황

출처: 한국건강가정진흥원 홈페이지(https://www.familynet.or.kr)

사회가 급변하고 복잡해지면서 가족원 간의 갈등, 불화 문제 등을 경험할 가능성이 크고, 이를 슬기롭게 극복하여 가족이 성장하는 데 도움을 주려는 가족 상담에 관심을 가질 필요가 있다. 특히, 다문화가족의 안정적인 정착과 가족생활을 지원하기 위해 가족과 자녀 교육·상담, 통·번역 및 정보 제공, 역량 강화 지원 등 종합적인 서비스가 절실하다. 이를 위한 가족센터 주요 사업은 〈표 13-2〉와 같다.

표 13-2 가족센터의 주요 사업 소개

종류	내용
가족센터사업	생애주기별 맞춤형 부모교육, 이중언어 교육지원, 다문화자녀 성장지원, 온가족보듬사업, 결혼이민자 취업지원, 다문화가족 자녀 지원 사업(기초학습지원, 진로설계지원, 저소득 다문화가족 자녀 교육활동비), 가족봉사단, 가족사랑의 날 등 운영
가족상담	부부상담, 부모-자녀 간 문제 해결을 위한 부모·자녀 상담, 임신·출산·양육 갈등상담, 이혼 전·후 갈등상담 등
온가족 보듬사업	부모-자녀상담, 부부상담 등의 가족상담, 욕구사정 기반 사례관리, 가족관계 향상 및 사회적 관계망 지원하는 교육·문화프로그램 및 자조모임, 긴급위기 가족에 대한 심리·정서 지원 및 긴급돌봄 등의 긴급위기 지원
다양한 가족 지원	다문화가족 자녀 언어발달지원사업, 결혼이민자 통·번역서비스 사업, 이중언어교육 지원, 결혼이민자 역량강화 지원, 진로설계 지원, 기초학습 지원, 다문화가족 자녀 교육활동비 지원, 결혼이민자 직업훈련 프로그램
공동육아나눔터	자녀 양육 정보를 공유하고 공동육아 지원 및 놀이 활동 지원 등으로 가족 기능 강화 공간 마련
아이돌봄지원사업	부모의 출장, 야근, 아동의 질병 등 일시적 부모양육 공백으로 돌봄수요에 대응하여 시설보육의 사각지대를 보완하고, 자녀의 안전과 건강한 양육을 위해 1:1 개별보육 취업부모에게 가정 내 12세 이하 아동 대상 돌봄서비스 제공

출처: 한국건강가정진흥원 홈페이지(https://www.familynet.or.kr)

(2) 가족상담 프로그램 단계

① 초기면접

초기면접 단계에서는 다문화청소년과 가족들이 실제 호소하는 문제를 어떻게 인식하고 있는지 파악한다. 면접은 기본적 상담기술을 활용하여 다문화청소년과 가족들을 원조하는 동시에 내담자의 기본 정보, 주요 문제, 가족관계, 의뢰 경로 등의 정보 수집에 주안점을 둔다.

초기면접 단계에서 상담사와 내담자가 서로 긍정적인 친화적 관계를 위해 수용적 태도와 라포를 형성한 후 상담을 구조화하는 것이 필요하다. 라포가 형성된 경우 상담사와 내담자는 목표 달성에 필요한 효과적 의사소통을 할 수 있다. 상담사는 내담자를 따뜻하게 이해하고 진정으로 돕고자 하는 공감적 태도를 가져야 하며 진실해야 한다. 이러한 치료적 관계 형성을 통해서 내담자는 좀 더 자신의 문제를 드러내고 향후 개입 과정에 적극적 참여의 동기를 부여하게 된다. 따라서 다문화가족과 상담에 대한 전문적 역량을 기초로, 내담자와 치료적 관계를 형성할 수 있도록 능력을 키우는 것이 중요하다.

② 사정 및 평가를 위한 사례 분류

두 번째 단계에서는 평가를 통해 철저하게 문제를 확인하기 위해서 다문화청소년과 가족들의 심리적·사회적 기능 수행 정도를 전문화된 사정 도구를 활용하고 결과를 토대로 사례를 분류하고 개입 유형을 결정하는 과정이다. 다문화상담에서 상담자는 내담자가 나타내는 여러 가지 문제, 예를 들면 낮은 자존감, 친밀감을 형성하는 데 있어서의 어려움, 직업적 어려움 등이 내담자가 가지고 있는 문화적 특징으로 인해 나타나는 것인지 알아보아야 한다. 내담자가 가지는 문화적 특징에 대해 잘 살펴보기 위한 요소들은 내담자의 문화적 정체성, 문화적응 스트레스, 문화적 요인과 연관된 심리·사회적 환경, 상담자와 내담자의 관계에 대한 문화적 특징, 전반적인 문화적 평가이다.

사례 분류를 위해서는 다문화가족상담 초기 면접지(부모용, 청소년용), 다문화청소년 부모상담 유형 분류 면접지(부모용, 청소년용), 가족건강성 척도를 활용하여 평가에 따라 개입 수준을 분류하고 정확하게 개입전략을 세울 필요가 있다. 사정 및 평가를 통한 사례 분류는 다문화청소년과 가족들을 대상으로 어떤 변화가 요구되는지 명확하게 확인하고 5가지(진로코칭, 자기

역량 개발, 청소년심리상담, 부모교육·부모상담, 가족상담) 유형에 따라 어떤 개입이 가장 적합한지를 판단하여 개입 전략을 결정할 수 있도록 돕는다. 전문화된 면접과 도구를 활용한 상담 개입 방법을 결정한다.

③ 개입

개입 단계에서는 사정 및 평가 결과에 따라서 분류된 사례에 관해 심층적인 상담, 치료, 지원 계획을 수립하고 다문화청소년과 가족들에게 역량 강화를 위한 직접적인 서비스를 제공하는 과정이다. 개입 단계에서는 다문화청소년과 가족의 문제해결 완성도를 높일 수 있도록 5가지 유형, 즉 진로코칭, 자기역량 개발, 청소년심리상담, 부모교육 및 상담, 가족상담에 따라서 사례들을 분류하고 개입 목표를 설정한다. 상담은 구체적이고 달성 가능한, 측정 가능한 개입 기술을 적용해야 한다. 유형별 상담프로그램은 사정, 상담 내용, 상담 도구 지원 등 개입 프로그램을 충분히 활용하여 통합적으로 실시한다. 더불어 다문화청소년, 가족상담 모형을 활용하여 내담자의 역량을 강화한다.

④ 연계

마지막 단계는 연계를 통해 다문화청소년과 가족들의 과제를 효율적으로 돕기 위해서 적합한 전문가 또는 기관의 정보를 파악하여 의뢰하는 단계이다. 지역사회 전문가 및 관계망과의 협력적 개입을 통한 통합적 시스템 구축 노력이 요구된다. 따라서 지역사회 조직과 기관 간의 유기적 관계를 유지하는 것이 요구된다. 지역사회 네트워크의 구축은 다문화청소년과 가족들에 대해 효율적인 개입을 하기 위한 작업이다. 이에 지역사회 연결망을 통해서 다문화청소년과 가족들에게 필요한 지원계획을 수립하고, 그에 따른 체계적이고 전문적인 통합서비스를 제공하거나 지원요청을 의뢰할 수 있다. 지역 내 전문기관을 발굴하여 협력체계를 구축하는 것이 중요하다.

상담프로그램의 단계를 정리하면 〈표 13-3〉과 같다.

표 13-3 상담 프로그램의 단계

구분	과정	개입 기술(4E's)	내용
I	초기면접 (Intake)	empathy	•다문화 인식에 관한 상담자의 수용 태도 점검 •청소년 및 다문화가족과의 충분한 라포 형성 •비밀보장 등 고지된 동의
A	사정 및 평가 (Assessment)	exactly	•다문화가족상담 초기면접지(부모용, 청소년용) •다문화청소년·부모상담 면접지 •가족건강성 척도
I	개입 (Intervention)	empowering	•진로코칭 •자기역량 개발 •청소년심리상담 •부모교육 및 상담 •가족상담
N	연계 (Networking)	efficacy	•전문기관 목록 •기관의뢰서

출처: 이인수 외(2015). 다문화청소년 및 부모대상 상담프로그램 개발 연구.

토론 및 발표 주제

다문화가정 청소년들이 직접 경험하는 부정적 시선, 편견, 선입견, 차이에 대한 차별 등을 이야기해 보고, 다문화 전문상담사로서의 초기 면접을 진행해 보시오.

출처: KBS Entertain(2022.08.02.). [선공개] 마음속 싶은 상처로 남아버린 한마디... 다문화 가정이라는 이유로 받는 괴로움 [오케이? 오케이!] | KBS 방송. https://www.youtube.com/watch?v=C_x13rtHiUg

참고문헌

국내 서적

강문지(2018). 세계시민교육을 위한 초등 미술과 내용 구성에 관한 연구. 경인교육대학교 교육전문대학원 석사학위논문.

강신욱, 김안나, 박능후, 김은희, 유진영(2005). 사회적 배제의 지표개발 및 적용방안 연구. 한국보건사회연구원.

강환국(1994). 한국 사회과에 반영된 국제 이해 교육에 대한 분석연구. 사회화교육, 27, 15-36.

경계없는학교(2020.05.06.). 이게 실화라고? 믿거나 말거나 찬드라의 경우[경계없는학교]. 유튜브. https://www.youtube.com/watch?v=-4BwQYPQBHk

고병찬(2022.05.02.). '한파속 비닐하우스 사망 속헹… 499일만에 사회적 죽음' 산재 인정. 한겨레. https://www.hani.co.kr/arti/society/society_general/1041305.html

_________(2021a). 가설건축물 임시숙소 이주노동자보도자료, 2021. 고용노동부.

_________(2021b). 한 권으로 통하는 고용노동정책(주요발간자료). 고용노동부.

_________(2021.01.06.). 농·어업 분야 고용허가 주거시설 기준 대폭 강화 보도자료. 고용노동부.

_________(2023). 고용노동통계. 고용노동부.

곽준혁(2007). 미국에서의 다문화주의. 민족연구, 30, 126-143.

교육부(2023). 2023년 다문화교육 지원계획(안). 교육복지정책과.

_____(2023.08.16.). 이주배경학생 인재양성 지원방안(2023~2027년) 보도자료.

_____(2024a). '글로컬대학 30' 프로젝트 지역 맞춤 전략 수립. 교육부.

_____(2024b). 다문화교육 정책학교 운영 가이드라인(초·중등). 교육부.

_____(2024c). 2024 교육기본통계. 교육부.

_____(2025). 외국인 유학생 취업 역량 설문조사 결과 발표. 교육부.

구견서(2003). 다문화주의의 이론적 체계. 현상과 인식, 27(3), 29-53.

구하라, 김지연(2021). 다문화적 교사효능감과 다문화교육 실행의 관계에서 학교장 리더십의 조절효과 참색. 교육학연구, 59(5), 247-275.

국가인권위원회(2011). 이주 인권 가이드라인 구축을 위한 실태조사. 국가인권위원회.

____________(2024). 2024년 인권상황 실태조사. 국가인권위원회.

권경득, 이광원, 임동진(2020). 미국, 호주, 한국의 난민정책 비교 연구: 정책추진체계와 지원 프로그램을 중심으로. 한국비교정부학보, 24(3), 1-37.

권한용(2016). 난민문제에 대한 국제적 논의와 한국난민 정책에 대한 시사점. 아주법학, 10(1), 213-249.

김귀환, 김종협, 나대헌, 배기효, 오정옥, 이양훈, 이은경, 임성옥, 임승규, 전영록, 정일교, 진화미, 모지환, 김기원(2008). 사회복지법제론. 나눔의집.

김규찬(2022). 이민정책론. 공동체.

김기태(2021). 이주노동자의 노동 여건 및 정책 과제. 보건복지포럼, 295, 8-24.

김기태, 곽윤경, 이주미, 주유선, 정기선, 김석호, 김석호, 김보미(2020). 사회배제 대응을 위한 새로운 복지국가 체제 개발: 이주노동자 연구. 한국보건사회연구원.

김기태, 정세정, 최준영, 강예은, 정용문, 이주영, 김희주, 장주영, 박민정, 이승현(2019). 사회배제 대응을 위한 새로운 복지국 체제 개발. 한국보건사회연구원.

김동진, 박인아, 윤구원(2014). 다문화복지론. 공동체.

김명광, 이윤주(2023). 외국인 정주 체류를 위한 이동 경로에 대한 고찰: 외국인 학부 유학생의 관점에서. 다문화컨텐츠연구, 44, 75-110.

김범수, 서은주, 손병돈, 정재훈, 조석연(2008). 다문화사회복지론. 양서원.

김범수, 서은주, 손병돈, 정재훈, 조석연, 최현미, 신승연, 최승희(2007). 다문화사회복지론. 양서원.

김보라, 조순정(2023). 중등 교사 다문화 교육 지원 개선을 위한 기초 연구: 서울 다문화 거점 중학교 사례. 문화예술융합연구, 4(3), 63-85.

김상무(2010). 독일의 상호문화교육정책이 한국 다문화교육정책에 주는 시사점. 교육사상연구, 24(3), 65-89.

김성미(2025). 이주배경 아동·청소년 교육 통계 현황과 개선방안. 이민정책연구원 통계브리프, 2025-1. 이민정책연구원.

김순양(2013). 한국다문화사회의 이방인: 사회적 배제와 정책적 대응. 집문당.

김영란(2010). 다문화사회복지 실천의 한국적 함의. 다문화 콘텐츠 연구, 4(9), 37.

김용우(2012). 인정의 정치와 역사학. *Homo Migrants, 5*(6), 11-20.

김정선(2011). 시민권 없는 복지정책으로서 '한국식' 다문화주의에 대한 비판적 고찰. 경제와 사회, 92, 205-246.

김종석(1984). 미국 다문화교육의 이론적 고찰. 미국학논문집, 5, 35-60.

김종철, 김연주, 김지림, 신고운, 이일(2018). 난민사건 법률지원 매뉴얼. 서울지방변호사회.

김지연, 김영빈(2022). 청소년기 중도입국 학생들의 진로교육 참여경험 탐색: 경기도 다문화 특색 공립학교를 중심으로. 중등교육연구, 70(3), 217-251.

김진선(2020). 한국 사회에의 난민 인식의문제. 탐라문화, 65, 7-37.

김진희(2012). 호주사회의 국제난민을 둘러싼 다문화담론과 난민 이주민을 위한 교육. *Andragogy Today, 15*(3), 209-237.

김태근(2017). 한국 다문화정책 현황과 과제: 미국 이민정책과의 비교를 중심으로. 고령사회의 삶과 일, 18호.

김태원, 김유리(2011). 다문화가족정책을 통한 사회통합수준 분석: Castles and Miller의 모형을 중심으로. 인구연구, 62, 323-362.

김학태(2015). 다문화사회에서의 법적 갈등과 해결방안에 관한 연구: 다문화사회에서의 인권개념에 관한 논의를 중심으로. 외법논집, 39(1), 281-301.

김헌주(2018.07.29.). "야, 다문화"… 담임쌤은 내 친구를 이렇게 불러요. 서울신문. https://www.seoul.co.kr/news/plan/face_others/2018/07/30/20180730013001

김현덕(2003). 미국 국제이해교육의 동향. 비교교육연구, 13(2), 41-57

김현진, 노기섭(2021). 중도입국 청소년의 학습권 실현을 위한 지원방안 연구: 학부모, 교사 등 관계자를 중심으로. 문화기술의 융합, 7(1), 533-538.

김형민(2010). 독인 상호문화교육의 배경과 초기 발전 과정. 독일언어문학, 47, 359-379.

김혜영, 신영화, 김성경, 임원선, 최소연, 임은의, 홍나미, 전혜성, 이민영, 이은진, 유진희, 박지현, 양경은(2021). 사회복지와 문화다양성. 학지사.

김호연(2011). 미국의 동화주의적 이민자 정책과 다문화주의. 인문과학연구, 28, 247-268.

김효실(2025.06.19.). 국정기획위, 여가부에 "성평등가족부로 확대·개편 구체안 마련". 한겨레신문. https://www.hani.co.kr/arti/society/women/1203659.html

김희정(2019). 유럽연합(EU) 공동 난민정책의 고찰과 한국 난민 정책에 주는 시사점. 한국이민정책학회 학술대회, 13-20.

김희주(2020). 국내 난민인정자의 사회적 배제 경험. 사회복지정책, 47(3), 339-370.

김희주, 김영미, 김혜미, 김수경(2021). 2021년 이주배경 아동 청소년정책 전문영향평가. 아동권리보장원.

나근호(2019). 통일 대비 북한이탈주민 지원정책의 방향에 관한 연구. 통일전략, 19(2), 119-147.

남경태(2006). 개념어 사전. 휴머니스트.

남부현, 오영훈, 한용택, 전영숙, 이미정, 천정웅(2016). 다문화사회교육론. 양서원.

남북하나재단(2024). 2024년 북한이탈주민 실태조사. https://koreahana.or.kr/home/kor/main.do

노지현(2015). 이주노동자 자살 사례 연구: 자살원인분석을 중심으로. 한국사회복지연구, 46(1), 247-281.

다문화교육포털(2025). 다문화교육 정책학교 프로그램 운영. https://www.edu4mc.or.kr

문정임(2018.12.20.). 언어능력의 향상·정체성 함양 건강한 캐나다인 양성의 핵심. 제주매일. https://www.jejumaeil.net/news/articleView.html?idxno=186919

문화콘텐츠기술연구원 다문화콘텐츠연구사업단(2009). 한국사회의 소수자들: 결혼이민자. 경진문화.

민지원(2019). 가족 사증제도와 가족(재)결합에 관한 연구. 이민정책보고서, 제1호, 이민정책연구원.

박단(2022.09.11.). 샤를리 에브도(Charlie Hebdo) 사건과 "표현의 자유". Premium Contents.

박선욱(2013). 난민보호에 관한 국제법의 국내적 이행: 국내이행법률로서의 난민법에 관한 논의. 가천법학, 6(3), 21-46.

박수진(2018.06.18.). 제주도에 온 예멘 난민 500명, 무슬림 혐오에 내몰리다. 한겨레신문. https://www.hani.co.kr/arti/society/rights/849580.html

박영희, 정순돌, 배진형(2012). 지역사회복지관의 북한이탈주민가족 사례관리모델 구성을 위한 탐색적 연구. 한국가족복지학, 17(4), 87-113.

박웅신(2025). 외국인 유학생의 국내 정주 여건을 위한 제도적 개선방안. 법학연구, 77, 315-350.

박은빈(2024). 캐나다 이민의 사회경제적 영향과 시사점. KIEP 기초자료, 2024-09, 대외경제정 책연구원.

박은정(2007). 외국인 노동자의 사회적 문제, 미국 어디까지 수용? 국제지역정보. 한국외국어대학교.

박재영(2012). 독일 다문화사회의 터키인 공동체: 쟁점과 전망. 다문화콘텐츠연구, 12, 7-38.

박진경, 원숙연(2010). 중앙정부 공무원의 다문화정책정향성에 작용하는 영향요인. 한국행정학보, 44(3), 191-217.

박혜란, 남은영(2024). 일과 학습을 병행하는 외국인 유학생 실태 연구. 다문화와 교육, 9(3), 59-76. 인하대학교 다문화융합연구소.

배진아(2021). 프랑스 이민자 가정 자녀들의 모어 교육(ELCO) 폐지에 대한 고찰. 프랑스문화연구, 48, 127-162.

법무부(2008). 제1차 외국인정책 기본계획(2008-2012). 외국인정책위원회. https://www.immigration.go.kr/immigration/1511/subview.do?enc=Zm5jdDF8QEB8JTJGYmJzJTJGaW1taWdyYXRpb24lM-kYyMjYlMkYzMjcyNTQlMkZhcnRjbFZpZXcuZG8lM0Y%3D

_____(2019). 출입국·외국인정책 통계월보, 2019년 6월호. 법무부.

_____(2022.07.25.). 법무부, 지자체 수요 기반의 지역특화형 비자 시범 실시 보도자료. 법무부.

_____(2024.04.12.). 24년 1차 불법체류 외국인 정부합동단속 실시 보도자료. 법무부.

_____(2024.07.12.). 24년 1차 불법체류 외국인 정부합동단속, 약 1만 8천 명 출국 조치 보도자료. 법무부.

_____(2025.03.18.). 2024년 이민자 체류실태 및 고용조사 결과: 체류자격별 외국인의 한국생활 보도자료. 법무부.

_____(2025.04.02.). 광역형 비자, 탑티어(Top-Tier) 비자 보도자료. 법무부.

_____(2025.04.09.). '25년 1차 불법체류 외국인 정부합동단속 실시 보도자료. 법무부.

법무부 출입국·외국인정책본부(2018). 제3차 외국인정책 기본계획(2018-2022). 법무부 출입국·외국인정책본부.

_____________________(2020). 2019 출입국·외국인정책 통계연보. 법무부 출입국·외국인정책본부.

_____________________(2023). 제4차 외국인정책 기본계획. 법무부 출입국·외국인정책본부.

_____________________(2024). 제4차 외국인정책 기본정책(2023~2027). https://www.immigration.go.kr/immigration/1607/subview.do

_____________________(2025a). 사증발급 안내매뉴얼(2025). 법무부 출입국·외국인정책본부.

_____________________(2025b). 이민정책/난민. https://www.immigration.go.kr/immigration/1519/subview.do

_____________________(2025c). 출입국·외국인정책 통계월보, 2025년 3월호. 법무부 출입국·외국인정책본부.

_____________________(2025d). 출입국·외국인정책 통계월보, 2025년 4월호. 법무부 출입국·외국인정책본부.

_____________________(2025e). 출입국·외국인정책 통계월보, 2025년 5월호. 법무부 출입국·외국인

정책본부.

__________________(2025f). 출입국통계: 체류외국인. https://www.moj.go.kr/moj/2412/subview.do

변경원, 최승은(2015). 이야기를 통해 타자와 교류하는 주체: Taylor의 인정 이론을 넘어 Ricoeur의 이야기 정체성을 통한 결혼이주여성의 정체성 형성 가능성. 교육문화연구, 21(4), 37-59.

보건복지부(2022a). 2022년 긴급복지지원사업 안내. 보건복지부.

________(2022b). 2022년도 보육사업안내. 보건복지부.

________(2022c). 2022년 아동수당 사업안내. 보건복지부.

부산상공회의소(2025.01.15.). 부산지역 기업체 외국인 유학생 채용 관련 인식 및 의견 조사. 부산상공회의소.

서미경, 김영란, 박미은(2015). 사회복지 윤리와 철학. 양서원.

서종남(2011). 다문화교육의 이론과 실제. 한국사회과학교육연구회.

석인선, 황기식(2019). 제주 예멘 난민사태와 인간안보: 사회통합방안을 중심으로. 민족연구, 74, 92-115.

설규주(2012). 문화다양성 교육을 위한 커리큘럼 및 매뉴얼 개발 연구. 제2회 문화다양성 교육 심포지엄 자료, 21-28.

설동훈(1996). 한국사회의 외국인 노동자에 대한 사회학적 연구: 외국인 노동자 유입과 적응을 중심으로. 서울대학교 대학원 박사학위논문.

설동훈(2020). 이주노동자의 시티즌십 보장의 위하여. 보건복지포럼, 2021(5), 2-6.

설동훈, 한건수(2005). 국제결혼 이주여성 실태조사 및 보건복지지원 정책 방안. 보건복지부.

성수나, 김중혁(2022). 이주노동자 차별대우금지의 국제법적 근거와 인권침해 개선방안 연구. 마인드 교육, 1(1), 115-143.

성정현, 김혜미, 김희주, 박동성, 이창호, 홍석준(2020). 사회복지와 문화다양성. 공동체.

세바시 강연(2018.08.13.). 차이가 차별이 되지 않으려면 | 수잔 샤키야 방송인 | 차별 편견 다문화 강연 | 세바시 955회. 유튜브. https://youtu.be/CZqy5DMxCHk

손진우(2019.09.09.). 이주노동자 발목 잡는 고용허가제, 폐지가 답이다. 오마이뉴스. https://www.ohmynews.com/NWS_Web/View/at_pg.aspx?CNTN_CD=A0002568920&CMPT_CD=SEARCH

송고(2012.02.07.). 하인스 워드 "한국방문 때가 가장 행복했다". 연합뉴스. https://www.yna.co.kr/view/AKR20120207198600007

송재룡(2009). 다문화주의와 인정의 정치학, 그리고 그 너머: 찰스 테일러를 중심으로. 사회이론, 35, 79-106.

신유리, 김경미, 유동철, 김동기(2013). 장애인의 사회적 배제 경험에 관한 질적 연구: 포커스 집단면접 활용을 중심으로. 사회복지연구, 44(2), 141-168.

심의경(2017). 사회복지실천론: 이론과 실제. 학지사.

안상수, 민무숙, 김이선, 이명진, 김금미(2012). 국민 다문화수용성 조사연구. 한국여성정책연구원 연구보고, 2012-02. 여성가족부.

양경은, 박송이, 고윤정(2020). 이주민 밀집지역 아동의 발달권 증진을 위한 지역사회 기반 연계 모델에 관한 연구. 초록우산 어린이 재단.

양계민, 변수정, 조혜영, 김이선, 이민영(2020). 포용사회 구현을 위한 이주배경 아동·청소년 성장기회격차 해소방안 연구: 통계구축방안을 중심으로. 경제·인문사회연구회.

양정민, 김효순, 이무영, 정여주, 홍성례(2020). **새롭게 배우는 사회복지실천론**. 학지사.

양진하(2019.10.21.) 주한 외교관 '동성배우자' 지위 인정한 청와대. **한국일보**. https://www.hankookilbo.com/News/Read/201910201790755799 (2025.02.14. 인출)

엄명용, 김성천, 오혜경, 윤혜미(2020). **사회복지실천의 이해**(4판). 학지사.

엄한진(2006). 전 지구적 맥락에서 본 다문화주의 이민논의. **한국사회학회 사회학대회 논문집, 2006**(12), 111-113.

_____(2009). 프랑스 사회통합모델의 특수성과 다문화주의의 도전. **이주사학회, 1**, 47-74.

여성가족부(2021). **2021년 가족사업안내**. 여성가족부.

_________(2022). **2021년 전국다문화가족 실태조사**. 여성가족부.

_________(2023). **제4차(23~27) 외국인정책 기본계획**. 여성가족부.

_________(2024). **제4차 다문화가족정책 기본계획(2023~2027)**. 여성가족부.

_________(2025). 아이돌봄지원사업. https://www.mogef.go.kr/sp/fam/sp_fam_f005.do (2025.07.30. 인출)

연합뉴스TV(2019.07.15.). [뉴스프리즘] 다문화가정은 '우리 이웃'… "편견·차별은 여전"/연합뉴스TV(YonhapnewsTV). **유튜브**. https://www.youtube.com/watch?v=do21HfVaISs

염철현(2006). 미국 고등교육기관에서 적극적 차별수정정책의 적용에 따른 연방법원의 판결 및 시사점. **비교교육연구, 16**(1), 137-138.

오병훈(2015). 한국 난민정책의 문제점과 개선방안. **정책개발연구, 15**(1), 69-65.

오승진(2018). 한국의 난민 수용 관행과 방향에 관한 연구. **경희법학, 53**(3), 389-414.

우수명, 주경희, 김희주(2015). **다문화사회복지개론**. 양서원.

_________________(2021). **사회복지와 문화다양성**(제2판). 양서원.

유네스코 아시아태평양 국제이해교육원(2015). **유네스코가 권장하는 세계시민교육 교수학습 길라잡이**. 유네스코 아시아태평양 국제이해교육원.

유엔난민기구(UNHCR) (2023). UNHCR's Global Trends Reports 2023. (2025.06.15. 인출). https://www.unhcr.org/kr/

_________________ (n.d.). 1951년 난민의 지위에 관한 협약 및 1967 의정서. (2025.06.03. 인출)

윤인진(2008). 한국적 다문화주의의 전개와 특성: 국가와 시민사회의 관계를 중심으로. **한국사회학, 42**(2), 72-103.

_____(2018). **재외동포 사회의 현황과 정책과제**. 북코리아.

윤자호(2021). 한국 이주노동자 실패와 고용허가제 전환: 비전문취업자(E-9), 방문취업자(H-2)를 중심으로. ***KLSI Issue Paper(1)***, 한국노동연구원.

이경수(2019). 프랑스어 교육에서 상호문화 개념의 이해. **프랑스학연구, 90**, 185-206.

이규용(2014). 고용허가제 10주년 성과 및 향후 정책과제. **고용노동부 고용허가제 10주년 평가 토론회 자료**(2014.08.14.).

_____(2020). 외국인 비합법 체류 및 고용실태. 월간노동리뷰, 4, 30-49.

이기용(2024). 예비중등교사의 다문화 경험이 다문화 효능감에 미친 영향 관계에서 다문화 인식의 매개효과. 문화교류와 다문화교육(구 문화교류연구), 13(1), 123-145.

이기용, 박창언(2014). 예비 중등교사의 다문화 인식이 다문화 효능감에 미치는 영향. 수산해양교육연구, 26(5), 1026-1036.

이나빈, 안현의(2016). 생태체계이론에 기반한 재난피해자들의 외상 후 스트레스 장애 관련변인 메타분석. 한국심리학회지, 35(4), 525-562.

이륜, 장경원(2016). 학교의 다문화교육 평가도구 개발. 한국교육, 43(02), 99-125.

이민경(2015). 거꾸로 교실, 잠자는 아이들을 깨우는 수업의 비밀. 살림터.

이민정책연구원(2024a). 외국인 유학생의 졸업 후 한국 취업 및 귀국 계획. 월간 노동리뷰, 2024-5월호.

__________(2024b). 국내 유학생의 졸업 후 체류 및 취업 의사. MRTC 통계브리프, 2024-12.

이산호(2008). 프랑스의 다문화 현황과 정책. 중앙대학교 문화콘텐츠기술연구원 학술대회, 35-42.

이상주, 전미숙(2016). 국가 간 다문화정책 비교연구. 한국인간복지실천연구, 16, 209-235.

이순배, 공명숙, 김정훈, 조윤희(2014). 한국사회의 다문화현상 이해. 공동체.

이연옥(2016). 미등록 외국인근로자의 법적 지위와 관련 정책의 문제점. 다문화콘텐츠연구, 21, 7-42.

이영민, 이연주(2017). 중등 사회과에서 다문화교육과 상호문화교육의 상호보완성 연구: 교사들의 인식을 중심으로. 한국지리환경교육학회지, 25(2), 75-87.

이용재(2015). 한국의 재외동포 정책의 과정과 과제. 민족연구, 61, 4-25.

이용재, 박단(2011). 프랑스의 열정: 공화국과 공화주의. 아카넷.

이원숙, 임수정(2020). 사회복지실천론. 학지사.

이윤주, 김명광(2023). 외국인 유학생의 한국 정주 체류 장벽 고찰 연구. 글로벌교육연구, 15(4), 107-134.

이인수, 안진경, 배선희, 노미화, 허미정(2015). 다문화청소년 및 부모대상 상담프로그램 개발 연구. 여성가족부.

이정우(2007). 다양한 인종·민족 집단에 대한 예비교사의 고정관념: 사회과 예비교사 교육에의 함의. 시민교육연구, 39(1), 153-178.

이정환, 이성용(2007). 외국인 노동자의 이주 특성과 연구동향. 한국인구학, 30(2), 147-168.

이향규, 양승주, 박성춘, 김옥순, 이슬기, 김진서(2013). 청소년을 위한 다문화 감수성 증진 프로그램 개발 연구. (재)이주배경청소년지원재단.

이현주, 이미정(2019). 외국인 유학생을 위한 국내 지원 정책 연구. 인문사회 21, 10(4), 235-250.

이혜경, 진용일, 신영태, 엄진영, 송영호(2018). 외국인 단기 계절근로자 제도 실태분석 및 종합개선 방안 연구. 한국이민학회 최종보고서.

이희영(2010). 새로운 시민의 참여와 인정투쟁: 북한이탈주민의 정체성 구성에 대한 구술 사례 연구. 한국사회학, 44(1), 207-241.

임신웅(2023). 새로운 다문화사회의 이해와 실천. 교육과학사.

임연서(2024.10.30.). 22대 첫 국감 이후… 전문대학가, '외국인 유학생 정책' 현실적 지원 방안 들어봤더니. 한국대학신문. https://news.unn.net/news/articleView.html?idxno=570090

장미야(2022). 이주와 글로벌가족. 한국학술정보.

_____(2023). 다문화와 컬리티. 양서원.

장안식, 신태중, 박정우, 최진혁, 김혜영, 송유림(2023). 임금체불 피해 이주노동자 실태 및 구제를 위한 연구용역. 국가인권위원회.

장인실(2006). 미국 다문화 교육과 교육과정. 교육과정연구, 24(4), 27-53.

장인실, 모경환, 김윤주, 박철희, 임은미, 조현희, 함승환(2022). 다문화교육. 학지사.

장인실, 박영진, 전경자, 조운정, 박경희, 김주현, 최정은(2020). 다문화 주제중심 프로젝트학습자료 개발. 한국다문화교육연구원.

장인실, 이현주, 조현희, 강수정, 이은혜, 우라미(2020). 레인보우스쿨 특화교육 프로그램 개발. 무지개청소년센터 이주배경청소년지원재단.

장한업(2009). 프랑스의 이민정책과 상호문화교육. 불어불문학연구, 79(가을호), 633-656.

재외동포청(n.d.a). 보도자료. https://www.oka.go.kr/web/board/brdList.do?menu_cd=000018

_________(n.d.b). 재외동포 현황 총계. https://www.oka.go.kr/web/content.do?menu_cd=000101

전형권(2014). 다문화주의의 정치사상적 쟁점: 정의와 인정 그리고 소통으로서의 다문화 정치. 21세기정치학회보, 24(1), 245-268.

전형우(2025.01.31.). 한국서 나고 자랐는데…'3천 명' 쫓겨날 위기. SBS. https://v.daum.net/v/20250131204819694

정기선, 김석호, 고지영, 이규용, 이혜경, 이창원, 최서리(2013). 2013년 체류외국인 실태조사: 고용허가제와 방문취업제 외국인의 취업 및 사회행활(코드북). 법무부 출입국·외국인정책본부.

정미라(2005). 문화다원주의와 인정윤리학. 범한철학, 36(1), 211-233.

정상우, 이원선(2022). 고려인 중도입국청소년에 대한 한국어교육 개선 방안. 문화교류와 다문화교육, 11(6), 121-148.

정소희(2020.12.29.). [한파경보 내려진 날 숨진 이주노동자] '간경화' 부검 결과에, 노동·사회단체 "사인규명, 재발방지책" 요구. 매일노동뉴스. https://www.labortoday.co.kr/news/articleView.html?idxno=200579

정안숙(2015). 현대한국사회에서 공동체 심리학의 역할: 공동체 심리학의 핵심 가치를 중심으로. 한국심리학회지, 34(3), 667-683.

정영근(2001). 세계화시대 상호문화교육의 목표와 과제: 한국의 세계화교육에 대한 반성적 고찰. 한독교육학연구, 6(1), 1-18.

정진경, 양계민(2004). 문화적응이론의 전개와 현황. 한국심리학회지, 23, 101-136.

정필운, 박선웅(2019). 문화상대주의와 인권의 보편성 논쟁: 인권이론과 인권교육에 대한 시사점을 중심으로. 연세법학, 34, 97-117.

조세은, 김혜미(2022). 여성 결혼이민자의 이혼 한국생활에 대한 경험 연구. 한국이민정책학보, 5(1), 85-107.

조옥라, 박재문, 설동훈, 신광영, 이송희, 이은주, 정민자, 조은, 조희금, 최병두(2006). 다문화 개방사회를 위한 사회정책연구. 빈부격차차별시정위원회 연구과제보고서. 대통령자문 빈부격차 차별시정위원회.

조은희(2025). 난민법상 가족재결합과 가족결합에 의한 난민인정: 우리나라와 독일법의 비교검토. 국제법무, 17(1), 333-368.

조정아, 임순희, 정진경(2006). 새터민 문화갈등과 문화적 통합방안. 한국여성개발원, 통일연구원 연구보고서. 한국여성개발원.

조현진(2006.03.27.). 美·유럽, '反 이민법' 배경은. KBS 뉴스. https://news.kbs.co.kr/news/pc/view/view.do?ncd=856343

주진우(2018). 서울시 이주노동자 실태와 노동권 보호 방안. 서울연구원 정책리포트, 248, 1-17.

차옥숭(2013). 이주노동자들의 실태와 문제점 해결 방안 모색: 남양주 가구단지를 중심으로. 한국사회역사학회, 16(2), 165-193.

찾기쉬운생활법령정보(2025.08.15.). 아르바이트: 시간제 근로. https://www.easylaw.go.kr/CSP/CnpClsMain.laf?popMenu=ov&csmSeq=508&ccfNo=3&cciNo=7&cnpClsNo=1

채형복(2007). 외국인노동자의 자유이동에 관한 EU의 규제: 이주노동자를 중심으로. 한국법제연구원, 외국인근로자 고용제도의 바람직한 모색, 제2주제 발표문.

천영준(2024.10.21.). 충북도 'K-가디언' 제도 도입… "유학생 안정 정착 돕는다". 충북일보. https://www.inews365.com/news/article.html?no=835739

천정웅, 남부현, 김태현, 한승희, 박주현(2015). 현대사회와 문화다양성 이해. 양서원.

천정웅, 박선희, 이태숙(2020). 사회복지 윤리와 철학. 양서원.

최명민, 이기영, 김정진, 최현미(2015). 다문화사회복지론. 학지사.

____________(2016). 다문화사회복지론. 학지사.

최문희(2014.08.18.). 캐나다의 '모자이크 프로젝트', EBS와 다문화가족 이야기 '어느 독학생들' 제작. 여성가족. EBS. http://www.wsobi.com/news/articleView.html?idxno=21839

최서리, 현채민(2018). 국내 외국인선원(E-10) 체류관리의문제점과 개선방안. IOM이민정책 연구원 이슈브리프, 2018-3. IOM이민정책 연구원.

최영미(2023). 미등록 이주노동자 생활세계에 관한 탐색적 연구: 화성시 미등록 이주노동자를 중심으로. 현대사회와 문화, 13(1), 107-126.

최종렬, 김정규, 임운택, 최인영(2008). 다문화주의의 이론과 패러다임과 국가별 유형 비교. 한국여성정책연구원.

최해경(2017). 사회복지실천론. 학지사.

최혜지(2019). 이주민의 사회적 배제: 세대 간 전이와 민족 계급화를 중심으로. 집문당.

최혜지, 김경미, 정순둘, 박선영, 장수미, 박형원, 배진형, 박화옥, 안준희(2013). 사회복지실천론. 학지사.

캐나다 연방정부(2024.11.15.). New International Student Program regulations take effect 보도자료. https://www.canada.ca/en/immigration-refugees-citizenship/news/2024/11/new-international-student-program-regulations-take-effect.html (2025.04.10. 인출)

통계청(2024). 2023년 다문화 인구동태 통계. 통계청. https://kostat.go.kr/board.es?mid=a10301020300&bid=204&act=view&list_no=433604 (2025.06.05. 인출)

______(2025). 인구상황판(2025.07.01. 기준). https://kosis.kr/visual/populationKorea/PopulationDash-BoardMain.do

통일부(2024). 2024년 북한이탈주민 실태조사 보도자료. 통일부.

______(2025). 주요사업통계. 통일부.

______(2025.05.02.). 2025년 북한이탈주민 정착지원 시행계획 수립 보도자료. https://www.unikorea.go.kr/unikorea/news/release/?boardId=bbs_0000000000000004&mode=view&cntId=55762&-category=&pageIdx=

______(n.d.a). 입국 및 정착과정. https://unikorea.go.kr/unikorea/business/NKDefectorsPolicy/status/entry

(n.d.b). 지원정책의 변천과정. https://unikorea.go.kr/unikorea/business/NKDefectorsPolicy/status/history

______(n.d.c). 지원제도. https://unikorea.go.kr/unikorea/business/NKDefectorsPolicy/settlement/System

하진기(2018). 단일민족의식이 다문화한국사회의 인종계층화형성에 미치는 영향과 그 함의. 다문화와 평화, 12(2), 51-74.

한건수, 설동훈(2007). 이주자가 본 한국의 정책과 제도. 한국여성정책연구원.

한경구, 김종훈, 이규영, 조대훈(2015). SDGs 시대의 세계시민교육 추진방안. 유네스코 아시아태평양 국제이해교육원.

한국건강가정진흥원(2025). 전국 가족센터의 사업운영 및 사업영역. https://www.familynet.or.kr/web/lay1/S1T296C339/contents.do

한국난민인권연구회(2018). 한국에서 난민으로 살아가기. 난민인정자 처우 현황 보고대회 자료집.

한국대학신문(2024.06.24.). [연재기획 '해외 유학생 유치, 지금부터 시작이다'] ②유학생 유치를 위한 지자체의 역할과 지역사회 참여. 한국대학신문. https://news.unn.net/news/articleview.html?idxno=564961

한국이주민건강협회(2021). 이주민지원단 채용 이주노동자 정신건강 현황. http://www.wefriends.org/bbs/board.php?bo_table=story

한국청소년정책연구원(2024). 레인보우스쿨 발전 방안 연구. 이주배경청소년지원재단.

한승준(2008). 다문화사회 이행단계별 거버넌스 전략에 관한 연구. 국정관리연구, 3(2), 99-122.

한영빈(2015). 독일의 이주통합정책 패러다임 전환과 성과에 대한 고찰. 다문화사회연구, 8(1), 39-70.

해사경제신문(2024.12.16.). 2025년 선원 최저임금 월 2,614,810원으로 결정. 해사경제신문. http://www.ihaesa.com/news/article.html?no=84875#:~:text=

행정안전부(2024). 다문화가족 국민기초생활보장 수급 비율. 행정안전부.

허영식(2017). 다양성과 세계시민교육. 박영스토리.

허영식, 김진희(2013). 간문화능력과 간문화교육에 대한 동향과 함의: 독일의 사례를 중심으로. 한독사회과학논총, 23(3), 31-61.

허영식, 정창화(2012). 프랑스와 독일의 사회통합정책 비교분석. 한독사회과학논총, 22(1), 71-98.

황성동, 임혁, 윤성호(2012). 다문화교육 프로그램의 효과성 검증. 한국사회복지학, 64(1), 125-150.

Ch B tv 서울(2025.05.22.). [심층] 외국인 유학생 '21만 시대'…한국 사회 과제는? 유튜브. https://www.youtube.com/watch?v=9jhJDHkPIwU

EKW(이코리아월드) 동포세계신문(2025.02.03.). 미등록 외국인 자녀 문제, 만료 앞둔 체류허가 신고기간, 어떻게 되나?. EKW(이코리아월드) 동포세계신문. https://www.ekw.co.kr/news/articleView.html?idxno=12031

KBS Entertain(2022.08.02.). [선공개] 마음속 깊은 상처로 남아버린 한마디… 다문화 가정이라는 이유로 받는 괴로움 [오케이? 오케이!] l KBS 방송. 유튜브. https://www.youtube.com/watch?v=C_x13rtHiUg

Korea Weekly(2008.06.21.). '내년부터 한층 강화된 유학생관리시스템 시행' 이민당국, 비자규정 위반 여부 및 미국내 학교 등록 기록 일원화. *Korea Weekly*. https://www.koreaweeklyfl.com/news/cms_view_article.php?aid=8120

국외 서적

Abdelkader, E. (2017). A comparative analysis of European Islamophobia: France, UK, Germany, Netherlands ans Sweden. *Journal of Islamic and Near Eastern Law, 16*(1), 29-54.

Ahn, J-H. (2012). Transforming Korea into a multicultural society: Reception of multiculturalism discourse and its discursive disposition in Korea. *Asian Ethnicity, 13*(1), 97-109.

American Counseling Association(ACA) (1990). *Ethical standards casebook*(4th ed.). American Association for Counseling and Development.

______________________ (2017). Multicultural guidelines: An ecological approach to context, identity, and intersectionality[ACA 다문화상담, 교육, 연구를 위한 지침].

American Psychological Association(APA) (2003). Guildelines on multicultural education, training, research, practice, and organizational change for psychologists. *American Psychologist, 58*(5), 377-402.

______________________ (2017). Ethical principles of psychologists and code of conduct. 심리학자의 윤리 원칙 및 행동 강령. https://www.apa.org/ethics/code/ethics-code-2017.pdf

Azmitia, M. (2015). Reflections on the cultural lenses of identity development. In K. C. McLean, & M. Syed(Eds.), *The Oxford handbook of identity development*(pp. 286-296). Oxford University Press.

Baker, B. D., & Green, P. C. (2008). Conceptions of equity and adequacy in school finance. In H. F.

Ladd, & E. B. Fiske(Eds.), *Hankbook of research in education finance and policy*(pp.203-221). Routledge.

Banks, J. A. (1988). *Multiethnic education: Theory and practice*. Allyn and Bacon, Inc.

__________ (1993). Approachs to multicultural curriculum reform. In J. A. Banks, & C. A. Banks (Eds.), *Multicultural education: Issues and perspectives*(pp. 195-214). Allyn And Bacon.

__________ (1995). Multicultural education: Historical development, dimensions, and practice. In J. A. Banks, & C. A. M. Banks(Eds.), *Handbook of research on multicultural education*(pp. 3-24). Macmillan.

__________ (2001). *Handbook of research on multicultural education*. Jossey-Bass Publishers.

__________ (2004). Multicultural education: Historical development, dimensions, and practice. In J. A. Banks, & C. A. M. Banks(Eds.), *Handbook of research on multicultural education*(2nd ed., pp. 3-29). Jossey-Bass.

__________ (2007). Multicultural education characteristics and goals. In J. A. Bands, & C. A. Banks(Eds.), *Multicultural education: Issues and perspectives*(6th ed., pp. 3-30). Wiley & Sons.

__________ (2008). *An introduction to multicultural education*(4th ed.). Pearson/Allyn and Bacon.

__________ (2010). 다문화교육 입문[*An introduction to multicultural education*(4th ed.)]. (모경환, 임정수, 이경윤 공역). 아카데미프레스. (원저 출판 2008년)

__________ (2011). 다문화교육: 현안과 전망[*Multicultural education: Issues and perspectives*(7th ed.)]. (차윤경, 부향숙, 윤용경 공역). 박학사. (원저 출판 2010년)

__________ (2016). 다문화교육 입문[*An introduction to multicultural education*(5th ed.)]. (모경환, 최충옥, 김명정, 임정수 공역). 아카데미프레스. (원저 출판 2014년)

__________ (Ed.) (2004). *Diversity and citizenship education: Global perspectives*. Wiley.

Banting, K., & Kymlicka, W. (2003). Do multiculturalism policies erode the welfare state?, *LIS Working Paper Series, 366*. Luxembourg Income Study.

Barber, J. G. (1991). *Beyond case work*. BASW/Palgrave Macmillan.

Barrett, M. (Ed.) (2013). *Interculturalism and multiculturalism: Similarities and differences*. Council of Europe Publishing.

Barro, R. J., Martin, X. S., & Mankiw, N. G. (1992). Capital mobility in Neoclassical Models of growth. *The American Economic Review, 85*, 103-115.

Bennett, C. I. (2006). *Comprehensive multicultural education: Theory and practice*(6th ed.). Allyn and Bacon.

__________ (2007). *Comprehensive multicultural education: Theory and practice*(6th ed.). Allyn and Bacon.

__________ (2009). 다문화교육: 이론과 실제[*Comprehensive multicultural education: Theory and practice*]. (김진호, 신인순, 안선영, 이경화, 이채식, 전성민, 조아미, 최상호, 최순종 역). 학지사. (원저 출판 2006년)

__________ (2011). ***Comprehensive multicultural education: Theory and practice***(7th ed.). Allyn and Bacon.

Bereiter, J. (2007). Psychiatric evaluation of children and adolescents: It takes time. ***Psychiatric Times, 24***(6), 69.

Berkes, L. (2010). The development and meaning of the concept of multiculturalism. ***International Relations Quarterly, 1***(4), 1-6.

Berry, J. W. (1990). Psychology of acculturation. In J. Berman(Ed.), ***Cross-cultural perspectives: Nebraska symposium on motivation***(pp. 201-234). University of Nebraska Press.

__________ (1997). Immigration, acculturation, and adaptation. ***Applied Psychology: An International Review, 46***(1), 5-34.

__________ (2001). A psychology of immigration. ***Journal of Social Issues, 57***(3), 615-631.

__________ (2005). Acculturation: Living successfully in two cultures. ***International Journal of Intercultural Relations, 29***, 607-712.

Berry, J. W., Poortinga, Y. H., Segall, M. H., & Dasen, P. R. (1992). ***Cross-cultural psychology: Research and applications.*** Cambridge University Press.

Berry, J. W., & Sam, D. L. (1997). Acculturation ans adaptation. In J. W. Berry, M. H. Segall, & C. Kagitcibasi(Eds.), ***Handbook of cross-cultural psychology***(2nd ed., Vol. 3, pp. 291-326). Allyn and Bacon.

Bloom, M. (1975). ***Paradox of helping: Introduction to the philosophy of scientific helping.*** John Wiley and Sons.

Brighouse, H. (2021). 시민교육의 이해[***On education***]. (모경환, 김해성, 김재우 역). 교육과학사. (원저 출판 2006년)

Campbell, D. (2010). ***Choosing democracy: A practical guide to multicultural education***(4th ed.). Pearson Education.

Cashmore, E. (1996). ***Dictionary of race and ethic relations.*** Routledge.

CBC News (2006.10.11.). In depth immigration Chinese head tax FAQs. ***CBC News.*** https://www.cbc.ca/news2/background/immigration/headtax.html (2025.08.27. 인출)

Cha, Y.-K., & Ham, S.-H. (2012). Constructive teaching and intra-school collaboration among teachers in South Korea: An uncertainty management perspective. ***Asia Pacific Education Review, 13***(4), 635-647.

Chandler, M. J., Lalonde, C. E., Sokol, B. W., Hallett, D., & Marcia, J. E. (2003). Personal persistence, identity development, and suicide: A study of native and non-native North American Adolescents. ***Monographs of the Society for Research in Child Development, 68***, 1-138.

Childress, J. F. (1981). ***Priorities in biomedical ethics.*** West-minister Press.

Chin, R. (2017). *The crisis of multiculturalism in Europe*. In the crisis of Multiculturalism: In Europe, Princeton University Press.

Choi, S., & La, S. (2019). Multicultural counseling in South Korea: Exploration and development of culture-specific competence indicators. *The Counseling Psychologist, 47*(3), 444-472.

Choudhuri, D. D., Santiago-Rivera, A., & Garrett, T. L. (2015). 다문화상담[*Counseling & diversity*]. (오인수 역). 박학사. (원저 출판 2012년)

Cochran-Smith, M., Barnatt, J., Lahann, R., Shakman, K., & Terrell, M. G. (2004). *Walking the road: Race, diversity, and social justice in teacher education*. Teachers College Press.

Constantine, M. G., Hage, S. M., Kindaichi, M. M., & Bryant, R. M. (2007). Social justice and multicultural issues: Implications for the practice and training of counselors and counseling psychologists. *Journal of Counseling and Development, 85*(1), 24-29.

Council on Social Work Education (2015). *Educational Policy and Accreditation Standards for baccalaureate and master's social work programs(EPAS)*. Council on Social Work Education.

Croft, S., & Beresford, P. (2000). Empowerment. In M. Davis(Ed.), *The Blackwell Encyclopedia od social work*(pp. 116-118). Blackwell.

Davies, I., Evans, M., & Reid, A. (2010). Globalising citizenship education: A critique of global education and citizenship education. *British Journal of Education Studies, 53*(1), 69-89.

Davis, P., & Donald, B. (1997). *Multicultural counseling competencies: Assessment, evaluation, education and training, and supervision*. Sage Publications.

Diller, J. V. (2007). *Cultural diversity: A primer for the human services*. Brooks/Cole.

Donna M. G., & Chinn, P. C. (2012). 다문화교육개론[*Multucultural education in a pluralistic society* (8th ed.)]. (염철현 역). 한울. (원저 출판 2009년)

Drachman, D., & Ryan, A. S. (2001). Immigrants and refugees(pp. 651-686). In A. Gitterman(Ed.), *Handbook of social work practice with vulnerable and resilient populations*. Colombia University Press.

Faller, K. (Ed.) (2007). *Interviewing children about sexual abuse: Controversies and best practice*. Oxford University Press.

Fontes, L. A. (2008). *Child abuse and culture: Working with diverse families*. Guilford Press.

__________ (2016). 다문화상담 면접 기법: 다문화 면담의 준비 과정에서 보고서 작성까지[*Interviewing clients across cultures: A practitioner's guide*]. (강영시 역). 하지사. (원저 출판 2008년)

Garcia, R. L. (1978). *Fostering a pluralistic society through multi-ethnic education*. Phi Delta Kappa.

Garfield, S. L. (1995). The therapeutic alliance: A historical perspective. *Psychotherapy: Theory, Research, Practice, Training, 32*(1), 1-11.

Gay, G. (2002). Preparing for culturally responsive teaching. *Journal of Teacher Education, 53*(2), 106-116.

Geertz, C. (1973). *Interpretation of culture*. Basic Books.

_________ (1999). *The interpretation of the culture*. Shanghai Population Press.

Gill, S. K. (2013). *Language policy challenges in multi-ethnic Malaysia*(Vol. 8). Springer Science & Business Media.

Glazer, N. (1997). *We are all Multiculturalists now*. Harvard University Press.

Gollnick, D. M., & Chinn, P. C. (1986). *Multicultural education in a pluralistic society*(2nd ed.). Merrill.

_________________________ (2012). 다문화교육개론[*Mrlticultural education in a pluralistic society*(8th ed.)]. (염철현 역). 한울. (원저 출판 2009년)

Goodman, L. A., Liang, B., Helms, J. E., Latta, R. E., Sparks, E., & Weintraub, S. R. (2004). Training counseling psychologists as social justice agents: Feminist and multicultural principles in action. *The Counseling Psychologist, 32*(6), 793-837.

Gorny, A., & Kaczmarczyk, P. (2018). A known but uncertain path: The role of foreign labour in polish agriculture. *Journal of Rural Studies, 64*, 177-188.

Gorski, P. (2002). Dismantling the digital divide: A multicultural education framework. *Multicultural Education, 10*(1), 28-30.

Grant, L. (1993). Race and schooling of young girls. In J. Wrigley(Ed.), *Education and gender equality*(pp. 91-114). Falmer Press.

Hall, S. (1990). Cultural Identity and Diaspora. In J. Rutherford(Ed.), *Identity: Community, culture, difference* (pp. 222-237). Lawrence & Wishart.

Ham, S.-H., Kim, J., & Lee, S. (2020). Which schools are in greater need of culturally responsive leaders? A pedagogical uncertainty management perspective. *Multicultural Education Review, 12*(4), 250-266.

Hanvey, R. G. (1976). *An attainable global perspective*. Center for Global Perspectives in Education.

Hargreaves, A. (2013). Push, pull, and nudge: The future of teaching and educational change. In X. Zhu, & K. Zeichner(Eds.), *Preparing teachers for the 21st Century*(pp. 217-236). Springer.

Healy, L. M. (2010). 국제사회복지[*International social work*(2nd ed.)]. (노충래 역). 학지사. (원저 출판 2008년)

Heater, D. (2003). *A history of education for citizenship*. Routledge.

Heisler, B. S. (2008). The sociology of immigration: From assimilation to segmented assimilation, from American experience to the global arena. In C. B. Brettell, & J. F. Hollifield(Eds.), *Migration theory: Talking across disciplines*(pp. 83-111). Routeledge.

Hendricks, C. O. (2008). Culturally competeme social work practice. In E. P. Congress, & F. Chang-Muy(Eds.), *Social work with immigrants and refugees: Legal issues, clinical skills, and advocacy* (pp. 65-78). Springer Publishing Company.

Hesbol, K. A. (2013). Preparing leaders to reculture schools as inclusive. *Teaching and Teacher Education, 23*(8), 1317-1333.

Huang, L. M. (1997). Asian American adolescents(pp.175-195). In E. Lee(Ed.), *Working with Asian-Americans: A guide for clinicians*. Guilford.

Ife, J. (2001). 인권과 사회복지실천[*Human rights & social work*]. (김형식, 여지영 역). 인간과 복지. (원저 출판 2001년)

IOM(2024). International organization for migration.

James, C. E. (2000). *Experience diffirence*. Fernwood.

Jankowski, M., & Gujski, M. (2022). The public health implications for the refugee population, particularly in Poland, due to the war in Ukraine. *Medical Science Monitor: International Medical Journal of Experimental and Clinical Research, 28*, e936808-1.

Johnson, L. C., & Yanca, S. J. (2004). *Social work practice. A generalist approach*. Allyn and Baco.

Jordan, W. J. (2010). Defining equity: Multiple perspectives to analyzing the performance of diverse learners. *Review of Research in Education, 34*(1), 142-178.

Kennedy, M. M. (2005). *Inside teaching: How classroom life undermines reform*. Havard University Press.

Khalifa, M. A. (2018). *Culturally responsive school leadership*. Havard Education Press.

Kirst-Ashman, K. K., & Hull, G. H. Jr. (2018). *Understanding generalist practice*(8th ed.). Cengage Learning.

Klaus, W., & Szulecka, M. (2022). Departing or beimg deported? Pland's approach towards Humanitarian migrants. *Journal of Refugee Studies, 36*(3), 467-488.

Koopmans, R., Stantham, P., Giugni, M., & Passy, F. (2005). *Contested citizenship: Immigratioin and cultural diversity in Europe. Social movements, protest and contention*(Vol. 25). University of Minnesota press.

Krishan, A., & Berry, J. W. (1992). Acculturative stress and acculturation attitudes among Indian immigrants to the United States. *Psychology and Developing Societies, 4*, 187-212.

Kuah, A. T. (2010). Tropical urbanisation and the life of public housing in Singapore. *ETropic: Electronic Journal of Studies in the Tropics, 17*(1), 41-59.

Kuah, A. T., Kim, C. H., & Le Queue, S. (2021). Multiculturalism in Singapore and Malaysia: Approaches and outcomes. *Equality, Diversity and Inclusion An International Journal, 40*(3), 200-308.

Kymlicka, W. (2010). 다문화주의 시민권[*Multicultural citizenship*]. (장동진, 황민혁, 송경호, 변영환 공역). 동명사. (원저 출판 1995년)

____________ (2018) Liberal multiculturalism as a political theory of state-minority relations. *Political Theory, 40*(1), 81-91.

LaFromboise, T., Coleman, H., & Gerton, J. (1993). Psychological impact of biculturalism evidence and theory. *Psychological Bulletin, 114*(3), 395-412.

Lee, R. M. (2003). The transracial adoption paradox: History, research, and counseling implications of cultural socialization. *The Counseling Psychologist, 31*(6), 711-744.

Lévi-Strauss, C. (2010). 야생의 사고[*La pensée sauvage*]. (정한업 역). 한길사. (원저 출판 1962년)

LeVine, R. A. (1986). Properties of culture: An ethnographic view. In R. A. Sweder, & R. A. Levine (Eds.), *Culture theory: Essays on mild; self and emotion*. Cambridge University Press.

Lipka, J. (1994). Cuturally negotiated schooling: Toward a Yup'ik mathematics. *Journal of American Indian Education, 33*(3), 14-30.

Lipka, J., Yanez, E., & Andrew-Ihrke, D., & Adam, S. (2009). A two-way process for developing effective culturally based math: Examples from math in a cultural context. In B. Greer, S. Mukhhopadhyay, A. B. Powell, & S. Nelson-Barber(Eds.), *Culturally responsive mathematics education*(pp. 257-280). Routledge.

Lloyd, T. A., & Sirkeci, I. (2022). A long-time view of refugee flows from Ukraine: War, insecurities, and migration. *Migration Letters, 19*(4), 523-535.

Lum, D. (2003). *Culturally competent practice: A framework for understanding diverse groups and justice issues*. Brooks/Cole Thomson Learning.

_______ (2004a). *Social work practice and people of color: A process-stage approach*. Brooks/Cole.

_______ (2004b). The four skills of cultural diversity competence: A process for understanding and practice(2nd ed.). *Journal of Ethnic and Cultural Diversity in Social Work, 13*(1), 109.

MacCluskie, K. (2012). 현대 상담기술: 통합된 이론, 다문화주의 그리고 지각[*Acquiring c ounseling skills*]. (홍창희, 이숙자, 정정화, 정민 역). 학지사. (원저 출판 2010년)

Marshall, P. (2002). *Cultural diversity in our school*. Thomson Learning.

Marsiglia, F. F., Kulis, S. S., & Lechuga-Pena, S. (2021). *Diversity, oppression, and change: Culturally grounded social work*(3rd ed.). Oxford University Press.

Mason, A. (2018). The critique of multiculturalism in Britain: Integration, separation and shared identification. *Critical Review of International Social and Political Philosophy, 21*(1), 22-45.

Matusumoto, D. R. (2000). *Culture and psychology: Peoplearound the world*. Wadsworth.

Mayo-Smith, R. (1904). *Emigration & immigration*. Scribner.

McPhatter, A. R. (1997). Cutural competence in child welfare: What is it? How do we achieve it? What happens without it?. *Child Welfare, 76*(1), 255-278.

Mechultka, D. (2009). Mental health issues in new immigrant commuities. In E. P. Congress, & F. Chang-Muy(Eds.), *Social work with immigrants and refugees: Legal issues, clinical skills, and advocacy*(pp. 135-172). Springer Publishing Company.

Mikelatou, A., & Arvanitis, E. (2019). Multiculturalism in the European Union: A failure beyond redemption? *International Journal of Diversity in Organizations, Communities and Nations: Annual Review, 19*(1), 1-18.

Miley, K. K., O'Melia, M. W., & DuBois, B. L. (2007). ***Generalist social work practice: An empowering approach***(5th ed.). Pearson/Allyn & Bacon.

Mullender, A., & Ward, D. (1991). ***Self-directed groupwork: Users take action for empowerment***. Whiting & Birch.

Nakamura, D. (2014.11.20.). Obama acts on immigration, announcing decision to defer deportations of 4 million. ***The Washington Post***. https//www.washingtonpost.com/politics/obama-acts-on-immigration-announcing-decision-to-defer-deportations-of-4-million/2014/11/20/9a5c3856-70f6-11e4-8808-afaa1e3a33ef_story.html

NASW (2015). Standards for Cultural Competence in Social Work Practice. https://www.socialworkers.org

______ (2018). Multicultural Social Work Pracitce: MCSW 2018. http://www.socialworkers.org

National Policy Board for Educational Administration(2015). ***Professional standards for educational Leaders***. National Policy Board for Educational Administration.

Nieto, S. (1992). ***Affirming diversity: The sociopolitial context of multicultural education***. Longman.

Nieto, S., & Bode, P. (2011). 다문화교육: 현안과 전망[***Multicultural education: Issues and perspectives***(7th ed.)]. (차윤경, 부향숙, 윤용경 공역). 박학사. (원저 출판 2010년)

O'Hagan, K. (2001). ***Cultural competence in the caring professions: Rediscovering a 'forgotten' dimension***. Jessica Kingsley Publishers.

Pang, V. O. (2005). ***Multicultural education: A caring centered, reflective approach***(2nd ed.). McGraw Hill.

Park, R. E., & Burgess, E. W. (1921). ***Introduction to the science of sociology, including the original index to basic sociological concepts***. University of Chicago Press.

Pedersen, P., Draguns, J., Lonner, W., & Trimble, J. (2002). ***Counseling across cultures***(5th ed.). Sage.

Percy-Smith, J. (2000). ***Policy responses to social exclusion***. Open University Press.

Peterson, D. (2004). ***Cultural intelligence. A guide to working with people from other cultures***. Intercultural Press.

Ramsey, G. P., Vold, B. E., & Williams, R. L. (1989). ***Multicultural education: A source book***. Garland publishing, Inc.

Redfield, R., Lintion, R., & Herskovits, M. (1936). Memorandum on the study of acculturation. ***American Anthropologist, 38***, 149-152.

Ridley, C. R., Sahu, A., Console, K., Surya, S., Tran, V., Xie, S., & Yin, C. (2021). The process model of multicultural counseling competence. ***The Counseling Psychologist, 4994***, 534-567.

Rieser, L. (2009). Immigrant children and education. In F. Chang-Muy, & E. P. Congress(Eds.), ***Social work with immigrants and refugees: Legal issues, clinical skills, and advocacy***(pp. 209-234). Springer Publishing Company.

Robinson, D. T., & Morris, J. R. (2000). Multicultural counseling: Historical context and current training considerations. *The Western Journal of Black Studies, 24*(4), 239-253.

Robinson, K. C., & McDougall, P. P. (1998). The impact of alternative operationalizations of industry structural elements on measures of performance for entrepreneurial manufacturing ventures. *Strategic Management Journal, 19*(11), 1079-1100.

Rolland, J. S. (1994). *Families, illness, and disability: An integrative treatment model.* Basic Books.

Room, G. (1995). Poverty and social exclusion: The New European Agenda for policy and research. In G. Room(Ed.), *Beyond the Threshold: The measurement and analysis of social exclusion*(pp. 1-9). Policy Press.

Scholten, P., & Geddes, A. (2016). The politics of migration and immigration in Europe. *The Politics of Migration and Immigration in Europe*, 1-288.

Silver, H. (1994). Social exclusion and social: Three paradigms. *International Labour Review, 133*, 531-578.

Sirkeci, L., DeTona, C., Losides, T., & Frisia, A. (Eds.) (2019). *Reader in qualitative methods in migration research.* Transnational Press London.

Sleeter, C. E., & Grant, C. A. (2009). 다문화교육의 탐구: 다섯 가지 방법들[*Making choices for multicultural education: Five approaches to race, class and gender*]. (문승호, 김영천, 정정훈 공역). 아카데미프레스. (원저 출판 2007년)

Smith, S. B. (2009). Social work and physicla health issues of immigrants. In F. Chang-May, & E. P. Congress(Eds.), *Social work with immigrants and refugees: Legal issues, clinical skills, and advocacy*(pp. 103-134). Springer Publishing Company.

Sowell, T. (2004). *Affirmative around the world: An empirical study.* Yale UniversityPress.

Sue, D. W. (1999). *Multicultural social work practice.* Willey.

__________ (2001). Multidimensional facets of cultural competence. *Counseling Psychologist, 29*(6), 791-821.

__________ (2004). Whiteness ans ethnocentric monoculturism: Making the invisible visible. *American Psychologist, 59*, 759-769.

__________ (2006). *Multicultural social work practice.* Willy.

__________ (2010). The Multidimensional Model of Cultural Competence. *Journal of Counseling and Development, 88*(1), 43-56.

__________ (2011). *Counseling the culturally diverse: Theory and practice*(6th ed.). John Wiley & Sons.

Sue, D. W., Arredondo, P., & McDavis, R. J. (2003). *Multicultural counseling competencies: Individual and organizational development.* Sage Publications.

Sue, D. W., Rasheed, M. N., & Rasheed, J. M. (2016). *Multicultural social work practice: A competency-based approach to diversity and social justice*(2nd ed.). John Wiley & Sons.

Sue, D. W., & Sue, D. (1990). *Counseling the culturally different.* John Wiley & Sons, Inc.

__________ (2011). 다문화상담-이론과 실제[*Counseling the culturally diverse: Theory and practice*(5th ed.)]. (하혜숙, 김태호, 김인규, 이준호, 임은미 공역). 학지사. (원저 출판 2008년)

Sue, D. W., & Torino, G. C. (2005). Racial-cultural competence: Awareness, knowleg and skills. In R. T. Carter(Ed.), *Handbook of racial-cultural psychology and conseling*(pp. 3-18). Wiley.

Taft, R. (1977). Coping with unfamiliar cultures. In N. Warren(Ed.), *Studies in cross-cultural psychology*(pp. 121-153). Academic Press.

Tajfel, H. (1981). *Human groups and social categories: Studies in social psychology.* Cambridge University Press.

Taylor, C. (1973). *Explanation in social science*. Harvard University Press.

__________ (1994a). *Examination the politics of recognition*. Prineton University Press.

__________ (1994b). The Politics of recognition. In A. Gutmann(Ed.), *Multiculturalism and the ploitics and recognition*. Princeton University Press.

The White House (2025.01.20.). Executive Order 14159: Protecting The American People Against Invasion. https://www.whitehouse.gov/presidential-actions/2025/01/protecting-the-american-people-against-invasion/ (2025.09.02. 인출)

Thomas, M., & Pierson, J. (1995). *Dictionary of social work*. Collins Educational.

Thompson, C. E., & Carter, R. T. (1997). *Racial identity theory: Applications to individual, group, and organizational interventions*. Lawrene Erlbaum.

Toporek, R. L., & Vaughn, S. R. (2010). Social justice in the training of professional psychologists: Moving forward. *Training and Education in Professional Psychology, 4*(3), 177-182.

Triandafyllidou, A. (2018). The migration archipelago: Social navigation and migrant agency. *International Migration, 57*(1), 5-19.

Tyack, D., & Cuban, L. (2011). 학교 없는 교육개혁[*Tinkering toward utopia*]. (권창욱, 박대권 역). 럭스미디어. (원저 출판 1995년)

Tye, K. A. (2003). Global education as a worldwide movement. *Phi Delta Kappan, 85*(2), 165-168.

UNESCO(2015). ASPNET.

Vertovec, S. (1996). Multiculturalism, culturalism and public incorporation: Multiculturalism, culturalism and public incorporation. *Ethnic and Racial Studies, 19*(1), 49-69.

Wach, D., & Pachocka, M. (2022). Polish cities and their experince in integration activities-the case of Warsaw. *Studies in European Affairs, 26*(2), 89-105.

Wang, C.-C., & Mallinckrodt, B. S. (2006). Differences between Taiwanese and U. S. cultural beliefs about ideal adult attachment. *Journal of Counseling Psychology, 53*(2), 192-204.

Wang, X. (2016). Language maintenance or language shift? The role of religion in a Hakka Catholic community in Malaysia. *International Multilingual Research Journal, 10*(4), 273-288.

Wesley, C. H. (1935). Guiding principles in teaching of social sciences in Negro Colleges. ***The Quarterly Review of Higher Education among Negroes***, 3-11.

Whah, C. Y., & Guan, B. T. C. (2017). Malaysia's protracted affirmative action policy and the evolution of the Bumiputera Commercial industrial Community. ***Journal of Social Issues in Southeast Asia***, 336-373.

Williams, G. W. (1882). ***History of the Negro Race in America from 1619 to 1880: Negroes as slaves, as soldiers, and as citizens***. G. P. Putnam's Sons.

Williamson, E. G. (1939). ***How to counsel students: A manual of techniques for clinical counselors***. McGraw-Hill.

Woodson, C. G. (1933). ***The mis-education of the Negro***. Associated Publishers.

Yamamoto, J., Silva, J. A., Ferri, M., & Nukariya, K. (1997). Culture and psychopathology. In G. Johnson-Powell, J. Yamamoto, G. E. Wyatt, & W. Arroyo(Eds.), ***Transcultural child development: Psychological assessment and treatment***(pp. 34-57). John Wiley & Sons.

Zigarelli, J. C., Jones, J. M., Palomino, C. I., & Kawamura, R. (2016). Culturally responsive cognitive behavioral therapy: Making the case for integrating cultural factors in evidence-based treatment. ***Clinical Case Studies, 15***(6), 427-442.

기타 사이트

가족센터 www.familynet.or.kr

교육부 https://kess.kedi.re.kr

국립국어원 표준국어대사전 https://stdict.korean.go.kr

다문화가족지원포털 다누리 www.liveinkorea.kr

대한민국 정책브리핑 www.korea.kr

법무부 사회통합정보망 www.socinet.go.kr

여성가족부 아이돌봄지원사업 https://idolbom.go.kr

재외동포청 https://www.oka.go.kr

표준국어대사전 https://dict.wordrow.kr/m/415213/

한국건강가정진흥원 가족센터 https://www.familynet.or.kr

한국이민재단 사회통합프로그램 평가 www.kiiptest.org

UNESCO www.unesco.org

UNHCR https://www.unhcr.org/kr

U. S. Department of Homeland Security(미국 국토안보부) https://www.ice.gov

저자 소개

김하연

국립부경대학교 교육학 박사

신라대학교 사회복지학 학사 · 석사

현, 국립부경대학교 교양교육원 강사

전, 고신대학교 외국어로서의한국어교육학과 외래교수

고신대학교 아동복지학과 강사

경상국립대학교 사회복지학과 강사

동부아동보호전문기관 전문상담사

해운대구다문화가족지원센터 사례관리팀장

다문화사회의 이해와 다문화사회복지 실천

첫째판 1쇄 발행 | 2025년 9월 5일

지 은 이 김하영
펴 낸 이 어진용
책임편집 태선옥
디 자 인 이지혜
펴 낸 곳 어가

10449 경기도 고양시 일산동구 장백로 20, 102동 202호(백석동, 동문굿모닝힐1차)
전화 031) 901-4222, 6318
팩스 031) 901-6319
이메일 uhga@uhga.co.kr
홈페이지 www.uhga.co.kr

등 록 2016년 7월 4일·제2016-000133호

ISBN 979-11-7075-201-1 (93330)
정가 23,000원